Natur und Medizin

Heilatmen

Natur und Medizin

Karin Schutt

Heilatmen

Ein Weg zu Lebenskraft und innerer Harmonie

FALKEN

Im FALKEN Verlag sind in dieser Reihe bereits erschienen:
»Homöopathie« (Nr. 4418)
»Akupressur« (Nr. 4419)
»Wetterfühligkeit« (Nr. 998)

CIP-Titelaufnahme der Deutschen Bibliothek

Schutt, Karin:
Heilatmen: ein Weg zu Lebenskraft und innerer Harmonie / Karin Schutt. –
Niedernhausen/Ts.: FALKEN, 1989
(FALKEN Bücherei) (Natur und Medizin)
ISBN 3-8068-1047-8

ISBN 3 8068 1047 8

Titelbild: Silvestris Fotoservice (K. Wothe) Kastl/Obb.
Zeichnungen: Gisela Häring, Frankfurt (S. 13, 14, 15, 16, 17);
Agnes Stockmann-Sauer, AS-Design, Offenbach (alle übrigen Zeichnungen)

Satz: Dinges + Frick, Wiesbaden
Druck: Konkordia GmbH, Bühl

817 2635 4453 6271

Inhaltsverzeichnis

Heilatmen – die Meinung der Schulmedizin und der Naturheilkunde 7

Ärztliches Vorwort 7

Naturheilkundliches Vorwort 9

Atmen ist Leben 10

Die Atmungsorgane 12

Die Atemwege – eine Reise durch den Körper 13

Die Lunge 15

Das Atemzentrum 17

Sauerstoff und Kohlendioxid: die Ver- und Entsorgung unseres Körpers 18

Erkrankungen der Atemwege und Atmungsorgane 20

Infektionen der Atemwege 20

Schnupfen und Grippe 20

– Was können Sie tun? 22

Bronchitis 22

– Was können Sie tun? 23

Lungenblähung 24

– Was können Sie tun? 25

Allergische Erkrankungen der Atemwege und Atmungsorgane 25

Heuschnupfen 26

– Was können Sie tun? 26

Asthma bronchiale 27

– Was können Sie tun? 28

Was versteht man unter Heilatmen? 29

Atemschulung und -pflege 29

Atemtherapie 30

Körperorientierte Psychotherapien 30

Methoden der Atembehandlung 32

Das Atmen beim Yoga – die traditionelle indische Lehre 32

Heilatmen als medizinische Therapie – der westliche Weg 34

Atemschulung und -pflege nach Prof. Dr. Ilse Middendorf 35

Integrale Atemschulung nach Klara Wolf 37
Atemmassage und Atemgymnastik nach Dr. Ludwig Schmitt 38
Die Kunst zu atmen nach Frédérick Leboyer 41
Weitere Spezialformen der medizinischen Heilatmung 42
Therapie der Seele durch Arbeit mit dem Atem 42
Wie neu geboren durch Atmen: Rebirthing 43
Mehr Lebensenergie durch tiefes Atmen: Bioenergetik 44

Wir atmen mit Leib und Seele 46
Welchen Einfluß haben Gefühle auf unsere Atmung? 49
Falsches Atmen hinterläßt Spuren 50

Die Atemschule – Anleitungen für Atemübungen 53
Grundsätzliches zum Thema Atemübungen 53
Die wichtigsten Atemregeln 54
Atemübungen 56
Die eigene Atmung kennenlernen 56
Natürliche Atemimpulse 57
– Gähnen 58
– Lachen und Weinen 59
– Seufzen und Stöhnen 59
– Singen, Sprechen, Schreien, Blasen und Pfeifen 60
Körper und Seele entspannen 60
– Körperübungen 61
– Übungen für Geist und Seele 64
Bewußtes Atmen 67
– Nasenatmung 67
– Bauch-Zwerchfell-Atmung 68
– Vertiefte Bauchatmung 72
– Vollatmung 74
– Atmung und Bewegung 75
– Heilendes Atmen 79

Atempflege im Alltag 83
Atemluft und Umweltschutz 84
Der blaue Dunst 84
Die Luft in Wohn- und Arbeitsräumen 85
Die Luft als Heil- und Pflegemittel 85
Das Luftbad 87
Das Heißluftbad: die Sauna 88
Die Luftveränderung 89
– Die Wirkungen der Höhenluft 89
– Die Wirkungen der Meeresluft 92
Das Element Wasser 92
Körperliche Bewegung 94
Die heilende Kraft von Kräutern und Essenzen 94
– Inhalationen 95
– Tees, Säfte und Sirupe aus Kräutern 97
– Heilanzeigen einiger Kräuter 98
Gesunde Ernährung 102
– Heilfasten bei fieberhaften Infektionskrankheiten 102

Wir atmen, wie wir leben – wir leben, wie wir atmen 104

Anhang 106
Adressen 106
Literaturhinweise 109
Register 111

Heilatmen – die Meinung der Schulmedizin und der Naturheilkunde

Ärztliches Vorwort

In den letzten Jahren hat sich besonders in Europa ein zunehmendes Umweltbewußtsein herangebildet. Luftverschmutzung, Smog und Rauchen am Arbeitsplatz sind – neben anderen Faktoren der Umweltvergiftung – aktuelle Tagesthemen, in deren Mittelpunkt die Auswirkungen von Schadstoffen auf die menschliche Gesundheit stehen. Insbesondere Erkrankungen der oberen Atemwege, Allergien, Bronchial- und Lungenkrankheiten werden mit der Qualität der Atemluft in Verbindung gebracht. Damit hat sich das Interesse auf ein Organ gerichtet, das über den Atem in direktem Kontakt und Austausch mit der Umwelt steht: die Lunge. Da beispielsweise die Verminderung des Schadstoffgehaltes der Luft ein globales Problem darstellt und Verbesserungen aus diesem Grund sicher nur langfristig durchzusetzen sind, erachten es zunehmend mehr Menschen als notwendig, sich mit dem Atem, den Möglichkeiten, ihn besser auszunutzen und zu beeinflussen, zu beschäftigen. Das vorliegende Buch greift diese aktuellen Gesichtspunkte auf und informiert einen interessierten Leserkreis über die traditionsreiche Thematik des Heilatmens.

Als eine der klassischen Heilkünste war die Atemtherapie bereits den alten Ägyptern, Griechen, Chinesen und Indern bekannt und wurde mit großem Erfolg durchgeführt. Dies wird verständlich, wenn man sich die Vorteile dieser Heilmethode vor Augen führt. Beim Heilatmen handelt es sich um ein natürliches Verfahren, das keine Risiken in sich birgt und an fast jedem Ort ausgeführt werden kann. Es kommt ohne aufwendige Geräte aus und verzichtet auf jede medikamentöse Form der Behandlung. Im Zuge der schulmedizinischen Entwicklung ist das Heilatmen in den letzten Jahrzehnten daher leider sehr zu Unrecht in Vergessenheit geraten.

Der an chronischen Atemwegserkrankungen leidende, aber auch der lediglich an Vorbeugung interessierte Leser findet in diesem Buch alles Nützliche und Wissenswerte über die Heilatmung: Anatomie, Krankheitsbild und eine Zusammenstellung wichtiger Atemtherapien und Atemschulrichtungen. Durch praktische Anleitungen mit erprobten und bewährten Übungen wird der Leser dazu angeregt, das erworbene Wissen an sich selbst zu erfahren. Die Übungen streben insbesondere die Lockerung der Atemhilfsmuskulatur sowie die Verbesserung der Zwerchfellbeweglichkeit an. Außerdem bewirken sie indirekt eine Mobilisierung der an der Atemmechanik beteiligten Gelenke und Strukturen und fördern den ökonomischen Einsatz aller an der Atmung beteiligten Muskelgruppen. Regelmäßiges Üben hilft bei funktionellen und nervösen Atemstörungen und verbessert die Durchblutungsverhältnisse anderer, an der Atmung selbst nicht beteiligter Organe. Es hilft auch zum Beispiel bei Darmträgheit, Rückenschmerzen und vegetativen Beschwerden. Die Übungen werden durch übersichtliche Zeichnungen verdeutlicht und sind allgemeinverständlich erklärt.
Die Einsatzmöglichkeiten der Atemtherapie sind sehr vielfältig. Sie kann als alleinige Behandlung, als Vorbeugung oder zur unterstützenden Begleittherapie bei verschiedenen Lungen- und Bronchialerkrankungen angewendet werden. Das Behandlungsspektrum reicht von den leichteren Formen der Atemwegsinfektion über Asthma, chronische Bronchitis und Lungenblähung bis hin zu zahlreichen Heilanzeigen vor und nach Operationen am Brustkorb. Heilatmen wird von der Schulmedizin allgemein anerkannt und in Form krankengymnastischer Zusatztherapien oder als Inhalation angewendet.
Die Atmung verbindet uns nicht nur über physiologischen Stoff-, Temperatur- und Luftfeuchtigkeitsaustausch mit der Außenwelt. Die Art des Atmens stellt auch die Ergänzung zur sprachlichen und nichtsprachlichen Kommunikation dar und setzt Menschen in soziale Beziehungen zueinander. Der Atemvorgang spielt hierbei eine Doppelrolle zwischen zwangsläufiger, lebensnotwendiger Erfüllung vegetativer Bedürfnisse und willkürlicher Steuerbarkeit bei Sprache, Gefühlsausdruck, Gesang oder spielerischer Gestik. Hier gehen eine ganze Reihe psychologischer Momente des Austauschs und der Kommunikation in das System des Atems mit ein. Dem vorliegenden Buch kommt nicht zuletzt wegen der erfreulich intensiven Beschäftigung mit diesen Aspekten beachtenswerte Bedeutung zu. Immer wieder werden Bezüge zu psychischen Hintergründen hergestellt. Neben den anatomisch-physiologischen Erläuterungen können der Leser und die Leserin hier auch anregende Erkenntnisse über den Zusammenhang zwischen individueller Atemweise, Psyche und den oft daraus resultierenden Atemwegserkrankungen finden.
Ich wünsche deshalb diesem Buch einen hohen Bekanntheitsgrad und viel Erfolg.

Dr. Marcus Fani
Arzt in München

Naturheilkundliches Vorwort

Die Luft gehört neben Licht, Wasser und Erde zu den elementaren Lebensvoraussetzungen und ist darunter das wichtigste Element. Ohne Luft beziehungsweise ohne zu atmen, kann ein Mensch nur kurze Zeit überleben. Da wir aber nicht nur überleben, sondern in Gesundheit und Freude bewußt leben wollen, reicht unser automatisches Atmen nicht aus. Es ist kein Zufall, daß in einer schnellebigen, »atemlosen« Zeit, in der uns oft die »Luft wegbleibt« angesichts der Probleme, die uns manchmal zu »ersticken« drohen, das Bedürfnis nach einer »Verschnaufpause« wächst. Mit dieser Problematik setzt sich das vorliegende Buch auseinander. Die Autorin erklärt darin verschiedene Atemwegserkrankungen und zeigt geistig-seelische Zusammenhänge auf. Besonderen Wert legt sie auf Atemübungen, die klar und für jeden gut nachvollziehbar beschrieben werden.

Die Lektüre des Buches ersetzt keine Atemtherapie bei einer geschulten Therapeutin oder einem Therapeuten, doch gibt die Verfasserin wertvolle Anleitungen zur Selbsthilfe.

Richtiges Atmen ist unerläßlich zur Vorbeugung von Krankheiten, es ist selbst Therapie, und es unterstützt andere Behandlungen. Atemtherapie beeinflußt direkt den gesamten Atemapparat, die Verdauungsorgane, das Herz-Kreislauf-System und unsere psychische Verfassung. Indirekt stärkt sie die körpereigene Abwehrkraft, regt die Nierenfunktion an, erfrischt das Gehirn und baut Muskelverspannungen ab. Sie ist deshalb der Naturheilkunde schon lange als natürliche Heilmethode bekannt.

Carola Schork
Heilpraktikerin in München

Atmen ist Leben

Der Atem ist eine der wichtigsten Energiequellen des Körpers, des Geistes und der Seele. Schon der griechische Philosoph Aristoteles schrieb: »Luft gibt uns Seele, Leben und Bewußtsein.« Wir leben in einer hektischen Zeit, voll innerer Spannung und Unruhe. Dadurch nutzen wir nur einen kleinen Teil der Kapazität, die uns unsere Lungen bieten. Atemlos werden wir von Erfolgs- und Leistungsstreben durch den Alltag getrieben. Unser Körper muß wie eine Maschine funktionieren, um den oft atemberaubenden Ansprüchen unseres Lebens gerecht zu werden. Erst wenn er seine Dienste versagt, spüren wir in manchmal schmerzhafter Weise, daß wir uns »keine Zeit zum Atmen« genommen haben. Der Atem des Menschen ist ein Spiegelbild unseres westlichen Lebensrhythmus, und er verdeutlicht den Zeitgeist unserer Zivilisation. Für viele Menschen ist die Atmung lediglich ein körperliches Phänomen, dessen Bedeutung und Wichtigkeit wir in der hektischen Betriebsamkeit unseres Alltagslebens zu vergessen scheinen. Da das Atmen so leicht und selbstverständlich geschieht, wird uns kaum jemals bewußt, daß es einen grundlegenden Lebensvorgang darstellt: Atmen bedeutet Leben, und Nichtatmen bedeutet Tod. Nach nur fünf Minuten ohne Luftzufuhr würden wir sterben, dagegen können wir einige wenige Tage ohne Flüssigkeit und wochenlang ohne Nahrung auskommen. Unser Leben beginnt mit dem ersten Atemzug und endet mit dem »letzten Schnaufer«. In dem Zeitraum dazwischen bestimmt die Art und Weise, wie wir atmen, unsere Lebensqualität.

Die Atmung spiegelt aber auch unsere Gefühlswelt und körperliche Befindlichkeit wider, was Regelmäßigkeit, Tiefe, Flexibilität, Ruhe oder Bewegtheit betrifft. So wie die Atmung unsere seelische Verfassung beeinflußt, reagiert auch andererseits unser seelischer Zustand auf die Atmung.

Je nachdem, ob wir freudig erregt, wütend oder traurig sind, wird die Atmung angeregt oder behindert, vertieft oder oberflächlicher. Körperliche Bewegung bringt unsere Atemfunktionen in Schwung, dagegen müssen wir bei körperlicher Erschöpfung oder Müdigkeit tief durchatmen, um unseren Körper mit ausreichend Sauerstoff zu versorgen.

Anhand der Atmung läßt sich darüber hinaus die Verbundenheit mit uns selbst und mit unserer Umwelt ablesen, sie ist Lebens- und Verständigungsmittel zugleich. Durch den Atemvorgang geben wir etwas ab, was in uns ist, und wir nehmen von außen das auf, was wir brauchen. Auf diese Weise nehmen und geben wir und stehen so in einem lebendigen Austausch mit unserer Innen- und Außenwelt. Dadurch wird deutlich, daß der Atmung nicht nur eine rein körperliche Bedeutung zukommt, sie ist vielmehr ein Bindeglied zwischen Körper, Geist und Seele. Diese umfassende, ganzheitliche Betrachtungsweise hat ihre Wurzeln in den alten Philosophien verschiedener Kulturen. Das lateinische Wort »Spiritus« beispielsweise bedeutet Geist, Seele und Atem zugleich. Der Auffassung der alten Griechen zufolge hatte die Seele ihren Sitz im Zwerchfell, unserem wichtigsten Atemmuskel. Lebensenergie, die wir durch das Atmen aufnehmen, nennen die Japaner seit alters her »Chi« und die Inder »Prana«. Diese Beispiele zeigen uns, daß sowohl die körperlichen als auch die seelisch-geistigen Kräfte des Menschen untrennbar mit seinem Atem verbunden sind.

Gestützt auf dieses Wissen, entwickelten die Heilkundigen dieser Kulturen bestimmte Atemtechniken und -übungen, um Körper, Geist und Seele bei guter Gesundheit zu erhalten und im Falle einer Krankheit heilsam Einfluß nehmen zu können.

Dieses uralte Wissen über Bedeutung und Heilkraft des Atems geriet durch die zunehmende Technisierung der Medizin und die Hinwendung zur Chemie immer mehr in Vergessenheit. Heilatmen und Atemtherapie wurden aber auch wegen ihrer fehlenden wissenschaftlichen Grundlage lange Zeit von der Schulmedizin nicht beachtet. Erst den umfassenden Forschungsarbeiten einiger ärztlicher Pioniere ist es zu verdanken, daß diese natürliche Heilmethode zu medizinischen Ehren gelangte. Auch die Methode der sanften Geburt, bei der bestimmte Atemtechniken zur Erleichterung des Geburtsvorgangs erlernt werden, wird inzwischen in fast allen bundesdeutschen Krankenhäusern mit Erfolg praktiziert.

Insgesamt gesehen, kommt dem richtigen Atmen als Mittel der Gesundheitsvorsorge und der Atemtherapie als ganzheitliches Heilverfahren in der Schulmedizin immer noch nicht die Bedeutung zu, die sie verdienen. Dagegen ist das Heilatmen für die Naturheilkunde ein wesentlicher Bestandteil ihrer auf Ganzheitlichkeit ausgerichteten Therapiemethoden.

Richtiges Atmen, das heißt die optimale Ausschöpfung unseres Atemvolumens und unserer Lungenkapazität, ist eine Quelle für körperliche, geistige und seelische Gesundheit. Aus diesem Grund sollte die Erziehung zum richtigen Atmen nicht erst beim Auftreten einer Krankheit erfolgen. Atempflege und bewußte Atemschulung sind vorbeugende Maßnahmen, die Sie mühelos in Ihren Alltag integrieren können. Auf diese Weise leisten Sie einen aktiven Beitrag zur Erhaltung Ihrer Leistungsfähigkeit und Ihres psychischen Wohlergehens.

Die Atmungsorgane

Die Organe der Atmung in Gesundheit und Krankheit kennenzulernen ist die Absicht des nachfolgenden Kapitels. Das dadurch gewonnene Körperbewußtsein gibt Ihnen die Möglichkeit, Ihren Körper und seine Funktionen besser zu verstehen. Unser Atemapparat kann als eine technische Meisterleistung beschrieben werden. Die Atmungsorgane stellen ein von der Natur perfekt ausgestattetes System dar, das aus mehreren luftführenden Wegen, der Lunge, der Atem- und Atemhilfsmuskulatur sowie aus dem Atemzentrum im Gehirn besteht. Erst durch das harmonische Zusammenspiel aller erwähnten Einzelstrukturen ist eine optimale Atmung gewährleistet.

Die wichtigste »Nahrung«, die wir mit Hilfe der Atmung aufnehmen, ist der Sauerstoff aus der Luft. Sämtliche Zellen unseres Körpers benötigen neben Wasser und anderen Nährstoffen dieses Lebenselixier. Eine Unterbrechung der Sauerstoffzufuhr führt unweigerlich nach wenigen Minuten zum Tod. Dagegen kann unser Körper etwa 40 (in manchen Fällen sogar mehr) Tage ohne feste Nahrung auskommen; und ohne Flüssigkeit kann der menschliche Organismus unter günstigen Bedingungen etwa fünf Tage überleben. Andererseits wird über die Atmung auch ein Großteil der in den Zellen angefallenen Verbrennungsrückstände (CO_2) nach außen gebracht.

Atmen kann daher als das wichtigste Lebens-(erhaltungs-)prinzip angesehen werden: Um zu (über)leben, sind wir in jeder Minute von unserem Atemreflex abhängig. Damit Sie die Kraft dieses Reflexes am eigenen Leibe erfahren können, sollten Sie folgendes Experiment durchführen: Atmen Sie einmal bewußt aus, und verweilen Sie dann einige Momente in diesem ausgeatmeten Zustand. Versuchen Sie, genau zu beobachten, was in dieser kurzen Zeitspanne geschieht. Die bewußte Entscheidung nicht einzuatmen, wird durch den Atemreflex außer Kraft gesetzt. Dieser Reflex garantiert uns ein ausgewogenes Verhältnis von Sauerstoff, Stickstoff und Kohlendioxid in unserem Blut. Ein weiterer wichtiger Aspekt ist die Anpassungsfähigkeit unserer Atmung an veränderte äußere und innere Bedingungen. Wenn Sie Ihre Atmung bei alltäglichen Tätigkeiten beobachten, werden Sie feststellen, daß sie sich automatisch an Ihr verändertes Verhalten anpaßt. Wenn Sie sich beispielsweise ausruhen möchten, benötigen Ihre Muskeln nur wenig Sauerstoff. Ihre Atmung reagiert darauf, sie ist ruhig, gleichmäßig und entspannt. Dagegen müssen Sie schneller und mehr atmen, wenn Sie sich körperlich bewegen. Dieses Mehr an Atmung entspricht einem vermehrten Sauerstoffbedarf und einer größeren Kohlendioxidabgabe durch die körperliche Anstrengung. Dieser lebenswichtige, instinktive Anpassungsmechanismus unserer Atmung beschränkt sich aber nicht nur auf körperliche Vorgänge. Wenn Sie beispielsweise erschrecken, bleibt Ihnen vor Angst die Luft weg. Oder wenn Sie sich traurig und deprimiert fühlen, ist Ihre Kehle wie zugeschnürt. Die Atmung wird also auch durch Gefühle, innere Stimmungen und durch bestimmte Lebensumstände beeinflußt. In umgekehrter Weise können wir mit Hilfe bestimmter Atemtechniken wiederum Einfluß auf unser Seelenleben nehmen: Ein befreiendes Aufatmen kann beispielsweise oft schon helfen, Sie von inneren Spannungen und Gefühlsblockaden zu befreien. Sämtliche Aspekte der Atmung – sowohl die rein körperlichen als auch die seelisch-geistigen – stellen eine Einheit dar und lassen uns dieses kraftvolle Lebensprinzip als ganzheitlichen Prozeß begreifen, der uns mehr als nur am Leben erhält.

Die Atemwege – eine Reise durch den Körper

Die erste Station auf unserer Körperreise ist die ⇨ Nase. Durch die Nasenlöcher tritt die Atemluft in zwei langgestreckte Hohlräume ein, die mit einer feuchten Schleimhaut ausgekleidet sind und in deren hinterem Bereich sich ein Labyrinth von muschelförmigen Einzelkanälen befindet. Dadurch wirkt unsere Nase wie ein Filter, der die einströmende Luft vorwärmt und von den ⇨ Nasennebenhöhlen her befeuchtet. Die im Naseninneren befindliche Schleimhaut ist mit unzähligen ⇨ Flimmerhärchen versehen, die die Luft von groben Schmutz- und Staubpartikeln sowie Krankheitserregern reinigen. Durch diese überaus wichtige Filter- und Reinigungsfunktion der Nase werden die Schleimhäute der übrigen Atemwege weniger durch zu kalte, trockene oder verunreinigte Atemluft gereizt, und manche Erkältungskrankheiten, wie Schnupfen, Husten oder Halsschmerzen, lassen sich dadurch vermeiden.

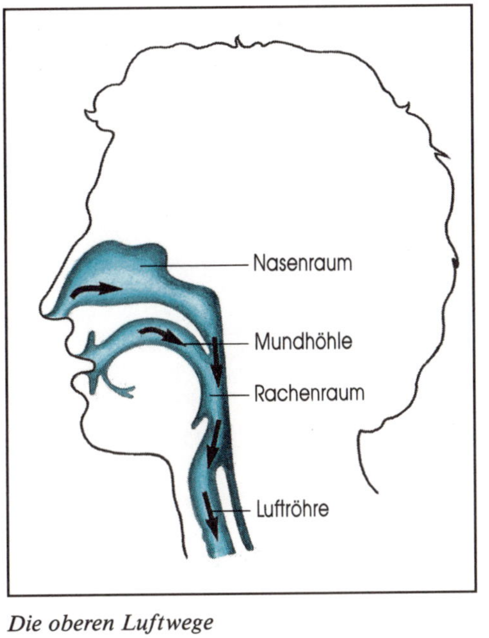

Die oberen Luftwege

Wenn es also zu Ihrer Gewohnheit gehört, durch den Mund einzuatmen, kommen Mandeln und Kehlkopf mit kalter Luft und vermehrt mit Krankheitserregern in Berührung, wodurch sich die Gefahr einer Infektion, zum Beispiel einer Mandelentzündung, erhöht. Aus diesen Gründen sollten Sie es sich angewöhnen, möglichst immer durch die Nase einzuatmen und die Mundatmung nur als Hilfsatmung zu benutzen (siehe dazu Seite 67).
Nachdem die Luft durch die Nase oder durch den Mund eingeatmet wurde, strömt sie durch den ⇨ Rachen, passiert den ⇨ Kehlkopf, ohne den wir weder sprechen, singen noch schreien könnten, und gelangt dann in die ⇨ Luftröhre (Trachea). Die Luftröhre ist ein elastischer, mit Schleimhaut ausgekleideter, hufeisenförmiger Kanal, der den Rachenraum mit den Lungen verbindet. Am unteren Ende teilt sie sich gabelförmig in zwei Äste, die sogenannten ⇨ Stammbronchien.

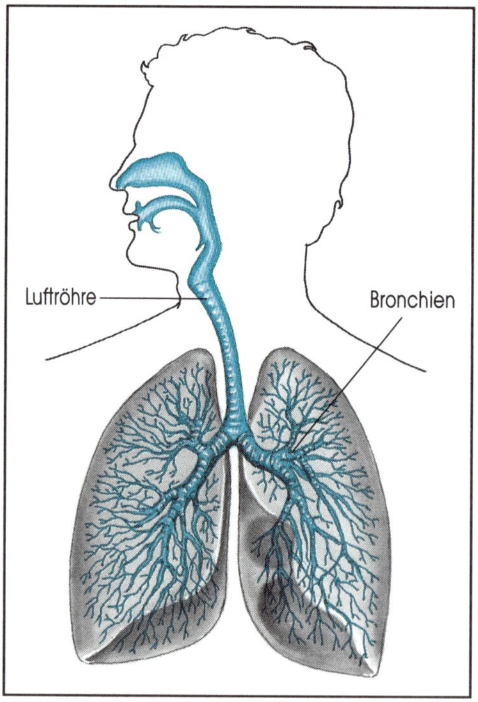

Luftröhre und Bronchialbaum

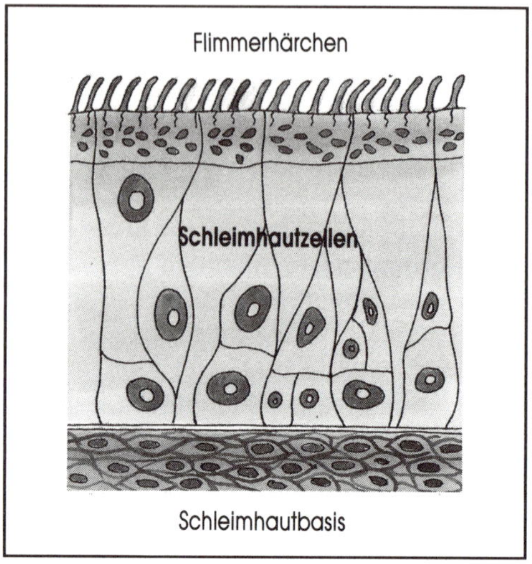

Flimmerhärchen tragende Bronchialschleimhaut

Je weiter wir die Bronchien verfolgen, desto öfter lassen sich solche gabelförmigen Aufzweigungen fingen. Die Bronchien sind innen – ähnlich wie die Nase – mit einer feuchten, Flimmerhärchen tragenden Schleimhaut ausgekleidet. Dies ist die letzte Reinigungs- und Filterstation, bevor die Luft endgültig in das Lungengewebe einströmt. Manchmal kann es jedoch vorkommen, daß ein Fremdkörper bis in den Bronchialbaum vordringt. Er wird, eingebettet in Schleim, von den Flimmerhärchen, die kontinuierlich wellenförmige Bewegungen in Richtung Nase erzeugen, hinausbefördert. Dieser Reinigungsmechanismus funktioniert allerdings nur, wenn der Fremdkörper nicht zu groß ist. Größere Fremdkörper werden erst durch ein kräftiges Husten aus den Bronchien entfernt. Durch diese wichtige Reinigungsfunktion kann eine Reizung der überaus empfindlichen Lungen verhindert werden. Ständiges Rauchen oder stark verunreinigte Luft können jedoch den Reinigungsmechanismus beeinträchtigen und bleibende Schäden in Lungen und Bronchien verursachen.
Nachdem die Luft von allen Fremdkörpern gereinigt wurde, kann sie in die Lungen

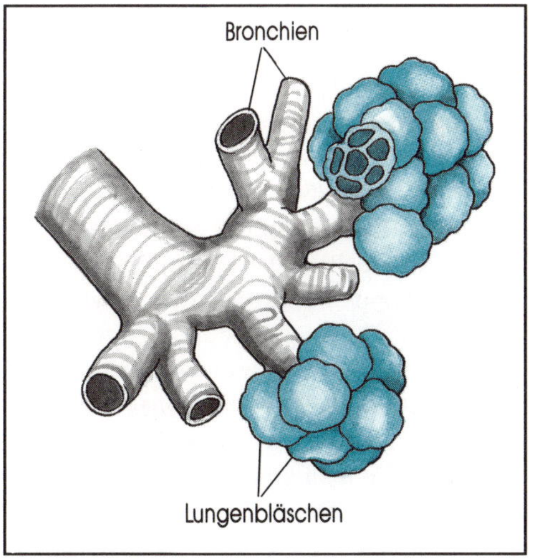

Lungenbläschen

strömen. Die letzte Station des langen Atemweges bilden die unzähligen, mikroskopisch kleinen ⇨ Lungenbläschen (Alveolen), die, von hauchfeinen Blutgefäßen umgeben, den lebenswichtigen Gasaustausch vollziehen: Zum einen wird das mit Kohlendioxid und Abfallstoffen angereicherte venöse Blut vom rechten Herzen hierher transportiert und vom Kohlendioxid befreit. Indem wir ausatmen, gelangt das Kohlendioxid nach draußen. Zum anderen kann sich das Blut in den Lungenbläschen wieder mit Sauerstoff aufladen und in die linke Herzkammer zurückfließen. Von dort wird es in den Körper gepumpt. Indem wir einatmen, gelangt der Sauerstoff in die Lungen (siehe dazu den folgenden Abschnitt).
An dieser Stelle des Atemweges kommt das Blut mit dem Sauerstoff der Luft erstmals in Berührung. Auf unserer Entdeckungsreise müssen wir tief in das Lungeninnere vordringen, um die Funktion dieses überaus wichtigen Atemorgans besser zu verstehen.

Die Lunge

Die Atemfläche, das heißt die Fläche, auf der der Gasaustausch zwischen Luft und Blut stattfindet, ist ungefähr 50 bis 80 Quadratmeter groß. Diese Größenordnung ist deshalb notwendig, um die Sauerstoffversorgung unseres Körpers unter allen Umständen zu garantieren.
Im Normalzustand, das heißt ohne körperliche Anstrengung, atmet ein erwachsener Mensch etwa 10 bis 16 Mal pro Minute (⇨ Atemfrequenz). Bei Sportlern dagegen genügen oft nur sechs bis acht Atemzüge pro Minute, da durch die körperliche Aktivität der Atemapparat so trainiert ist, daß die Sauerstoffaufnahme und die Kohlendioxidabgabe besser funktionieren.
Mit jedem Atemzug gelangen etwa 500 Milliliter Luft in die Lungen. Pro Minute ergibt das ungefähr sechs bis acht Liter Luft, die aus- und eingeatmet werden (⇨ Atemminutenvolumen).

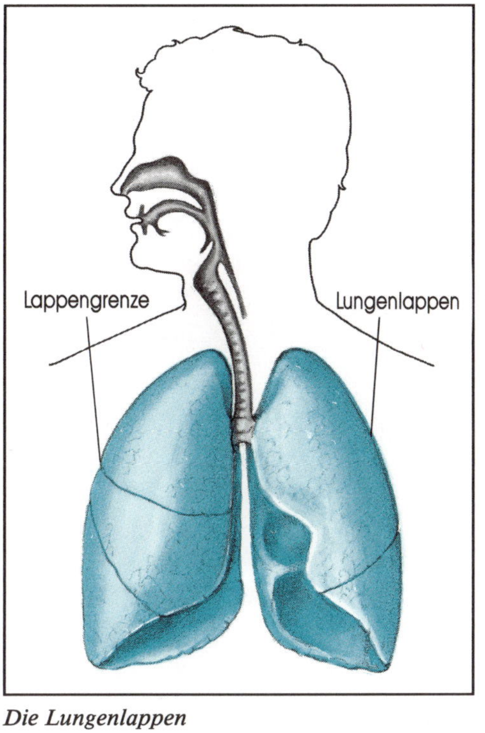

Die Lungenlappen

Nach dem gewöhnlichen Ausatmen ist in unseren Lungen immer noch eine Restmenge an Luft vorhanden, die verhindert, daß die Lungenbläschen beim Ausatmen kollabieren. Diese verbrauchte Luft kann durch intensives Ausatmen vermindert, aber niemals vollständig aus den Lungen entleert werden. Die ⇨ reinigende Ausatmung ist daher wichtigstes Prinzip aller therapeutischen Heilatmungsverfahren, denn je mehr verbrauchte Luft aus den Lungenbläschen entleert wird, desto mehr frische, sauerstoffreiche Luft kann eingeatmet werden.
Die Beschaffenheit der beiden Lungenflügel kann mit zwei großen Schwämmen verglichen werden, wobei der rechte, größere Lungenflügel aus drei ⇨ Lappen und der linke, kleinere aus zwei Lappen besteht. Wenn durch Krankheit ein geschädigter Lungenflügel operativ entfernt werden muß, kann der andere seine Funktion bis zu einem gewissen Grad ersetzen, da die Lungenlappen relativ selbständig und unabhängig voneinander arbeiten und genügend Atemfläche besitzen, um den Körper alleine mit ausreichend Sauerstoff zu versorgen.

Die Lungen sind in den festen, aber erweiterungsfähigen Brustkorb eingebettet und werden nach unten vom ⇨ Zwerchfell (Diaphragma) begrenzt, das unser wichtigster Atemmuskel ist. Der knöcherne Brustkorb wird durch die Wirbelgelenke zwischen den Rippen und der Wirbelsäule und die knorpeligen Verbindungsstücke zwischen Rippen und Brustbein beweglich, so daß sich die Rippen beim Einatmen heben und beim Ausatmen wieder senken können. Durch diese Bewegungen erweitert sich der Brustraum, so daß sich auch die Lungen ausdehnen können, damit frische Luft einströmt. Das Zwerchfell, das in Ausatemlage kuppelförmig in den Brustkorb hineinragt, flacht sich beim Einatmen ab. Dadurch wird die Brusthöhle erweitert, und die Lungen dehnen sich aus. Beim Ausatmen erschlafft das Zwerchfell und wölbt sich, während sich die Lungen elastisch zusammenziehen, in die Brusthöhle vor.
Diesen einfachen Bewegungsablauf können Sie sehr anschaulich selbst nachvollziehen: Atmen Sie zunächst einmal intensiv aus, so daß sich Ihre Lungen weitgehend entleeren können. Dann legen

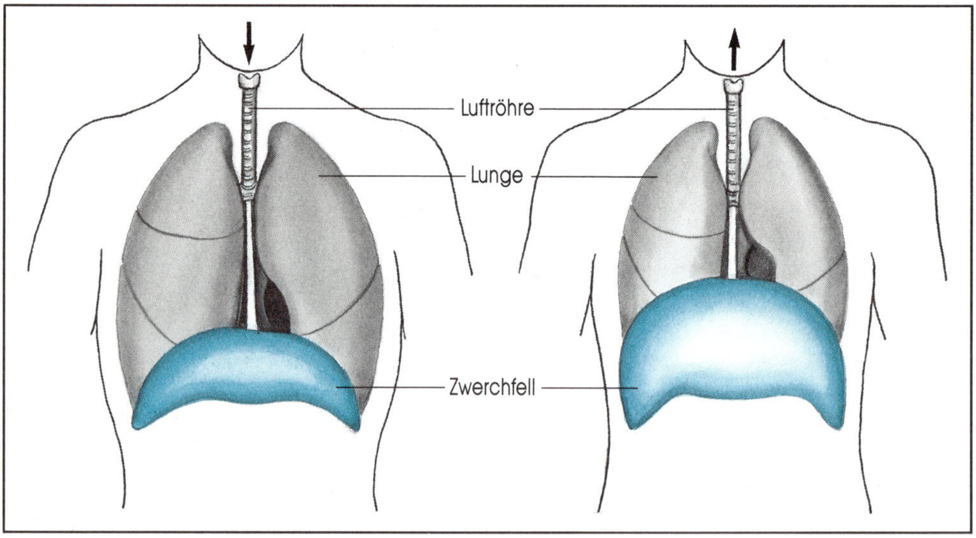

Das Zwerchfell beim Einatmen *Das Zwerchfell beim Ausatmen*

Sie beide Hände links und rechts auf Ihren Brustkorb. Wenn Sie nun einatmen, hebt er sich spürbar an, während er sich beim Ausatmen wieder zurück in die Normallage bewegt.
Der Atemvorgang selbst kann sowohl von den Zwischenrippenmuskeln allein als auch nur vom Zwerchfell durchgeführt werden. Die gewöhnliche Atemweise ist eine ⇨ Mischatmung, wobei durch die Zwerchfellatmung (auch Bauchatmung genannt, siehe dazu Seite 68) eine bessere Entfaltung der Lungen erreicht werden kann.
Die Lungen können bei den Atembewegungen mit einem Blasebalg verglichen werden, der beim Einatmen aufgebläht wird und sich beim Ausatmen wieder zusammenzieht.
Da aber die Lungenflügel eng an der Brustwand und am Zwerchfell anliegen, entstehen bei jeder Atembewegung Verschiebungen, die ein reibungsloses Aneinandergleiten erfordern. Aus diesem Grund sind die beiden Lungenflügel mit einem doppelhäutigen Sack umgeben, wobei eine Hautseite dieses Sackes, die als ⇨ Lungenfell bezeichnet wird, fest mit der Lunge verbunden ist, während die andere Seite, das sogenannte ⇨ Rippenfell an der Brustwand anliegt. In diesem Raum zwischen Lunge und Brustwand (⇨ Pleuraspalt) befindet sich eine flüssige Substanz, die vom Rippenfell gebildet wird und als Gleitmittel wirkt.
Außerdem herrscht in diesem Zwischenraum ein Vakuum, so daß nach physikalischem Gesetz die Lungenflügel den Bewegungen des Brustkorbs folgen müssen. Dadurch strömt die Außenluft in die sich ausdehnenden Lungen und wird von dem schwammartigen Gewebe quasi aufgesaugt.
Das Ausatmen ist, im Gegensatz zum Einatmen, ein eher passiver Vorgang, da die Lungen, das Zwerchfell und die Rippen einfach wieder in ihre Ruhestellung zurückkehren. Sämtliche Atemmuskeln sind jetzt entspannt. Dieser Zustand wird auch ⇨ Atempause oder ⇨ Atemruhelage genannt, obwohl die Ausatmungsbewegung nie ganz aufhört, sondern fast fließend wieder in die aktive Einatmungsphase übergeht.

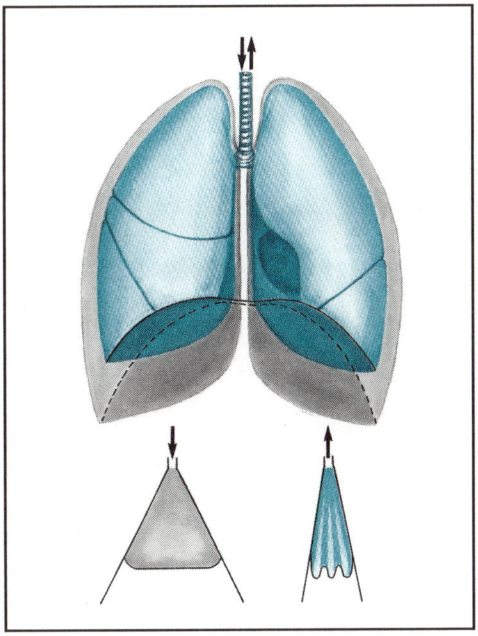

Vergleich der Lungen mit einem Blasebalg: Dehnen sich die Lungen aus, strömt Luft ein, ziehen sie sich elastisch zusammen, wird die Luft ausgepreßt

Das Atemzentrum

Die Einatmung wird durch das ⇨ Atemzentrum gesteuert, das sich im verlängerten Rückenmark (Medulla oblongata) und in der Brücke (Pons), einem an der Hirnbasis liegenden Hirnabschnitt, befindet. Diese beiden Teile des Gehirns gehören zu den stammesgeschichtlich ältesten Gehirnabschnitten, die bei allen höherentwickelten Lebewesen vorhanden sind.
Das Atemzentrum überwacht und regt unsere Atembewegungen an, so daß wir

selbst im Schlaf oder bei Bewußtlosigkeit mit ausreichend Sauerstoff versorgt werden und die Kohlendioxidabgabe gewährleistet wird. Für die abwechselnde Ein- und Ausatmung ist ein vollautomatischer Mechanismus verantwortlich, der von dem Kohlendioxid- und Sauerstoffgehalt des Blutes beschleunigt oder verlangsamt wird. Steigt beispielsweise der Kohlendioxidgehalt, wird das Atemzentrum gereizt und dazu angeregt, seine Befehle öfter an die Atemmuskeln zu erteilen. Die Folge ist, daß wir unsere Atmung beschleunigen. Dadurch kann mehr Kohlendioxid ausgeatmet werden. Auf diese Weise läßt der vom Kohlendioxidgehalt auf das Atemzentrum ausgeübte Reiz nach, und die Atmung kann sich dann wieder verlangsamen.
Wir können aber auch die Aktivität des Atemzentrums für kurze Zeit bewußt unterdrücken beziehungsweise steuern, indem wir, wie zum Beispiel beim Tauchen, die Luft anhalten. Wird jedoch der Reiz auf das Atemzentrum zu groß, müssen wir seinen Befehlen wieder nachkommen und nach Luft schnappen.

Sauerstoff und Kohlendioxid: die Ver- und Entsorgung unseres Körpers

Sauerstoff ist mit einem Nahrungsmittel vergleichbar, da er die meisten Lebewesen unseres Planeten am Leben erhält. Dieser Lebensstoff wird von der Natur gratis geliefert und steht allen Lebewesen in relativ unbegrenzter Menge zur Verfügung. Aber gerade deshalb gehen wir Menschen mit diesem Naturprodukt gedanken- und sorglos um. Waldsterben, Luft- und Wasserverschmutzung sind nur einige Beispiele, die, durch Menschenhand hervorgerufen, unseren natürlichen Lebensraum und damit auch unsere Atemluft extrem gefährden.

Die Luft in ihrer jeweiligen Zusammensetzung beeinflußt sowohl unser körperliches als auch unser seelisch-geistiges Wohlbefinden. Sauerstoff, der etwa ein Fünftel unserer Erdatmosphäre ausmacht, wird ständig von unserem Körper gebraucht, um lebensnotwendige Stoffwechselvorgänge aufrechtzuerhalten.
Wenn die Luft auf den schon beschriebenen Wegen bis in die Lungen gelangt, findet ein Vorgang statt, der als ⇨ äußere Atmung bezeichnet wird. Die Lungenbläschen (siehe dazu Seite 15) sind von einem dichten Netz von Blutgefäßen (Kapillaren) umgeben, die das vom Herzen kommende, mit Kohlendioxid und Stoffwechselendprodukten angereicherte Blut transportieren. Das Kohlendioxid und die Stoffwechselendprodukte werden von den Kapillaren in die Lungenbläschen abgegeben und gelangen beim Ausatmen mit der Atemluft nach draußen. Das gereinigte Blut kann sich nun wieder mit Sauerstoff aus den Lungenbläschen anreichern und zum Herzen zurückfließen. Diesen Blutkreislauf bezeichnet man im Gegensatz zum Körperkreislauf auch als ⇨ kleinen Kreislauf oder ⇨ Lungenkreislauf.
Das Herz pumpt das sauerstoffreiche Blut dann in den ⇨ großen Kreislauf, wo es die Körperzellen mit Sauerstoff versorgt. Die Zellen entziehen dabei dem Blut den Sauerstoff, um Nährstoffe in Energie umwandeln zu können. Diesen lebenswichtigen Vorgang nennt man auch ⇨ innere Atmung oder Gewebs- beziehungsweise Zellatmung. Gleichzeitig wird aber auch aus den Zellen Kohlendioxid an das Blut abgegeben, das nun auf dem Rückweg zum Herzen und zu den Lungenbläschen damit angereichert ist.
Zusammenfassend bewirkt die äußere Atmung oder Lungenatmung den Gasaustausch zwischen Luft und Blut, während bei der inneren Atmung der Gasaustausch zwischen Blut und Körperzellen stattfindet.

Das Blut hat dabei eine Transportfunktion, da es den Sauerstoff in die entsprechenden Körpergewebe trägt und die Stoffwechselendprodukte auf dem Rückweg wieder mitnimmt.
Bei der Atmung ist Sauerstoff das »Nahrungsmittel«, das uns mit Lebensenergie versorgt und somit Einfluß auf unsere körperliche und seelische Verfassung hat. Die automatische Entsorgung des Körpers von Stoffwechselendprodukten ist dabei jedoch genauso lebenswichtig wie die Versorgung der Zellen mit dem unentbehrlichen »Nahrungsmittel« Sauerstoff.

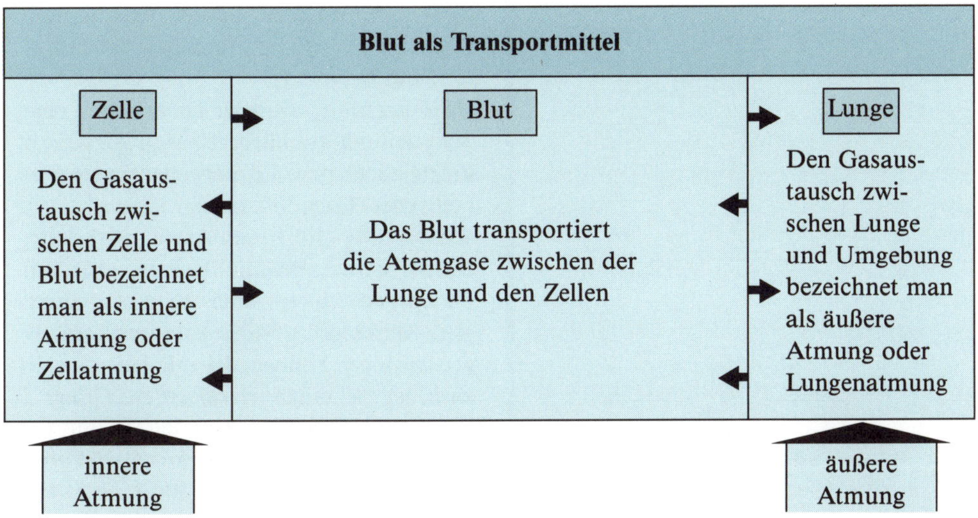

Erkrankungen der Atemwege und Atmungsorgane

Bei den hier beschriebenen Krankheitsbildern handelt es sich um die häufigsten Erkrankungen der Atemwege und der Lungen. Dabei werden die Virus- beziehungsweise Mischinfektionen (wie Schnupfen, Grippe und Bronchitis) und Symptome einer allergischen Reaktion des Körpers (Heuschnupfen oder Asthma bronchiale) unterschieden. Diese Erkrankungen haben direkten Einfluß auf unsere Atmung und können sie im Extremfall sogar lebensbedrohend behindern.
In vielen Fällen sind die Ursachen in einer Schwächung der körpereigenen Abwehrkräfte zu suchen. Körperlicher und/oder seelischer Streß, Witterung, Luftverschmutzung und Klima sowie mangelndes Körperbewußtsein sind wichtige Faktoren, die unser hochwirksames Verteidigungssystem lahmlegen und Atemwegserkrankungen auslösen können. Die Heilatmung kann hierbei einen wichtigen heilsamen und vorbeugenden Beitrag leisten und verordnete medizinische Therapien wirkungsvoll ergänzen.

Infektionen der Atemwege

Schnupfen und Grippe

Alljährlich, besonders in der kalten Jahreszeit, leiden Millionen Menschen an den Symptomen des sogenannten ⇨ Nasenkatarrhs (Rhinitis): Die Nase tropft, das Luftholen durch die Nase fällt schwer, und man muß ständig niesen. Das allgemeine Wohlbefinden ist mehr oder weniger stark beeinträchtigt. Der Schnupfen ist eine entzündliche Viruserkrankung der Nasenschleimhaut. Sie schwillt dabei an und sondert ein wäßriges Sekret ab. Der Befall mit Schnupfenviren, von denen mehr als 120 verschiedene Sondertypen bekannt sind, beschränkt sich meistens auf die Nasenschleimhaut, weil sich die Erreger nur bei Temperaturen um 33 °C, wie sie in der Nasenschleimhaut herrschen, vermehren können. Nach wenigen Tagen ist der Schnupfen meistens vorüber. Gelegentlich jedoch nutzen Bakterien diese Situation und siedeln sich auf der gestörten Schleimhaut an. Sie verwandeln dann das vorher flüssige, durchsichtige Sekret in eitrigen gelben oder grünlichen Schleim. Breitet sich die Entzündung noch weiter aus, kann es zur Verstopfung und Entzündung der Nasennebenhöhlen (⇨ Sinusitis) kommen.

Auch die ⇨ Grippe ist eine Virusinfektion, bei der jedoch nicht nur die Nase, sondern auch der Rachen, die Luftröhre und die Bronchien von den Viren befallen sind. Die Begleitsymptome bei Grippe sind auch meistens unangenehmer und gefährlicher als bei Schnupfen: Sie bekommen Fieber, Frösteln, Kopfschmerzen, Kratzen im Hals und trockenen Husten. Der Körper reagiert empfindlich auf Berührungen, die Gliedmaßen schmerzen, man fühlt sich insgesamt matt und erschöpft.

Auch hier können die Bakterien die Situation nutzen und sich auf den geschädigten Schleimhäuten der Atemwege ansiedeln und in die Lungen vordringen. Die Folge ist dann sehr oft eine Lungenentzündung (Pneumonie).

Wenn wir allerdings bedenken, daß wir ständig von krankheitserregenden Viren umgeben sind, stellt sich die Frage, warum die Erkrankung zu einem bestimmten Zeitpunkt auftritt.

Die Natur hat uns mit einem hochwirksamen ⇨ körpereigenen Verteidigungssystem ausgestattet. Im Inneren der Nase befindet sich eine schützende Schleimschicht (siehe dazu Seite 13), deren spezifische Zusammensetzung die Vermehrung von Viren und Bakterien zu hemmen vermag und sie sogar unschädlich machen kann. Außerdem sind die Zellen der Nasenschleimhaut mit unzähligen Flimmerhärchen versehen, die durch ihre Bewegungen die vom zähen Schleim festgehaltenen Krankheitserreger in den Rachenraum befördern. Dort angelangt, werden sie ausgehustet und somit nach draußen geschleudert oder verschluckt und im Magen unschädlich gemacht. Im Winter wird dieser wirksame Mechanismus jedoch geschwächt, da die Kälte die Durchblutung der Schleimhäute vermindert. Außerdem trocknet die Wohnungsluft die Schleimhäute aus, wodurch kleine Risse in der Schleimhaut entstehen, die das Eindringen der Erreger begünstigen. Zusätzlich wird durch das Austrocknen die Beweglichkeit der Flimmerhärchen eingeschränkt. Unsere Widerstandskraft gegen Infektionen hängt aber auch von der Funktionstüchtigkeit unseres Immunsystems ab. Insbesondere die Tätigkeit ⇨ weißer Blutkörperchen (Monozyten, Granulozyten und Lymphozyten) spielt dabei eine wesentliche Rolle. Sie können die eindringenden Erreger vernichten, indem sie die Erreger in ihren Körper einschließen und dort durch aggressive Verdauung zerstören. Sie können die Erreger aber auch neutralisieren, indem sie hochspezialisierte Eiweißstoffe, sogenannte ⇨ Antikörper, produzieren. Die Antikörper erkennen die Erreger oder von ihnen stammende für den Menschen gefährliche Stoffwechselprodukte, lagern sich an und machen die Eindringlinge dadurch unschädlich. Jeder dieser Abwehrmechanismen kann aus unterschiedlichen Gründen Schwachstellen aufweisen, so daß sich die Empfänglichkeit für eine Infektionserkrankung erhöht. Chronische Fehlernährung, starkes Rauchen, körperliche Überanstrengung oder hoher Alkoholkonsum sind nur einige Faktoren, die die Abwehrmechanismen beeinträchtigen.

Aber auch seelische Konfliktsituationen, depressive Stimmungen oder nervöse Erschöpfungszustände können unsere Abwehrkräfte schwächen. Eine Erkältung kann zum Beispiel in Krisensituationen auftreten, in denen man von jemandem

»die Nase voll« hat oder über etwas »verschnupft« reagiert – selbst in Jahreszeiten, die nicht unbedingt zu den typischen Erkältungsmonaten zählen.
Der Schnupfen zählt für uns zu den »Alltagskrankheiten«, die uns zwar für eine Weile einschränken, aber niemals lebensbedrohend sind, wie dies bei anderen Krankheiten der Fall sein kann. Oft sind es auch nur die kleinen Alltagsprobleme, denen wir in diesem Moment aus bestimmten Gründen nicht gewachsen sind. Vielleicht wollen wir uns durch körperliches Kranksein vor der Herausforderung einer bewußten, aber meistens sehr unangenehmen Konfliktbearbeitung drücken.
Dieser Flucht- oder Verdrängungsversuch kann sich auf der körperlichen Ebene als Schwächung des Abwehrsystems ausdrücken.
Die Nase von etwas voll zu haben bedeutet aber manchmal auch, daß man sich in einem erschöpften, erholungsbedürftigen Zustand befindet und einfach »nur« eine Verschnaufpause braucht.

Was können Sie tun?

In den meisten Fällen ist ein Schnupfen bei entsprechender Pflege und Ruhe nach etwa einer Woche überstanden, manchmal kann er jedoch eine weitere Infektionskrankheit nach sich ziehen: Dem gewöhnlichen Schnupfen kann eine Nasennebenhöhlenentzündung (Sinusitis), eine Bronchitis (siehe dazu Seite 22) oder eine Mittelohrentzündung folgen.
Nach Auffassung der Naturheilkunde haben Erkältungskrankheiten eine »reinigende« Funktion für den Organismus. Bei starker Erkältung oder bei einer Grippe mit Fieber sind wir appetitlos und fasten. Dieser zeitlich begrenzte Verzicht auf Nahrung verschafft dem Körper eine kleine »Ruhepause«, in der er sich von überflüssigen und krankmachenden Stoffwechselprodukten befreit. Das Fieber verstärkt die Schweißsekretion, und Abfallprodukte des Körpers, wie beispielsweise Harnsäure, werden so nicht nur durch den Urin, sondern auch vermehrt mit dem Schweiß ausgeschieden.
Damit dieser Reinigungsprozeß auch auf der seelischen Ebene stattfinden kann, sollten Sie zunächst akzeptieren, daß Körper und Seele Ruhe und Entspannung brauchen, damit Sie wieder gestärkt den Alltagsanforderungen begegnen können. Daneben ist es auch ratsam, sich über die Gründe des »Verschnupftseins« klar zu werden. Oftmals bewirkt die »reinigende Kraft der Gedanken« die gleichen heilsamen Erfolge wie eine körperliche Reinigungsaktion.
Wichtig ist, daß Sie eine normale Erkältung immer pflegen und möglichst nicht mit Medikamenten unterdrücken. Bei starkem Fieber oder länger anhaltenden Symptomen sollte dagegen immer ärztlicher Rat eingeholt werden.
Die ersten Anzeichen eines Schnupfens oder einer Grippe lassen sich meist sehr wirkungsvoll mit alten Hausmitteln, zum Beispiel Inhalieren mit Kamillenwasserdampf (siehe dazu Seite 95) oder heiße Vollbäder (siehe dazu Seite 96), behandeln. Damit Sie die Heilung eines Schnupfens oder einer Grippeinfektion beschleunigen und unterstützen können, sind die folgenden Atemübungen zu empfehlen:

- die Nasenreinigung (siehe Seite 67),
- das Üben der Nasenatmung (siehe Seite 67),
- das Wechselatmen (siehe Seite 68),
- die Vollatmung (siehe Seite 74) und
- das Luftbad am offenen Fenster (siehe Seite 87).

Bronchitis

Bei der Bronchitis handelt es sich um eine Infektionskrankheit, die durch Bakterien oder Viren bedingt sein kann, wobei die mittleren und tiefen Atemwege betroffen sind. Zu den typischen Krankheitssymptomen gehören starker Husten mit Schleimauswurf, der bei bakterieller Besiedlung gelblich bis grün gefärbt ist. Atembeschwerden und Fieber sind weitere Anzeichen, die zu dem Krankheitsbild der ⇨ akuten Bronchitis zählen. Durch den Bakterienbefall werden Teile der Bronchialschleimhaut und damit auch Flimmerhärchen, die sich in den Bronchien befinden, zerstört. Durch diese Zerstörung entstehen Stellen, über die der Schleimfilm nicht mehr gleiten kann. Deshalb gelingt es nur mit Hustenstößen, den Schleim nach draußen zu befördern.

Wird die Krankheit nicht entsprechend behandelt und ausgeheilt, kann sich eine akute Bronchitis in eine ⇨ chronische Bronchitis verwandeln. Bei vielen Menschen wird schon in der Kindheit der Grundstein für eine chronische Form dieser Erkrankung gelegt: Hartnäckige Erkältungen, Masern oder Keuchhusten können die Atmungsorgane so schwächen, daß der betreffende Mensch ein Leben lang »empfindliche Bronchien« behält. Dadurch erhöht sich die Neigung zu Erkältungen, sobald die feuchtkalte Witterung einsetzt. Besonders morgens wird eitriger Schleim ausgespuckt, der sich nachts in den Bronchien angesammelt hat. Das Stadium der chronischen Bronchitis wird dann bedenklich, wenn man schon bei geringer körperlicher Anstrengung, wie etwa beim Treppensteigen, außer Atem gerät.

Klima und Luftverunreinigung spielen bei dieser Erkrankung eine wichtige Rolle. Besonders der feuchte Industrienebel (Smog) reizt und schädigt die Atmungsorgane und die Atemwege mit den in ihm enthaltenen Abgasen und Giften. Er führt zu Atembeschwerden und kann einen akuten Hustenanfall auslösen.

Darüber hinaus kann die Ursache für eine chronische Bronchitis auch starkes Rauchen sein. Die Flimmerhärchen in den Bronchien werden durch den Rauch zunächst gelähmt, später dann irreparabel geschädigt. Es kommt zum typischen Raucherhusten.

Was können Sie tun?

Zunächst ist es wichtig, daß Sie Ihrem Körper und Ihrer Seele bei jeder Erkältungskrankheit genügend Aufmerksamkeit schenken. Bei länger andauerndem hartnäckigem Husten ist unbedingt ärztlicher Rat einzuholen. Regelmäßiges Inhalieren mit Kamillenwasserdampf oder mit ätherischen Ölen kann zwar den Arztbesuch nicht ersetzen, ist aber als schleimlösende Kur sehr hilfreich. Die Behandlung der Bronchitis muß in erster Linie darin bestehen, die auslösende Ursache zu beseitigen. In zweiter Linie geht es darum, den Schleim zu verringern und den Husten zu beeinflussen, ohne ihn jedoch zu unterdrücken, da der »gesunde« Husten dazu beiträgt, den Organismus von schädlichen Sekreten zu befreien.

Der Husten kann beispielsweise durch regelmäßiges Trinken eines ⇨ Bronchialtees oder durch Hustensäfte vermindert werden. Gleichzeitig wird durch die ⇨ Flüssigkeitszufuhr der Schleim verflüssigt, was das Abhusten erleichtert. Wichtig ist, daß eine Bronchitis restlos ausgeheilt werden muß, da sie sonst Wegbereiter für das Asthma bronchiale sein kann oder bleibende Schäden an Bronchien und Lungen verursacht. Die Entzündung klingt ab, wenn der ausgehustete Schleim nicht mehr gelb oder grünlich, sondern weiß ist und weniger wird.

Eine gezielte Heilbehandlung durch Atemübungen – möglichst unter sachkundiger Anleitung – kann dem Bronchitiker helfen, seine beanspruchten Bronchien wieder zu stärken, und einen bewußteren Körperumgang fördern.

Für das Üben zu Hause sind insbesondere folgende Atemübungen empfehlenswert:

- die Bauch-Zwerchfellatmung (siehe Seite 68),
- die vertiefte Bauchatmung (siehe Seite 72),
- die Lippenbremse (siehe Seite 73),
- Atmung und Bewegung (siehe Seite 75),
- Akupressur für die Atmung (siehe Seite 79),
- heilendes Visualisieren (siehe Seite 79)
- das Luftbad (siehe Seite 87).

Regelmäßiges Atemtraining beschleunigt nicht nur den Heilungsprozeß, sondern schärft darüber hinaus auch das Körperbewußtsein, was besonders für Menschen, die unter chronischer Bronchitis leiden, sehr wichtig ist. Zunächst sollten die äußeren Bedingungen, die diese Krankheit begünstigen, erkannt und vermieden werden. Dabei ist die Aufmerksamkeit besonders auf bestimmte Alltagsgewohnheiten zu lenken. Reine Luft (verbringen Sie deshalb ihre Urlaube möglichst oft am Meer oder im Hochgebirge), ausreichende Sonnenbestrahlung und ausgewogene Ernährung sind wichtige Maßnahmen, die unsere Abwehrkräfte stärken. Darüber hinaus gilt für den Bronchitiker striktes Rauchverbot; auch sollte er staubige und rauchige Räume meiden.
Die Behandlung der Seele spielt bei der Bronchitis ebenfalls eine wichtige Rolle. Der Bronchitiker scheint der ganzen Welt »etwas husten« zu wollen. Dieser aggressive körperliche Ausdruck, der nur in Form einer Krankheit erlaubt scheint, entspricht aber oft nicht dem tatsächlichen Umgang mit Konflikten. Problemen oder konfliktreichen Situationen wird eher aus dem Weg gegangen, so daß der betreffende Mensch als äußerst sanftmütig und immer freundlich erscheint. Diese Abwehrhaltung und Vermeidungstechnik äußert sich wiederum auf der körperlichen Ebene als Schwächung des Abwehrsystems, da die körpereigene Abwehr auch ein Ausdruck unseres inneren psychischen Selbstschutzes ist. So, wie sich das körperliche Abwehrsystem gegen äußere Feinde, wie Krankheitserreger oder Gifte, wehrt, so können wir uns auch gegen Gedanken und Gefühle wehren, die wir als gefährlich oder unangenehm einstufen. Erst wenn ein Mensch, der unter Bronchitis leidet, lernt, seine Wut-, Trauer- oder Angstgefühle der jeweiligen Situation entsprechend auszudrücken, braucht er sehr wahrscheinlich nicht mehr auf die körperliche Ausdrucksform seines inneren Konfliktes zurückzugreifen.
Ein weiterer wichtiger Aspekt ist die vermehrte Schleimabsonderung, die für den Bronchitiker eine Möglichkeit darstellt, sich einer Vielzahl von unangenehmen, unlösbaren Problemen in Gestalt des eitrigen Schleims zu entledigen. Je mehr Schleim sich lösen und verflüssigen kann, desto wohler und erleichterter fühlt er sich. Hierbei wird wieder das Reinigungsbestreben unseres Körpers und unserer Seele deutlich: Erst wenn wir die kleinen, aber oft zähen Alltagsprobleme genügend bearbeitet haben, können sie an Hartnäckigkeit verlieren und uns wieder befreit aufatmen lassen.

Lungenblähung

Das ⇨ Emphysem oder die ⇨ Lungenblähung ist eine eigenständige Krankheit. Sie kann als Folge einer langjährigen, nicht ausgeheilten Bronchitis entstehen. Darüber hinaus können eine altersbedingte Abnahme der Elastizität des Lungengewebes, aber auch jahrelanges Bronchialasthma sowie beruflich bedingte Belastungen der Lunge (Blasmusiker, Glasbläser) auslösende Faktoren für diese Erkrankung sein. Das Emphysem ist eine Lungenkrankheit, die durch Erweiterung und Überdehnung der Lungenbläschen entsteht. Werden die Lungen ständig überbläht, erweitern sich nicht nur die Lungenbläschen, es kommt auch zu einem Schwund an Lungengewebe. Davon ist besonders das Lungengewebe betroffen, das für den Gasaustausch notwendig ist. Zu den wichtigsten Anzeichen dieser Krankheit zählen Atemnot (zunächst nur bei körperlicher Belastung), Gewichtsverlust, Schwäche und Husten. Durch die Überblähung des Lungengewebes wird oft die Zwerchfellbeweglichkeit eingeschränkt. Der betreffende Mensch ist nicht mehr in der Lage, eine Kerze aus nächster Entfernung auszublasen.

Was können Sie tun?

Bei der ärztlichen Behandlung wird in erster Linie versucht, ein weiteres Fortschreiten des Emphysems zu verhindern. Strengstes Rauchverbot, viel Aufenthalt in frischer Luft und regelmäßige Atemübungen sind weitere Maßnahmen, die die Krankheit günstig beeinflussen.
Eine Atemtherapie unter fachkundiger Anleitung ist deshalb für die Behandlung der Lungenblähung dringend anzuraten. Da sich das Zwerchfell in ständiger Einatmungsstellung befindet, kann durch Übungen, die das ruhige und fließende Ausatmen fördern, die Zwerchfellbewegung wieder angeregt werden. Für das Üben zu Hause ist dabei zu beachten, daß die Ausatmung bei allen Übungen gegen einen leichten Widerstand erfolgen muß, damit die Bronchialwege offenbleiben und es nicht zu einem Zusammenfallen der Bronchiolen (⇨ Bronchiolenkollaps) kommt. Dieser Widerstand wird durch das Spitzen und leichte Zusammenpressen der Lippen (siehe dazu Seite 73) oder durch das Ausatmen mit Hilfe eines Strohhalms erreicht.

Allergische Erkrankungen der Atemwege und Atmungsorgane

Unter einer Allergie versteht man ganz allgemein die krankhaft veränderte Reaktion des Organismus auf bestimmte reizauslösende Stoffe oder Substanzen, wie beispielsweise Blütenpollen, Staub und Metalle, die auch Allergene genannt werden. Im Körper lösen sie im Immunsystem die Produktion von Gegenstoffen (⇨ Antikörper) aus.
Fast jede(r) vierte Bundesbürger(in) leidet inzwischen bereits an einer Allergie. Die Symptome einer allergischen Reaktion des Körpers sind vielfältig und reichen von Hautjucken, Hautrötung, Quaddelbildung, Blutschäden, Fieber und Atemnot bis hin zum Kreislaufkollaps.
⇨ Heuschnupfen und ⇨ Asthma bronchiale gehören ebenfalls zur Krankheitsgruppe der Allergien. Die Symptome betreffen unmittelbar unsere Atemwege und Atmungsorgane und können, insbesondere beim Asthma, lebensbedrohliche Formen annehmen. Das Asthma zählt aber auch zu den klassischen psychosomatischen Leiden, Erkrankungen also, für die ein Zusammenhang zwischen psychischen Vorgängen und körperlicher Ausdrucksform in vielen Untersuchungen nachgewiesen werden konnte.
Für die medizinische Forschung bleiben die Ursachen einer Allergie auch heute noch teilweise ungeklärt. Ein Zusammenwirken von seelischen und körperlichen Faktoren wird von der Schulmedizin immer noch skeptisch betrachtet und oftmals sogar bestritten. Doch zahlreiche Forschungsergebnisse und praktische Erfahrungen im Umgang mit Allergiepatienten und -patientinnen haben gezeigt, daß ein Großteil der Symptome durch die Beeinflussung der Psyche zum Verschwinden gebracht werden können. Es ist aber auch möglich, daß Sie dadurch erst hervorgerufen und verstärkt werden.

Heuschnupfen

Die Bezeichnung ⇨ Heuschnupfen oder ⇨ Heufieber ist insofern unzutreffend, da die Krankheit eigentlich nichts mit dem Heu oder mit der Heuernte zu tun hat, sondern mit der in dieser Zeit verstärkten Pollenkonzentration in unserer Atemluft. Heuschnupfen ist eine saisonbedingte allergische Reaktion, die auf einer Überempfindlichkeit gegenüber den Pollen von Gräsern, Sträuchern, Bäumen und Blumen beruht.

Zu den charakteristischen Anzeichen dieser Krankheit zählen geschwollene und tränende Augen, eine tropfende Nase und Jucken im Nasen-Rachen-Raum. Betroffen sind vorwiegend die oberen Luftwege und die Bindehaut der Augen. Sie sind gereizt, gerötet und geschwollen und sondern eine wäßrige Flüssigkeit ab. Durch den Reiz im Rachenraum entsteht ein kratzendes Gefühl im Hals, so daß man sich deshalb ständig räuspern muß. Diese Symptome werden meistens von den klassischen Schnupfenmerkmalen begleitet. Die geschwollenen Schleimhäute der Nase blockieren erheblich die Nasenatmung. Heftige Niesattacken schütteln den Kranken. Die verstopfte Nase zwingt den Patienten durch den Mund zu atmen, was Mundtrockenheit und Reizung der tieferen Luftwege zur Folge hat. Wenn die Luftröhre und die Bronchien ebenfalls allergisch reagieren, kann es zur allergischen ⇨ Tracheitis (Luftröhrenentzündung) oder Asthma bronchiale (siehe dazu Seite 27) kommen.

Je nach Grad der Pollenkonzentration und individueller Reaktionsbereitschaft können sich die beschriebenen Symptome plötzlich steigern oder auch wieder abklingen und wellenförmig dem Krankheitshöhepunkt zusteuern. In dieser Zeit klagen Heuschnupfenpatienten und -patientinnen über ein ausgeprägtes Krankheitsgefühl mit oft schweren gefühlsmäßigen Störungen und nervösen Erschöpfungszuständen. Neben einer erblichen Allergiebereitschaft sind noch eine große Zahl weiterer Faktoren von Bedeutung: Zum einen ist der Zustand des vegetativen Nervensystems maßgeblich sowie das Gleichgewicht der Hormone. Zum anderen wird der Ausbruch einer Allergie dann begünstigt, wenn gleichzeitig eine Infektion besteht oder bestimmte Umwelteinflüsse, wie beispielsweise das ständige Einatmen schleimhautreizender Chemikalien oder starke Luftverschmutzung, den Körper dauerhaft belasten. Außerdem sind nicht vollständig ausgeheilte Infektionen in der Kindheit dafür verantwortlich, daß das Atemsystem empfindlich oder gar bleibend geschädigt wurde. Aber auch chronischer Streß kann die Anfälligkeit für eine Allergie erheblich steigern. Seelische Konflikte und emotional belastende Situationen treten mit diesen oftmals früh erworbenen Schwachstellen in eine Wechselwirkung und lösen so die Krankheit aus. Wenn ein Mensch in bestimmten Situationen immer »verschnupft« reagiert, anstatt seinen Gefühlen »Luft zu verschaffen«, wird sich seine Nasenschleimhaut häufig in einem Zustand der Überreaktion und Überbeanspruchung befinden. Die Schleimhäute können dann mit der Zeit empfindlich auf die verschiedenen Arten (oder nur auf eine bestimmte Art) von eingedrungenen Fremdkörpern reagieren.

Was können Sie tun?

Man versucht, starke Heuschnupfensymptome durch schleimhautabschwellende homöopathische oder allopathische Medikamente zu lindern oder mit bestimmten Verfahren, wie etwa der ⇨ Hyposensibilisierung – dabei wird der auslösende Stoff in steigenden Dosen injiziert, bis der Erkrankte unempfindlich wird –, zu behandeln. Auch mit Akupunktur konnte schon vielen Heuschnupfengeplagten geholfen werden.

Diese symptomunterdrückenden beziehungsweise -lindernden therapeutischen Maßnahmen schließen aber die psychischen Faktoren, die oftmals Auslöser einer Allergie sind, aus. Deshalb sollte jede medizinische Therapie des Heuschnupfens durch eine gezielte psycho- und atemtherapeutische Behandlung ergänzt werden, da die seelischen Hintergründe des Heuschnupfens oft tief verwurzelt und vielschichtig sind. Manchmal können aber auch Gespräche innerhalb der Familie und mit Freunden dazu beitragen, die Gründe herauszufinden, auf wen oder auf was man allergisch reagiert. Das Gespräch als Seelenmassage kann oftmals verhindern, daß die allergischen Atemwegsbeschwerden, die Spannungen und Ängste ein gefährliches Ausmaß, wie etwa beim Asthma, erreichen. Nach einer offenen Aussprache in verständnisvoller Atmosphäre fühlen Sie sich wie von einer Last befreit, und Sie können wieder frei durchatmen, besonders dann, wenn es Ihnen gelungen ist, trotz innerer und äußerer Widerstände einen Konflikt zu bereinigen. Als vorbeugende und heilende Atemtechniken bei Heuschnupfen sind insbesondere

- die Nasenatmung (siehe Seite 67),
- die Nasenreinigung (siehe Seite 67),
- die Vollatmung (siehe Seite 74),
- heilendes Visualisieren (siehe Seite 80) und
- die Akupressur (siehe Seite 79)

zu empfehlen und regelmäßig – nicht nur während der Heuschnupfensaison – durchzuführen.

Asthma bronchiale

Beim Bronchialasthma handelt es sich um kurzzeitige Anfälle von hochgradiger Atemnot, wobei besonders die Ausatmung erschwert ist. Die Betroffenen atmen keuchend und ringen nach Luft. Die Anfälle treten häufig nachts auf und werden oft als lebensbedrohliche Erstickung erlebt. Die körperliche Ursache dieser Atemwegserkrankung ist eine ⇨ Überempfindlichkeit des Bronchialsystems, die zu Krämpfen der Bronchialmuskulatur führt. Diese Überempfindlichkeit wird durch verschiedene, meist zusammenwirkende Faktoren begünstigt. Zum einen kann eine Infektion der Bronchien vorliegen, zum Beispiel eine schlecht ausgeheilte Bronchitis, zum anderen sind die Gründe in vielen Fällen in einer allergischen Reaktion gegen bestimmte Fremdstoffe, wie Pollen, gewisse Nahrungsmittel, Tierhaare oder Staub, zu finden. Oftmals ist der Heuschnupfen Wegbereiter des Asthma bronchiale. In einigen Fällen können Asthmaanfälle auch bei körperlicher Anstrengung auftreten, was insbesondere im Kindesalter vorkommt und von der Medizin bislang nicht vollständig geklärt werden konnte.
Durch häufige Erkältungen, die nicht richtig ausgeheilt werden oder durch Allergene (Stoffe, auf die der Körper allergisch reagiert) wird die Schleimhaut der Atemwege mit der Zeit überempfindlich. Treffen nun die schädlichen Reize auf die übersensible Bronchialschleimhaut, zieht sich die darunterliegende Muskulatur zusammen, so daß die Luftwege enggestellt werden. Zusätzlich schwillt die Schleimhaut an und sondert übermäßig viel Schleim ab, wodurch noch weniger Raum für den Luftstrom freibleibt. Der Asthmatiker hat das Gefühl, zu ersticken. Ihm ist, als ob er durch einen Strohhalm ein- und ausatmen müsse. Das Einatmen fällt ihm dabei leichter, weil sich die Atemwege beim Einatmen passiv etwas dehnen, beim Ausatmen hingegen wieder auf ihre ursprüngliche Größe schrumpfen. Dadurch wird immer mehr Luft wie in einer Falle gefangen. Die sich aufstauende Luft fängt an, die Lunge zu überdehnen. Gleichzeitig wird damit die Atembeweglichkeit der

Lunge eingeschränkt, die das Gefühl verursacht, immer mehr Luft einatmen zu müssen. Rein organisch gesehen, handelt es sich im wesentlichen um eine Störung der Ausatmung, die unter normalen Bedingungen passiv und ohne Muskelanstrengung vonstatten geht (siehe dazu Seite 17). Für den Asthmatiker erfordert jedoch das Ausatmen übermenschliche Anstrengung. Beim Asthmaanfall werden in der Regel traumatische Gefühle des Erstickens ausgelöst.
Auch psychische Faktoren können einen Asthmaanfall auslösen und begünstigen. Das Bronchialasthma zählt in der Psychosomatik zu den klassischen Erkrankungen, deren Grundsteine oft schon in der frühen Kindheit gelegt wurden. Die psychischen Ursachen sind jedoch sehr komplex und individuell verschieden. Allgemein betrachtet, weist die behinderte Ausatmung auf eine Störung des »passiven Geschehenlassens« hin. Es wird davon ausgegangen, daß für die Auslösung eines Asthmaanfalles weniger die Reaktion auf bestimmte Allergene ausschlaggebend ist, als die »Allergie« gegen bestimmte Situationen und Menschen. So treten die Anfälle beispielsweise oft in ganz typischen Situationen auf: Der Asthmakranke steht dabei in innerer Opposition zum gerade Erlebten, zum Geschehen, zu den beteiligten Menschen, ohne in der Lage zu sein, die auftauchenden Gefühle der Wut oder des Ärgers freizusetzen, sich freizuatmen. Es verschlägt ihm buchstäblich den Atem, er droht an den zurückgehaltenen Gefühlen regelrecht zu ersticken. Dieses nicht ausgesprochene »Nein!« zur Situation und zur Umwelt nimmt dem Asthmakranken die Möglichkeit, seinen wahren Gefühlen Luft zu verschaffen, sie ausströmen zu lassen. Die unbewußte Kontrolle der Gefühle, des psychischen Geschehens spiegelt sich in der Störung oder Unterbrechung des Atemflusses wider, wobei besonders die Ausatmung von der Atemstörung betroffen ist.

Was können Sie tun?

Neben einer ärztlichen Betreuung ist das Erlernen bestimmter Atemtechniken für Asthmakranke unbedingt erforderlich und empfehlenswert. Theoretisch gesehen, kann ein Asthmaanfall dadurch gelindert werden, daß es dem Patienten gelingt, zunächst Ruhe zu bewahren und die Luft langsam und sanft auszuatmen. Dieser für den Asthmatiker äußerst schwierige Lernprozeß sollte daher zuerst mit Hilfe einer gezielten Atemtherapie unter fachkundiger Anleitung erfolgen. Als vorbeugende Maßnahmen sind folgende Atemübungen zu erlernen und regelmäßig durchzuführen:

- die Nasenatmung (siehe Seite 67),
- die Bauchatmung (siehe Seite 68),
- die Vollatmung (siehe Seite 74),
- das Atmen mit der Lippenbremse (siehe Seite 73),
- entspannende Übungen (siehe Seite 60),
- heilendes Visualisieren (siehe Seite 80) und
- Akupressur für die Atmung (siehe Seite 79).

Inhalieren mit bestimmten Kräuterzusätzen (siehe dazu Seite 95) als schleimlösende Mittel, die Stärkung der Abwehrkräfte durch gesunde Ernährung und striktes Rauchverbot sind weitere Maßnahmen, die den Heilungsprozeß unterstützen. Auch kann eine Luftveränderung wesentlich zur Genesung des Asthmakranken beitragen. Empfehlenswert ist außerdem eine den Bedürfnissen des Asthmakranken entsprechende Psychotherapie, in der er die seelischen Hintergründe seiner Krankheit sehen und begreifen lernt.

Was versteht man unter Heilatmen?

Die Atemtechnik mit Hilfe bestimmter Übungen zu schulen, um so körperliche, emotionale und geistige Vorgänge zu beeinflussen, ist eine uralte Überlieferung vergangener Kulturen. Bei den Gelehrten und Priesterärzten der alten Ägypter, Griechen, Chinesen, Japaner und Inder gehörte die »Lehre vom Atem« zu den Geheimnissen ihrer Lebensphilosophie und Meditationspraktiken. Sie war Bestandteil ihrer Heilkunst. Die Weitergabe dieser Geheimlehre war an bestimmte Regeln gebunden. Erst dem Eingeweihten, der eine bestimmte Bewußtseinsstufe erreicht hatte, wurde das Wissen um den Atem und seine Wirkungen zuteil. Das Erleben des Atems und das Erlernen bestimmter Atemtechniken war die Voraussetzung für jede weitere Entwicklung der Persönlichkeit und diente der Steigerung des allgemeinen körperlichen und geistig-seelischen Wohlbefindens.
Heutzutage umfaßt der Sammelbegriff »Heilatmen« sämtliche Atemtechniken, die zu therapeutischen sowie vorbeugenden Zwecken praktiziert werden. Der weite Bereich teilt sich in drei Hauptrichtungen, die zwar mit unterschiedlichen Techniken und Methoden arbeiten, denen aber der Atem als Heilmittel gemeinsam ist.

Atemschulung und -pflege

Die in diesem Buch vorgestellte Atemschulung und -pflege ist eine vorbeugende Maßnahme, damit die Atemwege und Atmungsorgane gesund und ihre Reinigungsmechanismen funktionstüchtig bleiben. Außerdem kann mit Hilfe der Atemschulung eine Optimierung der Sauerstoffaufnahme und Kohlendioxidabgabe erreicht werden, was sowohl für den Körper als auch für das emotionale Wohlbefinden von großer Bedeutung ist.
Grundlage der Atemschulung ist das Erlernen der »Kunst des Atmens«. Erst das

freie, ungehinderte und dabei intensive Atmen gewährleistet das optimale Funktionieren lebenswichtiger Prozesse. Harmonisches natürliches Atmen ohne Spannungen und Blockaden ist daher oberstes Prinzip und Lernziel einer Atemschulung. Damit verbunden sind spezielle Übungen zur Pflege des Atemapparates, zur Bewußtwerdung des eigenen Atemzustands und zur Entspannung von Körper und Seele. Dabei wird besonders auf die Entdeckung der eigenen Atemstörungen Wert gelegt und versucht, sie mit Hilfe gezielter Übungen zu beheben.

Atemtherapie

Die Atemtherapie dagegen ist eine tiefgreifende und unterstützende Methode, die direkt oder indirekt ein erkranktes oder funktionsgestörtes Organ beeinflussen kann. Sie schließt alle physiotherapeutischen Verfahren ein, die geeignet sind, den Atemablauf effektiver und die Atemarbeit ökonomischer zu gestalten. Meist wird die atemtherapeutische Behandlung in Zusammenarbeit mit einem Arzt oder einem Atemtherapeuten durchgeführt, was oftmals einen mehrwöchigen Klinikaufenthalt in speziellen Sanatorien erfordert (Adressen siehe Seite 106).
Aber auch Erkrankungen allgemeiner Art können mit Hilfe der Atemtherapie behandelt und geheilt werden. Bei folgenden Krankheiten hat sich eine atemtherapeutische Behandlung besonders bewährt:

- Erkrankungen und Funktionsstörungen, die die Atemwege und Atmungsorgane betreffen, wie beispielsweise Bronchitis und Asthma bronchiale,
- spezielle Lungenerkrankungen, wie das Lungenemphysem,
- Herz-Kreislauf-Störungen, wie mangelnde Durchblutung, zu hoher oder zu niedriger Blutdruck,
- Magen-Darm-Beschwerden, insbesondere bei chronischer Darmträgheit und Verdauungsschwierigkeiten,
- vegetativer Dystonie (Störungen von Körperfunktionen durch Fehlregulation des vegetativen Nervensystems),
- nervöse Erschöpfungszustände (Neurasthenie) und
- Haltungsschäden, insbesondere bei angeborenen oder erworbenen Rückgratverkrümmungen (Skoliose).

Wie aus der Aufstellung hervorgeht, kann mit Hilfe der Atmung ein breites Spektrum verschiedener Erkrankungen behandelt werden. Ziel und Aufgabe einer medizinischen Atemtherapie ist in erster Linie die Wiederherstellung der normalen Körperfunktionen, die Heilung erkrankter Atem- und Körperorgane bis hin zur Korrektur bestimmter Haltungsschäden des menschlichen Bewegungsapparates. Erst in letzter Zeit bemüht sich die Atemtherapie, den erkrankten Menschen ganzheitlich zu sehen, seine Gefühle, Ängste und Widerstände sowie seine oft gesundheitsschädlichen Lebensgewohnheiten zu berücksichtigen und ihn dazu anzuleiten, ein umfassendes Körperbewußtsein zu entwickeln.

Körperorientierte Psychotherapien

Die dritte Richtung des Heilatmens umfaßt die ebenfalls erst in jüngster Zeit entwickelten Psycho- beziehungsweise Körpertherapien, die auch mit Hilfe des Atems emotionale und körperliche Blockaden und Spannungen zu lösen versuchen. Diese Verfahren halten sich einerseits eng an überlieferte Methoden des Heilatmens, die eine Bewußtseinsentfaltung anstrebten, andererseits fließen auch neue psychologische Erkenntnisse in den therapeutischen Prozeß mit ein. So werden beispielsweise Atemübungen aus dem Yoga oder anderen

fernöstlichen Heilverfahren zur Unterstützung und Aufdeckung traumatischer Erlebnisse oder emotionaler Blockaden angewandt.
Die Methode der körperorientierten Psychotherapie gewinnt insofern immer größere Beliebtheit und Bedeutung, da sie den ganzen Menschen, seine körperliche, geistige und seelische Realität einbezieht. Dieser Grundgedanke der Einheit von Körper, Seele und Geist erlaubt es dem Therapeuten, Persönlichkeitsstörungen gleichzeitig sowohl vom Ausdruck als auch von der Physiologie des Körpers her zu diagnostizieren. Der bekannteste Vertreter dieses Verfahrens ist der Psychoanalytiker Wilhelm Reich (*1897, †1957), der einen Zusammenhang zwischen Atmung und Gefühlsausdruck beobachtete. Erst wenn die Patienten dazu ermutigt wurden, tief zu atmen, konnten emotionale Widerstände aufgehoben und tiefsitzende Ängste erlebt werden. Durch das Auflösen des sogenannten Muskelpanzers mit Hilfe der Atmung, können sich, so Reich, auch seelische Verspannungen lösen, was im weiteren Verlauf eine Änderung der Körperhaltung sowie der geistigen Haltung eines Menschen bewirke.
Wie bei einer Atemtherapie sollte auch dieses Verfahren nur von ausgebildeten Fachkräften ausgeführt werden (Adressen siehe Seite 106), da die Bearbeitung der aufgedeckten Gefühle und die Durchführung der Atemübungen sehr viel Sachwissen und Einfühlungsvermögen voraussetzen. Bei Vorliegen organischer Schäden oder schwerer Gefühlsstörungen ist eine Körpertherapie nicht ohne weiteres zu empfehlen. Sie sollte in der Regel nur nach vorhergehender ärztlicher Untersuchung durchgeführt werden.

Methoden der Atembehandlung

Die nachfolgende Beschreibung umfaßt eine Auswahl von Atembehandlungsmethoden, die zum einen als Orientierungshilfe gedacht sind und zum anderen die theoretischen Grundlagen für die hier vorgestellten Atemübungen bilden.
Die Auswahl beinhaltet die wohl bekannteste fernöstliche Atemmethode des Yoga, die in Europa gebräuchlichsten Formen der Atemschulung beziehungsweise medizinischer Atemtherapien und die mehr psychologisch orientierten Verfahren bestimmter Körpertherapien.

Das Atmen beim Yoga – die traditionelle indische Lehre

»Geist und Prana sind eins, und so sind Geist und Atem unmittelbar voneinander abhängig. Wo Atem ist, da ist auch Denken; wo kein Atem ist, da versiegt auch die Aktivität des Geistes.«

LEITSATZ DES HATHA-YOGA

Überlieferungen zufolge ist das indische Yoga mindestens 3000 Jahre alt. Der Begriff Yoga bedeutet soviel wie »zusammenspannen« oder »den Geist sammeln« und stammt aus der altindischen Schriftsprache Sanskrit. Yoga ist eine Lebensphilosophie und nicht zu verwechseln mit der bloßen Durchführung akrobatischer Körperübungen. Neben den in unseren Breitengraden kaum angewandten Formen des Meditations-Yoga, wie dem Gnana-, Bahkti- und Raja-Yoga, wird in Europa vor allem das sogenannte ⇨ Hatha-Yoga praktiziert und gelehrt. Hatha-Yoga beschäftigt sich in erster Linie mit der Disziplin des Körpers, aber auch mit der Erlangung einer bestimmten Geisteshaltung. Grundsätzlich wird die vollkommene körperliche und geistige Gesundheit angestrebt, wobei ganz bestimmte Regeln eingehalten werden müssen:

- richtig ausgeführte Körperstellungen und -haltungen (Asanas),
- optimale Entspannung,
- richtiges Atmen durch Atemübungen (Pranayama),
- vegetarische Ernährung und
- positives Denken und Konzentrationsfähigkeit.

Für das Heilatmen sind besonders die theoretischen und praktischen Grundlagen der Yogaatemtechnik von Interesse. Erst in jüngster Zeit konnten Forschungsergebnisse belegen, daß die Schleimhaut eines jeden Nasenlochs einen rhythmischen Schwellungszyklus von etwa zwei Stunden hat. Dabei ist beispielsweise für eine Stunde das rechte Nasenloch relativ offen, während das linke hingegen etwas enger ist. In der zweiten Stunde ist es genau umgekehrt. Der indischen Yogalehre war dieser Nasenrhythmus von alters her bekannt. Davon ausgehend wurde eine inzwischen klassische Atemübung entwickelt. In den alten Texten ist nachzulesen, daß beim Atmen durch das linke Nasenloch die rechte Gehirnhälfte, also intuitives, emotionales Denken, beim Atmen durch das rechte Nasenloch dagegen die linke Gehirnhälfte, also lineares, logisches Denken gefördert wird. Die Beachtung dieses Wechsels hat für das Yoga insofern grundlegende Bedeutung, da mit Hilfe der unterschiedlichen Aktivierung durch Atemübungen ein Ausgleich zwischen den Fähigkeiten der linken und rechten Gehirnhälfte herbeigeführt werden soll.

Sie können sehr gut selbst ausprobieren, welches Ihrer Nasenlöcher im Moment mehr geöffnet oder mehr verschlossen ist. Halten Sie dazu das linke Nasenloch mit dem Daumen oder Zeigefinger zu, und atmen Sie durch das rechte Nasenloch ein. Danach wiederholen Sie den Vorgang in umgekehrter Reihenfolge.

Rhythmische Nasenatmung: Halten Sie das rechte Nasenloch zu, und atmen Sie durch das linke Nasenloch ein

Rhythmische Nasenatmung: Halten Sie das linke Nasenloch zu, und atmen Sie durch das rechte Nasenloch ein

Mit Hilfe bestimmter Atemübungen wird außerdem der Atemstrom ganz gezielt auf alle Körperregionen verteilt. Nach Auffassung der Yogalehre nehmen wir mit unserer Atemluft nicht nur lebenserhaltenden Sauerstoff zu uns, sondern auch eine spezielle Form kosmischer Lebensenergie, die in der Yogasprache ⇨ Prana genannt wird. Diese Lebensenergie durchströmt den gesamten Körper, angetrieben durch die Pumpbewegungen des Herzens und durch das Zusammenspiel von Zwerchfell und Lungen. Damit jeder Mensch die ihm zur Verfügung stehende Lebenskraft voll ausschöpfen kann, muß er alle Möglichkeiten seines Atemapparates optimal nutzen.

Die Atmung wird im Yoga durch bestimmte Körperhaltungen oder -stellungen, die sogenannten ⇨ Asanas, wesentlich unterstützt. Im Gegensatz zu unseren Turn- und Gymnastikübungen kommt es bei den Körperübungen des Yoga nicht darauf an, die Muskeln rasch anzuspannen, um so die Muskelkraft zu stärken. Vielmehr soll durch langsames und allmähliches Dehnen der Muskeln und Bänder gelernt werden, ein Maximum an körperlicher und geistiger Entspannung zu erreichen, wobei das richtige Atmen eine wesentliche Rolle spielt.

Die »Kobra«

Für die alten Inder war das Yoga ein wichtiger Bestandteil ihrer Heilkunst, da bei richtiger und regelmäßiger Ausführung der Übungen funktionsgestörte Organe, erschlaffte oder verkrampfte Muskeln, Haltungsschäden und seelische Verstimmungen geheilt werden konnten. So werden bestimmten Übungen auch ganz bestimmte Wirkungsweisen zugeschrieben. Die Heilwirkung der ⇨ Kobraübung beispielsweise wird folgendermaßen erklärt: Die Rücken- und Bauchmuskeln werden massiert, und die Atmung wird angeregt. Der Druck auf den Bauch hilft gegen Verstopfung, aber auch gegen Menstruationsstörungen und andere Frauenleiden.

Heilatmen als medizinische Therapie – der westliche Weg

In der Bundesrepublik Deutschland werden verschiedene Verfahren des Heilatmens angeboten und gelehrt. Techniken und Methoden sind dabei so unterschiedlich wie ihre Begründer, die Zielsetzung jedoch, den Atem zu Heilungszwecken einzusetzen, ist allen Verfahren gemeinsam. Vielen Methoden der Atembehandlung liegen die Grundgedanken des Yoga oder anderer fernöstlicher Heilverfahren zugrunde, während bei anderen wiederum die medizinisch-physiologischen Bedingungen Ausgangspunkt der Behandlungsmethode sind. Grob betrachtet, bedienen sich sämtliche, in Europa durchgeführte Atemtherapien oder Methoden der Atemschulung verschiedener therapeutischer Maßnahmen, die geeignet sind, die Atmung so

zu steuern, daß ein heilender Einfluß auf körperliche und damit auch auf seelische Vorgänge möglich ist. Dabei werden vor allem Übungen zur Bewußtwerdung des eigenen Atemverhaltens und dessen Korrektur gelehrt sowie bestimmte atemgymnastische Methoden, die aus Bewegungs- und Dehnübungen bestehen. Mit Hilfe ausgesuchter Atemübungen kann darüber hinaus eine gezielte Behandlung erkrankter Körperorgane vorgenommen werden. Fast alle Methoden des Heilatmens betonen auch die seelisch-geistige Einflußnahme. Es wird davon ausgegangen, daß der ganze Mensch behandelt werden muß, um eine dauerhafte und vollständige Heilung zu erzielen.
Mit der anschließenden Beschreibung werden die wichtigsten Vertreterinnen und Vertreter der europäischen Heilatmungsverfahren vorgestellt, um die Vielfalt der Behandlungsmöglichkeiten mit Hilfe unserer Atmung zu verdeutlichen.

Atemschulung und -pflege nach Prof. Dr. Ilse Middendorf

»Atem ist eine lebenstragende Funktion. Atmend können wir unseren Leib kennenlernen. Atem kann erfahren und erlebt werden. Rechtes Atmen löst und bringt dem Übenden Gelassenheit.«

ILSE MIDDENDORF

Die Atemlehre nach Prof. Dr. Middendorf stellt eine methodisch begründete Auseinandersetzung mit den Wirkungen unseres Atems dar. Schon in den dreißiger Jahren gründete sie das erste »Institut für Atemtherapie und -unterricht« in Berlin, wo sie auch heute noch Atemtherapeuten und -therapeutinnen ausbildet. In ihren Forschungsarbeiten legt sie besonderen Wert auf den »erfahrbaren Atem«, was sie mit Hilfe selbst entwickelter Atemübungen ihren Schülern und Schülerinnen zu vermitteln sucht. Erst durch das Erspüren der unbewußten Atmung kann diese ins Bewußtsein dringen und eine entspannte Atmung, ohne willentliche Anstrengung auslösen. Nach ihrer Auffassung ist die Atembewegung ein »urrhythmisches Geschehen«, das den ganzen Menschen durchschwingt und jede seiner körperlichen, seelischen sowie geistigen Regungen begleitet.
Diese Grundidee bildet das theoretische Fundament ihrer Atemlehre. Für die praktische Durchführung hat Frau Middendorf folgende aufeinander aufbauende Lernschritte entwickelt:

- körperliche Dehnübungen,
- Druckpunktübungen,
- Vokalraumübungen,
- das schweigende Tönen und
- die Bewegung aus dem Atem.

Als erster Schritt im stufenweisen Übungsprogramm werden verschiedene Muskelgruppen gedehnt, die normalerweise im Alltag unbeansprucht bleiben. Dehnübungen lockern den Körper und fördern darüber hinaus die geistige und emotionale Empfindungsfähigkeit. Bei der Ausführung der Dehnübungen wird besonderer Wert darauf gelegt, daß der Atem nicht durch bewußte Anstrengung »geholt« wird, sondern der Übende muß den Atem »kommen lassen«. Durch diese Erfahrung wächst allmählich das Empfinden für den sogenannten ⇨ Atemraum, der mit Hilfe der ⇨ Druckpunktübungen (siehe dazu Seite 36) erfahrbar wird.
Nach zwanzigjähriger Forschung und praktischer Erfahrung gelang es Prof. Dr. Middendorf, gewisse Punkte am Körper ausfindig zu machen, die bei Druck den Atemimpuls in unterschiedliche Körperregionen, die als Atemräume bezeichnet werden, lenken und dort entsprechende Atembewegungen erzeugen.

Druckpunktübung: Mittelfinger aneinanderlegen und Mittelfingerkuppen gegeneinanderdrücken

Druckpunktübung: Daumen- und Zeigefingerkuppen gegeneinanderdrücken

Druckpunktübung: Alle Fingerkuppen gegeneinanderdrücken

So belebt beispielsweise das Gegeneinanderdrücken der kleinen oder Ringfinger die Atmung im inneren Raum (Beckenbereich), das der Mittelfinger den mittleren Raum (vom Nabel bis zur Mitte des Brustkorbs) und das der Zeigefinger und Daumen den oberen Raum (vom Brustkorb aufwärts bis zum Kopf).

Aufgrund langjähriger Erfahrung weiß man, daß die Druckpunktübungen ihre Wirkung auch an den Füßen entfalten, wobei der Druck auf den vorderen, mittleren und hinteren Fußsohlenbereich ausgeübt wird.

Die sogenannte ⇨ Vokalatmung ist eine weitere Übung, die ebenfalls von Frau Middendorf entwickelt wurde. Sie beobachtete, daß das Sprechen, Tönen, Singen oder das bloße Denken von Vokalen (bestimmte Konsonanten sind auch geeignet) die Atemmuskulatur beeinflussen, da sie als Klangträger im Körperinneren bestimmte Schwingungen hervorrufen. Diese Schwingungen, so Prof. Dr. Middendorf, üben eine entspannende, anregende oder kräftigende Wirkung auf die Atemmuskulatur und auf die Körperorgane aus. Die Vokale a, e, i, o und u rufen beispielsweise eine wohltuende Entspannung innerer Organe hervor und regen zugleich die Durchblutung an. Darüber hinaus wird die Atmung optimal gefördert.

Die gesprochenen, gesungenen oder nur gedachten Vokale gehen dann in ⇨ schweigendes Tönen über, was einem Nachklingenlassen der Laute entspricht und die vorher beschriebenen Wirkungsweisen verstärkt. Wenn wir beispielsweise ein gesummtes »C« nachklingen lassen, entsteht eine Atembewegung im mittleren Raum. Werden höhere Tonlagen »schweigend gesummt«, spüren wir den Atem bis in die Schädeldecke im oberen Atemraum. Frau Middendorf vergleicht bei diesen Übungen den Körper mit einem Instrument, da er als Klangträger nach den jeweiligen Lauten vibriert.

Die letzte Ubungsphase betrifft die Bewußtwerdung der formenden und gestaltenden Kraft des Ausatmens, die sogenannte ⇨ Bewegung aus dem Atem. Nach Auffassung von Prof. Dr. Middendorf entsteht aus der Weite des Einatmungsraumes die strömende Kraft der Ausatmung, was eine Aufwärts- beziehungsweise Abwärtsbewegung im Körper erzeugt. Der optimale Raum, von dem die Ein- und Ausatmungsbewegungen ausgehen, liegt in der Körpermitte, im inneren Atemraum. Die »Atmung aus der Mitte« und das Erspüren dieses Zentrums sind daher wichtigstes Lernziel dieser Methode, weil dadurch ein gröberes, schweres Lebensgefühl in ein leichteres, schwingungsfähiges verwandelt werden kann.

Integrale Atemschulung nach Klara Wolf

»Durch den in allen Bereichen integrierten, lebendigen Atem wird mehr Atemraum geschaffen. Er ist der Lebensraum, in dem die schöpferischen Kräfte Gestalt annehmen.«

KLARA WOLF

Die Schweizerin Klara Wolf entwickelte nach einer tänzerisch-gymnastischen Ausbildung die sogenannte integrale Atembehandlung. Allgemein betrachtet, ist darunter eine umfassende Atem- und Körpererziehung zu verstehen, die den Menschen in seiner Gesamtheit erfassen möchte und einen aktiven Beitrag als Gesundheits- und Lebenshilfe leisten will.
In ihrer Atemschule (Adresse siehe Seite 106) werden neben Atempädagogen, Ärzten und Heilpraktikern auch Sportler und Künstler ausgebildet sowie interessierte Laien unterrichtet.
Die von ihr entwickelten Übungen beinhalten im wesentlichen bestimmte Kombinationen von Körperstellungen und -haltungen, die mit speziellen Atemtechniken und -rhythmen verbunden werden. Diese bewirken, so Klara Wolf, eine direkte oder indirekte Korrektur der Atmung, da durch die Übungen die Atmung aktiviert wird und sich besser entfalten kann.
Neben den vorbereitenden Übungen, mit denen auch eine Korrektur körperlicher Fehlhaltungen beabsichtigt ist, umfaßt das Ausbildungs- beziehungsweise Therapieprogramm ganz spezielle Atem- und Körperübungen, die nach Auffassung von Frau Wolf heilend auf die inneren Prozesse unseres Körpers wirken. Dazu gehören unter anderem das Konditionstraining zur besseren Zellatmung, die Kreislaufübungen zur Aktivierung der arteriellen Durchblutung und des venösen Rückflusses und Übungen für die Drüsen, den Stoffwechsel und die Nerventätigkeit.
Frau Wolf geht davon aus, daß zwischen dem Körperinneren und -äußeren nervliche Verbindungen, sogenannte Reflexbogen, bestehen, die bei entsprechender Reizung durch bestimmte Bewegungen oder Massage anregend oder entspannend wirken. So werden die Reizzonen der Lunge durch folgende Übungen aktiviert:

- Nasenreinigung (siehe Seite 67),
- Bauch-Zwerchfell-Atmung (siehe Seite 68),
- Bewegungen des Schultergürtels, der Arme und des Kopfes (siehe Seite 61),
- Beklopfen von Brustkorb und Nacken und
- Zwischenrippenmassage.

Wichtigstes Lernziel bei dieser Methode ist die erfolgreiche Durchführung der »integralen Vollatmung«, die, in mehrere Übungsabschnitte unterteilt, eine umfassende und optimale Ausschöpfung der Atemräume bewirkt und die Atemtiefe steigert. Die einzelnen Übungsabschnitte sind so eingeteilt, daß zunächst bestimmte Teilatmungstechniken erlernt werden:

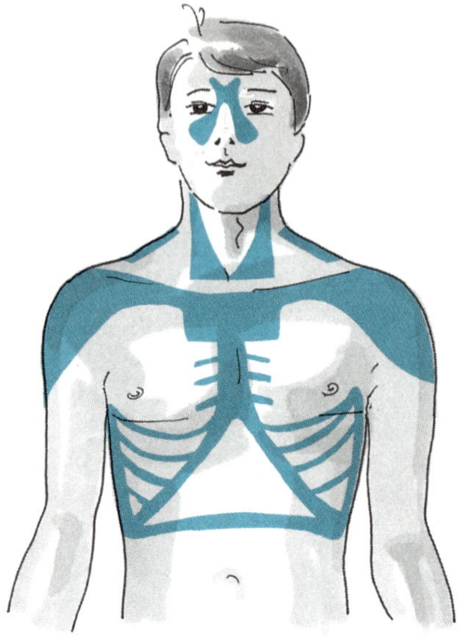

Die Reizzonen der Lunge auf der Vorderseite des Oberkörpers

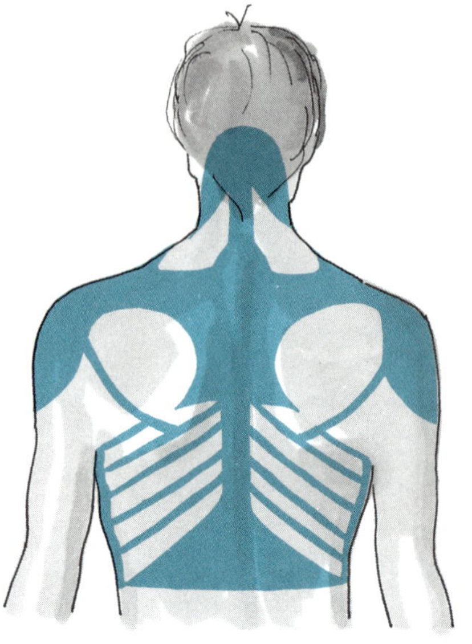

Die Reizzonen der Lunge auf der Rückseite des Oberkörpers

Bei der ⇨ Bauchatmung (siehe dazu Seite 68) entsteht eine sichtbare Atemwelle in der vorderen Bauchwand bis in die Leistengegend, während sich die ⇨ Lenden-Rücken-Hüft-Atmung vom unteren Brustkorb über die Lenden, die Hüften und über das Gesäß erstreckt. Die ⇨ Beckenboden-Steiß-Atmung dagegen wird als Atemdruckwelle vom unteren Teil des Beckens senkrecht bis in die Tiefe des Körpers spürbar.
Diese »vertikalen« Atembewegungen werden durch Übungen für »horizontale« Atembewegungen ergänzt:
Die ⇨ Rundatmung fördert eine Weitung des unteren Brustkorbs und der unteren Körperregion, die ⇨ Flankenatmung dagegen bewirkt eine Ausdehnung der seitlichen Partien des Brustkorbs. Den Abschluß bildet die ⇨ Flanken-Nieren-Atmung, die zu einer seitlich rückwärtigen (zur Nierengegend hingehenden) Ausdehnung führt.
Dieses umfassende Übungskonzept habe, so Klara Wolf, nicht nur einen heilenden Einfluß auf den Atem-, Halte- und Bewegungsapparat, sondern fördere darüber hinaus auch den Ausgleich und die Entfaltung vegetativer, psychischer und geistiger Vorgänge im Menschen.

Atemmassage und Atemgymnastik nach Dr. Ludwig Schmitt

»Der Atem ist der beste Freund des Menschen.«

Dr. Ludwig Schmitt

Das Lebenswerk des Münchner Arztes Dr. Ludwig Schmitt war der systematischen Erforschung medizinisch-physiologischer Aspekte der Atmung und ihrer Bedeutung für die Psyche und Lebensführung des Menschen gewidmet. Dabei griff er auch auf historische Überlieferungen fremder Kulturen über die Bedeutung des Atems und die Beherrschung der richtigen Atemtechnik zurück und verband diese mit den Erkenntnissen moderner medizinischer Wissenschaft.

Für ihn war die Heilung durch den Atem eine Kunst, deren Ausführung nicht nur erfahrenen Therapeuten und Therapeutinnen vorbehalten sein sollte, sondern eine Lebenslehre oder Lebenskunst, die Bestandteil des Alltags jedes Menschen sein müsse.

Dr. Schmitt kann als Vater der europäischen Atemtherapie bezeichnet werden, da seine Arbeit auch heute noch die gedankliche und praktische Grundlage vieler moderner Atemschulrichtungen bildet.

Besonders im krankengymnastischen Bereich finden die von ihm entwickelte ⇨ Atemmassage und ⇨ Atemgymnastik therapeutische Anwendung. Diese beiden Behandlungsmethoden werden von Dr. Schmitt auch als passive (Atemmassage) und als aktive (Atemgymnastik) Behandlungsmethode bezeichnet.

Die Atemmassage, die mit der Hand (in besonderen Fällen auch mit speziellen Hilfsgeräten) ausgeführt wird, hat die vorbereitende Aufgabe, die funktionellen und anatomischen Schäden des äußeren und inneren Atemapparates zu beheben. Massiert werden dabei alle am Atemvorgang beteiligten Muskeln, Sehnen und Bänder, insbesondere die Muskulatur des Rückens und die des Brustkorbs. Mit Hilfe von ihm entwickelter Spezialgriffe kann auch der wichtigste Atemmuskel – das Zwerchfell – beeinflußt werden. Erst wenn diese, meist verkrampften Muskelpartien gelockert, gedehnt und besser durchblutet werden, kann nach Auffassung von Dr. Schmitt eine mechanische Behandlung innerer Krankheiten und Atemstörungen erfolgen.

Besonderen Wert legte Dr. Schmitt auf die »systematische Pflege« der Wirbelsäule, da bei Verkrümmungen und Schäden an diesem Körperteil eine Normalisierung, Lenkung und Entwicklung der Atembewegungen nicht möglich sei. Aus diesem Grund beginnt die Atemmassage mit der Diagnose des Zustands der Wirbelsäule und mit der intensiven ⇨ Rückenbehandlung. Während der zum Teil sehr schmerzhaften Massage wird der Patient dazu aufgefordert, die Luft nicht anzuhalten, sondern beim Auftreten der Schmerzen durchzuatmen. Dabei ist es wichtig, daß auf einen gleichmäßigen Atemrhythmus geachtet wird, da sich bei stockendem Atem die Muskeln verkrampfen.

Nach der Rückenmassage folgt die ⇨ Beckenbehandlung. Dabei ist zu beachten, daß ungünstige Beckenstellungen (nach vorn oder hinten gekippt) Verspannungen im Gesäßmuskelbereich, im Beckenboden und in den Bauchwandmuskeln hervorrufen und dadurch die Tiefenatmung oder Vollatmung (siehe dazu Seite 74) erschweren und beeinträchtigen. Aus diesem Grund werden die Atembewegungen im Rückenbereich beobachtet und mit gezielten Massagegriffen unterstützt. Der dadurch hervorgerufene Atemreiz ist beabsichtigt, da er oft eine intensive unwillkürliche Tiefenatmung zur Folge hat.

Auch die anschließende ⇨ Behandlung der Schultern wirkt nach Auffassung von Dr. Schmitt heilend bei Atemstörungen, da viele Verspannungen und damit Atemstörungen in diesem Bereich aufgrund emotionaler Überlastungsgefühle entstanden sind. Er bezeichnete Menschen mit extrem verkrampfter Schulterpartie als »Lastenträger«, weil sie das gesamte Gewicht ihrer Probleme auf den Schultern zu tragen scheinen und deshalb nicht mehr richtig atmen können.

Die weitere Behandlung umfaßt die Massage des ⇨ vorderen Rumpfes. Bearbeitet werden hierbei die Bauch- und Brustmuskeln sowie die Zwischenrippenmuskulatur. Dabei wird besonders auf die Bauch-Zwerchfell-Atmung (siehe dazu Seite 68) geachtet, die durch Verspannungen und Muskelhärten oft eingeschränkt ist.

Aber auch als Heilbehandlung bei Herz-Kreislauf-Störungen hat sich die Atemmassage des vorderen Rumpfes besonders bewährt.

Als letzter Teil der Atemmassage wird der ⇨ Nacken beziehungsweise die Nackenmuskulatur mit Hilfe gezielter Griffe bearbeitet. Die Massage dieses Körperbereichs ist deshalb von Bedeutung, da die Halswirbelsäule und die Schädelbasis Ursprungs- und Ansatzpunkte für die obere Atemmuskulatur sind. Durch Dehnung, Streckung und Knetung der Nackenmuskeln wird die Durchblutung verbessert und eine vom Patienten häufig mitgeteilte »befreitere« Atmung erzielt.
Nach der passiven Behandlungsform der Atemmassage folgt die aktive Atemgymnastik, die von Dr. Schmitt in drei aufeinander abgestimmte Übungsabschnitte unterteilt wurde:

Massage der Nackenmuskeln

Im ersten Teil werden Störungen im Atemapparat behoben sowie die Voraussetzungen zur richtigen Atmung geschaffen. Dafür werden besondere Übungen aus der Orthopädie erlernt und die Atemtechnik des Hatha-Yoga praktiziert.
Der zweite Teil beinhaltet eine Reihe gezielter Bewegungsübungen, die der Entwicklung des richtigen Atmens dienen und die Atemdynamik entfalten (wie beispielsweise durch bestimmte Sportarten: Schwimmen, Ballspiele usw.).
Den Abschluß der atemgymnastischen Behandlung bilden wiederum bestimmte Yogaübungen, die durch die Atmung und Körperhaltungen innere Organe, Blut- und Lymphkreislauf sowie Stoffwechselvor-

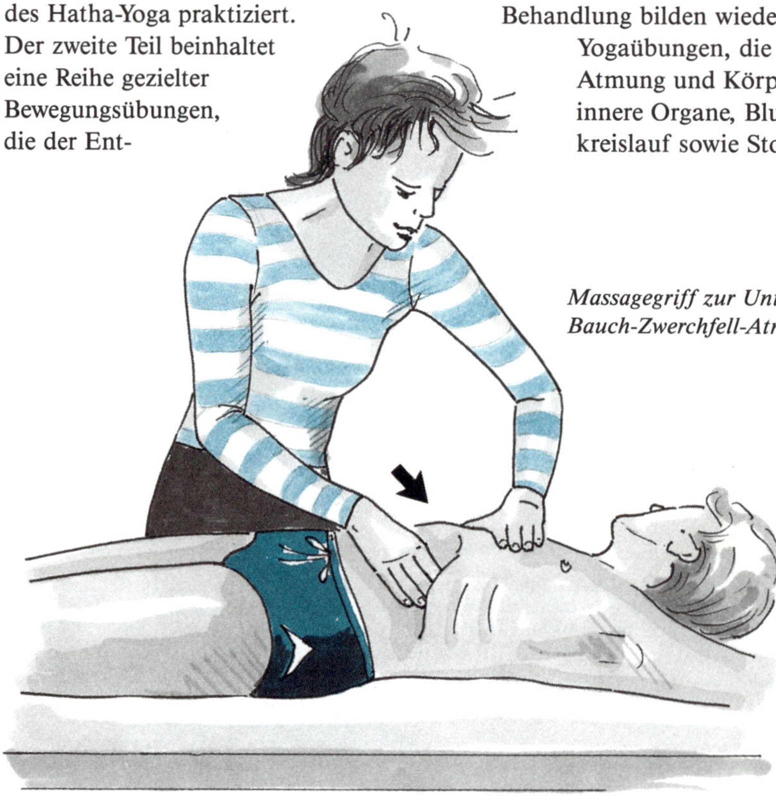

Massagegriff zur Unterstützung der Bauch-Zwerchfell-Atmung

gänge heilend beeinflussen (siehe dazu auch Seite 32).
Die »Atemheilkunst« Dr. Ludwig Schmitts ist ein Konzentrat aus praktischer Erfahrung und theoretischer Arbeit am und mit dem Atem. Durch die Erfolge seiner Behandlungsmethode ist insbesondere die Atemmassage auch heute noch wichtiger Bestandteil medizinisch-physiotherapeutischer Verfahren und wird von der Schulmedizin anerkannt.

Die Kunst zu atmen nach Frédérick Leboyer

»Befreie deinen Atem, laß dich in Freuden gebären.«

FRÉDÉRICK LEBOYER

Die sogenannte sanfte Geburt wird mittlerweile in fast allen bundesdeutschen Krankenhäusern und Geburtskliniken mit Erfolg praktiziert. Der Begründer dieser Geburtsmethode, Frédérick Leboyer, war Frauenarzt und Leiter einer gynäkologischen Klinik in Paris. Betroffen von der zunehmenden technischen Entwicklung in der Medizin wandte er sich 1973 von dem in seinen Augen unmenschlichen Medizinbetrieb ab und widmet sich seither dem Studium östlicher Heilverfahren und Meditationspraktiken.
Aufgrund dieser persönlichen Entwicklung erkannte er, daß die moderne Geburtshilfe trotz des medizinischen Fortschritts die Gefühle und Empfindungsfähigkeit von Mutter und Kind nicht oder nur unzureichend berücksichtigt. Die Geburt nach der herkömmlichen Methode wird seiner Meinung nach besonders von dem Säugling als »Gewaltakt« erlebt, der bleibende seelische Schäden hinterlassen kann. Sein Anliegen war es, die Entbindung für Mutter und Kind zu einem möglichst angst- und streßfreien Erlebnis werden zu lassen, wobei zunächst angenehme äußere Bedingungen während der Geburt vorhanden sein müssen. Dazu gehören unter anderem eine angenehme Atmosphäre im Geburtszimmer sowie gedämpfte Lichtquellen und Geräusche. Das Neugeborene wird der Mutter unmittelbar nach der Geburt auf den Bauch gelegt, wo es seine ersten Streicheleinheiten und wärmende Körpernähe empfangen kann.
Zu den weiteren Voraussetzungen einer sanften Geburt gehört nach Meinung von Dr. Leboyer die innere Gelassenheit der Mutter, die sie während der Schwangerschaft in geburtsvorbereitenden Kursen mit Hilfe spezieller Übungen erlernen kann. Der wichtigste Teil der Geburtsvorbereitung betrifft dabei die Atmung während der Schwangerschaft und Geburt. Der Weg zur inneren Gelassenheit und Entspannung führt nach dieser Methode über die »Kunst zu atmen«, was Dr. Leboyer als einen »östlichen Weg der Stille« bezeichnete. Erst wenn sich die schwangere Frau durch richtiges Atmen völlig entspannt und gelöst hat, kann sie die Geburt bewußter und die körperlichen Vorgänge schmerzfreier erleben.
Das Erlernen der Becken-Bauch-Atmung oder Vollatmung (siehe dazu Seite 74) ist dafür die wichtigste Voraussetzung. Die Vollatmung wird zunächst im Sitzen geübt. Durch eine entspannte sitzende Körperhaltung lernt die Schwangere den Atem leicht und frei aus der Tiefe ihres Beckens aufsteigen zu lassen, während sie beim Ausatmen Schultern und Brustkorb einfach losläßt und dieser intuitiven Bewegung mit ihrem Bewußtsein folgt. Eine geistige Hilfestellung für diesen Atemrhythmus ist die Vorstellung einer Wellenbewegung (siehe dazu Seite 69), die beim Einatmen von unten, das heißt vom Becken ausgehend, nach oben steigt und beim Ausatmen wieder von oben nach unten ausrollt. Dadurch entspannen sich die Becken- und Bauchmuskeln und wer-

den leichter dehnbar, was besonders für die letzte Phase der Geburt wichtig ist.
Im Gegensatz zur herkömmlichen Atemtechnik bei der Geburt wird bei der Leboyer-Methode während der Preßwehen die Luft nicht angehalten, sondern in gleichmäßigem, beschleunigtem Rhythmus weitergeatmet, gehechelt. Durch diese Technik können die Geburtsschmerzen leichter ertragen werden, da sich beim Luftanhalten die Bauch- und Beckenmuskeln ansonsten zusammenziehen und verkrampfen.
Eine weitere Hilfe ist das Singen oder Sprechen einzelner Vokale, wie beispielsweise a oder o in jeweils verschiedener Höhe, da dies auf die Atemmuskulatur entspannend wirkt und eine optimale Ausatmung fördert (siehe dazu Seite 36).
Durch diese einfache, aber wirkungsvolle Atemtechnik gelang es Dr. Leboyer, dem Kind einen »sanften Weg« ins Leben zu ermöglichen und die Geburt selbst zu einem weitgehend schmerzfreien Erlebnis für Mutter und Kind werden zu lassen.

Weitere Spezialformen der medizinischen Heilatmung

Die Krankengymnastin Katharina Schroth aus Bad Sobernheim entwickelte die sogenannte ⇨ dreidimensionale Skoliosebehandlung speziell für Menschen mit angeborenen oder erworbenen Rückgratverkrümmungen (Skoliose). Die Therapie besteht im wesentlichen aus bestimmten Atemübungen, die mit einem gezielten orthopädischen Bewegungstraining kombiniert werden. Das Verfahren ist im medizinisch-krankengymnastischen Bereich allgemein anerkannt und wird in einer Spezialklinik durchgeführt (Adresse siehe Seite 106).
Das Inhalieren von Sauerstoff wird von der Schulmedizin hauptsächlich bei akutem, lebensbedrohlichem Sauerstoffmangel oder während einer Narkose angewandt.
Daraus abgeleitet, wurden spezielle ⇨ Sauerstofftherapien entwickelt, bei denen mit Hilfe von Masken oder Nasensonden reiner Sauerstoff in die Lungen inhaliert wird. Durch diese künstliche Sauerstoffzufuhr soll die Versorgung des Organismus mit Sauerstoff verbessert und die Erneuerung der Körperzellen angeregt werden.
Heilerfolge wurden besonders bei Menschen mit nervösen Erschöpfungszuständen, chronischer Bronchitis und Durchblutungsstörungen oder zur Stabilisierung des Abwehrsystems erzielt.
Eine Sauerstofftherapie darf nur nach gründlicher ärztlicher Untersuchung durchgeführt werden, um mögliche gesundheitliche Störungen auszuschließen, die sich durch eine Behandlung mit Sauerstoff verschlimmern würden. Auch muß die Sauerstoffdosis genau berechnet werden, da sich zuviel Sauerstoff eher gesundheitsschädlich als gesundheitsfördernd auswirkt.

Therapie der Seele durch Arbeit mit dem Atem

Während bei der medizinischen Heilatmung das Erlernen bestimmter Atemtechniken zur Beeinflussung vorwiegend körperlicher Störungen im Vordergrund steht, wird der Atem in einigen körperorientierten Psychotherapien für das Aufdecken und Lösen innerer Spannungen und seelischer Blockaden genutzt. Die meisten dieser Therapien gehen davon aus, daß sich psychische Störungen nicht nur in bestimmten Verhaltensweisen ausdrücken, sondern auch in Körperhaltung, Stimme, Mimik und in der Atemweise abzulesen sind. Erst wenn sich lange unterdrückte schmerzliche Erfahrungen, Wut-, Angst- oder Trauergefühle auflösen, kann ein umfassender Heilungsprozeß von Körper, Geist und Seele einsetzen.

Den Atem als Instrument zur Entfaltung und Unterstützung emotionaler und geistiger Prozesse zu gebrauchen, war Bestandteil uralter ritueller Atemübungen. Seit Menschengedenken haben Heilkundige darauf hingewiesen, welche Kraft unser Atem hat und wie er unsere geistige, körperliche und psychische Gesundheit beeinflußt. Aus alten chinesischen Medizinbüchern ist beispielsweise zu erfahren, daß der Atem (je nachdem wie wir atmen) die täglichen Handlungen bestimmt und auch eine Quelle für Freud und Leid sein kann. Nach Auffassung der indischen Yogalehre ist die Kontrolle über unseren Atem gleichbedeutend mit der Kontrolle über unsere Gedanken und Gefühle.
Auf diese Überlieferungen gestützt, wurde in unserer Zeit die Bedeutung des Atems in modernen Psychotherapien berücksichtigt. Ziel und Absicht einer solchen Therapie bestehen in erster Linie darin, einen gesunden Körperumgang zu entwickeln und das Bewußtwerden emotionaler Spannungen zu fördern, die uns oft daran hindern, tief durchzuatmen und das Leben zu genießen. Atemübungen werden dabei als Mittel und Instrument benutzt, um einen Zugang zu den meist unbewußten oder verdrängten Gefühlen zu erhalten.

Wie neu geboren durch Atmen: Rebirthing

»Rebirthing hat nichts damit zu tun, jemanden das Atmen zu lehren, sondern damit, jemanden dahin zu führen, daß er das Atmen vom Atem selber lernt.«

LEONHARD ORR

Rebirthing ist eine spezielle Therapie, die das Ziel hat, tiefgehende Erfahrungen mit dem eigenen Körper zu machen und das Freisetzen verdrängter Gefühle und Erinnerungen zu unterstützen.
Während der Therapiesitzungen wird umfassend die Atmung angeregt, was eine reinigende und entgiftende Funktion für den Körper hat. Rebirthing wurde Anfang der siebziger Jahre von Leonhard Orr in den USA entwickelt und gehört zwischenzeitlich zu den weltweit praktizierten körperorientierten Psychotherapien.
Während seiner Arbeit als Psychotherapeut fand Orr heraus, daß rhythmisches, gleichmäßiges Atmen in Verbindung mit einem warmen Bad einen therapeutischen Effekt hat und eine Methode ist, Körper, Seele und Geist gezielt zu entspannen.
Rebirthing heißt sinngemäß »neu geboren werden«, da während der Therapie oft körperliche und geistige Erinnerungen an die eigene Geburt und an die Zeit im Mutterleib auftreten können. Durch praktische Erfahrungen fand Leonhard Orr heraus, daß viele dieser Erinnerungen mit traumatischen Erlebnissen verbunden sind, die mit Hilfe einer geführten, entspannten Atemweise wiedererlebt und aufgelöst werden konnten: Die Patienten fühlten sich nach einem solchen Erlebnis wie neu geboren.
Aber auch aktuelle seelische Probleme, die ihre Wurzeln nicht unbedingt in einem traumatischen Geburtserlebnis haben, sind Gegenstand der Therapie.
Am Anfang einer Rebirthing-Therapie wird eine bewußte Atemtechnik erlernt, die dann in einen entspannten, kontinuierlichen und intuitiven Atemfluß übergeht. Dabei werden das Ein- und Ausatmen ohne Pause miteinander verbunden. Diesen fließenden Atemrhythmus kann man auch bei Neugeborenen beobachten, während der Erwachsene den Atemfluß durch Pausen unterbricht. Durch diese Technik entwickelt sich ein gleichmäßig kreisender Atemrhythmus, mit einer leichten Betonung der Einatmung und totalen Entspannung beim Ausatmen. In der Regel wird durch die Nase ein- und ausgeatmet, und derjenige, der behandelt wird, liegt mit

geschlossenen Augen auf dem Rücken. Die Atemzüge sind nicht tief, da nur ein kleiner Teil des Lungenvolumens genutzt werden soll. Diese Form der Atmung, wobei es sich überwiegend um Brustatmung handelt, ist im Rebirthing deshalb von zentraler Bedeutung, da im oberen Brustbereich sehr viel Angst und Gefühle des »Sich-schützen-Wollens« verborgen sind, was sich oft auch an einer flachen Brust mit eingezogenen, gekrümmten Schultern erkennen läßt.

Obwohl das Rebirthing-Atmen ein sehr leichtes und weiches Atmen ist, kann es anfangs beim Auftreten emotionaler oder körperlicher Spannungen zu heftigen Atemausbrüchen oder zu ganz flachen Atemzügen kommen. In dieser Therapiephase werden blockierte, lange zurückgehaltene Energien freigesetzt, was meistens mit einem Prickeln oder mit Vibrationen am ganzen Körper, gelegentlich auch mit Schmerzen und Verkrampfungen, verbunden ist. Beim Auftreten dieser oder ähnlicher Symptome ist die Unterstützung des Therapeuten wichtig, damit ein angstfreies Weiteratmen und ein Erleben der unbekannten Gefühle gewährleistet wird.

Da diese Atemtechnik oft einen direkten Zugang zum Unbewußten ermöglicht, ist die sachkundige Anleitung und Betreuung unbedingt erforderlich (Adressen siehe Seite 106).

Mehr Lebensenergie durch tiefes Atmen: Bioenergetik

»Wer wenig atmet, fühlt wenig.«

ALEXANDER LOWEN

Alexander Lowen war promovierter Jurist und in New York als Rechtsanwalt tätig, bevor er durch seine Begegnung mit Wilhelm Reich (siehe dazu Seite 30) angeregt wurde, Arzt und Psychotherapeut zu werden. Er gründete und leitet auch heute noch das »Internationale Institut für Bioenergetische Analyse« in New York.

Die von ihm entwickelte Therapie »Bioenergetik« ist ein körperorientiertes Verfahren, bei der durch Arbeit am Körper versucht wird, psychische Störungen, wie Depressionen oder Angstzustände, zu behandeln. Lowen zufolge spiegeln sich im Körper des Menschen die Summe seiner positiven und negativen Lebenserfahrungen wider. Insbesondere der Atem, beziehungsweise die Art und Weise, wie ein Mensch atmet, ist ein Ausdruck seiner Lebensenergie und ein Spiegel der inneren Befindlichkeit. Der Atemvorgang selbst, insbesondere das Einatmen, ist für Lowen ein aktiver, aggressiver Prozeß, bei dem sich der Mensch das holen muß, was er vom Leben haben will. Ist die Atmung gestört, das heißt flach und blockiert, schränkt sich der betreffende Mensch in allen Lebensbereichen auf ähnliche Weise ein: Er fühlt nicht intensiv genug, und das Ausdrücken von Gefühlen fällt ihm sehr schwer. Erst über die vertiefte Atmung (das bedeutet eine spannungsfreie Bauch-Zwerchfell-Atmung), so die Bioenergetik, kann der Körper Energie gewinnen, sich »aufladen« und ein intensives Lebensgefühl hervorrufen.

Aufgrund jahrelanger Erfahrung im Umgang mit seinen Patienten und Patientinnen konnte Lowen feststellen, daß das Zwerchfell – der wichtigste Atemmuskel – von emotionalen Belastungen unmittelbar beeinflußt wird. Auf Angstzustände reagiert es beispielsweise, indem es sich zusammenzieht und verkrampft. Außerdem beobachtete er, daß der Brustkorb beim Ausatmen zusammengepreßt wird (die normale Reaktion wäre ein freies Zurückgleiten des Brustkorbs) und die Einatmung eingeengt ist, so als seien die Muskeln des Brustraumes, des Zwerchfells und des Halses teilweise gelähmt. Diese beobachtete Körperreaktion beim Atmen stellt für

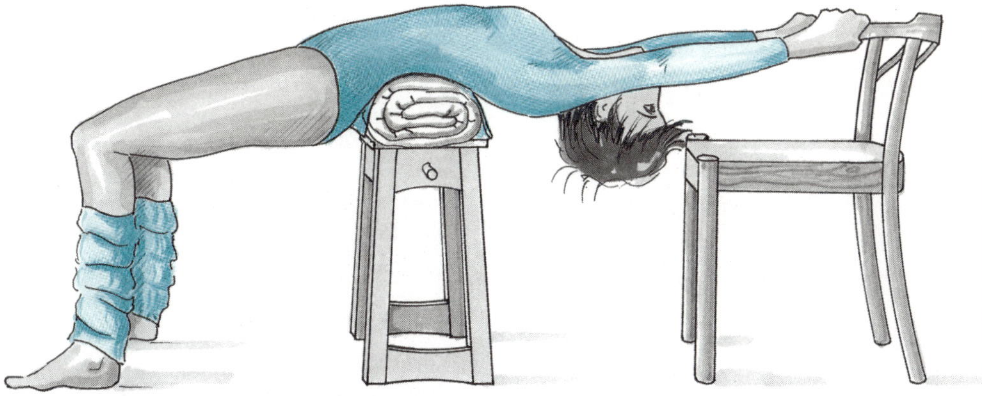

Atmen mit Hilfe des bioenergetischen Hockers

Alexander Lowen einen Abwehrmechanismus dar, der den Menschen vor tiefverwurzelten Angstgefühlen bewahren muß. Erst wenn diese Abwehrhaltung aufgegeben werden kann, verlieren die Angstgefühle ihren bedrohlichen Charakter, was eine entspannte, tiefere Atmung zur Folge hat und den Körper mit neuer Lebensenergie auftankt.

Dafür entwickelte Lowen ein umfassendes Therapieprogramm, das unter anderem aus verschiedenen Atem- und Körperübungen besteht. Zu den wichtigsten und inzwischen klassischen Übungen zählt das Atmen mit Hilfe des sogenannten bioenergetischen Hockers.

Diese Körperstellung bewirkt zunächst eine Dehnung verspannter Rückenmuskeln, und gleichzeitig wird eine tiefe Atemweise angeregt. Dabei ist es wichtig, daß der Patient völlig »losläßt« und den Atem nicht anhält, da sich dadurch die Verspannungen nur verstärken und starke Schmerzen sowie Erstickungsgefühle auftreten würden.

Nach der Rückwärtsdehnung des Rückens folgt als Ausgleich eine Vorwärtsbewegung, wobei die Knie abgewinkelt werden und die Fingerspitzen den Boden berühren. Ist die Atmung bei dieser Haltung blockiert, entstehen ruckartige Vibrationen, die den ganzen Körper schütteln.

Diese Symptome können erst durch entspanntes Atmen wieder zum Verschwinden gebracht werden.

Am Anfang einer bioenergetischen Therapie kann es zu sehr heftigen Gefühlsausbrüchen und körperlichen Reaktionen kommen. Lowen selbst beschreibt seine Methode als »abenteuerliche Selbstentdeckung«, die nur von einer geschulten Fachkraft ausgeführt werden darf (Adressen siehe Seite 106).

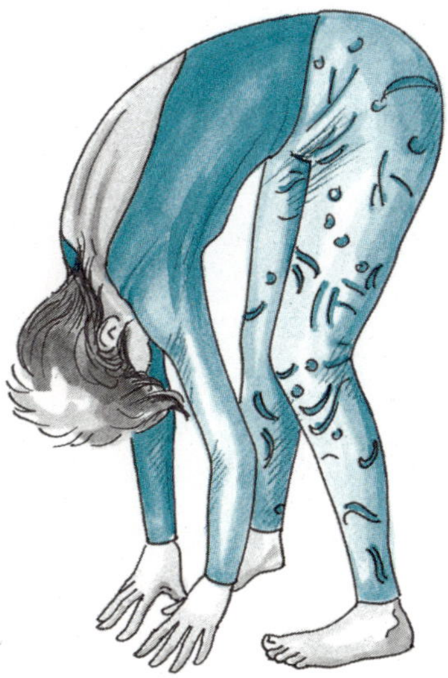

Ausgleichsbewegung nach dem Üben mit dem bioenergetischen Hocker

Wir atmen mit Leib und Seele

»Durch Atmen drücken wir auf einzigartige Weise unser Selbst aus.«

JOHN SELBY
(ATEM- UND PSYCHOTHERAPEUT)

Unsere Atmung ist untrennbar mit körperlichen und geistig-seelischen Vorgängen verbunden. So wie die Atmung unsere seelische Verfassung beeinflußt, wirkt sich auch andererseits unser Seelenzustand auf die Atmung aus. Die Atmung reagiert auf alles, was auf uns einwirkt und was uns betrifft. Wir halten den Atem an, wenn wir erschrecken und Angst haben. Wir reduzieren ihn, wenn wir uns belastet und überfordert fühlen. Durch Freude regen wir unseren Atem an und beschleunigen seinen Rhythmus.

Das Atmen ist aber nicht nur ein biologischer Mechanismus, vielmehr bestimmen wir durch die Art und Weise, wie wir atmen, auch die Intensität unserer Lebensqualität: Wer ruhig atmet und den sogenannten »langen Atem« hat, wer seinen Gefühlen »Dampf ablassen« kann, ist sicherlich in einer besseren Verfassung als derjenige, der hastig, unregelmäßig und kurzatmig nach Atem und Fassung ringt und dabei automatisch seinen Atemfluß blockiert.

Jedes Gefühl, jede körperliche Befindlichkeit und Bewegung erzeugt ein eigenes, der Situation angepaßtes Atemmuster und einen entsprechenden Atemrhythmus. Beide Faktoren geben auch Hinweise auf unser Lebensgefühl und auf den Zustand unseres körperlichen Wohl- oder Unwohlseins. Eine chronisch flache und zurückgehaltene Atmung beispielsweise ist ein Atemmuster, das nur sehr wenig Gasaustausch zuläßt, wodurch der Körper einerseits mit Sauerstoff unterversorgt und andererseits nicht ausreichend von Kohlendioxid entsorgt wird. Dies wiederum entspricht einer Lebenseinstellung, die ebenso zurückhaltend und wenig intensiv ist.

Andererseits können starke Gefühlsimpulse, wie Wut oder Ärger, die aufgrund besonderer Lebensumstände unterdrückt werden, ein ähnlich flaches, unrhythmisches Atemmuster erzeugen.

Zum Atmen gehört die Tätigkeit bestimmter Muskeln. Sobald Sie spüren, daß beispielsweise Wut Ihre Lungen mit Luft füllt, reagieren Sie in der Weise, daß Sie die Rippenmuskeln zusammenziehen, um zu verhindern, daß sich der Brustkorb weitet. Außerdem schließen Sie den Mund (es darf ja nichts herauskommen), was ein weiteres Einströmen der Luft verhindert. Das Zwerchfell und die Bauchmuskeln werden ebenfalls zusammengezogen und angespannt. In diesem Zustand bleibt Ihnen im wahrsten Sinne des Wortes »die Luft weg«. Erst wenn sich das unangenehme Gefühl »in Luft aufgelöst« hat, gelingt es Ihnen wieder, nach »Luft zu schnappen« und »aufzuatmen«.

Physiologisch betrachtet, ist unsere Atmung ein rhythmischer Vorgang, der sich aus zwei aufeinander abgestimmten Phasen zusammensetzt, dem Ein- und Ausatmen. Sie sind als zwei entgegengesetzte Pole eines Vorgangs zu verstehen, die durch ihren ständigen Wechsel einen Rhythmus bilden, bei dem der eine Pol, das Einatmen, den Gegenpol, das Ausatmen, erzwingt. Beide zusammen ergeben eine Einheit, die für alles Lebendige die Grundlage ist. Die beiden Pole der Atmung können auch mit Begriffen wie ⇨ Spannung und ⇨ Entspannung oder ⇨ aktiv und ⇨ passiv gleichgesetzt werden. Dieser Zusammenhang wird besonders beim Gähnen deutlich: Die Spannung baut sich beim Gähnen in der Einatmungsphase allmählich auf, erreicht einen Höhepunkt und führt in der Ausatmungsphase wieder zu einem entspannten Zustand (siehe dazu Seite 58). Gerät diese Wechselwirkung aus dem Gleichgewicht, kann es passieren, daß wir uns atemlos, wie unter »Strom stehend«, fühlen oder daß wir uns im Zustand »energieloser Schlaffheit« befinden, der uns passiv und unbeteiligt wirken läßt.

Ein weiterer wichtiger Aspekt der Atmung betrifft den Gasaustausch, der wiederum zwei entgegengesetzte Pole eines Vorgangs in sich vereinigt. Auf den körperlichen Vorgang bezogen, nehmen wir durch das Einatmen Sauerstoff auf, beim Ausatmen dagegen geben wir Kohlendioxid und andere Stoffwechselprodukte wieder ab. Diese Polarität entspricht dem Lebensprinzip von Nehmen und Geben, wobei ein Austausch zwischen innen und außen stattfindet. Wir geben etwas von unserem Inneren ab und nehmen dafür etwas von außen auf. Auf diese Weise sind wir mit unserer Umwelt verbunden und stehen mit ihr in einem rhythmischen Austauschprozeß. Wird aber einer dieser Pole unterdrückt oder überbewertet, kommt es auch hier zu einem körperlichen und seelischen Ungleichgewicht. Manche Menschen nehmen sich von ihrer Umwelt nur so viel, wie es ihre Angst vor dem Leben zuläßt. Andere dagegen nehmen sich zuviel, geben aber nichts oder nur sehr wenig von ihrem Inneren ab, wodurch sie oft kalt und berechnend wirken. Alles, was ein persönliches Maß übersteigt, kann entweder nicht angenommen oder nicht hergegeben werden. Die Atmung kann hier ein Spiegelbild dieser Lebenseinstellung sein, da sie symbolisch Geben und Nehmen ausdrückt.

Atmen kann aber auch mit Begriffen wie Freiheit und Beengung umschrieben werden. Dieser Zusammenhang wird deutlich, wenn wir uns bestimmte, meist unangenehme Situationen vorstellen, in denen man »keine Luft« mehr bekommt, sich eingeengt fühlt und nicht mehr »frei atmen« kann. Das Gefühl der Atembeklemmung tritt auch oft in engen, überfüllten Räumen auf, was sich bis zur sogenannten Platzangst steigern kann. Wenn wir aus dem Raum ins Freie treten, müssen wir erst einmal tief Luft holen, da hier

die grenzenlose Freiheit des weiten Raumes besteht. Auch der sprichwörtliche »Lufthunger« ist ein Ausdruck nach Freiheit und uneingeschränkter Weite.
Zusammenfassend betrachtet, lassen sich an der Atmung verschiedene emotionale und körperliche Zustände ablesen:

Spannung – Entspannung
aktiv – passiv
Nehmen – Geben
Einengung – Freiheit

Anhand der Atemweise können wir daher auch erkennen, wie wir mit uns und unserer Umwelt in Kontakt stehen und wie wir mit unseren Mitmenschen und mit uns selbst umgehen. Vielleicht engen wir uns zu sehr ein, lassen vieles einfach nicht zu und bewahren gegenüber der Außenwelt immer eine kritische Distanz. Diese Lebensstrategie spiegelt sich in der Atmung wider: Wir halten oft den Atem unbewußt an (damit kein Austausch möglich ist), unser Atemraum ist eng und nur auf den oberen Körperteil beschränkt (damit wir die Gefühle, die aus der Tiefe kommen, nicht spüren müssen), und die Atmung ist flach (damit wir nicht zuviel nehmen oder geben müssen). Die Atmung zeigt uns auch, wie intensiv wir an unserem eigenen Lebensgeschehen beteiligt sind: eher passiv mit wenig Lebensenergie oder überaktiv, ohne uns eine wohlverdiente innere Ruhepause zu gönnen. Oft neigen wir auch dazu, unsere Aufmerksamkeit nur nach innen, auf uns selbst zu richten. Alles, was draußen ist, das heißt unsere Mitmenschen betrifft, erscheint uns manchmal bedrohlich und unseren inneren Frieden gefährdend. Wir reduzieren dabei unsere Atmung auf ein Mindestmaß, da wir aus Angst vor Nähe mit den anderen eigentlich nur das Nötigste zu tun haben wollen. Im Gegensatz dazu können wir aber auch dem »Außen«, den Mitmenschen oder Äußerlichkeiten zuviel Bedeutung beimessen. Dadurch vernachlässigen wir unser Innenleben, das oft aus unangenehmen Gefühlen, wie Einsamkeit, Depression und Lebensangst, besteht. Die Atmung ist meist unregelmäßig und verspannt – ähnlich der gewählten Lebensweise, die immer eine strahlende Fassade erfordert.
Der optimale und durch Atemtherapie angestrebte Weg besteht im Ausgleichen des Gegensätzlichen, da die Betonung des einen Extrems die Vernachlässigung des anderen Extrems bewirkt. Erst wenn wir in der Lage sind, der Spannung die Entspannung folgen zu lassen oder zwischen passiv und aktiv ohne Probleme wechseln zu können, sowohl introvertiert (nach innen gerichtet) als auch extravertiert (nach außen gerichtet) dem Leben zu begegnen, kann sich das »freie Spiel der gegensätzlichen Kräfte« entfalten und unser seelisches und körperliches Gleichgewicht stabilisieren.
Tiefes, entspanntes Atmen läßt uns intensiver empfinden, freier bewegen und am Leben lebendiger teilhaben. Wenn wir dagegen nur eine Seite betonen, nicht richtig oder nur unzureichend durchatmen können, fühlen wir uns eingeengt, nicht lebendig und häufig deprimiert. Wer versucht, seine Gefühle immer unter Kontrolle zu halten, wird auch seine Atemweise in entsprechender Weise kontrollieren.
Aber auch Bewegungsmangel durch sitzende Berufe reduziert unsere Atmung auf ein Mindestmaß, und der Körper reagiert mit Müdigkeit und mangelnder Konzentrationsfähigkeit.
Durch das Heilatmen wird das Atemgleichgewicht wieder hergestellt und ein umfassendes Körperbewußtsein entwickelt. Wir lernen, unseren Atem als ein unser Leben unterstützendes Element einzusetzen und unseren Körper vor Mangelerscheinungen, Fehlatmung und Erkrankungen der Atmungsorgane zu bewahren.

Welchen Einfluß haben Gefühle auf unsere Atmung?

Unser Atem ist mit körperlichen Situationsveränderungen ebenso wie mit den bewegten Gemüts- und Seelenzuständen aufs innigste verwoben, und der Geist hätte an unserem Organismus kein Instrument ohne den lebendig reagierenden Atem.«

ALICE SCHAARSCHUCH

Die Atmung ist ein sehr sensibler Vorgang, der sowohl auf äußere wie auch auf innere Reize mit veränderter Atemweise reagiert. Kälte und Wärme beispielsweise, Schmerzen oder Bewegungsimpulse durch sportliche Aktivitäten, aber auch Medikamente können unsere Atmung anregen oder hemmen. Da unser Körper in Bewegung mehr Luft braucht, wird die Atmung so verändert, daß sie sich entsprechend der körperlichen Bewegung anpaßt. Wenn Sie zum Beispiel einen Dauerlauf machen, werden Ihre Atemzüge schnell und relativ kurz. In entspanntem Zustand dagegen benötigen unsere Muskeln weniger Sauerstoff, so daß langsames und ruhiges Atmen genügt. Das Atemsystem reagiert also entsprechend auf körperliche Aktivität oder Passivität. Aber auch unsere Stimmungen und Gefühle erzeugen ganz bestimmte Atemmuster. Die Anpassung unserer Atmung an die jeweiligen äußeren und inneren Bedingungen gehört zu den biologischen Überlebensmechanismen aller Lebewesen. Wir wir schon erfahren konnten (siehe dazu Seite 17), gehört das Atemzentrum sowohl beim Menschen wie auch beim Tier zu einem der ältesten Gehirnabschnitte. Alles, was wir als Gefahr oder Bedrohung erleben, mobilisiert in unserem Körper ganz bestimmte Vorgänge, die den Organismus kampf- oder fluchtbereit machen. In diesem äußerst erregten Zustand benötigt der Körper wesentlich mehr Sauerstoff als unter normalen Bedingungen, und wir erhalten von unserem Atemzentrum den Befehl, unsere Atmung zu beschleunigen. In ähnlicher Weise reagiert auch unser Körper auf Gefühle und Stimmungen, die wir als bedrohlich wahrnehmen. Diese Reaktion wird auch dann hervorgerufen, wenn keine unmittelbare äußere Lebensgefahr besteht.

Wut, Angst, Trauer oder Freude sind menschliche Gefühle, die im Körper, je nach individueller Empfindsamkeit und Lebensgeschichte, verschiedene Reaktionsweisen hervorrufen. Der Verlust eines geliebten Menschen beispielsweise hinterläßt in uns ein schmerzendes Trauergefühl, auf das unsere Atmung mit einem bestimmten Muster reagiert, um den veränderten geistig-seelischen und körperlichen Bedingungen gerecht zu werden. Anhand wissenschaftlicher Untersuchungen konnte festgestellt werden, daß selbst ein Stimmungswechsel ohne körperliche Bewegungsänderung die Atmung beeinflußt. Andere Experimente bestätigten sogar, daß sich die Atmung aufgrund bloßer Gedanken oder geistiger Vorstellungen verändert. Versuchen Sie, sich einmal Ihre Atmung vorzustellen, wenn Sie plötzlich erschrecken oder ein starkes Angstgefühl haben. Falls Ihnen dabei vor Schreck die Luft wegbleibt oder falls Ihnen vor Angst der Atem stockt, sind dies natürliche Reaktionsweisen Ihres Atemsystems auf Gefühle, die sowohl durch äußere Reize als auch durch innere Stimmungen ausgelöst werden können. Auch Wut und Ärger verändern das Atemmuster: Wir schnappen vor Wut nach Luft, damit uns die auslösenden Konflikte oder Probleme nicht zu ersticken drohen.

Ebenso erzeugen Weinen, Lachen oder sexuelle Erregung unterschiedliche Atemmuster, die das jeweilige Gefühl unterstützen.

Sinn und Zweck dieses hochsensiblen Anpassungsmechanismus ist es, unseren

Körper in jeder Lebenssituation mit ausreichend Energie zu versorgen, damit sich diese kraftvollen Gefühle entladen können. Durch tiefes, intensives Atmen verstärken und unterstützen wir die Intensität unserer Empfindungen, was es uns ermöglicht, die Gefühle auszudrücken. Erst dann läßt die Spannung in unserem Körper nach, und wir können wieder befreit aufatmen.

Falsches Atmen hinterläßt Spuren

Die Frage, ob ein Mensch falsch oder richtig atmet, hängt von mehreren Faktoren ab. Grundsätzlich gibt es nicht eine ideale Atmung, die mit Hilfe von Atemschulung oder Atemtherapie angestrebt oder erlernt werden kann. Unsere Atmung ist ein sensibler Mechanismus, der auf alles reagiert: ob wir »nur« über etwas nachdenken, uns in einer bestimmten Stimmung befinden oder einen Dauerlauf machen.
Demzufolge wäre es unmöglich, nur eine Atemweise anzustreben, die für alle Gemütsverfassungen und körperlichen Bewegungen optimal ist. Wir müssen sogar unterschiedlich atmen, und viele Atemweisen können angemessen sein. Die Atmung ist dann richtig, wenn sie sich frei regeln und sich in ihrer Qualität entsprechend den augenblicklichen Bedürfnissen anpassen kann, so daß sie uns auf optimale Weise unterstützt. Wenn wir beispielsweise Sport treiben, brauchen wir, wie schon gesagt, viel Sauerstoff, den unser Organismus durch eine gleichmäßige, beschleunigte Atmung ausreichend erhält. Im Schlaf dagegen benötigen wir weniger Sauerstoff, unser Atemrhythmus ist ruhig und langsam. Die Art des Atmens sollte der jeweiligen Situation entsprechen und sich mühelos einer anderen Situation anpassen können.
Die Atmung nimmt eine Sonderstellung bei den sonst mit dem Willen kaum beeinflußbaren Körpervorgängen ein, da wir einerseits unbewußt und automatisch atmen, andererseits aber unsere Atmung bewußt und willentlich steuern können. Diese Tatsache erklärt zum Beispiel auch, daß wir unsere Atmung oft als Abwehrmechanismus gegen aufsteigende starke Gefühle benutzen. Wut, Trauer oder Ärger sind Gefühlsimpulse, die viele von uns aufgrund ihrer persönlichen Lebenserfahrung als schlecht oder zumindest als unangenehm einstufen. Diese Beurteilung lernen wir schon in der Kindheit durch Bestrafung oder Ablehnung. Auch spielen gesellschaftliche Rollenvorstellungen bei der Einstufung von »guten« und »schlechten« Gefühlen eine wesentliche Rolle: Ein Junge weint nicht, und ein Mädchen darf nicht zornig sein. Sobald wir ein Gefühl als schlecht empfinden, können wir es mit Hilfe der Atmung unterdrücken und so am »Ausbrechen« hindern. Durch dieses Verhaltensmuster sind wir so programmiert, daß die unliebsamen Gefühle durch Atemanhalten oder durch reduziertes Atmen kontrolliert werden. Auf diese Weise verlieren Gefühle ihre Intensität, wobei der Atem ähnlich einer Schleuse funktioniert, um ein gleichbleibendes Gefühlsniveau zu gewährleisten. Doch diese falschen, da nicht unterstützenden Atemgewohnheiten hinterlassen sichtbare Spuren in unserem Körper. Die Struktur, das Gewebe unseres Körpers ist nicht starr, sondern äußerst flexibel. Wir alle wissen, daß sich der Körper aufgrund gesunder oder ungesunder Lebensgewohnheiten verändern kann: Wenn Sie beispielsweise zu viel essen, werden die Hosen oder Röcke zu eng, und Sie benötigen bei gleichbleibenden Eßgewohnheiten mit der Zeit eine andere Kleidergröße. Wenn Sie sich traurig fühlen, hat das ebenfalls sichtbare Auswirkungen: Sie lassen Kopf und Schultern hängen. Wird Traurigkeit zu einer grundlegenden Lebensstimmung, so paßt sich die Körperhaltung an und verharrt in Trauerstellung.

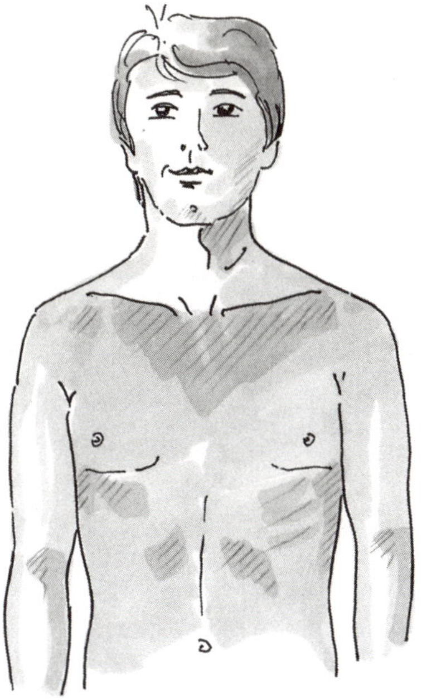

Ein durch falsche Atemgewohnheiten zusammengezogener Brustkorb

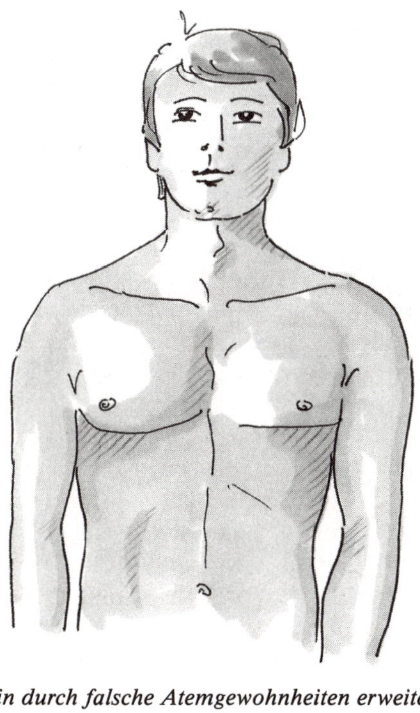

Ein durch falsche Atemgewohnheiten erweiterter Brustkorb

Dauerhaft falsche Atemgewohnheiten lassen sich an dem Zustand der Schultern, an der Enge oder Weite des Brustkorbs und an der Taillengegend ablesen. Eine genaue Körperbetrachtung, wie sie in jeder Körpertherapie gemacht wird, gibt eindeutige Hinweise auf die Atemgewohnheiten und die seelische Verfassung des betreffenden Menschen. Ist die Atmung zum Beispiel immer flach, werden die Lungen sowie die Atemmuskeln nicht ausreichend gedehnt, und es kann nicht genügend Luft aufgenommen werden. Der Brustkorb ist schmal, die Brustmuskulatur ist oft unterentwickelt und läßt nur eine minimale Strömung der Gefühle durch diese Körperregion zu. Das Zwerchfell befindet sich überwiegend in Ausatmungslage, wodurch die nötige Spannung, die durch die Einatmung entstehen würde, weitgehend unterbleibt.

Damit Sie diese Körper- und Gefühlshaltung einmal selbst erleben können, sollten Sie tief ein- und ausatmen. Nach Beendigung der Ausatmung verharren Sie in der eingenommenen Stellung und beobachten Ihren Körper und Ihre Stimmung. Sehr wahrscheinlich hat Ihr Körper eine etwas zusammengesunkene, eingefallene Haltung angenommen, und Sie fühlen sich vielleicht hilflos, schwach und bedrückt.

Eine andere Form der Atemstörung, die ihre körperlichen und seelischen Spuren hinterläßt, besteht in der Unfähigkeit, die eingeatmete Luft wieder völlig auszuatmen (herzugeben). Die Brust ist hierbei gewöhnlich erweitert und neigt dazu, vorwiegend in der Einatmungslage zu verbleiben. Da die Einatmung überbetont ist und die Entspannung, die durch die Ausatmung entsteht, weitgehend unterbleibt, kommt es zu einer Überladung an Energie und Zunahme der Spannung in diesem Bereich. Um eine Vorstellung von diesem Körpergefühl und der damit verbundenen Stimmung zu erhalten, sollten Sie tief einatmen und die Luft einen Augenblick anhalten, bevor Sie wieder ausatmen. Während Sie die Luft anhalten, versuchen Sie auch hier, wieder Ihre Körperhaltung zu beobachten und Ihre Gefühle wahrzunehmen. Vermutlich sehen Sie etwas »aufgeblasen« aus und fühlen sich stark und mächtig. Diese Körperhaltung spiegelt aber auch eine Angst des »passiv Geschehenlassens« wider, da der betreffende Mensch oft fürchtet, sich gehenzulassen und seine innersten Gefühle auszudrücken.

Beiden beschriebenen Körperhaltungen und Atemweisen liegt eine Überbetonung der Brustatmung zugrunde, das heißt, die Atembewegungen finden fast ausschließlich im oberen Brustbereich statt, kaum aber durch das Zwerchfell oder durch die Bauchmuskeln, die bei der Bauch-Zwerchfell-Atmung die Bewegungen auslösen. Die Atemkonzentration auf den oberen Brustraum verbunden mit kleinen, kaum bemerkbaren Atemzügen und die Über- oder Unterbetonung von Aus- oder Einatmung ist eine »Abwehratmung«, durch die starke und impulsive Gefühle abgeschwächt werden können. Ein gutes Beispiel dafür ist, wenn wir versuchen, uns am Weinen zu hindern: Trauergefühle steigen langsam nach oben, was sich unter anderem auch als Beklemmung im Brustraum und in der Kehle bemerkbar macht. Wenn wir jetzt ganz wenig und flach atmen und noch dazu ein paar intensive Schluckbewegungen machen, verschwindet das Gefühl wieder oder verliert deutlich an Intensität. Hätten wir dagegen tief durchgeatmet, wäre es unweigerlich zu einem Tränenausbruch gekommen.

Im Brustraum befindet sich unser Herz, das Zentrum unserer Gefühle. Hier werden die Stimmungen gebündelt, verstärkt und umgeformt. Wenn wir bestimmte Atemmuster als Abwehrmechanismus gegen das Erleben bestimmter Gefühle benutzen, beginnen sich die Brustmuskeln und das Zwerchfell zusammenzuziehen, um so ein schützendes, jedoch unbewegliches Korsett um unsere Lungen und unser Herz zu legen. Diese chronische Muskelanspannung bewirkt nicht nur eine fortschreitende Verringerung der Lungenkapazität, sondern sie hinterläßt auch sichtbare Spuren an unserem Körper und stört unser körperliches und seelisches Gleichgewicht. Weder die Brustkorbverengung noch die Brustkorberweiterung stellen eine natürliche Haltung unseres Körpers dar. Es ist vielmehr das Gleichgewicht zwischen diesen beiden Extremen, das die lebendigste und vitalste aller Möglichkeiten ist. Auf die gleiche Weise wie ein Atemzug sowohl aus Ein- als auch aus Ausatmung besteht, sollte auch unsere Beziehung zur Umwelt und zu unserem Inneren aus zwei sich ergänzenden Kräften bestehen. Im Gleichgewicht von innen und außen, von Geben und Nehmen, Ausdehnen und Verengen spiegeln sich die Kraft und Energie unseres Körpers und unserer Seele wider.

Durch Atemschulung und Atemtherapie können diese bei jedem Menschen unterschiedlichen Körperhaltungen und Atemmuster erkannt und mit Hilfe bestimmter Atemübungen korrigiert werden. Erst wenn wir wieder in der Lage sind, tief und befreit durchzuatmen, können sich langjährige chronische Fehlhaltungen und -atmungen auflösen. Darüber hinaus können durch rasches und vertieftes Atmen »festsitzende« Muskelverspannungen gelockert und verdrängte Gefühle wieder aktiviert werden.

Das Ergebnis ist oft in einer veränderten Körperhaltung zu beobachten und macht sich in einer ausgeglichenen seelischen Stimmung bemerkbar.

Die Atemschule – Anleitungen für Atemübungen

Über die richtige Art und Weise zu atmen gibt es – je nach Richtung der Atemschule – unterschiedliche Auffassungen. Im wesentlichen lassen sich die Meinungen in zwei gegensätzliche Standpunkte aufteilen: Die einen sind der Ansicht, daß über die Atmung nicht geredet werden darf, da sie sich dadurch beeinflussen und verändern läßt. Der Lernerfolg würde dabei bestenfalls über »den Kopf« erzielt, nicht aber in Fleisch und Blut übergehen. Andere halten dagegen einen gewissen Grad an Bewußtheit bei der Atmung für unerläßlich, damit falsche Atemgewohnheiten überhaupt erst wahrgenommen und behandelt werden können. Beide Standpunkte spiegeln die Besonderheit unserer Atmung wider: Auf der einen Seite atmen wir unbewußt und unwillkürlich, auf der anderen Seite können wir die Atmung bewußt mit dem Willen steuern. Aus diesem Grund stehen hinter Atemtherapie, wie sie in dem vorliegenden Buch beschrieben wird, zwei unterschiedliche Auffassungen: die direkte und die indirekte Beeinflussung der Atmung. Dem entspricht das bewußte Erlernen verschiedener Grundatmungsarten und das Erlernen von Bewegungsübungen, die die Atmung auf natürliche Weise anregen. Beide Auffassungen sind berechtigt und führen, wenn sie berücksichtigt werden, zu dem gewünschten Heilerfolg: Sobald sich der Atem frei regulieren läßt, entspannt fließt und Sie bei all Ihren Handlungen unterstützen kann, haben Sie das Ziel der Atemschulung erreicht und einen aktiven Beitrag zur Stabilisierung Ihres körperlichen und seelischen Wohlbefindens geleistet.

Grundsätzliches zum Thema Atemübungen

Die hier vorgestellten Atemübungen sind in erster Linie dazu gedacht, Erkrankungen der Atemwege und der Atmungsor-

gane vorzubeugen und sie gesund zu erhalten. Durch richtiges Atmen und regelmäßiges Atemtraining lernen Sie, Störungen Ihrer körperlichen und seelischen Gesundheit zu vermeiden. Zahlreichen anderen Erkrankungen kann dadurch vorgebeugt werden, da die Atemübungen indirekt auch Ihre körpereigene Abwehr stärken.
Durch gezielte Atemübungen können Sie jedoch nicht nur bestimmte Krankheiten vermeiden, sondern diese sogar heilend beeinflussen. Die folgende Aufstellung gibt Ihnen daher einen Überblick über Krankheiten oder körperliche Funktionsstörungen, die mit Hilfe eines regelmäßigen Atemtrainings wirksam behandelt werden können:

- Erkältungskrankheiten, wie Schnupfen oder Grippe,
- Bronchitis,
- Asthma,
- Lungenemphysem,
- Durchblutungsstörungen,
- zu hoher oder zu niedriger Blutdruck,
- Verdauungsstörungen und Darmträgheit,
- Rückenschmerzen,
- Menstruationsbeschwerden,
- nervöse Erschöpfungszustände und depressive Verstimmungen.

Da Schwangerschaft weder eine Krankheit noch eine Funktionsstörung ist, sei an dieser Stelle auf den verspannungslösenden und wohltuenden Nutzen der Atemübungen bei einer Schwangerschaft und als aktive Vorbereitung auf die Geburt hingewiesen.
Darüber hinaus ist zu berücksichtigen, daß Heilatmen als Selbsthilfemaßnahme den fachkundigen ärztlichen Rat nicht ersetzen kann oder überflüssig macht. Dies ist besonders dann zu beachten, wenn Sie starke oder immer wiederkehrende Beschwerden haben.

Die wichtigsten Atemregeln

Damit die Atemübungen ihre volle Wirkungskraft entfalten können, ist es wichtig, daß Sie bestimmte Atemregeln beachten und einhalten.
Oberstes Gebot bei allen Atemübungen ist die »Gewaltlosigkeit«: Das Atmen wird nicht erzwungen, sondern es muß ohne Kraftaufwand und Anstrengung erfolgen. Erzwungenes Atmen stört den Atemfluß und führt zu Kurzatmigkeit und Muskelverkrampfungen. Der heilende Weg, mit dem Atem zu arbeiten, besteht in der völligen inneren Gelöstheit, so daß die Atmung ohne eigenes Zutun und willentliche Steuerung frei fließen kann. Eine geistige Hilfestellung sind ⇨ Atemformeln, die aus dem autogenen Training stammen und dem Zustand der völligen Entspannung förderlich sind. Die beiden wichtigsten Atemformeln sind:

- Es atmet mich!
- Ich werde geatmet!

Wenn Sie sich auf eine dieser Formeln zu Beginn der Übungen konzentrieren, werden Sie spüren, wie sich ein befreiendes Gefühl in Ihrem Körper und in Ihrem Bewußtsein ausbreitet, da Sie eigentlich nichts mehr tun müssen: Ihr Atem kommt und geht von alleine.
Darüber hinaus sind folgende Regeln vor Beginn der Übungen oder während des Atemtrainings unbedingt zu beachten:

- Atemübungen sollten nicht unmittelbar nach den Mahlzeiten durchgeführt werden. Üben Sie am besten vor dem Essen oder einige Zeit danach.
- Grundsätzlich wird bei allen Atemübungen durch die Nase ein- und ausgeatmet. In Ausnahmefällen sind die Übungen mit einem entsprechenden Hinweis versehen. Die ⇨ Nasenatmung ist deshalb wichtig, da unsere

Nase wie ein Filter wirkt. Die Luft wird, bevor sie in die Lungenbläschen gelangt, in der Nase durch den Schleim und die Flimmerhärchen gefiltert und von groben Staubteilchen und Krankheitserregern weitgehend gereinigt. Gleichzeitig wird die Luft durch die zahlreichen Windungen und Muscheln der Nase vorgewärmt und von den Nasennebenhöhlen befeuchtet. Dadurch lassen sich manche Infektionen, wie Schnupfen oder Rachenkartarrh, vermeiden, die durch eine Reizung der Schleimhäute aufgrund zu kalter, zu trockener oder verunreinigter Luft entstehen können.

Bei der ⇨ Mundatmung dagegen werden die Atemwege zu sehr ausgetrocknet und Schadstoffe und Krankheitserreger können ungefiltert in den Rachenraum und in die Bronchien eindringen. Die Mundatmung ist daher nur bei anstrengenden Tätigkeiten oder beim Sport als unterstützende ⇨ Aushilfsatmung sinnvoll.

Da viele von uns das Nasenatmen verlernt haben oder nur unzureichend einsetzen, beschäftigen sich die Anfangsübungen mit dem richtigen Gebrauch der Nasenatmung (siehe dazu Seite 67). Außerdem wird durch die Nasenatmung die tiefere Bauch-Zwerchfell-Atmung (siehe dazu Seite 38) angeregt und unterstützt, während das Atmen durch den Mund mehr die flachere Brustatmung fördert.

- Der Schwerpunkt der Atmung liegt auf der Ausatmungsphase. Intensives Atmen bedeutet nicht, die Atmung zu vertiefen oder zu beschleunigen, damit pro Minute mehr Luft eingeatmet wird (Hyperventilation). Dies kann zu Schwindel und Muskelkrämpfen, ja sogar zur Muskelstarre führen, nicht weil nicht genügend Sauerstoff vorhanden wäre, sondern weil zuviel Kohlendioxid ausgeatmet wird. Kohlendioxid spielt im Säure-Basen-Haushalt des Menschen ein Rolle. Wird mehr Kohlendioxid als nötig ausgeatmet, gerät der Säure-Basen-Haushalt durcheinander und führt zu den oben genannten Symptomen. Dies läßt sich vermeiden, indem man langsam ausatmet. Das zeitliche Verhältnis zwischen Ein- und Ausatmung sollte etwa 1 : 2 betragen.
  Schon eine kleine Menge Luft genügt, um den Körper mit ausreichend Sauerstoff zu versorgen. Wichtiger ist vielmehr, daß sich das Verhältnis von Sauerstoff und Kohlendioxid im Gleichgewicht befindet, was durch die längere Ausatmungsphase gewährleistet wird.
  Sobald Sie Schwindelgefühle oder ein Kribbeln in Händen und Füßen während des Übens spüren, müssen Sie die Atemübungen zunächst unterbrechen. In der Regel verschwinden diese Symptome wieder, wenn die Zeit für das Ausatmen etwas verlängert wird.
- Eine weitere wichtige Regel betrifft die sogenannte ⇨ Atempause (siehe dazu Seite 17). Diese natürliche Pause entsteht nach der Ausatmung: Sämtliche Atemmuskeln sind entspannt und befinden sich in Ruhestellung. Sie warten darauf, daß ihnen das Atemzentrum automatisch wieder den Befehl zum Einatmen gibt. Bei den Atemübungen ist es deshalb wichtig, daß Sie die Atempause bewußt erleben und trainieren lernen, so daß sich eine optimale Entspannung der Muskeln herbeiführen läßt.
  Außerdem wird in der Atempause die Ausatmung nicht vollständig unterbrochen, sie geht vielmehr unmerklich noch etwas weiter. Dadurch können sich die Lungen – so weit es geht – entleeren und dann beim Einatmen wieder mehr Frischluft aufnehmen. Es bleibt allerdings immer ein bestimmter Rest Luft in der Lunge. Unter der Atempause ist auch nicht ein bewußtes Luftanhalten

zu verstehen. Dies würde den natürlichen Atemfluß unterbrechen, der aus Ausatmen – Atempause – Einatmen besteht. In der Atemtherapie wird die Atempause als die Phase beschrieben, in der sich »die Atmung vom Atmen erholt«.

Atemübungen

Die in diesem Buch vorgestellten Atemübungen sind problemlos alleine oder mit einem Partner oder einer Partnerin durchzuführen. Das Übungsprogramm selbst enthält im wesentlichen drei aufeinander abgestimmte Lernphasen, wobei die Auswahl nach Ihren Bedürfnissen erfolgen sollte. Empfehlenswert wäre eine Kombination ausgewählter Atemübungen aus jeweils einem Übungsabschnitt.
Die erste Lernphase dient der körperlichen und geistigen Vorbereitung: Sie lernen, das eigene Atemgeschehen zu spüren und zu beobachten. Spezielle Übungen fördern die innere Entspannung und lockern bestimmte Muskeln, die für eine harmonische, spannungsfreie Atmung wichtig sind.
Durch das Kennenlernen und Üben unserer natürlichen Atemimpulse, wie Gähnen, Seufzen, Stöhnen und Schnuppern können Sie Ihren Atem regulieren und vertiefen.
Bewußtes Atmen ist das Thema des zweiten Übungsabschnitts. Hier werden bestimmte Grundatmungsarten, wie die Bauch-Zwerchfell-Atmung, sowie speziellere Atemformen, wie die vertiefte Bauchatmung und die Vollatmung, vorgestellt. Dabei ist das Erlernen der Nasenatmung die wichtigste Voraussetzung, da sie Grundlage für fast alle Atemübungen ist.
Heilendes Atmen und Akupressur für die Atmung bilden den Abschluß des Übungsprogramms. Hierbei soll die Aufmerksamkeit nach innen gelenkt und mit Hilfe bestimmter Vorstellungen (dem sogenannten Visualisieren) eine Harmonisierung des Atemvorgangs und eine Heilung der gestörten Atmung herbeigeführt werden.
Die einzelnen Übungen sind Bestandteile der verschiedenen Atemschulrichtungen, Körpertherapien und des Yoga. Aus diesen Methoden wurden diejenigen Atemtechniken ausgewählt, die Sie als Selbsthilfe- und Vorbeugemaßnahme mühelos im Alltag durchführen können. Atemübungen, die ein geschultes Fachwissen erfordern und für Therapiezwecke geeignet sind, können in diesem Buch nicht vorgestellt werden, da dies ausschließlich Heilkundigen, Ärzten, Atem- und Psychotherapeuten vorbehalten ist.
Bevor Sie jedoch mit den Übungen beginnen, noch ein paar wichtige Ratschläge vorweg:

- Die Atemübungen können dann ihre Wirkung am besten entfalten, wenn der Raum gut durchlüftet wurde und möglichst keine Heizung angeschaltet ist. Am besten wäre natürlich, wenn Sie die Übungen im Freien oder bei geöffnetem Fenster durchführen könnten.
- Bequeme Kleidung, ohne beengende Gürtel oder Hemdkragen, ist eine weitere Voraussetzung für das Üben.
- Ihr persönliches Übungsprogramm sollte nicht zuviele Übungen enthalten. Empfehlenswerter sind eher weniger Übungen täglich als viele Übungen einmal pro Woche.
- Gönnen Sie sich einige Minuten Pause nach jeder Übung, damit Sie die Nachwirkungen bewußter spüren können.

Die eigene Atmung kennenlernen

Damit Sie die Erfahrung eines fließenden, harmonischen Atems machen können, ist es zunächst wichtig, daß Sie Ihre eigene Atemweise kennenlernen. Erst wenn Sie bewußt erlebt haben, wie Sie Ihren Atem einsetzen, wann Sie ihn anhalten, wieviel

Atemraum Sie sich nehmen oder wie Sie ihn blockieren, sind Sie in der Lage, Ihre Atmung zu verändern und falschen Atemgewohnheiten vorzubeugen. Dies erfordert kein Sachwissen, sondern lediglich aufmerksame Beobachtung und Einfühlungsvermögen in die eigenen körperlichen Vorgänge.

- Beobachten Sie beispielsweise Ihre Atmung während der Einschlafphase. Dies ist ein interessantes Erlebnis, da Sie genau spüren können, wie sich Ihr Atem allmählich entspannt, intensiver und langsamer wird.
- Eine weitere Möglichkeit der Atembeobachtung besteht darin, sich einmal genußvoll im Sitzen, Liegen oder Stehen zu strecken und zu dehnen. Ruhen Sie sich dann wieder aus, und versuchen Sie dabei, Ihre Atemweise zu erforschen.
- Das Anspannen und Loslassen aller Muskeln ist eine sehr gute Möglichkeit, um festzustellen, wie die Atmung auf diese rhythmischen Bewegungen reagiert. Dies können Sie ebenfalls im Sitzen, Liegen oder Stehen ausprobieren. Ballen Sie zunächst Ihre Hände zu Fäusten, und spannen Sie alle Muskeln Ihres Körpers an. Dabei werden Sie vermutlich auch Ihre Atmung unterbrechen und die Luft anhalten. Wenn Sie jetzt alle Muskeln wieder loslassen, wird sich gleichzeitig Ihre Atmung lösen, und Sie können befreit und tief ausatmen.
- Die Vorstellung von Wellenbewegungen ist ein sehr hilfreiches Mittel, um sich mit dem eigenen Atemrhythmus vertraut zu machen: So wie sich die Wellen im Meer auftürmen und dann in ein Wellental gleiten, bewegt sich auch Ihr Atemrhythmus. Legen Sie sich dafür auf den Rücken, wobei die Hände auf dem Bauch verschränkt ruhen. Lassen Sie den Atem weich in den sich ausdehnenden Rumpf einströmen. Sie befinden sich in Ihrer Vorstellung auf dem Wellenkamm, beim Ausatmen dagegen sinken Sie langsam in das tiefe Wellental, in dem Sie eine Weile ausruhen dürfen, um dann mit der Einatmung wieder emporzusteigen.
- Atemhemmungen und -blockaden können Sie durch das Beobachten Ihrer Atemräume feststellen. Legen Sie dazu Ihre Hände beim Atmen
  1. auf den Brustkorb,
  2. auf die Bauchmitte (Nabelgegend),
  3. auf den Unterbauch (Becken),
  4. an die Taille,
  5. an die Schultern und
  6. auf den unteren Rückenbereich (Lendengegend).

  Versuchen Sie dabei die Atembewegungen zu spüren, und fühlen Sie, ob Ihr Atem in diese Körperregionen einströmen kann oder ob nur bestimmte Bereiche »beatmet« werden.
- Eine weitere Möglichkeit, den eigenen Atem kennenzulernen, ist die Beobachtung der Atemweise bei alltäglichen Arbeiten. Schauen Sie sich sozusagen einfach beim Atmen zu! Dazu bieten sich genügend Gelegenheiten, wie beispielsweise am Arbeitsplatz, während kniffliger Handarbeiten oder während des Fernsehens. Wie würden Sie selbst dabei Ihre Atemweise beurteilen? Wie ist das Verhältnis von Ausatmung zur Einatmung (2:1 oder 1:1)? Atmen Sie regelmäßig und ruhig, oder halten Sie während schwieriger Arbeiten die Luft an? Geraten Sie schnell außer Atem (etwa beim Treppensteigen)?

Natürliche Atemimpulse

Unter einem Atemimpuls versteht man den Befehl des Atemzentrums zu atmen. Dadurch wird das Sauerstoff-Kohlendioxid-Verhältnis reguliert und entspannend auf

den Körper und die Seele eingewirkt. Gähnen, Lachen, Weinen, Stöhnen, Seufzen, Niesen, Husten, Riechen sowie Blasen, Pfeifen und Singen sind sogenannte natürliche Atemformen, die uns als Urreflexe in die Wiege gelegt wurden. Die Atemimpulse bewirken, je nach Anforderung, eine Erhöhung des Energieniveaus und eine Spannungsentladung in unserem Körper. Dies wird besonders eindrucksvoll an dem Gähnreflex deutlich: Sobald unsere Atmung flach und wenig intensiv wird, so daß sich das Sauerstoff-Kohlendioxid-Verhältnis nicht mehr im Gleichgewicht befindet, entsteht das Bedürfnis zu gähnen. Der Mund wird weit geöffnet, um tief und ausreichend Luft zu holen. Der Oberkörper ist gestreckt und hält die Muskelanspannung für einen Moment. Danach folgt die entspannende, oft lautstarke Ausatmung, bei der sich die Bauchmuskeln zusammenziehen, um die Luft wieder aus den Lungen zu pressen. Auf diese Weise tanken Sie nicht nur Energie, sondern fördern auch automatisch die Lockerung verspannter Muskelpartien.
Eine Auswahl dieser natürlichen Atemübungen, wie sie im folgenden beschrieben werden, ist zur Vorbereitung auf die Atemarbeit gedacht.

Gähnen

Gähnen hat für die Atmung eine ähnliche Wirkung wie das Dehnen und Strecken für unseren Körper, da es die Geschmeidigkeit der Gesichts- und Atemmuskeln fördert. Dabei werden drei voneinander abgegrenzte Gähnphasen unterschieden: Zunächst wird durch den Mund tief eingeatmet, um Luft zu schöpfen, dann folgt ein kurzes Aufstauen des Atems, wobei sämtliche am Atemvorgang beteiligten Muskeln angespannt werden. In der letzten Phase strömt die Luft mit einem genußvollen Seufzen wieder nach draußen, und die Muskeln sowie die Lunge gehen in ihre entspannte Ausgangshaltung zurück.

Übung: Damit möglichst viele Muskeln Ihres Körpers beim Gähnen gelockert werden, stellen Sie sich etwas breitbeinig hin und beginnen, sich mit erhobenen Händen herzhaft zu strecken. Öffnen Sie dabei Ihren Mund so weit wie möglich, so, als wollten Sie einen riesigen Kürbis verschlingen. Wenn Sie jetzt ganz intensiv an »Gähnen« denken, stellt sich der natürliche Impuls wie von selbst ein. Halten Sie diese Spannung beim Einatmen so lange wie möglich aufrecht, wobei Sie sich in aufrechter und gestreckter Position befinden.

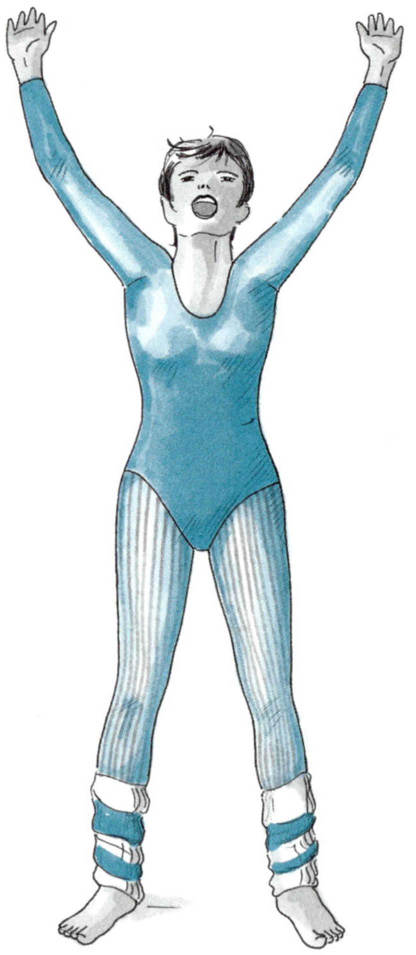

Einatmen beim Gähnen in ganz gestreckter Haltung

Beim Ausatmen lassen Sie Ihre Unter- und Oberkiefer wieder weich zusammengehen und Ihren Oberkörper dabei nach unten sinken. Die Knie sind dabei abgewinkelt. Erst wenn die Luft wieder vollständig ausgeatmet ist und Sie die Atempause als Entspannung erleben konnten, richten Sie sich wieder langsam auf.
Falls es Ihnen gelingt, wiederholen Sie die Übung, damit Sie ihre befreiende und entspannende Wirkung besser spüren können.

Lachen und Weinen

Lachen wird auch als das »Tanzen der Atmung« bezeichnet, da es ein schneller Wechsel zwischen einem ganz kurzen Ton und kräftigem Anspannen sowie Ausatmen und Loslassen ist. Der Brustkorb bleibt dabei weit und gespannt, das typische Anspannen und Loslassen erfolgt dabei ausschließlich im Zwerchfell. Redewendungen, wie zum Beispiel »Lachen ist gesund«, weisen auf die Heilwirkung dieses natürlichen Atemimpulses hin: Lachen befreit und entspannt nicht nur unsere Seele, sondern hält auch unseren Hauptatemmuskel, das Zwerchfell, fit.

Ausatmen beim Gähnen mit gebeugtem Oberkörper

Wenn wir unseren Tränen freien Lauf lassen, hat dies ebenfalls eine heilsame Wirkung. Weinen heilt unsere Seelenwunden, indem es uns von der angestauten Spannung befreit. Nach dem Weinen fühlen wir uns gelockert und von dem Druck erlöst, der oftmals auf uns lastet. Das Atemmuster besteht aus mehreren kurzen Einatmungsstößen und längeren intensiven Ausatmungsbewegungen. Durch diese kurzen Atemstöße wird unser Zwerchfell regelrecht erschüttert, da es sich beim Weinen rhythmisch auf und ab bewegt. Nach dem reinigenden Weinen ist die Atmung weich fließend und dabei tief.

Seufzen und Stöhnen

Seufzen ist die natürliche Entspannungsübung der Atmung. Atemtechnisch betrachtet, handelt es sich dabei um eine meist rasche, intensive Einatmungsbewegung, der eine kurze Atempause und anschließend hörbares, druckloses Ausatmen folgt. Wir seufzen meist unbewußt, um die Atemtiefe zu regulieren. Oftmals entfährt uns ein Seufzer, wenn wir uns traurig und deprimiert fühlen, da uns dieser Seelenzustand flach und unregelmäßig atmen läßt. Nach einem »Seufzer der Erleichterung« kann die seelische und geistige Anspannung nachlassen, die uns daran hinderte, tief durchzuatmen und loszulassen. Durch das Seufzen wird aber auch der Kreislauf und der venöse Rückfluß des Blutes zum Herzen angeregt.
Beim Stöhnen werden die Atemmuskeln und die Lunge besonders kräftig angespannt, und es wird mit dem abströmenden Atem ein Ton erzeugt. Durch Stöhnen können wir, ähnlich wie beim Seufzen, »Dampf ablassen« und uns von innerem Druck befreien.
Kräftiges, lautstarkes Stöhnen kann auch zur Erleichterung bei Schmerzen beitragen, da wir auf diese Weise dem Gefühl Ausdruck verleihen und die Entspannung der Muskeln erleichtern. Halten wir dage-

gen die Luft an, verkrampft sich unser Körper, und der Schmerz wird unerträglich. Stöhnen sollten Sie daher immer, wenn Ihnen danach zumute ist, es hilft, auf natürliche Art körperlich und seelisch zu entspannen.

Singen, Sprechen, Schreien, Blasen und Pfeifen

Alle ton- und klangerzeugenden Geräusche, die wir tagtäglich beim Atmen von uns geben, kräftigen unsere Atemmuskeln und halten das Lungengewebe elastisch. Der Grund dafür ist, daß bei der Klangbildung die Atemmuskeln trainiert werden. Atemübungen sind daher oft mit dem Tongeben von bestimmten Vokalen oder Konsonanten kombiniert (siehe dazu Seite 36), da sich durch das Sprechen oder Singen kontrollieren läßt, ob wir den Atem festhalten oder fließenlassen können. Alle Atemimpulse, die auch mit der Bildung von Lauten, Tönen verbunden sind, entspannen und lockern Sie körperlich wie seelisch.

Übungen: Voraussetzung für das Üben mit Ihrer Stimme ist, daß Sie sich in einer bequemen, sitzenden Haltung befinden, etwa auf einem Stuhl mit gerader Rückenlehne oder auf dem Boden im Schneidersitz. Der Rücken darf keinesfalls gebeugt, sondern muß aufrecht und ohne Spannung sein. Atmen Sie zunächst einmal aus und ein. Danach beginnen Sie, langsam auf ⇨ m-m-m zu summen. Lassen Sie diesen Ton durch Ihren ganzen Körper vibrieren, und zwar so lange, bis Sie wieder Luft holen müssen. Versuchen Sie, dabei herauszufinden, ob der Ton an bestimmten Körperstellen blockiert oder festgehalten wird. Durch innerliche Konzentration auf dieses Gebiet und durch weiteres Summen dieses Konsonanten können Sie die Spannung allmählich auflösen.
Das sogenannte ⇨ »Lokomotivpusten« ist eine gute Übung, das Zwerchfell bei der

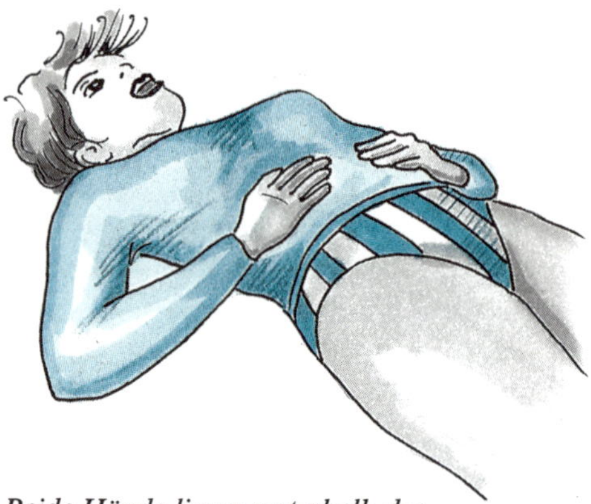

Beide Hände liegen unterhalb des Rippenbogens auf dem Zwerchfell

Arbeit zu spüren. Legen Sie dafür zunächst beide Hände links und rechts unterhalb des Rippenbogens auf das Zwerchfell.
Pusten Sie danach schubweise auf ⇨ sch-sch-sch so lange, bis Ihnen der Atem ausgeht und Sie wieder nach Luft schnappen müssen.
Durch das Singen des Vokals ⇨ u können Sie sich beruhigen und entspannen. Schließen Sie dazu Ihre Augen, und lassen Sie den Ton durch Ihren Körper schwingen. Sie sollten seine Wirkung bis tief im Beckenboden spüren. Versuchen Sie, den Ton so lange wie möglich klingen zu lassen, damit Sie das Gefühl der Beruhigung möglichst umfassend erleben können.

Körper und Seele entspannen

Atemübungen erfordern ein hohes Maß an körperlichem und geistigem Entspanntsein. Die Atmung ist von unserem Körperbefinden und von unserer seelischen Verfassung abhängig, da sie sich an jede Situation anpassen muß. Umgekehrt haben wir aber auch die Möglichkeit, durch entsprechende Atmung unser Körper- und Seelenbefinden zu beeinflussen. Aus diesem Grund ist es wichtig, daß Sie sich in einem ruhigen, ausgeglichenen

Zustand befinden, die Muskeln gelockert sind und daß Sie sich innerlich auf dieses Erlebnis vorbereiten. Es gibt viele hilfreiche Wege, die zur inneren Gelassenheit führen. Wählen Sie daher die Übungen aus, die bei Ihnen ein optimales Maß an Gelöstheit und Entspannung hervorrufen. Es ist nicht ratsam, die Atemübungen unvorbereitet oder in Eile durchzuführen. Dies würde den Heilungsprozeß behindern und falsche Atemgewohnheiten eher unterstützen als beheben.

Körperübungen

Die Entspannung des Körpers und die Lockerung der Muskeln ist die grundlegende Voraussetzung für die anschließenden Atemübungen. Es handelt sich hierbei um gezielte Übungen, die die Kopf- und Nackenmuskulatur sowie die Oberkörper- und Beckenmuskulatur beeinflussen. Diese Muskulatur ist deshalb von besonderem Interesse, weil sie beim Atmen ständig beansprucht wird und bei den meisten Menschen chronisch verkrampft ist. Erst wenn die Muskulatur weich und locker ist, ist die Voraussetzung für ungehindertes Atmen erfüllt.

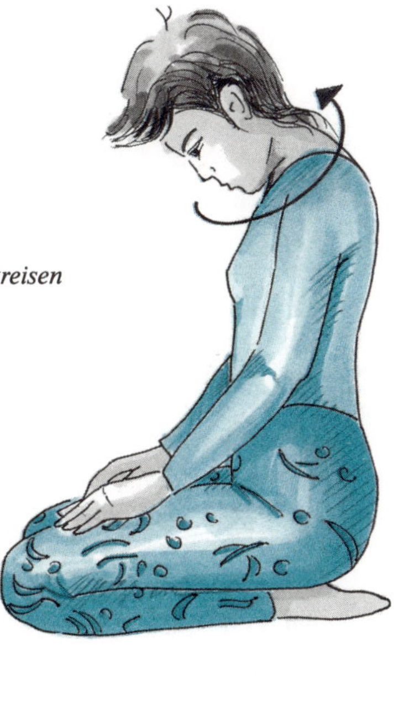

Kopfkreisen

Kopfkreisen und Nackendehnen: Die Übung kann im Sitzen oder Stehen ausgeführt werden, wobei Sie auf eine entspannte, aufrechte Haltung Ihres Rückens achten sollten. Lassen Sie zunächst Ihren Kopf nach vorne auf die Brust sinken, und verharren Sie eine Weile in dieser Stellung. Atmen Sie dabei ein paar Mal durch die Nase, und beginnen Sie, ganz langsam Ihren Kopf nach links und rechts zu pendeln. Diese Bewegung regt Sie allmählich dazu an, den Kopf in eine Richtung kreisen zu lassen.

Kreisen Sie den Kopf keinesfalls zu schnell, da dies die Lockerung der Kopf- und Nackenmuskeln behindern würde. Nach einer Weile wechseln Sie die Richtung, wobei Sie zunächst eine kleine Ruhepause einlegen sollten. Falls Sie beim Kreisen Verspannungen oder Widerstände spüren, gehen Sie möglichst behutsam vor, und vergewissern Sie sich, ob Sie Ihren Kopf wirklich auf die Brust fallenlassen können. Es ist nicht ratsam, die Kreisbewegungen zu erzwingen, sondern die Muskeln sollten sich vielmehr langsam an die Dehnung und Streckung gewöhnen. Durch das Kopfkreisen wird häufig ein Knacken der Halswirbel hervorgerufen, was Sie aber nicht beunruhigen sollte. Beobachten Sie auch, in welche Richtung Ihnen das Kreisen schwerer fällt. Schenken Sie dieser Seite besonders viel Aufmerksamkeit, und führen Sie die Kreisbewegungen vorwiegend in diese Richtung aus. Danach ruhen Sie sich eine Weile mit aufrechter Kopfhaltung aus, und versuchen Sie, die Lockerung Ihrer Muskeln zu spüren. Nach der Ruhepause lassen Sie Ihren Kopf langsam zur rechten Seite sinken, während Sie auf die Regelmäßigkeit Ihrer Atmung achten. Dabei kann die Vorstellung sehr hilfreich sein, daß Ihr rechtes Ohr auf der rechten Schulter zum Aufliegen kommt. Die Schulter darf dabei jedoch nicht angehoben werden, da dies zu einer verkrampften Haltung führen würde.

Dehnung der Nackenmuskeln

Die Muskeln sollten nicht so weit wie möglich gedehnt werden, sondern nur so viel, daß diese Bewegung nicht unangenehm oder gar schmerzhaft ist. Versuchen Sie, Ihre Atmung in diesen Bereich zu lenken, dadurch können die gedehnten Muskeln leichter entspannt werden. Wenn Sie eine Weile in dieser Stellung verharrt haben, bringen Sie den Kopf zunächst wieder zur Mitte in aufrechte Position und lassen ihn dann langsam in Richtung linke Schulter sinken. Auch hier sollten Sie wieder auf die Beweglichkeit der linken und rechten Nackenseite achten, da viele von uns meist einseitig verspannt sind. Nachdem Sie diese Übung ein paar Mal wiederholt haben, werden Sie feststellen, daß sich die Dehnfähigkeit Ihrer Nackenmuskeln spürbar verbessert hat.

Schulterkreisen: Die anschließende Übung ist eine sehr wirkungsvolle Methode, um verkrampfte Schultermuskeln geschmeidig und blockierte Schultergelenke beweglich zu machen.
Diese Muskeln sind bei den meisten Menschen chronisch verspannt, da bei vorwiegend sitzenden Tätigkeiten die Muskeln oft stundenlang in gleicher Stellung verharren müssen. Schultern und Arme werden auch als Hilfsmuskeln bei der Brustatmung benutzt, um das Gewicht und somit das Ausdehnen des Brustkorbs zu erleichtern. Sobald der Brustkorb durch die Atemübungen beweglicher geworden und Ihnen die Bauch-Zwerchfell-Atmung in Fleisch und Blut übergegangen ist, wird das oft unbewußte Schultern- und Armheben überflüssig. Dieser Zustand ist dann erreicht, wenn die Luft beim Einatmen mühelos einströmen kann, ohne daß Sie das Gewicht von Ihrem Brustkorb wegheben müssen.
Stellen Sie sich mit leicht angewinkelten Knien bequem hin, und atmen Sie ein, wobei Sie die Schultern mit anheben. Versuchen Sie, dabei ganz bewußt die Spannung zu spüren, die bei dieser Atemtechnik in Ihren Schultern und Schulterblättern entsteht. Beim Ausatmen lassen

Schulterkreisen

Sie die Schultern wieder langsam zurücksinken. Während Sie regelmäßig durch die Nase atmen, beginnen Sie damit, kleine Kreisbewegungen mit Ihrer rechten Schulter auszuführen. Stellen Sie sich dabei das Kugelgelenk in der Schulter vor, das Ihnen Armbewegungen in alle Richtungen ermöglicht. Der rechte Arm darf bei dieser Übung nicht beziehungsweise kaum bewegt werden, da die Kreisbewegungen ausschließlich aus dem Gelenk kommen. Am Anfang fällt dies sehr schwer, da Sie ein ganz bewußtes Körpergefühl für die kleinen Kreisbewegungen aus dem Schultergelenk entwickeln müssen.
Sobald Sie spüren, daß die Bewegung durch den rechten Arm hervorgerufen wird, versuchen Sie, nochmals Ihre Aufmerksamkeit auf das Schultergelenk zu richten. Wenn die Kreisbewegungen weich und entspannt aus dem Gelenk kommen, können Sie mit größeren Kreisen beginnen. Kreisen Sie abwechselnd nach vorne und nach hinten. Danach üben Sie das Kreisen mit Ihrer linken Schulter. Den Abschluß bildet das Kreisen beider Schultern in abwechselnde Richtungen, wobei Sie wieder darauf achten sollten, welche Körperseite verspannter und für Sie schwieriger zu bewegen ist. Diese Seite bedarf der besonderen Aufmerksamkeit. Außerdem ist es wichtig, daß Sie Ihren Kopf beim Üben aufrecht halten und das Atmen nicht vergessen.

Den Oberkörper dehnen: Der Oberkörper ist das Zentrum unserer Atembewegung, da sich hier alle wichtigen Atem- und Atemhilfsmuskeln befinden. Damit dieser Bereich möglichst beweglich wird und sich entspannen kann, sind eine Dehnung und Streckung sehr hilfreich. Dazu stellen Sie sich etwas breitbeinig hin, wobei die Füße leicht nach innen gerichtet sind.
Das Gefühl eines sicheren Standes bekommen Sie, wenn Sie ein paar Mal mit den Beinen federn und die Knie dabei leicht abwinkeln. Strecken Sie dann Ihren rechten Arm aus, und führen Sie diesen langsam über den Kopf zur linken Seite. Die Augen und der Kopf folgen der Armbewegung, und Sie atmen bei dieser Bewegung durch die Nase ein.
Bleiben Sie eine Weile in dieser gedehnten Haltung, bis Sie durch den Impuls zum Ausatmen gezwungen werden, den Körper in die Ausgangsposition zurückgleiten zu

Standposition, um den Oberkörper zu dehnen

lassen. Danach folgt die Bewegung mit dem linken Arm über den Kopf nach rechts, wobei Sie auch hier wieder darauf achten müssen, daß Sie Ihre Körperbewegung dem Atemrhythmus anpassen.

Beckenkreisen: Das Beckenkreisen ist ein Bestandteil des Bauchtanzes und fördert die Beweglichkeit der Beckenmuskeln, was als Vorbereitung für die Vollatmung von grundlegender Bedeutung ist.
Stehend, mit leicht nach innen gerichteten Füßen und abgewinkelten Knien, halten Sie beide Arme seitlich ausgestreckt und beginnen langsam mit Ihrem Becken zu kreisen.
Die Bewegungen müssen dabei ausschließlich aus dem Becken kommen. Oberkörper und Beine werden nicht oder nur kaum mitbewegt. Führen Sie zunächst nur kleine Kreise aus, da Sie auf diese Weise Ihren Körper besser wahrnehmen können. Wenn Sie Ihr Becken zunächst eine Weile in eine Richtung bewegt haben, kreisen Sie in die entgegengesetzte Richtung. Bei dieser Übung ist ein Spiegel sehr hilfreich, um zu beobachten, ob Sie Oberkörper und Beine mitbewegen. Durch regelmäßiges Üben werden Sie im Laufe der Zeit eine deutliche Verbesserung Ihrer Beweglichkeit feststellen. Ihre Atmung sollte dabei, ähnlich den Beckenbewegungen, weich und fließend sein.

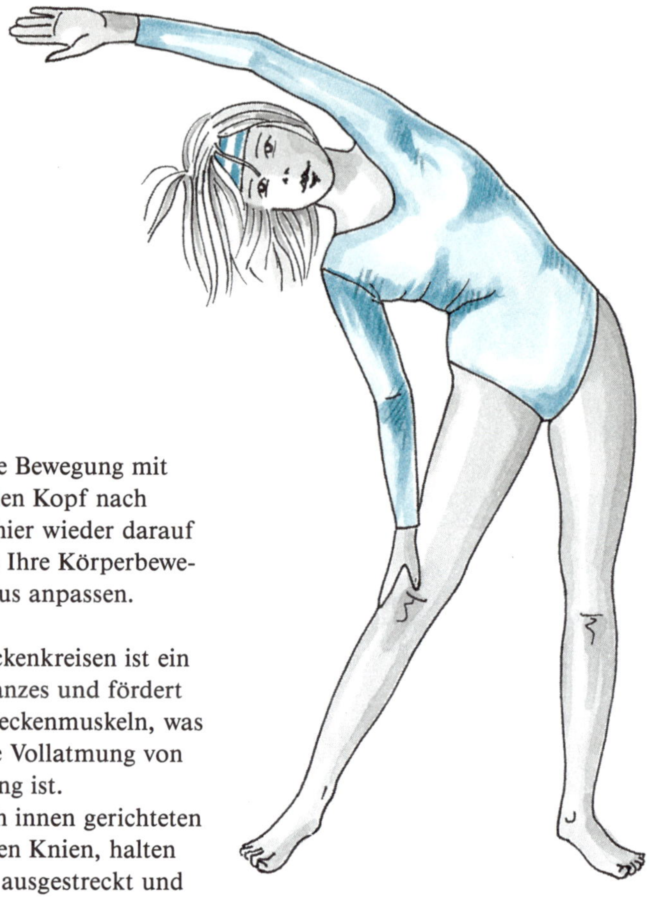

Den Oberkörper dehnen

Übungen für Geist und Seele

Innere Ruhe und Gelöstheit ist der nächste Schritt, um das Atmen einfach geschehenlassen zu können. Je entspannter Sie sind, desto intensiver können Sie Ihr eigenes Atemgeschehen erleben und erkennen, was noch zur Verbesserung Ihrer Atemfunktionen beizutragen ist. Die innere Ruhe und Gelöstheit reguliert sowohl den Spannungszustand der willkürlichen Muskulatur als auch den Spannungszustand des vegetativen Nervensystems und läßt Sie insgesamt tiefer empfinden. Für die Atmung ist dies besonders wichtig, da Sie mit Hilfe bestimmter Entspannungsmethoden Ihre Atmung und somit Ihr körperliches und seelisches Wohlbefinden aktiv

Beckenkreisen linksherum

Beckenkreisen rechtsherum

beeinflussen können. Wenn Sie in der Lage sind, Ihre seelischen Konflikte, Ihre Alltagsgedanken und die Muskeln Ihres Körpers »loszulassen«, dann ist der Zustand erreicht, der Sie wieder tief und befreit ausatmen läßt.

Sich sinken lassen: Die nachfolgende Übung ist eine wirkungsvolle Methode, über die bewußte Muskelentspannung auch eine seelische Gelöstheit herbeizuführen. Sie sollten dazu auf einer Matratze in Ihrem Bett oder auf dem Sofa liegen. Wenn die Zimmertemperatur nicht angenehm warm ist, decken Sie sich mit einer Wolldecke oder mit einem Leinentuch zu. Gähnen, strecken und dehnen Sie sich einmal ausgiebig, und atmen Sie danach tief ein. Richten Sie Ihre Aufmerksamkeit nach innen, wobei Sie sich vorstellen, daß Sie ganz langsam in Ihre Matratze oder Unterlage sinken. Während Sie in Ihrem Bewußtsein immer tiefer sinken, versuchen Sie, alle aufliegenden Körperteile von unten nach oben, das heißt von den Fersen bis zu Ihrem Hinterhaupt, zu entspannen. Gehen Sie dabei ganz systematisch in folgender Reihenfolge vor: Zuerst lösen Sie die Spannungen in Ihren Füßen, dann in den Knien, Hüften, Händen, Unterarmen, Oberarmen, Schultern, im Gesäß, im Kreuzbeinbereich, in der Taille und in der Bauchgegend. Konzentrieren Sie sich besonders auf Ihren Rücken: Liegt dieser

Bereich gut auf, oder gibt es Stellen, die Sie nicht loslassen können, was meistens bei Menschen mit einem Hohlkreuz vorkommt? Der Rücken fühlt sich oftmals wie ein gespannter Bogen an, was durch die Vorstellung des »Sich-sinken-Lassens« gemildert werden kann. Wenn Sie das Gefühl haben, ganz in Ihrer Matratze versunken zu sein, ist die optimale Entspannung erreicht. Versuchen Sie auch, Ihre Gedanken und Gefühle »sinken« zu lassen. Sie können sich dabei vorstellen, daß Sie ein schweres Paket mit all Ihren Gedanken in die Tiefe Ihres Bewußtseins werfen: Langsam, wie in Zeitlupe, gleitet es immer tiefer. Das einzige, was Sie jetzt noch spüren sollten, sind die Bewegungen Ihres Brustkorbs, der sich durch die Atmung langsam hebt und senkt.

Energie empfangen: Damit Sie für die Atemarbeit die nötige Kraft und innere Bereitschaft erhalten, sollten Sie die anschließende Übung immer unmittelbar vor dem Heilatmen durchführen.
Sie liegen dazu auf einer bequemen Unterlage auf dem Rücken. Die Beine sind gespreizt, und die Arme liegen seitlich ausgestreckt mit den Handflächen nach oben. Sie sind zu empfangenden Schalen geformt. Durch diese Körperposition signalisieren Sie Ihre Offenheit und Empfangsbereitschaft. Versuchen Sie, ganz ruhig zu werden, zu entspannen und langsam zu atmen. Ihr Bewußtsein ist nach innen gerichtet. Stellen Sie sich vor, daß Sie offen und bereit sind, etwas Neues, für Sie Wohltuendes zu lernen. Sie schöpfen dabei aus Ihrer unendlichen Lebensquelle Kraft und Energie für Ihr Vorhaben. Folgende Sätze bekräftigen Ihren Wunsch nach Heilung und Entspannung:

- Mein Bewußtsein und mein Geist sind offen für alles, was mir gut tut.
- Ich empfange heilende und kraftvolle Energie.
- Ich schöpfe aus der Quelle des Lebens.

Wiederholen Sie diese Sätze ein paar Mal, während Sie ruhig und entspannt atmen. Wenn Sie das Gefühl haben, genügend Kraft empfangen und Energie getankt zu haben, beenden Sie die Übung. Dies geschieht durch das Strecken und Dehnen Ihres Körpers.

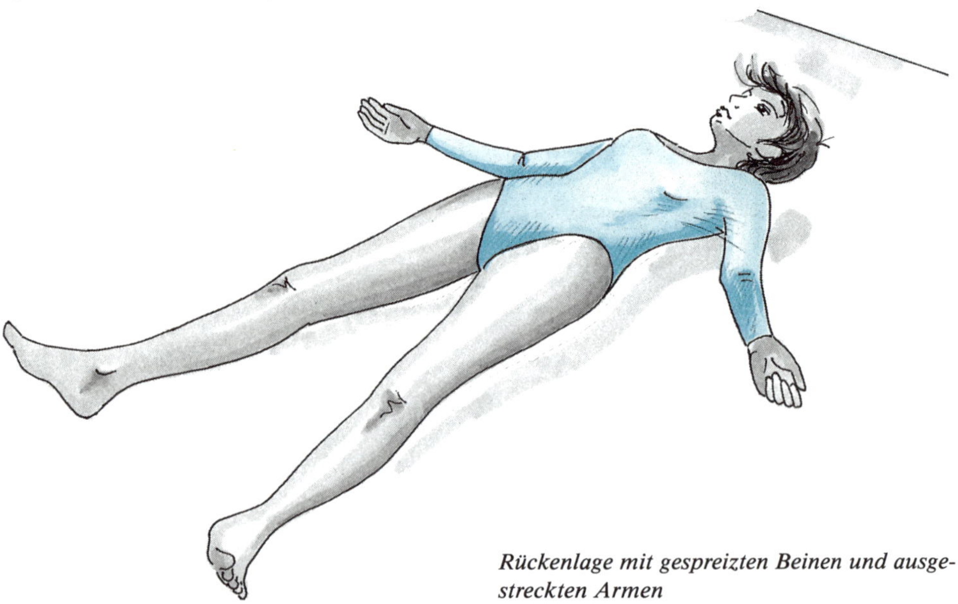

Rückenlage mit gespreizten Beinen und ausgestreckten Armen

Bewußtes Atmen

Während sich der vorhergehende Übungsabschnitt mit Ihrer »normalen« intuitiven Atmung beschäftigte, geht es im folgenden darum, bestimmte Atemtechniken bewußt zu erlernen. Die vorliegende Auswahl beschreibt die wichtigsten Grundatmungsarten, wie sie in den verschiedenen Atemtherapien und Atemschulen geübt und unterrichtet werden.
Bevor Sie jedoch mit dem bewußten Atmen beginnen, noch ein paar Atemregeln vorweg:

- Üben Sie mit möglichst wenig, nicht mit möglichst viel Luft.
- Atmen Sie so langsam wie möglich ein (Luft einziehen!).
- Das Ausatmen sollte drucklos erfolgen (Luft herauslassen, nicht herauspressen!).
- Keine Pause nach dem Einatmen!
- Warten Sie nach dem Ausatmen, bis der Impuls zum Einatmen von selbst kommt (Atempause!).
- Versuchen Sie nicht, so tief wie möglich einzuatmen, da unter Atemtiefe etwas ganz anderes zu verstehen ist.

Nasenatmung

Da für viele von uns die Nasenatmung nicht selbstverständlich ist, beschäftigen sich die anschließenden Übungen ausschließlich mit dieser Atmungsform. Die Nasenatmung regt zu tieferem und längerem Atmen an. Für das Zwerchfell ist sie Stimulanz und Fitnesstraining zugleich. Versuchen Sie, zunächst sanft durch die Nase einzuatmen und den Atemstrom zu spüren, der durch die Nase über den Rachenraum, die Luftröhre und die Bronchien schließlich in die Lungen strömt. Das Ausatmen erfolgt dabei ebenfalls durch die Nase. Beobachten Sie, wie sich Ihre Lunge beim Einatmen füllt und beim Ausatmen leert.

Nasenreinigung: Eine chronisch verstopfte Nase kann durch die Nasenatmung wieder frei werden. Voraussetzung ist allerdings, daß Sie die Nase einer intensiven Reinigungsaktion unterziehen. Dabei leistet mit biologischen Substanzen (Menthol, Pfefferminze oder dergleichen) angereicherter ⇨ Schnupftabak wertvolle Dienste. Dieses altbewährte Hausmittel erfrischt dadurch, daß es den Nasen- und Rachenbereich reinigt und belüftet. Meistens müssen Sie beim Schnupfen kräftig niesen, die Nase wird dadurch frei, und Sie können wieder besser durchatmen. Schnupftabak hilft auch bei Schwindel, Kopfschmerzen und erleichtert die Nasenatmung bei Schnupfen.
Indische Yogis benutzen die ⇨ Nasenspülung als reinigende und durchblutungsfördernde Methode. Sie können dazu kaltes oder lauwarmes Wasser mit oder ohne Beigabe von Salz (auf einen Liter Wasser ein gestrichener Teelöffel voll) verwenden. Mit schrägliegendem Kopf halten Sie ein Nasenloch in das Gefäß mit Wasser und ziehen die Flüssigkeit erst durch das rechte, dann durch das linke Nasenloch ein. Das Wasser fließt in den Rachen und muß wieder ausgespuckt werden.

Die Weite der Nasenöffnungen regulieren: Beide Nasenflügel können weit und eng gestellt werden. Sollten Sie dies nicht beherrschen, nehmen Sie Daumen und Zeigefinger zur Hilfe. Legen Sie beide Finger leicht an die Nasenflügel, damit Sie die automatischen Bewegungen Ihrer Nase spüren. Versuchen Sie einfach, diese regulierenden Bewegungen (ohne Finger) zu übertreiben. Sollte Ihnen diese Übung nicht gleich gelingen, massieren Sie Ihre Nase ein wenig, damit das Gewebe weich und elastisch wird. Wenn es Ihnen gelungen ist, die Übung durchzuführen, können Sie den Unterschied zwischen weit und eng gestellten Nasenflügeln beim Einatmen feststellen. Atmen Sie zuerst mit aufge-

Wechselseitige Nasenatmung

blähten Nasenlöchern ein, und dann stellen Sie die Nasenflügel beim Einatmen enger.

Schnuppern und Schnüffeln: Tiere haben eine ganz spezielle Atemtechnik, um die Gerüche ihrer Umwelt zu identifizieren: Sie schnuppern und schnüffeln an den Gegenständen ihres Interesses. Um Ihnen diese Übung zu erleichtern, nehmen Sie sich eine Blume oder Ihr Lieblingsduftwasser zur Hilfe. Atmen Sie zunächst schnuppernd, wie ein Hase, in zwei bis drei kleinen Ansätzen durch die Nase ein. Danach atmen Sie wieder entspannt aus. Oder gehen Sie schnüffelnd wie ein Hund durch den Raum und versuchen, die unterschiedlichen Düfte der Gegenstände zu erkennen. Wichtig ist, daß Sie das Schnuppern und Schnüffeln ganz bewußt einsetzen und Ihr Atemgeschehen dabei beobachten.

Nasenwechselatmung: Die Nasenwechselatmung ist eine uralte Yoga-Atemübung (siehe dazu Seite 32), die nicht nur die Nasenatmung stimuliert, sondern auch unsere Gehirntätigkeit beeinflußt.

Legen Sie Ihren Zeigefinger auf die Nasenwurzel zwischen den Augenbrauen. Mit dem Daumen beziehungsweise Mittelfinger der rechten Hand verschließen Sie abwechselnd Ihr rechtes, dann Ihr linkes Nasenloch. Atmen Sie zunächst durch das rechte Nasenloch dreimal ein und aus, danach wechseln Sie über zum linken Nasenloch. Der zweite Teil der Übung besteht darin, daß Sie abwechselnd zum rechten Nasenloch ein- und zum linken ausatmen. Beim nächsten Atemzug ist es genau umgekehrt: Sie atmen links ein und rechts aus, während Sie immer noch Ihren Daumen und Mittelfinger beweglich an das rechte und linke Nasenloch halten. Versuchen Sie dabei herauszufinden, durch welches Nasenloch die Luft besser einströmen kann.

Bauch-Zwerchfell-Atmung

Die Bezeichnung Bauchatmung ist eigentlich falsch, da der Bauch nicht atmet. Vielmehr zieht sich das Zwerchfell zusammen und drückt dabei den Inhalt der Bauchhöhle gegen die Bauchwand, so daß die Atembewegungen am Bauch deutlich sichtbar werden. Aus diesem Grund wird diese Atemtechnik als Bauchatmung bezeichnet. Zwischen Bauch- und Zwerchfell-Atmung gibt es deshalb keine atemtechnische Trennung. Bei einigen Übungen wird lediglich das Zwerchfell direkt stimuliert. Bestimmte Hilfsmaßnahmen, wie das Schniefen oder das Summen bestimmter Vokale, dienen der Anregung des Zwerchfells. Da dieser Atemmuskel, der zugleich der wichtigste Atemmuskel ist, aufgrund der bevorzugten, jedoch unzureichenden Brustatmung chronisch unterfordert ist, sind die anschließenden Übungen eine wirksame Methode, den Spannungszustand der Muskulatur zu verbessern.
Die Bauch-Zwerchfell-Atmung ist die Grundlage jeder Atemtherapie, da ihre Wirkung schon zu vielen Heilerfolgen geführt hat: Durch das Bewegen der

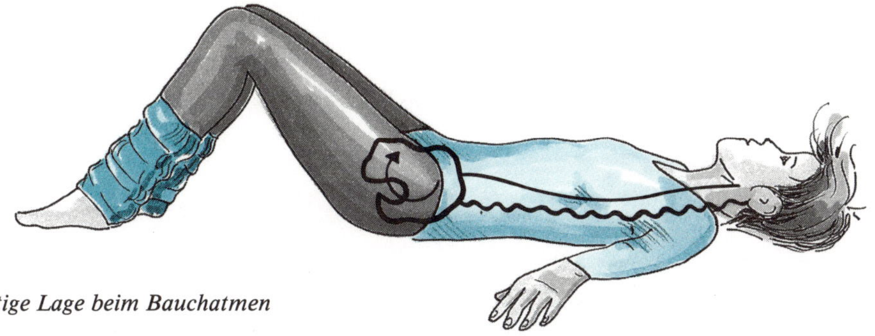

Günstige Lage beim Bauchatmen

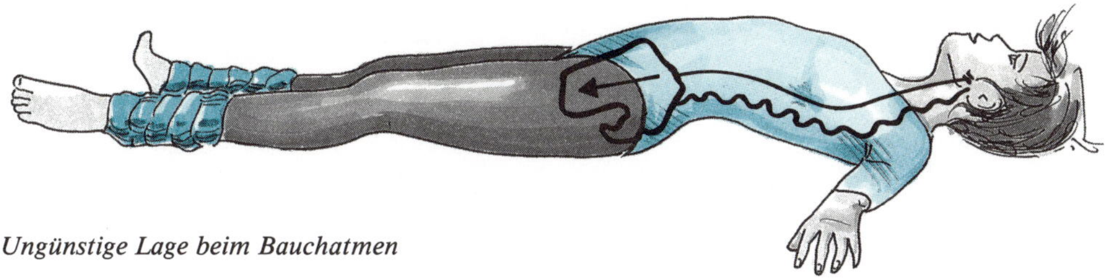

Ungünstige Lage beim Bauchatmen

Bauchdecke und des Zwerchfells massieren wir nicht nur den Bauchinhalt, sondern indirekt auch die Lungen und das Herz. Gerade bei bestimmten Krankheiten, wie Darmträgheit, Verstopfung oder Menstruationskrämpfen, hat sich diese natürliche Massage bewährt. Wird die Bauchatmung regelmäßig im Liegen oder Stehen ausgeführt, bewirkt dies eine Entspannung der Rückenmuskeln, was besonders für Menschen mit einem Hohlkreuz von Vorteil ist. Aber auch Lymphstauungen oder Durchblutungsstörungen kann die Bauchatmung entgegenwirken. Dadurch, daß sich der Brustkorb beim Einatmen erweitert, entsteht ein Sog, der den Rücktransport von Blut und Lymphe zum Herzen erleichtert. Dies wirkt sich beispielsweise vorteilhaft auf gestaute Beine aus, deren Umfang sich dadurch wieder vermindern kann.

Wenn sich in den erweiterten Blutgefäßen manchmal zuviel Blut angesammelt hat, kann es zur Unterversorgung an anderen Stellen des Körpers kommen. Kalte Hände oder Füße und Blutkreislaufstörungen sind die Folge davon. Auch diese Symptome können durch diese Atemtechnik zum Verschwinden gebracht werden, da das Bauchatmen den Rückstrom des venösen Blutes zum Herzen und damit auch die Herztätigkeit fördert.

Bauch-Zwerchfell-Atmung im Liegen: Das Bauchatmen im Liegen ist die einfachste Art, diese Atemtechnik zu erlernen. Sie benötigen dazu eine bequeme Unterlage (Matratze oder dicke Wolldecke) und zwei kleinere Kissen, die Sie sich zusammengerollt unter den Nacken und unter die Kniekehlen legen. Dadurch wird die Wirbelsäule entlastet, und der Brustkorb kann sich entspannen. Falls Sie jedoch beim Atmen spüren, daß Ihre Bauch- und Rückenmuskeln sehr verkrampft sind, müssen Sie entweder ein größeres Kissen unter die Kniekehlen legen oder die Beine aufstellen.

Die Hände liegen seitlich am Körper. Wenn Sie die Übung jedoch zum ersten Mal durchführen, können Sie Ihre Hände auf den Bauch legen, um die Auf- und Abwärtsbewegungen des Bauches besser zu spüren.

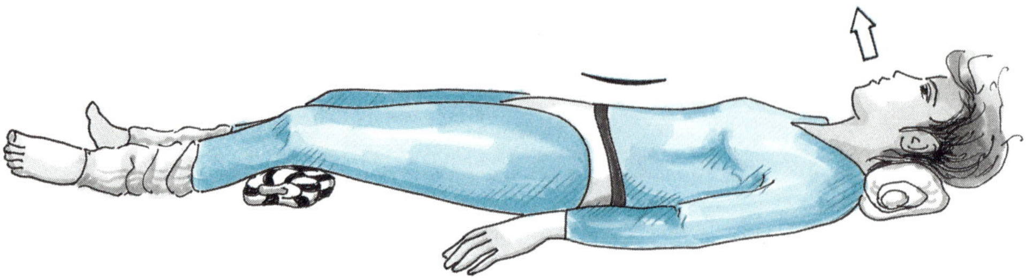

Das Bauchatmen im Liegen: Ausatmung

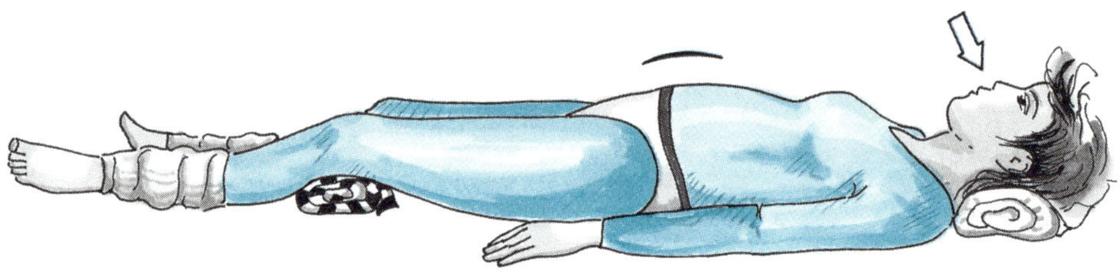

Das Bauchatmen im Liegen: Einatmung

Beginnen Sie nun, langsam durch die Nase aus- und einzuatmen, wobei Sie die Bewegungen der Bauchdecke nicht gewaltsam herbeiführen dürfen. Lassen Sie einfach Ihre Bauchmuskeln und Ihren Willen los: Sie werden geatmet! Auch dürfen Sie keinesfalls Ihre Bauchmuskeln bewußt anspannen und den Bauch herausstrecken. Dieser Kraftaufwand hat nichts mit Ihrer Atmung zu tun! Denken Sie in diesem Fall daran, daß die Bewegungen ausschließlich durch die Atmung hervorgerufen werden. Um Ihnen das Empfinden des eigenen Körpers zu erleichtern, sollten Sie sich beim Ausatmen eine Bewegung nach oben zur Brust hin vorstellen, wobei der Bauch einsinkt. Beim Einatmen dagegen geht die Atemwelle nach unten zum Bauch hin, so daß er sich ganz automatisch ausdehnen muß. Eine weitere Hilfe kann die Vorstellung eines Luftballons sein, der beim Einatmen aufgeblasen wird und beim Ausatmen wieder zusammensinkt. Beim Ausatmen durch die Nase warten Sie (Atempause!), bis Ihr Körper wieder von alleine nach der Einatmung verlangt.

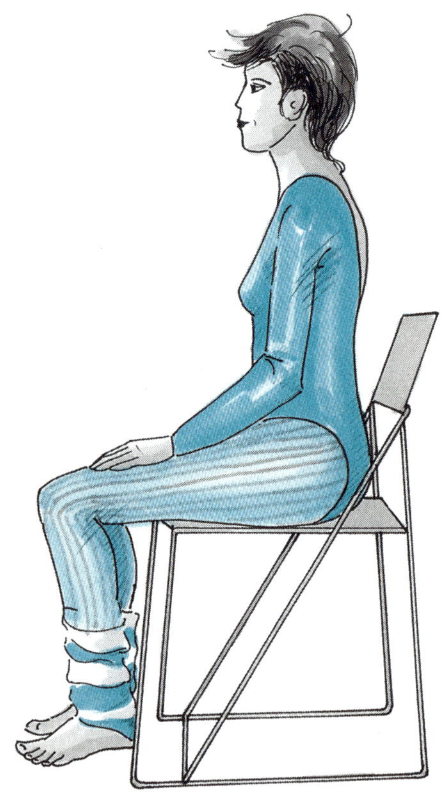

Bauchatmung im Sitzen

Anfangs sollten Sie nur zehn bis 15 Atemzüge nach dieser Technik durchführen. In diesem Übungsstadium ist es zunächst einmal wichtig, daß Sie ein Bewußtsein für die Bauchatmung entwickeln, damit sich Ihre Bauchmuskeln entspannen und wieder locker werden. Erst dann sind die einzelnen Phasen der Bauchatmung bewußt und ohne Anstrengung wahrnehmbar.

Bauch-Zwerchfell-Atmung im Sitzen: Die Bauchatmung kann auch im Sitzen (für schwangere Frauen gut geeignet) geübt werden, wobei es lediglich darauf ankommt, daß Ihre Wirbelsäule senkrecht und der Kopf erhoben ist. Bei Rückenbeschwerden sollten Sie sich ein Kissen zwischen Stuhllehne und Rücken legen. Um die richtige Kopfhaltung einzunehmen, ist die Vorstellung eines Buches auf Ihrem Kopf empfehlenswert. Die Hände liegen auf den Oberschenkeln und die Knie und Füße stehen parallel in geringem Abstand nebeneinander.

Atmen Sie zunächst einmal aus, und warten Sie wieder auf den Impuls zum Einatmen. Das Einatmen ist weich, ohne Hast und nicht übertrieben. Denken Sie daran, daß das Verhältnis von Ein- und Ausatmung 1 : 2 sein sollte. Auf dem Höhepunkt der Einatmung erfolgt sofort das Ausatmen.

Die Bauchatmung im Sitzen eignet sich besonders für Menschen, die viel sitzen müssen, da sie problemlos während des Arbeitens ausgeführt werden kann. Schon nach fünf bis zehn Atemzügen (möglichst bei geöffnetem Fenster!) fühlen Sie sich wieder frisch und mit Energie aufgetankt.

Bauch-Zwerchfell-Atmung im Stehen: Eine etwas schwierigere Variante ist das Bauchatmen in stehender Position, da die Atmung mit der aufrechten Körperhaltung koordiniert werden muß. Um eine korrekte Körperhaltung zu erreichen, stellen Sie sich mit dem Rücken dicht an die Wand, die Füße stehen etwas auseinander, und die Knie sind leicht abgewinkelt. Beim Ausatmen senken Sie Ihren Kopf leicht nach vorne. Der Bauch sinkt jetzt nach innen, wobei sich das Zwerchfell in den Brustraum schiebt. Nach der üblichen Atempause atmen Sie weich und gemäßigt ein, wobei Sie sich behutsam (nicht abrupt!) strecken, so daß Kopf und Arme wieder die Wand berühren. Der Bauch wölbt sich dabei vor.

Wenn Sie den Kopf langsam rückwärts zur Wand gleiten lassen, ist darauf zu achten, daß Sie das Kinn nicht in die Höhe recken.

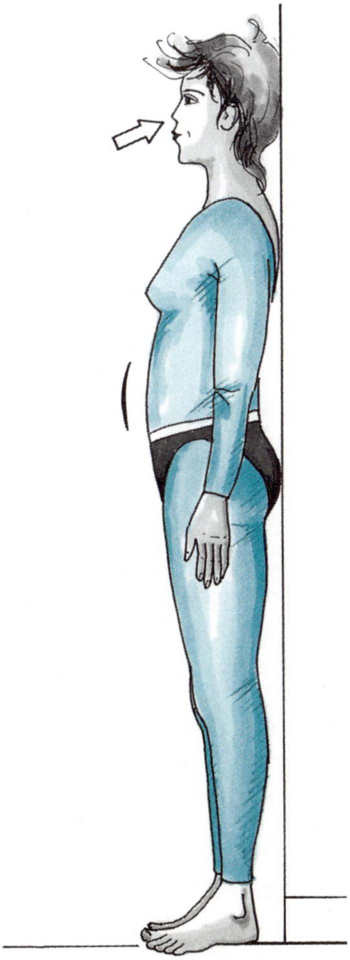

Bauchatmung im Stehen: Einatmung

Dies würde zu einer Verspannung der Halsmuskeln führen und die Atmung blockieren.
Durch das Strecken geschieht das Einatmen wie von selbst. Ihm folgt unmittelbar das Ausatmen, wobei sich Kopf und Arme wieder leicht nach vorne bewegen.
Die entspannte Körperhaltung, insbesondere die des Kopfes, ist bei dieser Übung sehr wichtig. Der Kopf muß leicht auf dem Hals »schweben«, und Sie dürfen beim Zurückgleiten den Oberkörper beziehungsweise die Schultern keinesfalls ruckartig an die Wand drücken.

Bauchatmung im Stehen: Ausatmung

Vertiefte Bauchatmung

Voraussetzung für diese Übung ist, daß Sie die Bauchatmung ohne Anstrengung beherrschen und ein Gespür für diese Atemtechnik entwickelt haben. Erst dann können Sie dazu übergehen, Ihren Atem bewußt in bestimmte Körperregionen zu lenken.
Sie liegen auf dem Rücken, die Hände befinden sich seitlich oder ruhen auf Ihrem Bauch in Höhe des Bauchnabels. Versuchen Sie, sich ganz auf Ihr Körperinneres zu konzentrieren und zu entspannen. Atmen Sie zunächst gründlich aus. Nach der Atempause ziehen Sie beim Einatmen den Atem innen an der Wirbelsäule entlang nach unten bis zum Beckenboden, wobei sich Ihre Bauchdecke wie von selbst nach außen wölbt. Beim anschließenden Ausatmen ziehen Sie den Bauch kräftig zurück. Versuchen Sie, dabei zu spüren, wie der Atem von selbst immer höher steigt und den Brustkorb langsam füllt. Wichtig ist, daß die Ausdehnung des Brustkorbs nicht durch bewußte Muskelarbeit, sondern wie von selbst geschieht.
Die vertiefte Bauchatmung ist eine sehr gesunde Atemform, da die Lungen auf optimale Weise belüftet werden, das heißt, es wird soviel Sauerstoff wie nötig zugeführt und soviel Kohlendioxid wie möglich entfernt.

Schneuzen und Schniefen: Die altbewährte Methode der Nasenreinigung durch Schneuzen und Schniefen bewirkt, ohne daß wir bewußt darauf achten, eine intensive Zwerchfellbewegung. Durch das stoßweise Ausatmen beim Schneuzen reagiert unter anderem auch unser Zwerchfell mit kleinen ruckartigen Bewegungen. Zur ähnlichen Reaktion kommt es, wenn wir beim Schniefen kurz und schnell einatmen.
Atmen Sie zunächst wieder gründlich aus, und versuchen Sie, danach einmal kräftig zu schniefen. Wenn Sie während des Schniefens Ihre Hände seitlich an den

Brustkorb legen, können Sie die Bewegungen der Muskeln deutlich spüren. Achten Sie jedoch darauf, daß Sie beim Schniefen nicht die Schultern hochziehen und Ihre Bauchmuskeln verkrampfen – ein häufiger Fehler, den Sie anfangs machen können. Nachdem Sie ein paar Mal geschnieft haben, ruhen Sie sich mit normaler Bauchatmung ein wenig aus.
Das anschließende Schneuzen ist praktisch die umgekehrte Schniefübung: Atmen Sie ein paar Mal kräftig durch die Nase aus (bei Bedarf ein Taschentuch benutzen!). Wenn Sie beide Übungsteile beherrschen, können Sie auch abwechselnd schneuzen und schniefen.

Die Lippenbremse: Das Wesentliche an dieser Übung ist eine bewußte Atemsteuerung, die die Verlängerung der Ausatmung zum Ziel hat. Bei der Lippenbremse wird gegen den Widerstand der Lippen ausgeatmet, so daß sich der Atemschwerpunkt automatisch auf die Ausatmung verlagert. Durch die verlängerte Ausatmung können sich die Lungen weitgehend entleeren und bei der Einatmung mehr Sauerstoff aufnehmen. Diese Technik ist besonders für Asthmakranke, Bronchitiker und für Menschen mit einem Lungenemphysem geeignet, da der Atemfluß harmonisiert und die bei diesen Krankheiten gestörte Ausatmung wesentlich verlängert wird.
Führen Sie diese Übung zunächst im Liegen durch, als Hilfsmittel dient ein Telefonbuch, das Sie sich auf den Bauch in Höhe des Zwerchfells legen.
Nach dem Einatmen durch die Nase lassen Sie das Gewicht des Buches auf den sich entspannenden Bauch wirken. Es drückt das Zwerchfell beim Ausatmen in den Brustraum. Leiten Sie die ausströmende Luft in den Mund, und lassen Sie dann nur kleine Luftmengen durch die schmale Lippenöffnung entweichen. In Gedanken können Sie sich auch eine brennende Kerze vorstellen, die Sie langsam ausblasen. Auf diese Weise wird eine Luftsäule in den Bronchien aufgebaut, die ein rasches Erschlaffen des Brustkorbs verhindert und eine optimale Entleerung der Lungen von Kohlendioxid ermöglicht. Wiederholen Sie die Übung, und versuchen Sie, Ihre Ausatmung möglichst lange hinauszuzögern.
Sie können die Übung auch im Sitzen mit einem Strohhalm oder mit einer Kerze durchführen, wobei Sie anstelle des Telefonbuches mit Ihren Händen leicht auf den Bauch drücken, um die Entspannung des Zwerchfells zu erreichen.

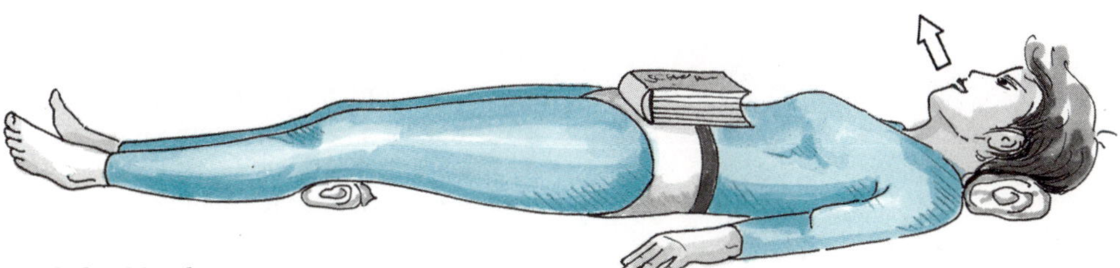

Durch den Mund ausatmen

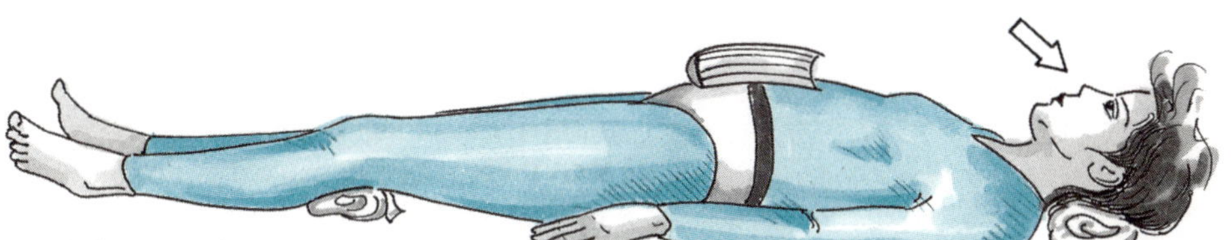

Durch die Nase einatmen

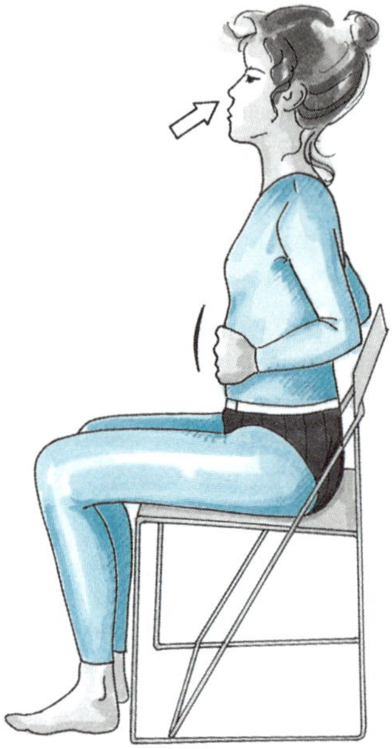

Atemübung mit Lippenbremse: durch die Nase einatmen

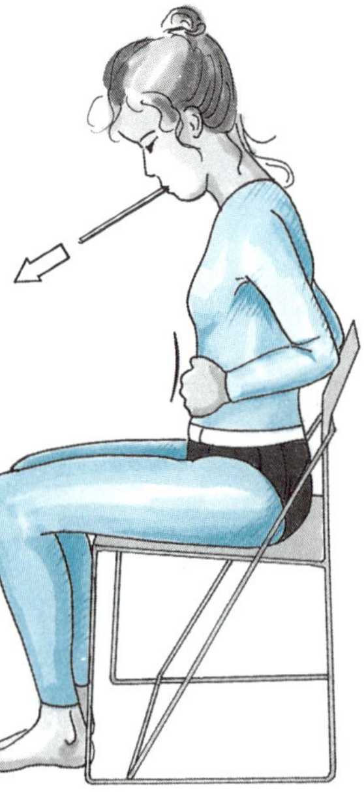

Atemübung mit Lippenbremse: langsam durch den Mund ausatmen und dabei einen Strohhalm benutzen

Vollatmung

Unter dem Begriff Vollatmung ist eine Atemtechnik zu verstehen, bei der der gesamte Körper an den Atembewegungen teilnimmt und die verschiedenen Atemräume in optimaler Weise genutzt werden. Der Atem fließt zunächst in den unteren Atemraum (Becken-Leisten-Gegend), dann in den mittleren Raum (vom Nabel bis zur Mitte des Brustkorbs) und steigt hinauf in den oberen Atemraum (Brustkorb bis zum Kopf). Die Vollatmung setzt sich deshalb aus drei harmonisch ineinander übergehende Atmungsformen zusammen, die im folgenden dargestellt sind:

- aus der Bauchatmung,
- der Rippen-Flanken-Atmung und
- aus der Brustatmung.

Um die Unterschiede dieser drei Techniken spüren zu können, ist die Übung in vier Lernphasen unterteilt, wobei die Bauchatmung als bekannt vorausgesetzt wird (siehe dazu Seite 68).

Phase 1: In der ersten Phase geht es um das Erlernen der Rippen-Flanken-Atmung. Sie sitzen in aufrechter Position auf einem Stuhl oder auf dem Boden im Schneidersitz. Legen Sie Ihre Hände seitlich an die Rippen, und ziehen Sie diese mit den Händen beim Einatmen wie eine Ziehharmonika auseinander. Bei der unmittelbar folgenden Ausatmung schieben Sie die Rippen einfach wieder zusammen. Meist ist dieser Körperbereich sehr unbeweglich, was durch das chronische Flachatmen hervorgerufen wird. Manchmal kann es helfen, wenn Sie sich einen Ring oder Gürtel vorstellen, der um Ihre Taille liegt und den Sie beim Einatmen regelrecht sprengen. Beim Ausatmen dagegen schließt sich der Ring wieder, indem er sich elastisch an Ihre Taille schmiegt. Selbst wenn Sie anfangs nur eine kleine horizontale Ausdehnung Ihres Brustkorbs spüren, ist dies schon ein Erfolg, der Sie motivieren und zum weiteren Üben anspornen soll.

Phase 2: In der zweiten Phase erlernen Sie die Bauchatmung in Verbindung mit der Rippen-Flanken-Atmung. Sie atmen zunächst einmal gründlich aus, wobei Sie Ihren Bauch zurückziehen. Beim Einatmen wölbt sich zuerst die Bauchdecke, dann öffnen sich die Rippen seitlich in die Breite. Die Körperbewegungen erfolgen beim Ausatmen umgekehrt: Zuerst sinken die Rippen wieder zusammen, und der Bauch schiebt sich zurück. Wiederholen Sie diese Übung ein paar Mal, und versuchen Sie, ganz bewußt die Bewegungsabläufe Ihres Körpers wahrzunehmen.

Phase 3: In der dritten Phase wird die Brustatmung erlernt. Diese Atemtechnik wird auch Schlüsselbein- oder Lungenspitzenatmung genannt, da der Atemstrom vorwiegend in diese Körpergegend gelenkt wird. Wenn Sie allerdings unter zu hohem Blutdruck, Herzjagen oder Engegefühle in der Herzgegend leiden, ist bei dieser Technik Vorsicht geboten. Bei ausgeprägten Symptomen sollten Sie auf diese Übung verzichten, da das Herz durch die hohe Brustatmung regelrecht »bedrängt« wird. Legen Sie zunächst Ihre Fingerspitzen links und rechts auf das Schlüsselbein. Beim Einatmen lassen Sie den Atem zum Schlüsselbein und zum Hals bis hinauf zu den Ohren steigen. Dabei hebt sich der Brustkorb, und Sie spüren den Atem nur im oberen Atemraum. Der Brustkorb sinkt beim Ausatmen einfach wieder in die Ruhelage zurück.

Phase 4: In der letzten Phase lernen Sie, die Bauchatmung mit der Rippen-Flanken-Atmung und der Brustatmung zu kombinieren. Dann beherrschen Sie die sogenannte Vollatmung. Der schwierigste Übungsteil besteht in der Kombination der drei Atemtechniken in einem Atemzug. Zuerst atmen Sie ganz entspannt mit der Lippenbremse (siehe dazu Seite 73) aus. Beim Einatmen ziehen Sie dann den Atem zunächst in die Becken-Leisten-Gegend (der Bauch wölbt sich), gleichzeitig erweitert sich der Brustkorb, so daß der Atemstrom auch nach oben in die Lungenspitzen, zum Schlüsselbein bis hin zu den Ohren fließen kann. Das Ausatmen erfolgt in gleicher Reihenfolge: Der Bauch sinkt ein, dann die Rippen und zum Schluß der obere Brustkorbbereich.
Die Vollatmung sollte allerdings höchstens fünfmal durchgeführt werden, da wir diese intensive Atemweise nicht gewöhnt sind und es vielen dabei schwindlig wird.
Bei der Vollatmung kommt es zur maximalen Ausschöpfung unserer Lungenkapazität, da sowohl die unteren Lungenteile als auch die mittleren und oberen optimal belüftet und fast alle Lungenbläschen mit viel Frischluft versorgt werden. Dadurch wird die Sauerstoffversorgung der Gehirnzellen verbessert und die Konzentrationsfähigkeit gesteigert. Wenn Sie müde und abgespannt sind, reicht oft schon ein Atemzug nach dieser Technik, um Sie wieder zu erfrischen und Ihre Leistungsfähigkeit zu steigern.

Atmung und Bewegung

Während sich der vorangegangene Abschnitt auf die Ruheatmung bezog, beschäftigen sich die folgenden Übungen mit der Kombination von Atem- und Körperbewegungen. Auf diese Weise können wir die Atemtiefe direkt beeinflussen, den Atem anregen und Muskelverkrampfungen lösen. Bei der Ruheatmung haben Sie gelernt, daß die Körperbewegungen durch die Atmung hervorgerufen werden (Bauchdecke, Zwerchfell, Rippenmuskeln). Vorausgesetzt, daß Sie die Grundatmungsarten (Bauch-Zwerchfell-Atmung und Vollatmung) beherrschen, üben Sie jetzt, bestimmte Bewegungsabläufe mit Ihrer Atmung in Einklang zu bringen.

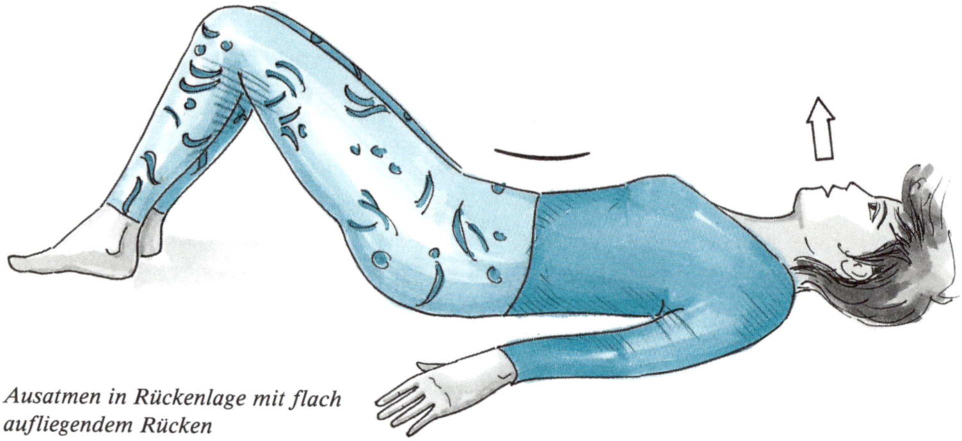

Ausatmen in Rückenlage mit flach aufliegendem Rücken

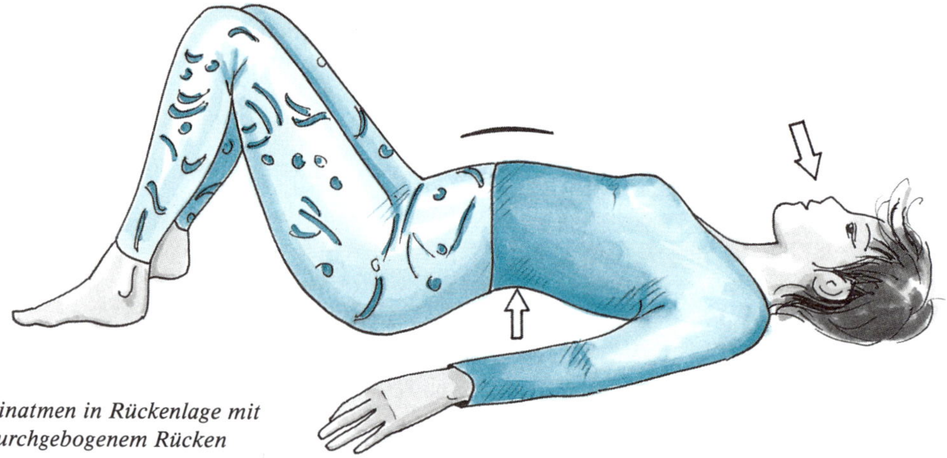

Einatmen in Rückenlage mit durchgebogenem Rücken

Becken-Kipp-Bewegung: Um den unteren Körperbereich für die Atmung zu lockern, steht bei dieser Übung die Koordination von Beckenbewegungen mit der Bauch-Zwerchfell-Atmung im Vordergrund. Das klingt einfacher als es ist, da die meisten von uns im unteren Rücken- und Beckenbereich sehr verspannt sind. Viele fühlen sich regelrecht in der Mitte ihres Körpers durchtrennt, so, als würden sie nur aus Kopf und Oberkörper bestehen. Das Atmen bis in die unteren Regionen fällt deshalb schwer, und wir sind in unserem Bewegungsspielraum erheblich eingeschränkt. Das Verbinden von oben und unten durch Bewegung und Atmung ist deshalb Ziel dieser Übung. Die Becken-Kipp-Bewegung ist darüber hinaus besonders für Menschen geeignet, die an Rückenschmerzen, vorstehendem Bauch oder an einem Hohlkreuz leiden.

Sie liegen mit aufgestellten Beinen auf dem Rücken und atmen einmal gründlich aus. Beim Einatmen biegen Sie den Rücken im Beckenbereich durch, als hätten Sie ein extremes Hohlkreuz. Das Becken bewegt sich dadurch leicht zurück, wobei Ihre Bauchmuskeln entspannt werden, so daß sich die Bauchdecke beim Atmen ausdehnen kann. Beim Ausatmen drücken Sie Ihren Rücken so flach wie möglich auf den Boden, die Bauchmuskeln ziehen sich zusammen, und das Becken kippt wieder nach vorne.

Bleiben Sie eine Weile in dieser Stellung, bis Ihr Atemimpuls einsetzt und Sie wieder einatmen müssen.
Im Gegensatz zu anderen Übungen wird bei der Becken-Kipp-Bewegung durch die Nase ein- und durch den Mund ausgeatmet.
Wichtig dabei ist, daß der Angelpunkt für das Kippen des Beckens am Hüftknochen ist, das heißt, die Bewegungen werden ausschließlich durch das Drehen des Hüftgelenks verursacht und nicht durch Anspannen der Oberschenkel- oder Bauchmuskulatur. Um dies deutlich zu spüren, können Sie auch Ihre Hände links und rechts auf die Hüftknochen legen. Atmen Sie ein, und senken Sie die Arme so, daß die Hände gegen die Hüftknochen nach unten drücken. Beim Ausatmen lassen Sie einfach die Hüfte zurückgleiten, ohne mit den Händen Druck auszuüben. Wiederholen Sie die Übung zunächst fünf- bis zehnmal. Falls Ihnen die Koordination von Atmung und Bewegung nicht gleich gelingen sollte oder Ihr Becken extrem unbeweglich ist, können Sie die Übung auch noch öfter durchführen.

Sich öffnen und sich verschließen: Mit dieser Bewegungsübung werden die Gegenpole des Sich-Öffnens und des Sich-Verschließens besonders deutlich: Durch eine entsprechend »übertriebene« Körperhaltungen wollen wir uns beim Ausatmen kleiner machen, als wir sind, während wir beim Einatmen eine ungeahnte Größe annehmen.

Beim Ausatmen gehen Sie in die Hocke, Sie »verschließen sich«

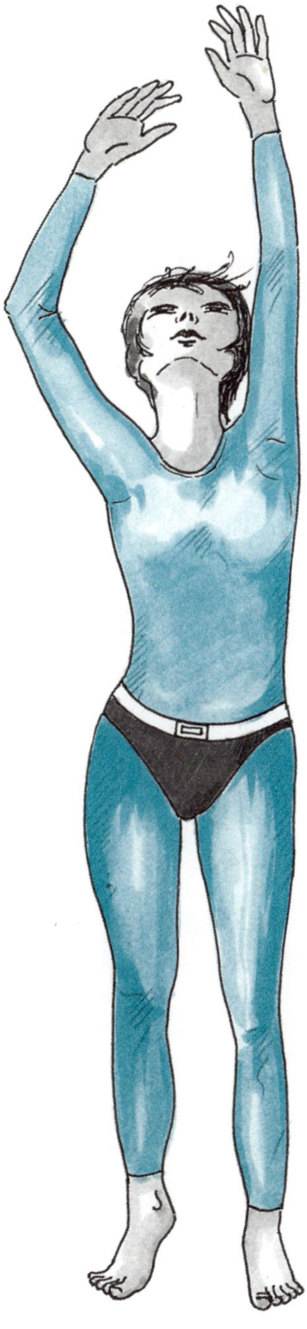

Beim Einatmen gehen Sie in den aufrechten Stand, Sie »öffnen sich«

Stellen Sie sich dazu aufrecht hin, die Füße stehen parallel zueinander, und die Knie sind leicht abgewinkelt. Während Sie ein paar Mal aus- und einatmen (Bauchatmung), wippen Sie dabei leicht in den Knien. Beim nächsten Ausatmen gehen Sie in die Hocke und machen sich so klein wie möglich. Bleiben Sie für ein paar Sekunden in der vollständigen Ausatmung, und warten Sie, bis der Atem von selbst kommt (Atempause). Beim Einatmen gehen Sie wieder zurück in die Ausgangsstellung, wobei Sie sich ganz groß und breit machen: Strecken Sie Ihre Arme, Hände, Fingerspitzen und Ihren Kopf nach oben, und gehen Sie auf Zehenspitzen. Auf dem Höhepunkt der Einatmung lassen Sie sich wieder in die Hocke gleiten, wobei Sie gründlich ausatmen. Sie können diese Übung insgesamt zehnmal durchführen und das Tempo allmählich steigern (die Atempause wird dabei weggelassen).

Gegen Widerstand atmen (Partnerübung): Wenn Sie gegen einen Widerstand atmen müssen, wird Ihre Atmung automatisch angeregt. Durch den gezielten Händedruck einer Partnerin oder eines Partners kann dieser Widerstand herbeigeführt werden mit dem Ziel, das sogenannte Schmerzatmen zu lernen (Hecheln). Bei Schmerzen neigen wir oft dazu, die Luft anzuhalten und den gesamten Körper zu verkrampfen, was aber die Schmerzintensität eher verstärkt. Mit Hilfe des Hechelns können wir zwar den Schmerz nicht »wegatmen«, aber dafür sorgen, daß er erträglicher wird. Aus diesem Grund ist diese Übung besonders für schwangere Frauen geeignet, die sich auf die Entbindung vorbereiten möchten.

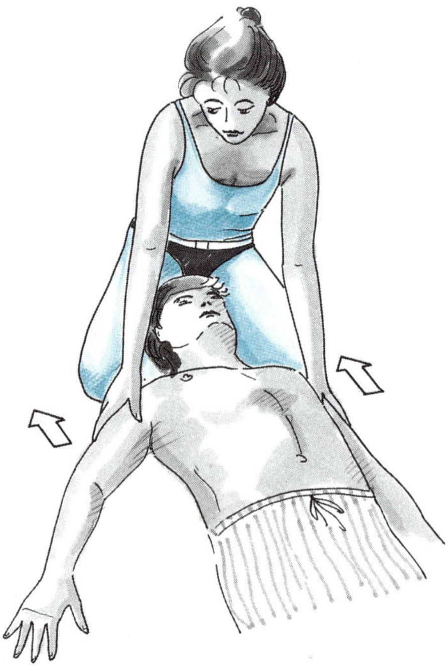

Beim Einatmen werden Ihre Schultern von Ihrem Übungspartner nach oben gezogen

Beim Ausatmen drückt Ihr Übungspartner von oben auf Ihre Schultern

Sie liegen dazu mit angewinkelten Beinen auf dem Rücken. Ihr(e) Partner(in) sitzt in kniender Position am Kopfende der Matratze. In der ersten Übungsphase wird zunächst das harmonische Atmen mit Hilfe der unterstützenden Handbewegungen erlernt. Ihr(e) Partner(in) umfaßt dazu Ihre Oberarme in Höhe des Schultergelenks. Beim Einatmen werden die Schultern nach oben gezogen, während beim Ausatmen mit beiden Händen von oben auf die Schultern gedrückt wird. Wichtig ist, daß sich Ihr(e) Partner(in) mit den Handbewegungen Ihrem Atemrhythmus anpaßt, der langsam und fließend sein sollte.
Wenden Sie die Technik der Vollatmung an (siehe dazu Seite 74), und genießen Sie die Unterstützung der Hände, die Ihre eigene Atemkraft verstärkt. Atmen Sie insgesamt dreimal auf diese Weise.
In der zweiten Übungsphase atmen Sie zunächst einmal aus, und Ihr(e) Partner(in) drückt Ihre Schultern nach unten. Beim Einatmen wird der Druck der Hände so verstärkt, daß sich die Schultern nicht mehr oder nur kaum nach oben bewegen können. Beschleunigen Sie dabei Ihren Atemrhythmus, und versuchen Sie, die Hände, den Widerstand, mit den Schultern wegzudrücken. Nach ein paar Sekunden läßt der Druck der Hände nach, und Ihr Atemrhythmus normalisiert sich wieder. Wiederholen Sie diese Übung insgesamt fünfmal.

Heilendes Atmen

Die letzte Übungseinheit bildet die entspannende Schlußphase, bei der wir unsere Atmung mit Hilfe bestimmter Druckpunkte am Körper heilend beeinflussen können. Zum anderen wird die Atmung mit speziellen Visualisierungsübungen, Übungen, die unser Vorstellungsvermögen verbessern, kombiniert, die zur Heilung und Vorbeugung von Funktionsstörungen der Atmungsorgane dienen.

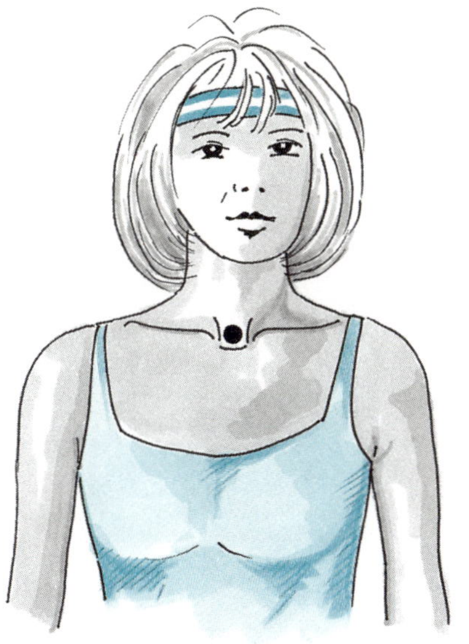

Akupressurpunkt für Asthmakranke und Bronchitiker

Übungen aus der Akupressur: Akupressur ist eine alte chinesische Heilmethode, die durch das Drücken genau festgelegter Punkte am Körper bestimmte Erkrankungen und Funktionsstörungen menschlicher Organe bessert oder beseitigt. Im Gegensatz zur Akupunktur werden bei diesem Heilverfahren keine Nadeln benutzt, sondern nur Zeigefinger oder Daumen. Nach chinesischer Auffassung sind die Heilerfolge von Akupunktur und Akupressur deshalb möglich, weil zwischen Haut und inneren Organen bestimmte, seit langem bekannte Wechselwirkungen bestehen. Auch für Erkrankungen der Atemwege, wie Schnupfen und Husten sowie für Asthma und Bronchitis, gibt es Druckpunkte, die lindernd und heilend wirken. Darüber hinaus kann durch Akupressur die Atmung allgemein harmonisiert und die Atemtiefe reguliert werden.
Ein Spezialpunkt der Akupressur für Asthmakranke und Bronchitiker befindet sich am oberen Ende des Brustbeins, zwischen den Schlüsselbeinen, in der sogenannten Kehlkopfgrube.

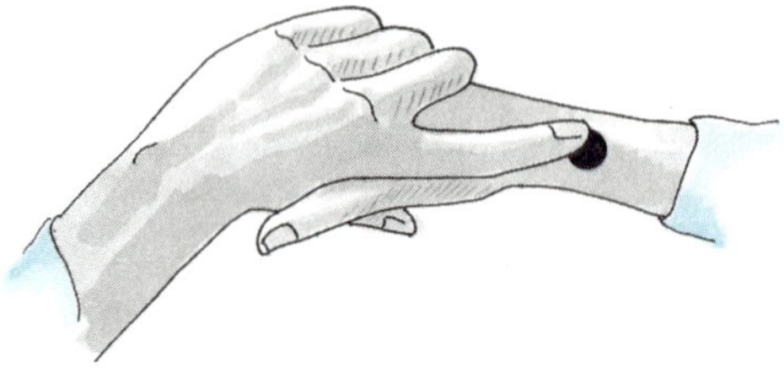

Akupressurpunkt oberhalb des Handgelenks

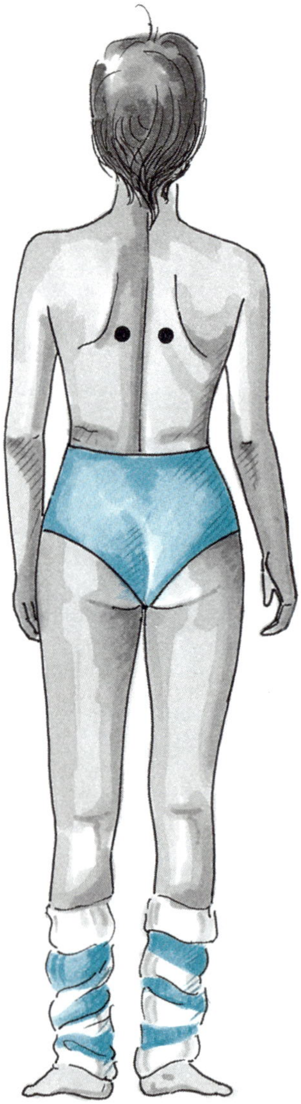

Akupressurpunkte auf dem Rücken, die die Atmung beeinflussen

Sie nehmen dazu Ihren Zeigefinger der rechten oder linken Hand und legen ihn genau auf die gekennzeichnete Stelle. Drücken Sie ganz leicht auf diesen Punkt, und atmen Sie dabei gleichmäßig aus und ein. Lassen Sie nach einer Weile mit dem Druck nach, wobei Sie versuchen sollten, den Punkt auch ohne dort aufliegenden Zeigefinger zu spüren. Danach drücken Sie nochmals auf den Punkt (Zeitdauer: maximal eine Minute).

Ein nicht so einfach auffindbarer Punkt befindet sich etwas oberhalb des Handgelenks. Um das Auffinden dieses Punktes zu erleichtern, legen Sie die Hände, wie in der folgenden Abbildung dargestellt, ineinander. Dann üben Sie mit dem Zeigefinger Druck auf die bezeichnete Stelle aus.

Der Druckpunkt hat Einfluß auf den gesamten Atemapparat. Er wird besonders bei Schnupfen, Husten und Heiserkeit empfohlen.

Die letzten beiden Punkte haben eine ausgleichende, stabilisierende Wirkung auf das Atemkontrollzentrum. Dieser Spezialpunkt der Akupressur spielt eine übergeordnete Rolle, da er unsere gesamte Atmung günstig beeinflußt.

Beide Punkte befinden sich auf dem Rücken, was die Hilfe eines Partners erfordert. Sie sitzen dazu auf einem Stuhl, der Oberkörper ist unbekleidet. Beide Daumen werden links und rechts der Wirbelsäule, genau in einer Linie, die den unteren Rand der Schulterblätter verbindet, aufgelegt. Dann wird mit leicht kreisenden Bewegungen Druck ausgeübt.

Sie atmen dabei in gewohnter Weise (siehe dazu Seite 74) und versuchen, sich ganz auf diese Punkte zu konzentrieren, indem Sie Ihren Atem und Ihr Bewußtsein an diese beiden Stellen Ihres Körpers lenken.

Visualisierung: Bei dieser Methode geht es darum, unsere Selbstheilungskräfte anzuregen, indem wir die heilende Kraft unserer Gedanken und unseres Vorstellungsvermögens nutzen. Gelenkte Tagträume und Meditationsübungen spielten in der Heilkunst fremder Kulturen eine wichtige Rolle. Im antiken Griechenland, in der Türkei und in Italien gab es die ersten ganzheitlichen Gesundheitszentren, in denen die »Traumtherapie« oder der »Tempelschlaf« als Behandlungsmethode bei verschiedenen Krankheiten eingesetzt wurde. Diagnose und Heilung fanden in jenem besonderen Bewußtseinszustand unmittelbar vor dem Einschlafen statt, wenn Vorstellungsbilder ganz von selbst auftauchen, da sich Körper und Geist in einem optimal entspannten Zustand befinden. Auch Hippokrates, der Vater der Medizin, ging davon aus, daß innere Vorstellungsbilder unsere Körperfunktionen verändern und sowohl den Heilungsprozeß als auch die Entstehung von Krankheiten beeinflussen können.

Unsere Vorstellungswelt oder die Art der inneren Bilder, die wir mit unserer Einbildungskraft und Phantasie erzeugen, hat eine oberflächliche und zugleich eine tiefgreifende, umfassende Wirkung auf den Körper. So werden beispielsweise bei der Erinnerung an die Stimme oder an den Geruch eines geliebten Menschen Gefühle in uns erzeugt, die wiederum biochemische Vorgänge in unserem Körper auslösen. Auch der bloße Gedanke an ein unangenehmes Erlebnis, das Sie in Angst und Schrecken versetzt hat, ruft bestimmte körperliche Reaktionen hervor: Die Muskeln verkrampfen sich, das Herz schlägt schneller, der Atemrhythmus wird beschleunigt, und die Schweißdrüsen werden aktiviert. Dieser rein gedankliche Vorgang umfaßt und beeinflußt unsere Sinne, wie den Geruchssinn, den Gehörsinn, Geschmackssinn, Bewegungssinn sowie den Orientierungs- und Tastsinn.

Unsere Gedanken- und Vorstellungskraft als Heil- und Entspannungsmittel für die Atmung einzusetzen ist daher Ziel und Absicht der nachfolgenden Übungen.

Dadurch sind wir auch in der Lage, eine verordnete medizinische Therapie durch unseren Wunsch nach Gesundheit zu unterstützen und den Genesungsprozeß zu beschleunigen. Visualisierungsbestrebungen leisten aber auch für die gesundheitliche Vorsorge wirksame Dienste.

Sie befinden sich in entspannter Rückenlage, die Kniekehlen sind mit einem Kissen unterlegt, und Ihre Kleidung ist bequem. Die Zimmertemperatur ist angenehm (eventuell eine Wolldecke benutzen), und Sie haben sich vergewissert, daß Sie während des Übens nicht gestört werden. Damit Sie sich auf das heilende Visualisieren einstimmen können, lesen Sie sich die folgenden Sätze einer bekannten Therapeutin laut vor:

»Jeder Augenblick Deines Lebens ist unendlich schöpferisch, und das Universum ist freigiebig ohne Unterlaß. Bring eine Bitte nur klar und deutlich zum Ausdruck, und alles, was Dein Herz begehrt, wird zu Dir kommen.«

SHAKTI GAWAIN

Nachdem Sie diese Sätze laut gelesen haben, schließen Sie Ihre Augen, und versuchen Sie, sich im Geiste den Sinn dieser Aussagen vorzustellen. Dabei sollten Sie Ihre Gedanken nicht bewerten, nicht in richtig oder falsch einteilen. Lassen Sie vielmehr Ihre Vorstellungen, Gedanken und Bilder wie in einem Kinofilm an Ihrem inneren Auge vorüberziehen.

Nach dieser Vorbereitung atmen Sie leicht und regelmäßig nach folgendem Schema: Zählen Sie beim Einatmen im Geiste bis fünf, beim Ausatmen bis acht und in der Atempause bis drei. Ihre Konzentration wird so auf die Atmung gerichtet. Stellen Sie sich dabei vor, wie die eingesogene Luft durch Ihre Nase fließt, dort gereinigt, erwärmt und befeuchtet wird. Von dort strömt die Luft weiter durch den Rachen in die Luftröhre und die unzähligen Verästelungen der Bronchien bis hin zu Ihren Lungenbläschen. Bei fünf spüren Sie Ihre gefüllte Lunge, das Zwerchfell und die gewölbte Bauchdecke. Danach lassen Sie die Spannung einfach los: Spüren Sie, wie die verbrauchte Luft auf dem gleichen Weg wieder aus Ihrem Körper entweicht.

Beim nächsten Atemzug denken Sie ganz intensiv an das Wort »Reinigung«: Die einzuatmende Luft ist in ihrer Vorstellung weiß. Diese weiße Luft hat die Fähigkeit, Ihre Atemwege und Atmungsorgane zu reinigen und von Staub, Schleim und Krankheitserregern zu befreien. Stellen Sie sich deshalb beim Ausatmen vor, daß alle krankmachenden Stoffe mit der ausgeatmeten Luft aus Ihrem Körper entweichen. Danach nehmen Sie nochmals die Bewegungen Ihres Atems wahr, die Bewegungen in Brust, Bauch und Becken. In Ihrer Vorstellung ist die ausgeatmete Luft als graue Wolke sichtbar, die all Ihre Sorgen, Verspannungen und Ängste aus Ihrem Körper trägt. Beim Einatmen dagegen nehmen Sie helles, weißes Licht in sich auf, das Kraft, Energie und Lebensfreude enthält. Ihr Wunsch ist es, mit jedem Atemzug Licht und Helligkeit aufzunehmen und Dunkles, Sorgen und Ärger loszulassen. Wiederholen Sie dieses Reinigungsatmen regelmäßig nach den Atemübungen.

Nachdem Sie Ihre Atemwege und -organe mit Hilfe des weißen Lichts gereinigt haben, ist die Heilung einer Erkrankung die Absicht der folgenden Übung.

Sie befinden sich in entspannter Rückenlage, und Ihre Augen sind geschlossen. Mit jedem Atemzug dringen Sie in tiefere Schichten Ihres Bewußtseins ein: Atmen Sie ein, und zählen Sie 1000, 2000, 3000, 4000; beim Ausatmen zählen Sie rückwärts 4000, 3000 usw.

Danach konzentrieren Sie sich auf die Körpergegend Ihrer Beschwerden. Das können beispielsweise die Bronchien (bei Bronchitis), die Lungen (bei einem Emphysem) oder der Rücken (bei chronischen Rückenbeschwerden) sein. Sie wissen, daß das Potential, mit dem Sie sich von fast allen Krankheiten heilen können, in Ihnen schlummert. Lassen Sie diese Selbstheilungskraft Form annehmen, und schicken Sie Ihren Atem in die Körperregion Ihrer Beschwerden. Ihr Atem ist ein warmer, goldener Luftstrom, der sich heilend in der betreffenden Körperstelle ausbreitet. Stellen Sie sich vor, daß Sie mit dem Atemstrom das Gebiet aufweichen und durchlässig machen. Sie können diesen Körperteil auch fragen, ob er eine Botschaft für Sie hat. Oft kann diese Botschaft sogar der Schlüssel für die Heilung der Krankheit sein.

Mit jedem Ausatmen entweichen Teile der Krankheit, und bei jedem Einatmen lenken Sie heilende Energie in das erkrankte Körpergebiet.

Sie sollten diese Übung mindestens 15 Minuten lang durchführen, damit sie ihre Wirkungskraft voll entfalten kann.

Atempflege im Alltag

»Wollen wir die praktischen Folgerungen aus den Erkenntnissen über die Frage der Atmung in die Tat umsetzen und diese Folgerungen in unserem eigenen Leben zur Anwendung bringen, so vollziehen wir einen Schritt, der dem atemphysiologischen Erkenntnisgut über das rein Wissenschaftliche hinaus Züge einer Lebenslehre verleiht.«

DR. LUDWIG SCHMITT

Regelmäßiges Atemtraining kann Sie vor Störungen Ihrer körperlichen und seelischen Gesundheit bewahren. Durch die bessere innere und äußere Atmung (siehe dazu Seite 18) wird die körpereigene Abwehr gestärkt, was Sie weniger anfällig für Infektionskrankheiten, wie Schnupfen, Husten oder Grippe, macht. Richtiges Atmen hilft auch muskuläre Verspannungen zu lösen, sowie Durchblutungsstörungen und Verdauungsbeschwerden zu vermeiden. Außerdem fühlen wir uns insgesamt lebendiger und seelisch ausgeglichener, wenn wir unsere Atemräume voll nutzen und unsere Atemtiefe ausschöpfen. Manchmal kann es sogar gelingen, seelische Verspannungen regelrecht »wegzuatmen«. Durch das Atemtraining können Sie daher nicht nur Krankheiten vermeiden, sondern auch heilend beeinflussen.
Damit wir unseren Atemapparat gesund und leistungsfähig erhalten, sollten Sie besonders im Alltag Atempflege betreiben und auf optimale Bedingungen für Ihre Atmung achten. Gesundes Atmen erfordert aber nicht nur optimale äußere Voraussetzungen, sondern auch die innere Bereitschaft, die »Lehre vom Atem« als »Lebenslehre im Alltag« zu praktizieren. Alles Wissen von und über den Atem wird uns nichts nützen, wenn wir unsere Atmung bei alltäglichen Tätigkeiten weiterhin unzureichend gebrauchen oder unsere Atmungsorgane durch Rauchen nachhaltig schädigen.

Atempflege im Alltag bedeutet, daß Sie einen aktiven Beitrag zur Vermeidung von Krankheiten und zur Erhaltung Ihrer Gesundheit leisten, sie ist Für- und Vorsorge zugleich.

Atemluft und Umweltschutz

Unser Bemühen nach einer gesunden Lebensweise wird durch die zunehmende Verunreinigung der Atemluft und durch das Sterben des Waldes, der unser wichtigster Sauerstofflieferant ist, erheblich beeinträchtigt. Die Verseuchung der Umwelt hat in allen Ländern unserer Erde ein bedrohliches Ausmaß angenommen, so daß selbst bei Wegfall aller schädigenden Einflüsse Jahrzehnte der Regeneration nötig wären, um unsere Umweltsünden einigermaßen zu beheben. In einigen Großstädten muß bei bestimmten Wetterbedingungen Smogalarm gegeben werden, um unsere Atemluft vor noch größerer Schadstoffbelastung durch Auto- und Industrieabgase zu bewahren. Die Symptome bestimmter Atemwegserkrankungen (wie zum Beispiel bei Bronchitis oder »Pseudo-Krupp«) können sich durch die Luftverschmutzung erheblich verschlimmern, wenn sie nicht sogar dadurch hervorgerufen werden.
Selbst wenn wir keine dieser Krankheiten haben, führt die hohe Schadstoffkonzentration in der Luft dazu, daß die Schleimhäute unserer Atemwege in ihrer Schutz- und Reinigungsfunktion erheblich beeinträchtigt werden. Die Flimmerhärchen in Nase, Rachenraum und Bronchien sind dann nicht mehr in der Lage, die Staub- und Schmutzpartikel aus der Luft ausreichend zu beseitigen. Auf diese Weise gelangen so viele Schadstoffe in die Lunge, daß unser Immunsystem zunehmend überfordert wird. Dadurch erhöht sich nicht nur die Anfälligkeit für Infektionskrankheiten wie Schnupfen und Grippe, sondern auch die Neigung zu allergischen Reaktionen, wie beim allergischen Asthma oder Heuschnupfen.
Selbst wenn wir uns in der Wohnung oder am Arbeitsplatz aufhalten, sind wir vor gesundheitsschädlichen Einflüssen nicht geschützt: Jüngste Untersuchungen haben gezeigt, daß sich in bestimmten Baumaterialien, Lacken, Farben, Möbeln oder Teppichen verschiedene Chemikalien befinden, die unsere Atemwege reizen, zu Kopfschmerzen oder Übelkeit führen und in besonders extremen Fällen sogar krebsfördernd sind.
Die planmäßige Verseuchung unserer Umwelt darf daher nicht länger nur Thema für verantwortliche Politiker und Wissenschaftler bleiben: Wir sind alle davon betroffen und müssen in vielen Bereichen umdenken, damit die Reinerhaltung unserer Atemluft, unserer Gewässer und die Gesundheit des Waldes gewährleistet wird.

Der blaue Dunst

Rauchen ist neben der Luftverunreinigung durch Abgase der größte Risikofaktor für die Gesundheit unserer Atemwege und -organe. Die schädliche Gewohnheit des Rauchens ist für viele Menschen eine Sucht, die – ähnlich wie beim Einatmen verschmutzter Luft – die Flimmerhärchen regelrecht lähmt und dann zerstört. Die am weitesten verbreitete Raucherkrankheit ist die chronische Bronchitis. Das typische Symptom dieser Krankheit ist der Raucherhusten, der ein Bemühen des Körpers darstellt, den zähen Schleim und Teer aus den Bronchien nach draußen zu befördern. Auch der Lungenkrebs wird nachweisbar durch starkes Rauchen gefördert. Durchblutungsstörungen der Beine (das sogenannte Raucherbein) oder ein Herzinfarkt können ebenso die Folgen eines übermäßigen Zigaretten- oder Zigarrenkonsums sein. Die meisten von uns wissen um die

körperlichen Belastungen des Rauchens, können aber erst dann damit aufhören, wenn ihre Atemwege und Lungen schon geschädigt sind.
Das »Mitrauchenmüssen« belastet und schädigt unsere Gesundheit ebenso wie das Einatmen von Kohlenmonoxid im Straßenverkehr. Nichtrauchen ist daher sowohl Selbstschutz als auch ein Beitrag zum Umweltschutz. Das Bestreben, unsere Atmung durch Atemübungen oder Atemtherapie zu heilen und leistungsfähig zu erhalten, ist deshalb nur dann sinnvoll, wenn Sie dem »blauen Dunst« völlig entsagen.

Die Luft in Wohn- und Arbeitsräumen

Da wir uns die meiste Zeit in der Wohnung oder am Arbeitsplatz aufhalten, ist es besonders wichtig, daß diese Räume die nötigen Voraussetzungen für die Gesunderhaltung unserer Atemwege haben.
Trockene Heizungsluft oder die Luft in Räumen mit Klimaanlage sind für die Schleimhäute der Atemwege denkbar ungünstige Bedingungen. Warme, trockene Luft lähmt die Flimmerhärchen und trocknet die Schleimhäute aus. Auf diese Weise können Krankheitserreger oder Staubteilchen ungehindert in den Rachenraum gelangen, was wir besonders im Winter durch häufige Erkältungen oder ständiges Halskratzen zu spüren bekommen.
Wenn Sie sich vorwiegend in Räumen mit verbrauchter, feuchtigkeitsarmer Luft aufhalten, wirkt sich dies aber nicht nur schädigend auf Ihre Atemwege aus, sondern mindert auch Ihr allgemeines Wohlbefinden. Sauerstoffarme Luft und unsere reduzierte Atemweise, die durch vorwiegend sitzende Tätigkeiten begünstigt wird, lassen uns schnell ermüden und führen zu mangelnder Konzentrationsfähigkeit.
Um die Atmung zu pflegen, sollten Sie sich daher in gut und öfter durchlüfteten Räumen aufhalten und dafür sorgen, daß in beheizten Zimmern eine ausreichende Luftfeuchtigkeit besteht. Für die Befeuchtung der Luft gibt es Wasserbehälter in verschiedenen Größen, die Sie auf Ihre Heizung stellen oder die Sie am Heizkörper befestigen können.
Darüber hinaus ist es wichtig, daß sich in Ihrer Wohnung und an Ihrem Arbeitsplatz möglichst viele Grünpflanzen befinden. Pflanzen ergänzen uns in idealer Weise, da sie im Gegensatz zum Menschen Kohlendioxid aufnehmen und Sauerstoff abgeben.

Die Luft als Heil- und Pflegemittel

Unsere Atemluft ist neben Licht und Wasser die Quelle organischen Lebens auf unserem Planeten. Wohl dosiert und richtig eingesetzt, dienen Luft und Sonne unserer Gesundheit auf die natürlichste Weise. Die alten Griechen und Römer wußten um diese Heilwirkung. Sie schufen sogenannte Heliosen und Solarien, in denen Luft und Sonne als therapeutische Mittel bei verschiedenen Erkrankungen eingesetzt wurden. Erst im vorigen Jahrhundert gelangte das längst vergessene Wissen durch den Naturheilkundigen Arnold Rikli wieder zu neuen Ehren, was eine Zeitlang später durch Ärzte wie Heinrich Lahmann und den dänischen Professor Linsen auch wissenschaftlich begründet wurde. Die heutzutage von Ärzten verschriebenen Kuren in bestimmten Luftkurorten sind beispielsweise auf das wiederentdeckte Heilwissen zurückzuführen.
Der anschließenden Aufstellung können Sie eine Auswahl der wichtigsten Luftkurorte und Seeheilbäder entnehmen, die insbesondere bei Erkrankungen der Atemwege und Atmungsorgane empfohlen werden.

Luftkurorte und Seeheilbäder, die bei Erkrankungen der Atemwege und Atmungsorgane empfohlen werden

Luftkurorte

Deutschland:	Lüneburg	Schwartau	Hall/Tirol
Baden-Baden	Münder	Soden/Salmünster	Ischl
Badenweiler	Münster am Stein	Soden/Taunus	
Belecke	Nauheim	Sooden-Allendorf	*Schweiz:*
Bentheim	Nenndorf	Stuttgart-Cannstatt	Andeer
Berchtesgadener Land	Pyrmont	Tölz	Henniez
	Rappenau	Wanne-Eickel	Leukerbad
Bodenwerder	Ravensberg	Westernkotten	Montreux
Dürkheim	Reichenhall	Wiesbaden	Passugg
Dürrheim	Rippoldsau	Wiessee	Rheinfelden
Eberbach	Rotenfels	Wimpfen	Tenigerbad
Ems	Rothenfelde		Vals Platz
Gandersheim	Salzdetfurth	*Österreich:*	Weissenburg
Harzburg	Salzgitter	Aussee	Yverdon
Hindelang	Salzhausen	Einöd	
Karlshafen	Salzuflen	Gleichenberg	*Tschechoslowakei:*
Kreuznach	St. Peter-Ording	Hall/Oberösterreich	Teplitz
Lippspringe	Sassendorf		

Asthma-Spezialkurorte

Deutschland:	Lippspringe	Salzuflen	*Italien:*
Dürrheim	Rappenau	Soden/Taunus	Trescore Balneario
Ems	Reichenhall	Wimpfen	

Seeheilbäder und Seebäder in Deutschland

Seeheilbäder

Ostsee:	Timmendorfer Strand	Borkum	Norderney
Dahme	Travemünde	Büsum	St. Peter-Ording
Glücksburg		Cuxhaven	Wangerooge
Grömitz	*Nordsee:*	Helgoland	Wenningstedt (Sylt)
Kellenhusen	Baltrum	Juist	Westerland (Sylt)
Niendorf		Langeoog	Wittdün (Amrum)
		Norddorf (Amrum)	Wyk (Föhr)

Seebäder

Ostsee:	Laboe	*Nordsee:*	Spiekeroog
Burg (Fehmarn)	Neustadt/Holstein	Hörnum (Sylt)	Utersum (Föhr)
Eckernförde	Scharbeutz	Kampen (Sylt)	Wilhelmshaven
Haffkrug	Schönberger Strand	List (Sylt)	
Heiligenhafen	Sierksdorf	Nebel (Amrum)	
Hohwacht		Rantum (Sylt)	

Das Luftbad

Ein Bad in der Luft ist eine vorbeugende und wohltuende Atempflege, die, je nach Absicht, beruhigend oder anregend wirkt. Um Ihre Atmung und Ihren Körper in Schwung zu bringen, können Sie gleich morgens nach dem Aufwachen bei geöffnetem Fenster nach der Technik der Vollatmung ein paar tiefe Atemzüge nehmen (siehe dazu Seite 74). In der warmen Jahreszeit sind Luftbäder im Freien, möglichst unbekleidet, ein natürliches Mittel, um sich abzuhärten und um unseren Kreislauf in Schwung zu bringen. Das Abhärten ist deshalb von besonderer Wichtigkeit, da die Blutgefäße trainiert werden, bei Abkühlung rasch und ausreichend zu reagieren. Auf diese Weise können Sie Erkältungskrankheiten wirksam vorbeugen. Wenn Sie darüber hinaus das Luftbad mit Atemübungen kombinieren, haben Sie ein optimales Pflegeprogramm für Ihren gesamten Atemapparat.
Aber auch die Haut wird durch das Luftbad im Freien in ihren lebenswichtigen Funktionen unterstützt und angeregt. Das Luftbad am Abend vor dem Schlafengehen mit Hilfe der Bauchatmung wirkt dagegen ausgleichend und beruhigend.

Ausatmen beim Luftbad

Lufteinschnüffeln beim Luftbad

Das Heißluftbad: die Sauna

Die Sauna ist eine besonders wirkungsvolle Form des Schwitzbades, die nicht nur die Schweißbildung stark fördert, sondern auch Stoffwechsel und Kreislauf anregt und vorbeugend gegen Erkältungskrankheiten wirkt.
Auch wenn Sie schon einen leichten Schnupfen oder Husten haben, kann ein Heißluftbad wahre Wunder wirken. Bei hartnäckigen Erkältungskrankheiten sollten Sie jedoch vor einem Saunabesuch immer erst ärztlichen Rat einholen.
Der Vorgang besteht aus zwei Teilen: Hitze und Abkühlung. Die Lufttemperatur im Saunaraum erreicht etwa 60 bis 90 Grad Celsius, wobei trockene und durch Dampfstöße feuchte Hitze abwechseln. Für die Atemwege ist es besonders wirkungsvoll, wenn dem Aufguß ein Kräuterextrakt (zum Beispiel aus Fichtennadeln) beigefügt wird. Fichtennadelextrakt wirkt schleimlösend und beruhigend auf die Atemwege. Wenn Sie die Technik der Bauchatmung anwenden, kann die warme Kräuterluft bis tief in die Bronchien vordringen.
Nach dem Schwitzen wird der Körper an frischer Luft und dann mit kaltem Wasser (Dusche, Schwimmen oder Schnee-Abreibung) abgekühlt. An höchstens drei Saunagänge schließt sich eine Ruhephase an. Meist können Sie in dieser Erholungspause schon feststellen, daß sich ihre Erkältungskrankheit wesentlich gebessert hat.
Bevor Sie sich in die Sauna begeben, sollten Sie einige Dinge beachten:

- Befragen Sie einen Arzt, ob ein Saunabesuch für Sie geeignet ist.
- Eine Stunde zuvor sollten Sie nichts essen und kaum trinken.
- Entleeren Sie, wenn möglich, Ihren Darm, bevor Sie in die Sauna gehen.
- Falls Sie eine besonders starke Schweißbildung wünschen, trinken Sie kurz vorher am besten ein bis zwei Tassen Lindenblütentee.
- Nehmen Sie einen Bademantel, zwei große Badetücher, Seife und Hautcreme oder -öl zur anschließenden Pflege der Haut mit.

In der Sauna sollten Sie die richtige Reihenfolge der Anwendungen, die hier für Sie auf einen Blick dargestellt ist, beachten:

Vorreinigen: Zunächst den Körper abseifen, duschen und abtrocknen. Wenn Sie kalte Füße haben, ist ein warmes Fußbad empfehlenswert.

1. Saunagang: Er dient zum »Aufheizen«. Sie sollten etwa fünf Minuten auf der untersten Stufe im Liegen oder Sitzen verbringen. Die restlichen drei bis fünf Minuten können Sie sich auf die höheren Stufen begeben, wobei sie die letzten zwei Minuten sitzen sollten.

Abkühlen: Danach gehen Sie etwa für fünf bis zehn Minuten an die frische Luft und bewegen sich. Sie beenden die Abkühlung mit einem kalten Guß aus dem Schlauch, einer kalten Dusche oder dem Eintauchen in das Kaltwasserbecken. Anschließend trocknen Sie sich ab und legen eventuell noch eine kleine Ruhepause ein.

2. Saunagang: Nach dem Abkühlen folgt nochmals ein Saunagang zum Aufheizen für 8 bis 12 Minuten in der oben genannten Reihenfolge. Versuchen Sie jetzt einmal ganz bewußt, die Bauchatmung im Liegen oder Sitzen zu praktizieren.

Abkühlen: Dem Aufheizen folgt wieder das Abkühlen. Bewegen Sie sich in der frischen Luft, und versuchen Sie, ein paar Atemzüge nach der Atemtechnik der Vollatmung zu machen. Danach nehmen Sie wieder eine kalte Dusche und tauchen kurz in das Kaltwasserbecken. Abtrocknen.

Ausruhen: Im Anschluß daran sollten Sie sich – in Ihren Bademantel verpackt – 30 bis 60 Minuten im Liegen ausruhen. Wenn es Ihr körperlicher Zustand erlaubt, können Sie noch einen 3. Saunagang mit anschließender Abkühlung einlegen.

Auch nach dem Saunagang sollten Sie noch einige Dinge beachten, die im nachfolgenden aufgelistet sind:

- Nach dem Saunabesuch sollten Sie sich warm anziehen und besonders darauf achten, daß Ihre Haare trocken sind, da Sie sich sonst leicht wieder verkühlen könnten.
- Nehmen Sie ausreichend Flüssigkeit zu sich, am besten Mineralwasser, kalte oder warme Kräutertees, damit Sie die verlorene Flüssigkeit Ihrem Körper wieder zuführen.

Die Luftveränderung

Besondere Heilwirkung haben Luftbäder oder Spaziergänge, die in einem bestimmten Klima (Reiz- oder Schonklima) gemacht werden, da sich viele Erkrankungen durch eine Luftveränderung günstig beeinflussen lassen. Schwüle, starke Abkühlung, Nebel oder Föhn beispielsweise belasten und reizen unseren Organismus. In Mitteleuropa finden wir dieses ⇨ Reizklima vorwiegend in Küstengebieten, wie an der Nord- und Ostsee, oder am Mittelmeer sowie in tiefergelegenen Tälern oder im Hochgebirge (Alpen).
Ein ⇨ Schonklima herrscht dagegen vor allem in waldreichen Mittelgebirgen in Höhen von 300 bis 500 Metern. Je nach körperlicher Erkrankung und psychischer Verfassung empfiehlt sich bei gesundheitlichen Störungen ein Klimawechsel, der entweder reizt, das heißt, bestimmte Körperfunktionen anregt und so Gesundheit oder Genesung fördert, oder der schont, also beruhigend und ausgleichend wirkt. Aus diesem Grund sollten Sie Ihre Urlaubspläne den Bedürfnissen Ihres Körpers und Ihrer Seele anpassen, da sich der zur Erholung gedachte Urlaub oftmals als klimatischer Streß auswirken und den Organismus noch stärker belasten kann.

Die Wirkungen der Höhenluft

Der geringe Luftdruck, bestimmte Verhältnisse von Luftfeuchte und Strahlung in Höhen von 500 bis 1000 Metern (Mittelgebirge) sind besonders für erholungsbedürftige, erschöpfte Menschen geeignet. Erkrankungen der Atmungsorgane, wie Asthma, Bronchitis oder Lungenblähung (Emphysem), können durch einen Kuraufenthalt im Mittelgebirge günstig beeinflußt und gelindert werden. Dagegen sollten Menschen, die zu allergischen Reaktionen der Atemwege neigen (Heuschnupfen und die allergische Form des Asthma) das Mittelgebirgsklima meiden.
Höhen zwischen 1000 und 1800 Metern weisen sich durch Abnahme von Luftdruck, Luftfeuchte und Temperatur mit steigender Höhe aus. Außerdem ist im Hochgebirge die Strahlung intensiver und die Luft trockener und reiner. Diese spezielle Luftqualität hat in unserem Körper eine Zunahme der roten Blutkörperchen (sie sind für den Sauerstofftransport im Blut zuständig), der Atemtiefe und eine Umstellung des Stoffwechsels zur Folge. Aus diesem Grund hat das ⇨ Hochgebirgsklima eine besondere Heilwirkung für an Asthma und Heuschnupfen erkrankte Menschen, und es wirkt lindernd bei leichteren Katarrhen der Atemwege.
Das tiefere Atmen und die Bräunung der Haut – auch ohne intensive Sonnenstrahlung – tragen darüber hinaus zur Steigerung des allgemeinen körperlichen und seelischen Wohlbefindens bei.

Die wichtigsten Kurorte mit Angabe der Höhenlage

0–20 m

Deutschland:
alle Nord- und Ostseebäder
Zwischenahn

20–100 m

Deutschland:
Bentheim
Blenhorst
Bodendorf
Bodenwerder
Boppard
Bramsted
Dankersen
Eilsen
Ems
Fallersleben
Fallingbostel
Godesberg
Hamm
Hennef
Hönningen
Holzhausen
Honnef
Hopfenberg
Hüsede
Isenstedt
Laer
Lüneburg
Malente-Gremsmühlen
Melle
Minden
Mülheim a. d. Ruhr
Nenndorf
Neuenahr
Niederbreisig
Oeynhausen
Salzgitter
Salzuflen
Schwartau
Senkelteich
Steinbeck
Vallendar
Waldliesborn
Wanne-Eickel
Westernkotten
Wolbeck

100–200 m

Deutschland:
Aachen
Baden-Baden
Bertrich
Diez
Dürkheim
Eberbach
Ennepetal
Essen
Friedrichshall-Jagstfeld
Gandersheim
Holthausen
Iburg
Karlshafen
König
Kreuznach
Langenbrücken
Lippspringe
Mingolsheim
Münder
Münster am Stein
Nauheim
Orb
Pyrmont
Randringhausen
Ravensberg
Rotenfels
Rothenfelde
Rothenuffeln
Salzderhelden
Salzdetfurth
Salzhausen
Salzig
Sassendorf
Seebruch
Sobernheim
Soden b. Salmünster
Soden/Spessart
Soden/Taunus
Sooden-Allendorf
Tönisstein
Vilbel
Wiesbaden
Wimpfen
Wulferdingsen

Österreich:
Deutsch Altenburg

Tschechoslowakei:
Podiebrad

200–300 m

Deutschland:
Bellingen
Bergzabern
Bocklet
Camberg
Driburg
Hermannsborn
Hersfeld
Homburg
Hüllhorst
Ingelfingen
Kassel-Wilhelmshöhe
Kissingen
Krozingen
Landstuhl
Meinberg
Mergentheim
Neustadt/Saale
Rappenau
Salzschlirf
Stuttgart-Berg
Stuttgart-Cannstatt
Waldkirch

Österreich:
Baden bei Wien
Fischau
Vöslau

Schweiz:
Rheinfelden

Tschechoslowakei:
Karlsbad
Teplitz

300–400 m

Deutschland:
Abbach
Belecke
Brückenau
Endbach
Füssing
Gögging
Harzburg
Kyllburg
Laasphe
Lauterberg
Liebenzell
Manderscheid
Münstereifel
Olsberg
Rengsdorf
Rietenau
Sachsa
Säckingen
Schlangenbad
Schwalbach
Wildungen
Wildungen-Reinhardshausen
Windsheim

Österreich:
Gallspach
Gleichenberg
Hall/Oberösterreich
Tatzmannsdorf

Schweiz:
Baden bei Zürich
Schinznach
Stabio

Tschechoslowakei:
Luhatschowitz
Sliac

Die wichtigsten Kurorte mit Angabe der Höhenlage

400–500 m

Deutschland:
Altenau
Badenweiler
Berleburg
Berneck
Boll
Daun
Gras-Ellenbach
Grund
Herrenalb
Imnau
Königstein
Peterstal
Radolfzell
Reichenhall
Schönmünzach-Schwarzenberg
Sebastiansweiler
Teinach
Überkingen
Überlingen
Wildbach

Österreich:
Gmunden
Hohenems
Ischl
Pörtschach
Velden

Schweiz:
Bex
Lavey

Tschechoslowakei:
Franzensbad

500–600 m

Deutschland:
Aibling
Berchtesgadener Land
Braunlage
Buchau
Ditzenbach
Gersfeld
Griesbach
Hahnenklee-Bockswiese
Krumbad
Marienberg
Prien
Schussenried
Willingen

Österreich:
Hall/Tirol
Schönau
Villach

Schweiz:
Acquarossa
Lostorf
Ragaz

600–700 m

Deutschland:
Aulendorf
Grönenbach
Heilbrunn
Hohegeiß
Ottobeuren
Rippoldsau
St. Andreasberg
Schömberg
Steben
Tölz
Waldsee
Weiler
Wörishofen
Wurzach

Österreich:
Aussee
Schruns

Schweiz:
Heustrich
Pfäfers

Tschechoslowakei:
Gräfenberg
Johannisbad
Marienbad

700–800 m

Deutschland:
Dürrheim
Freudenstadt
Garmisch-Partenkirchen
Isny
Königsfeld
Murnau
Neutrauchburg
Villingen
Wiessee
Winterberg

800–900 m

Deutschland:
Bühlerhöhe
Füssen-Faulenbach
Hindelang
Kreuth
Lenzkirch
Neustadt/Schwarzwald
Oberstaufen
Oberstdorf
St. Blasien
Todtmoos

Österreich:
Badgastein
Hofgastein

Schweiz:
Passugg

900–1000 m

Deutschland:
Hinterzarten
Kohlgrub
Oy

Österreich:
Kitzbühel

Schweiz:
Alvaneu-Bad
Andeer
Rietbad

über 1000 m

Deutschland:
Höchenschwand

Österreich:
Hintertux

Schweiz:
Disentis
Lenk
Leukerbad
St. Moritz
Schuls-Tarasp-Vulpera
Val Sinestra

Die Wirkungen der Meeresluft

Der hohe Salz- und Jodgehalt der Meeresluft sowie die Luftreinheit fördern ebenfalls die Gesundheit von Körper und Psyche. Sie sind Heilanzeigen für Kranke, die unter Allergien (insbesondere Heuschnupfen und Asthma) und unter chronischen Erkältungskrankheiten leiden. Wer will, kann zu diesem Zweck spezielle Luftkurorte, Seebäder und Seeheilbäder an Nord- und Ostsee (siehe Seite 86) aufsuchen.
Für Gesunde sind ausgedehnte Spaziergänge oder Luftbäder am Meer ein ideales Atempflegemittel, da es eine natürliche Reinigung der Atemwege bewirkt und zur Anregung der Atemfunktionen beiträgt. Bei sehr nervösen Menschen kann das Reizklima des Meeres allerdings die innere Unruhe verstärken und eine Erholung der strapazierten Nerven verhindern.

Das Element Wasser

Neben der Atemluft wirkt auch das Element Wasser – gezielt und dosiert angewandt – heilend bei verschiedenen Erkrankungen der Atmungsorgane.
Wasserbehandlungen sind eine wirkungsvolle, vorbeugende Maßnahme, da sie durch ihren fein dosierbaren Einfluß auf das vegetative Nervensystem und das Hormongleichgewicht eine tiefe, entspannende Wirkung haben und die allgemeine körperliche Widerstandsfähigkeit fördern.
Die Grundlagen der modernen ⇨ Hydrotherapie schuf der bekannte Pfarrer und »Wasserdoktor« Sebastian Kneipp (✻1821, † 1897), der in einem spektakulären Selbstversuch seine von den Ärzten als unheilbar erklärte Lungentuberkulose (Schwindsucht) besiegte. Dies war der Anfang seiner erfolgreichen Wassertherapie, die, inzwischen weiterentwickelt, aus einer Reihe individueller Einzelanwendungen besteht. Je nach Krankheit und Gesundheitszustand gehören dazu beispielsweise Abwaschungen, Abreibungen, Teil- oder Vollbäder sowie Güsse, Kopfdampfbäder, Wassertreten und Packungen. Eine Kneipptherapie besteht jedoch nicht nur aus Wasserbehandlungen, sondern außerdem aus speziellen Bewegungsübungen, die durch Massagen unterstützt werden, mild wirkenden pflanzlichen Heilmitteln sowie aus einer speziellen Diät. Alle Maßnahmen ergänzen einander und dienen der Förderung und Erhaltung der Selbstheilungskräfte des Organismus.
Die stärksten Heilwirkungen gehen jedoch von den Wasserbehandlungen aus, da die thermischen und mechanischen Reize einen Umstimmungsprozeß im Körper anregen. Kühles oder kaltes Wasser beispielsweise bringt den Stoffwechsel in Schwung und erhöht dadurch den Sauerstoffverbrauch der Zellen. Warme bis heiße Bäder erweitern die Blutgefäße, was eine bessere Durchblutung selbst feinster Äderchen bewirkt. Warm-kalte Wechselduschen trainieren die Reaktionsfähigkeit der Blutgefäße, was ebenfalls eine bessere Durchblutung bewirkt. Dieses vorbeugende Wirkungsspektrum der Wasseranwendungen erhöht die Anpassung des Körpers gegenüber äußeren Temperatureinflüssen und Wetterbedingungen und macht Sie weniger anfällig für Erkältungskrankheiten in der kalten Jahreszeit.
Kneippkuren können sowohl zu Hause als auch in bestimmten Kneippkurorten (siehe dazu Seite 92) durchgeführt werden, wobei Sie jedoch bei der häuslichen Anwendung folgende Regeln beachten sollten:
Ausschlaggebend für die Wahl der Wassertemperatur ist in erster Linie das Wärmebedürfnis Ihres Körpers. ⇨ Kaltwasseranwendungen dürfen grundsätzlich nur bei warmem Körper durchgeführt werden! Insbesondere morgens nach dem Aufwachen ist der Körper gut durchwärmt und kann eine Kaltwasserbehandlung vertragen. Wenn Sie jedoch frieren, kalte Füße oder Hände haben, so müssen Sie sich

Kneippheilbäder und Kneippkurorte

Kneippheilbäder

Bergzabern	Kassel-Wilhelmshöhe	Malente-Gremsmühlen	Überlingen
Berleburg	Lauterberg	Münstereifel	Wörishofen
Berneck			

Kneippkurorte

Aulendorf	Gras-Ellenbach	Neustadt/Schwarzwald	Radolfzell-Mettnau
Boppard	Grönenbach	Oberstdorf	St. Blasien
Camberg	Hennef	Olsberg	Schönmünzach-Schwarzenberg
Daun	Hindelang	Ottobeuren	Vallendar
Endbach	Iburg	Oy	Villingen
Fallingbostel	Kyllburg	Peterstal	Waldkirch
Füssen-Faulenbach	Laasphe	Prien	Wolbeck
Gersfeld	Marienberg		

zunächst durch ein warmes Getränk (Kräutertee) oder mit Hilfe einer Wärmflasche aufwärmen. Ein warmes Fußbad erzielt ebenfalls das Gefühl einer allgemeinen Durchwärmung. Darüber hinaus müssen Sie darauf achten, daß der Raum, in dem Sie die Behandlung durchführen, angenehm temperiert ist (nicht unter 20 Grad Celsius!). Eine kalte ⇨ Oberkörperwaschung beispielsweise wird in der Kneipptherapie gegen hartnäckigen Schnupfen, Rachenkatarrh, Bronchitis und Grippe angewandt. Wollen Sie diese Behandlung zu Hause durchführen, müssen Sie folgendermaßen vorgehen:
Sie benötigen dazu eine Schüssel mit kaltem Wasser und ein frisches Leinentuch. Beginnen Sie, mit dem nassen Tuch zunächst am rechten Handrücken an der Außenseite des Armes aufwärts zur Schulter zu streichen. Von der Schulter abwärts streichen Sie an der Innenseite zurück zur Hand und von dort wieder von der Innenseite bis zur Achselhöhle. Mit dem nochmals befeuchteten Tuch wird die Achselhöhle gewaschen, danach der Hals. In mehreren Längsstrichen gehen Sie über Brust, Bauch und Flanken bis zur Hüfte. Anschließend wird der linke Arm in der gleichen Reihenfolge behandelt. Um die Waschung auch am Rücken durchführen zu können (in großen Längsstrichen), müssen Sie jemanden um Hilfe bitten. Das Wasser wird dann mit den Händen vom Körper gestrichen (nicht abtrocknen!). Ziehen Sie ein frisches Leinenhemd über Ihren noch nassen Körper, und legen Sie sich, in mehrere Decken verpackt, in Ihr Bett. Beim Ausbleiben der Hautreaktion (die Haut muß sich an den betreffenden Stellen röten) können Sie durch Frottieren mit einem Handtuch nachhelfen oder nötigenfalls durch Auflegen einer Wärmflasche für die erforderliche Wärmezufuhr sorgen.
Nach einer ⇨ Warmwasserbehandlung folgt eine kurze Kälteanwendung in Form eines Gusses oder Waschung, um Wärmestauungen und Erkältungen zu vermeiden. Bettruhe ist nach einer Wärmeanwendung unbedingt erforderlich, da der Körper diese Pause braucht, um sich zu erholen. Die gebräuchlichste und äußerst wirkungsvolle Wärmebehandlung zur Vorbeugung und Heilung von Erkältungskrankheiten ist ein heißes Vollbad mit Kräuterzusätzen

(Kamille, Thymian) oder mit ätherischen Ölen (Eukalyptusöl, Mentholöl, siehe dazu Seite 95). Ein heißes Bad hat eine Wassertemperatur von 38 bis 40 Grad Celsius, und die Anwendungsdauer beträgt etwa 15 bis 20 Minuten. Da das heiße Wasser die Herzreaktion beschleunigt, ist auf die Verträglichkeit zu achten. Wenn Sie heiße Bäder schlecht vertragen, genügt auch ein warmes (32 bis 37 Grad Celsius) Bad, um die wohltuende und heilende Wirkung des Wassers zu entfalten.

Körperliche Bewegung

Besonders bei Kindern fällt uns auf, daß körperliche Bewegung ein Urbedürfnis des Menschen zu sein scheint. Doch die meisten Erwachsenen neigen aufgrund vorwiegend sitzender Tätigkeiten dazu, ihren Körper kaum oder nur unzureichend zu bewegen. Autos, Aufzüge oder Rolltreppen beispielsweise sind für unseren Körper energiesparende Errungenschaften unserer Zivilisation. Ihr selbstverständlicher Gebrauch hat aber unter anderem dazu geführt, daß wir unter Bewegungsmangel und chronischer Flachatmung leiden. Erst durch Atemübungen müssen wir unseren Körper wieder an eine normale gesunde Atemweise gewöhnen, obwohl dieses Ziel auch einfacher und »natürlicher« erreicht werden könnte:
Durch körperliche Bewegung steigt der Sauerstoffbedarf, und die Atmung wird angeregt, ohne daß wir uns darum bemühen müssen. Sie sollten daher versuchen, so viel wie möglich zu Fuß zu gehen. Vielleicht haben Sie die Möglichkeit, täglich oder regelmäßig an bestimmten Wochentagen ihren Arbeitsplatz zu Fuß oder mit dem Fahrrad zu erreichen. Eine andere Variante wäre, wenn Sie morgens oder abends nach der Arbeit spazierengehen oder radfahren. Schon ein täglicher zügiger Spaziergang von etwa 30 Minuten Dauer erhöht die Sauerstoffaufnahme um 30 Prozent.
Aktives regelmäßiges Sporttreiben hat neben der allgemeinen Leistungssteigerung durch Förderung der Muskelkraft, Gelenkigkeit und Ausdauer auch eine anregende Wirkung auf unsere Atmung. Durch Laufen oder Joggen etwa wird unsere Atmung besonders stark angeregt, und die Lungen können dadurch ausreichend entlüftet werden.
Dem Schwimmen kommt unter den Sportarten eine besondere Bedeutung zu, da es die beste Atemschule ist. Rudern, Skilaufen, Gymnastik oder Tanz sind weitere Sportarten, die unseren Körper und seine Atmung auf natürliche Weise in Schwung bringen und vertiefen.
Allgemein betrachtet, schafft viel Bewegung in frischer Luft, vor allem bei Berufen mit geringer körperlicher Beanspruchung, den nötigen Ausgleich. Sport hält aber nicht nur körperlich fit, sondern hebt auch unsere seelische Stimmung und wirkt harmonisierend auf den Spannungszustand unseres vegetativen Nervensystems. Wichtig ist, daß Sie eine Sportart finden, die Ihren körperlichen Bedürfnissen gerecht wird und die Ihnen vor allem Freude bereitet.

Die heilende Kraft von Kräutern und Essenzen

Die Naturheilkunde kennt zahlreiche Kräuter und Pflanzen, die in Form von Kräutertees, -säften, -salben und -sirup, innerlich oder äußerlich angewendet, wohltuende Linderung bei allen Erkältungskrankheiten schaffen. Das Inhalieren von wohlriechenden Essenzen, was in sogenannten ⇨ Aromatherapien durchgeführt wird, hat eine besondere Heilwirkung, da nicht nur körperliche Beschwerden, sondern auch Geist und Seele durch die Wohlgerüche beeinflußt werden.

Den Heilkundigen im alten Agypten waren die Wirkungsweisen aromatischer Heilpflanzen schon seit alters her bekannt. Auch die traditionelle chinesische Heilkunst benutzte Räucherwerk und Kräuter, um bestimmte, meist chronisch gewordene Krankheiten zu heilen. In unseren Breitengraden wurde die Heilwirkung der Pflanzen und Essenzen erstmals in mittelalterlichen Klöstern untersucht und angewandt. Die berühmteste Vertreterin dieser Heilmethode war die Ärztin und Äbtissin Hildegard von Bingen (* 1098, † 1179). Nach dem 18. Jahrhundert geriet die Aromatherapie in Europa durch die zunehmende Hinwendung zur Chemie immer mehr in Vergessenheit. Erst in jüngster Zeit wurde diese natürliche Heilmethode wiederentdeckt und im Rahmen der Ganzheitsmedizin angewandt, um Körper, Geist und Seele zu beeinflussen.

Doch wie wird die Wirkung erklärt? Die heilwirksamen Essenzen der Aromatherapie bestehen in erster Linie aus den sogenannten ⇨ ätherischen Ölen. Als ätherisches Öl werden flüchtige, duftende Stoffwechselprodukte von Pflanzen, die besonders in Blüten, Samen, Blättern, Stengeln und Rinden gebildet werden und auch in Harzen vorhanden sind, verstanden, die durch Wasserdampfdestillation gewonnen werden und in Fett löslich sind. In diesen Ölen konzentriert sich die Heilkraft der aromatischen Pflanzen. Das Gewinnen dieser wertvollen Substanzen ist aufwendig und deshalb ziemlich teuer: So müssen beispielsweise für einen einzigen Liter Rosenöl über 1000 Pfund Rosenblätter gepflückt werden.

Da die in Öl gelösten Aromastoffe sehr leicht von der Haut und von den Schleimhäuten aufgenommen und darüber hinaus mit dem Geruchssinn wahrgenommen werden, eignet sich die Aromatherapie besonders gut für Inhalationen (siehe Seite 95), Bäder (siehe Seite 96) und zum Einreiben.

Bei der äußerlichen Anwendung ätherischer Ole in Salben, Cremes oder Badezusätzen wird die örtliche Durchblutung der Haut und damit die Selbstheilungskraft angeregt. Manche Substanzen wirken auch beruhigend auf den Organismus und fördern die Entspannung.

Bei der äußerlichen Anwendung können sich die ⇨ antibakteriellen beziehungsweise ⇨ antiviralen Wirkstoffe der Extrakte gleich an Ort und Stelle entfalten, zum Beispiel auf einer Wunde. So gibt es mehrere bei uns bekannte ⇨ pflanzliche Antibiotika, wie den Knoblauch, die Kresse oder den Meerrettich. Innerlich angewandt, können bestimmte aromatische Essenzen sehr hilfreich sein bei »Verstimmungen« oder Funktionsschwächen innerer Organe oder Organsysteme, wie Magen, Darm, Herz, Kreislauf und Nerven. Dafür eignen sich beispielsweise die ätherischen Öle des Baldrians, der Melisse, der Pfefferminze, des Rosmarins, Lavendels, Thymians und Salbeis.

Aber auch Duftstoffe, die »nur« eingeatmet werden, können – je nach Absicht – anregend, beruhigend oder desinfizierend wirken. Eine Inhalation mit Kamillen- und Thymianextrakt beispielsweise wirkt bei Erkältungskrankheiten wahre Wunder.

Die Aromatherapie gehört bislang noch zu der sogenannten Erfahrungsheilkunde, deren Wirkungsweise erst in jüngster Zeit wissenschaftlich untersucht wird. So ist zum Beispiel die biologische Wirksamkeit der ätherischen Öle des Baldrians, der Melisse oder des Rosmarins einwandfrei wissenschaftlich erwiesen und inzwischen auch vom Bundesgesundheitsamt anerkannt worden.

Inhalationen

Tiefes Einatmen heilsamer Dämpfe und Düfte durch Nase und Mund gehört bis heute zu den bewährtesten Behandlungsmethoden der Naturheilkunde und der Schulmedizin. Die Inhalationstherapie wird vor allem bei Erkrankungen und

Inhalation von Dampf mit heilenden Zusätzen

Allergien der Atmungsorgane medizinisch verordnet. Dabei werden mit Hilfe spezieller Inhalationsgeräte Heilmittel in Form von Gasen, Dämpfen oder zerstäubten Flüssigkeiten eingeatmet. Sie dienen zur Anfallsvorbeugung und -behandlung bei allergisch bedingtem Bronchialasthma oder bei chronischer Bronchitis.
Als Atempflege- oder Heilmittel für den Hausgebrauch genügt das Inhalieren von feuchtheißem Dampf über abgekochtem Wasser, dem bestimmte ätherische Öle, Heilkräuter oder Salz zugesetzt werden. Wenn Sie beispielsweise einen hartnäckigen Schnupfen auskurieren möchten, kann ein ⇨ Gesichtsdampfbad mit Kamillen- oder Thymianzusatz rasch Erleichterung verschaffen: Durch den feuchtwarmen Dampf verflüssigt sich der zähe Schleim, so daß er leichter abfließen kann.
Kräuter, wie Kamille oder Thymian, wirken entzündungshemmend und tragen so zur Heilung der angegriffenen Atemwege bei. ⇨ Ätherische Öle, wie Menthol, Pfefferminz-, Eukalyptus- oder Latschenkiefernöl, können, auf einen Pappdeckel oder auf ein Stoffläppchen geträufelt, ihre schleimlösende und luftreinigende Wirkung entfalten. Mischungen dieser Substanzen sind auch in bestimmten ⇨ Salben enthalten, die auf die Brust gerieben, ihre heilenden Düfte abgeben, die eingeatmet werden können.
Ein milder schleimlösender und entzündungshemmender Effekt wird durch das Einatmen heilsamer Dämpfe während eines ⇨ Vollbades mit entsprechenden Zusätzen erreicht. Als Beispiel sei ein Heilpflanzenbad mit Thymian dargestellt.

Heilpflanzenbad mit Thymian zur Entkrampfung der Bronchien
100g Thymian
(Thymus vulgaris)

Das Thymiankraut mit einem Liter kochendem Wasser übergießen und etwa zehn Minuten ziehen lassen, abseihen und einem Vollbad zusetzen. Es hilft bei Bronchitis, chronischem Husten, Lungenblähung und Keuchhusten.
Man kann auch in einem Teekessel Wasser zum Sieden bringen und die ätherischen Öle oder Kräuter hineinträufeln und das geöffnete Gefäß im Schlafzimmer in der Nähe des Bettes aufstellen. Diese Methode ist besonders bei erkälteten Kleinkindern zu empfehlen.
Damit das Inhalieren seine Tiefenwirkung auf die Atemwege voll entfalten kann, sollten Sie folgendermaßen vorgehen:

- Verwenden Sie einen kleinen, möglichst neuen Topf, in dem Sie etwa einen Liter Wasser zum Kochen bringen.
- Nachdem das Wasser ein paar Minuten gekocht hat, streuen Sie entweder einen Eßlöffel getrocknete Kräuter, wie Kamille oder Thymian, oder einen halben Teelöffel ätherisches Öl (Pfefferminz-, Eukalyptusöl) in das heiße Wasser.
- Danach lassen Sie die Flüssigkeit eine Weile ziehen und etwas abkühlen.
- Damit sich die Dämpfe nicht im Raum verflüchtigen, benötigen Sie ein größeres Handtuch, das Sie sich über den

Kopf legen, den Topf stellen Sie darunter.

- Atmen Sie zunächst einmal tief aus und dann ganz langsam durch die Nase ein. Sie sollten auf jeden Fall die Bauch-Zwerchfell-Atmung praktizieren (siehe dazu Seite 68), damit die Dämpfe bis tief in die Bronchien vordringen können.

Da Sie sich gerade nach dem Inhalieren leicht wieder erkälten können, sollten Sie das Gesicht danach kühl abwaschen und mindestens eine Stunde lang nicht ins Freie gehen. Nach einem heißen Vollbad ist anschließende Bettruhe empfehlenswert, wobei Sie vorher noch Brust und Rücken mit einer schleimlösenden Salbe einreiben sollten.

Tees, Säfte und Sirupe aus Kräutern

Die gebräuchlichste und einfachste Form der Anwendung von Heilpflanzen ist der ⇨ Tee. Ein Kräutertee wirkt durch Trinken oder Gurgeln von innen und ist besonders als zusätzliche Maßnahme zur Heilung bei Atemwegserkrankungen zu empfehlen. Je nach typischer Wirkungsweise der Kräuter kann ein Tee mit nur einer Pflanze oder als Kräutermischung seine Heilkraft entfalten, wobei auch die Zubereitung eines Kräutertees auf verschiedene Arten erfolgen kann:
Ein ⇨ Teeaufguß wird bereitet, indem Sie die Blätter, Blüten oder Samen mit kochendem Wasser übergießen und in einem bedeckten Gefäß fünf bis 15 Minuten unter häufigem Umrühren ziehen lassen. Dabei sollten Sie nur Porzellan- oder Steinguttöpfe verwenden, da sich bei Metallgefäßen chemische Veränderungen ergeben können. Nach dem Ziehen wird der Tee durch ein Sieb gegossen, so daß Sie eine klare, trinkfertige Flüssigkeit erhalten.

Kräuterteemischung gegen Katarrhe der Atemwege
40g Kamille
(Flores Chamomillae)
20g Salbei
(Folia Salviae)
20g Bibernellwurzel
(Radix Pimpinellae)
20g Hederichkraut
(Herba Erysimi officinalis)

Bereiten Sie einen Teeaufguß, und zwar zwei Eßlöffel der Mischung auf zwei Tassen Wasser. Der Aufguß wird warm zum Gurgeln verwendet.
Bei einer ⇨ Teeabkochung werden zerkleinerte Pflanzenteile, wie Rinden oder Wurzeln, in kaltes Wasser gegeben und anschließend zehn bis 30 Minuten lang in einem geschlossenen Gefäß gekocht. Danach wird die Flüssigkeit durch ein Sieb gegossen und mehrmals täglich getrunken.

Kräuterteemischung, die schleimlösend und auswurffördernd wirkt
30g Schlüsselblume
(Primula officinalis)
30g Ehrenpreis
(Veronica officinalis)
20g Bibernellwurzel
(Radix Pimpinellae)
20g Andorn
(Marrubium vulgare)

Von einer Abkochung aus einem Eßlöffel der Mischung, je Tasse Wasser, trinkt man täglich zwei bis drei Tassen möglichst heiß mit Honig oder Zitrone.

⇨ Säfte aus frischen Blättern, Blüten, Früchten und Wurzeln können entweder in einer Fruchtsaftpresse selbst hergestellt oder in Apotheken und Reformhäusern fertig gekauft werden. Pflanzensäfte sollten immer verdünnt im Verhältnis 1:5 (zum Beispiel mit Mineralwasser oder Buttermilch) eingenommen werden.

Johannisbeersaft als Vorbeugungs- und Abwehrmittel gegen Erkältungskrankheiten: Trinken Sie eine Tasse heißen, mit Honig gesüßten schwarzen Johannisbeersaft mehrmals täglich bei Erkältungen und beginnender Grippe. Wenn Sie Fieber haben, muß der Johannisbeersaft kühl getrunken werden.

Neben den wasserlöslichen Wirkstoffen enthalten die Frischpflanzensäfte auch Vitamine, Minerale, Zuckerstoffe und pflanzliche Faserstoffe. Selbstzubereitete Säfte müssen möglichst gleich getrunken werden. Fertigprodukte aus dem Fachhandel sind schonend erhitzt und haltbar gemacht. Sie müssen aber auch kühl aufbewahrt und innerhalb weniger Tage verbraucht werden.

⇨ Sirupe sind Kräuter- und Obstsäfte, die wegen ihres angenehmen Geschmacks sehr beliebt sind. Die Herstellung im eigenen Haushalt ist relativ problemlos: die Grundlage des Sirups bildet eine dickflüssige Wasser-Honig-Lösung, in die man den Saft oder alkoholische Kräuterzubereitungen gibt und alles gut miteinander vermischt. Dadurch wird der Sirup länger haltbar, muß aber trotzdem im Kühlschrank aufbewahrt werden. Für Erkältungskrankheiten aller Art eignen sich besonders Sirupe aus ⇨ Eibisch oder ⇨ Zwiebel (Hustensirup) oder aus ⇨ schwarzem Holunder (schleimlösender Sirup). Den Sirup nimmt man mehrmals täglich teelöffelweise ein. Er wirkt beruhigend auf die Atemwege.

Heilanzeigen einiger Kräuter

Bei der anschließenden Zusammenstellung einiger Heilkräuter handelt es sich um bewährte Pflanzen, die bei Erkrankungen der Atemwege sowie als Vorbeugung heilwirksame Dienste leisten.

Salbei: Die Heimat des Salbeis (Salvia officinalis) sind vorwiegend die westlichen Mittelmeerländer. Aber auch bei uns kann er in jedem Garten gezogen werden. Durch seine spezifische Zusammensetzung an ätherischen Ölen ist der Salbei auch als Bakterientöter bekannt. Deshalb wirkt ein Teeaufguß aus Salbeiblättern besonders bei Halsschmerzen und -entzündungen wahre Wunder. Durch seine bakterientötende Wirkung reinigt und desinfiziert er die Schleimhäute des Rachens. Aus diesem Grund sollten Sie Salbeitee regelmäßig, auch als Vorbeugung, besonders in der kalten Jahreszeit trinken oder nach dem Zähneputzen mit dem Tee gurgeln. Bei Grippe wird eine Abkochung von Salbeiblättern in Milch empfohlen.

Fenchel: Der Fenchel (Foeniculum vulgare) ist ein altbewährtes, krampflösendes Hausmittel, das besonders bei Asthma und starkem Hustenreiz sehr hilfreich ist. Er stammt ebenfalls aus den Mittelmeerländern, wird aber auch bei uns angebaut und kann sogar verwildert in ganz West- und Mitteleuropa gefunden werden.

Auch der Fenchel wirkt vornehmlich durch das in ihm enthaltene ätherische Öl, vor allem durch das Anethol, das ein gutes auswurfförderndes Mittel darstellt. Es beschleunigt die Tätigkeit der Flimmerhärchen der Atmungswege und erleichtert so das Abhusten des oftmals zähflüssigen Schleims.

Der Fenchelsamen kann zur Herstellung eines Teeaufgußes oder Fenchelsirups (besonders für Kleinkinder geeignet) verwendet werden.

Thymian: Die Wirkung des Thymians (Thymus vulgaris) bei Atemwegserkrankungen ist altbekannt. Er kann in jedem Kräutergarten angebaut werden, ist langlebig und anspruchslos. Der Hauptwirkstoff des Thymians ist das in Wasser schwer lösliche Thymol. Dieses ätherische Öl wirkt stark desinfizierend und ist daher besonders bei Infektionen der Lunge und bei akuten fieberhaften Erkrankungen der Luftröhre zu

Heilkräuter bei Hals- und Rachenentzündungen

Braunelle Tee zum Gurgeln	Zwei Teelöffel der Droge auf eine Tasse Wasser geben, kalt aufsetzen, kurz aufkochen und dann ziehen lassen. Lauwarm damit gurgeln.
Brombeere Tee	Drei gehäufte Teelöffel auf eine Tasse Wasser geben, kalt ansetzen, aufkochen und ziehen lassen. Lauwarm damit gurgeln.
Heidelbeere Saft	Frische Heidelbeeren im Mixer pürieren, den Saft mit etwas einfachem Kornbrannt mischen und damit gurgeln. Diese Mischung wirkt auch gegen Mundfäule, Aphthen und Mundgeruch.
Quittenbaum Schleim	Aus dem Samen der Quitten einen Schleim kochen. Dazu die Samen in kaltem Wasser ansetzen. Auch Quitten als Kompott helfen.
Stockrose Tee zum Gurgeln	Zwei Teelöffel auf eine Tasse Wasser geben, kochend aufgießen und zehn Minuten ziehen lassen.
Walderdbeeren Tee zum Gurgeln	Zwei Teelöffel der Droge auf eine Tasse Wasser geben, kalt ansetzen, aufkochen und kurz ziehen lassen.
Wilde Malve Tee zum Gurgeln	Zwei Teelöffel der Droge auf eine Tasse geben, kalt ansetzen und nach einer Stunde ziehen, leicht erwärmen, als Gurgelmittel verwenden. Ein Umschlag mit dem Tee wirkt bei Hautausschlägen. Getrunken hilft der Tee gegen Durchfall.
Ziest Tee	Zwei Teelöffel auf eine Tasse Wasser geben, kalt ansetzen, aufkochen und fünf Minuten ziehen lassen. Den Tee gesüßt trinken, denn er ist sehr bitter. Er hilft auch, wenn man damit gurgelt.

Heilkräuter bei Erkältung

Dost Tee	Zwei Teelöffel mit einer Tasse Wasser kalt ansetzen, aufkochen und fünf Minuten ziehen lassen.
Fichte Badezusatz, Inhalation	Mehrere Handvoll frische Nadeln mit kaltem Wasser ansetzen und einen Badezusatz kochen, der ins heiße Bad geschüttet wird. Zur Inhalation kann man fertiges Fichtennadelöl in eine Waschschüssel mit warmem Wasser schütten. Die aufsteigenden Dämpfe werden unter einer Decke eingeatmet.
Heckenrose Mus	Aus den Früchten ein Mus zubereiten. Die Früchte werden dabei nur erwärmt, nicht gekocht.
Salbei Tee als Gurgelmittel	Zwei Teelöffel auf eine Tasse Wasser geben, heiß überbrühen und fünf Minuten ziehen lassen. Der Tee ist als Gurgelmittel oder auch als Wickel verwendbar.
Knoblauch Frucht	Frischer Knoblauch auf ein Butterbrot oder in Quark gerührt ist ein bewährtes Mittel gegen Erkältungen.
Königskerze Tee	Zwei Teelöffel der Droge auf eine Tasse Wasser geben, kalt aufsetzen und erwärmen, nicht aufkochen.

Heilkräuter bei Erkältung	
Zwiebel Frucht, Sirup	Wie der Knoblauch wirkt auch die frische Zwiebel gegen Erkältungen. Gekocht in Hühnerbrühe hilft sie vorzüglich, vor allem auch bei fiebrigen Erkältungen und Grippe.
Heilkräuter bei Husten/Keuchhusten	
Fenchel Tee	Einen gehäuften Teelöffel auf eine Tasse Wasser geben, kalt ansetzen, aufkochen und fünf Minuten ziehen lassen. Davon trinkt man drei bis vier Tassen täglich.
Klatschmohn Tee, Sirup	Aus den Blütenblättern wird ein Tee für Kinder zubereitet. Zwei Teelöffel Blütenblätter auf eine Tasse Wasser geben, kalt ansetzen und kurz aufkochen. Der Tee bekämpft nicht nur den Husten, sondern wirkt auch zugleich beruhigend. Sirup: Tee zubereiten und mit soviel Zucker auffüllen, wie sich darin löst. Davon nimmt man drei Löffel täglich.
Königskerze Tee	Zwei Teelöffel auf eine Tasse Wasser geben, kurz aufkochen und ziehen lassen.
Schwarzer Holunder Tee	Zwei Teelöffel auf eine Tasse Wasser geben, kalt ansetzen, aufkochen und kurz ziehen lassen. Warm trinken. Der Tee wirkt schweißtreibend!
Thymian Tee	Zwei Teelöffel der Droge auf eine Tasse Wasser geben, aufkochen und kurz ziehen lassen. Davon trinkt man drei Tassen am Tag.
Heilkräuter bei Bronchitis	
Bibernelle Tee, Kaltauszug	Einen gehäuften Teelöffel der Droge auf eine Tasse Wasser geben. Entweder kalt aufsetzen oder mit warmem Wasser übergießen und aufkochen. Fünf Minuten ziehen lassen und dann abseihen.
Engelsüß Tee	Zwei Teelöffel auf eine Tasse Wasser geben, kalt aufsetzen, aufkochen und kurz ziehen lassen. Davon zwei bis drei Tassen täglich trinken.
Isländisches Moos Tee	Zwei Eßlöffel auf einen Viertelliter Wasser geben, kalt ansetzen, aufkochen und kurz ziehen lassen. Zwei bis drei Tassen täglich davon trinken.
Mannstreu Tee	Zwei Teelöffel der geraspelten Wurzel auf eine Tasse Wasser geben, kalt ansetzen, aufkochen und kurz ziehen lassen.
Veilchen Tee, Sirup	Zwei Teelöffel auf eine Tasse Wasser geben, kalt aufsetzen und aufkochen. Drei Tassen täglich davon trinken. – Für Kinder verkocht man den Tee mit Zucker und Sirup.
Heilkräuter bei Lungenerkrankungen	
Ackerwinde Tee	Zwei bis drei Teelöffel auf eine Tasse Wasser geben, kalt ansetzen, aufkochen und abseihen. Der Tee wirkt sehr schweißtreibend.

Heilkräuter bei Lungenerkrankungen	
Andorn Tee	Ein Eßlöffel auf eine Tasse Wasser geben, kalt ansetzen, aufkochen und kurz ziehen lassen. Drei Tassen täglich davon trinken.
Lungenkraut Tee	Einen gehäuften Teelöffel der Droge auf eine Tasse Wasser geben, heiß aufbrühen und zehn Minuten ziehen lassen. Bis zu drei Tassen täglich davon trinken.
Spitzwegerich Tee	Ein Teelöffel auf eine Tasse Wasser geben, heiß überbrühen und fünf bis zehn Minuten ziehen lassen. Von diesem Tee ist beliebig viel – eventuell auch gesüßt – trinkbar.
Ysop Tee	Zwei Teelöffel auf eine Tasse Wasser geben, kalt aufsetzen, aufkochen und 15 Minuten ziehen lassen. Lauwarm bis zu drei Tassen pro Tag trinken.

empfehlen. Neben der desinfizierenden Wirkung fördert Thymian auch die Lösung des Schleimes und unterstützt dadurch die Hustenreaktion des Körpers. Als Sirup mehrmals täglich eingenommen, kann der quälende Hustenreiz auf natürliche Weise beruhigt werden.

Lungenkraut: Das Lungenkraut (Pulmonaria officinalis) verdankt seinen Namen der günstigen Wirkung bei verschiedenen Lungenleiden wie Bronchitis, Asthma und Lungentuberkulose. Es kann in Europa fast überall in schattigen Laubwäldern, an Hecken oder in Gebüschen gefunden werden.
Die Inhaltsstoffe der Pflanze haben eine schleimbildende, auswurffördernde und zusammenziehende Wirkung, was sie besonders für entzündliche Erkrankungen der Atmungsorgane geeignet macht. Als Teeaufguß zubereitet hilft deshalb das Lungenkraut bei allen Katarrhen der Luftwege, bei Husten, Halsentzündungen und Heiserkeit.

Veilchen: Auch die kleine violette Pflanze (viola odorata) zählt zu den altbewährten Hustenmitteln. Das Veilchen ist in der ganzen nördlichen gemäßigten Zone heimisch. Es findet sich an Hecken, Zäunen sowie an schattigen Waldrändern. Eine aus der Veilchenwurzel zubereitete Abkochung wirkt auf die Schleimhäute der Bronchien und regt sie zu vermehrter Absonderung dünnflüssigen Sekretes an. Aus diesem Grund ist das Veilchen besonders bei einem Bronchialkatarrh, der mit trockenem Husten und mangelhafter Schleimabsonderung einhergeht, zu empfehlen.

Zwiebel: Die beliebte Küchenzwiebel (Allium cepa) gehört zu den Gewächsen, die ein umfassendes Wirkungsspektrum haben und deshalb nicht nur bei der Zubereitung von Speisen wichtig, sondern auch als wirksames Heilmittel bekannt sind. Das uns allen bekannte »Tränen der Augen« beim Schälen und Schneiden einer Zwiebel wird durch das Aufsteigen des ätherischen Öls verursacht.
Bei Einnahme von Zwiebelsirup wird es zum großen Teil durch die Lunge ausgeschieden, wobei es krampflösend auf die Blutgefäße und Luftröhre, vermehrend auf die Absonderungen der Schleimhaut der Luftwege, auswurffördernd und hustenreizlindernd wirkt.

Eine Kombination verschiedener Kräuter sind in sogenannten Brust- oder Bronchialtees enthalten. Um die richtige Wirk-

stoffkombination einer Kräuterteemischung zu erhalten, sollten Sie sich von einem naturheilkundlich orientierten Arzt, in einer Apotheke oder im Reformhaus beraten lassen.
Kräuter und wohlriechende Essenzen sind unentbehrliche Pflege-, Entspannungs- und Heilmittel für die menschlichen Atmungsorgane.

Gesunde Ernährung

Die Heilkraft der Atemübungen kann nicht losgelöst von unseren Ernährungsgewohnheiten gesehen werden. Eine gesunde, ausgewogene Ernährung trägt nicht nur dazu bei, daß wir unsere Leistungsfähigkeit erhalten, sondern sie unterstützt und fördert darüber hinaus unsere Selbstheilungskräfte. Falsche oder mangelhafte Ernährung dagegen schwächt unser Immunsystem.
Die richtige Zusammensetzung der Nahrung gewährleistet, daß wir unserem Körper die Stoffe zuführen, die er zur Energiegewinnung, zur Erhaltung und Erneuerung des Körpergewebes sowie zur Regulierung lebenswichtiger physiologischer Vorgänge braucht. Das Prinzip einer guten Ernährung beruht im wesentlichen darauf, daß unser Organismus regelmäßig und in ausgewogener Menge nicht nur mit Energiespendern, wie Eiweiß, Fett und Kohlenhydraten, versorgt wird, sondern auch genügend Vitamine, Mineralien und Spurenelemente erhält. Hauptspender dafür sind frisches Gemüse, Obst, Salate und Vollkornprodukte. Durch schonende Zubereitung können die meisten der darin enthaltenen lebenswichtigen Stoffe erhalten bleiben. Aus diesem Grund sollten Sie möglichst einmal pro Woche einen sogenannten Rohkosttag einlegen, damit Sie die in frischem Obst, Säften und Gemüse enthaltenen Stoffe weitgehend naturbelassen zu sich nehmen können.

Ein Rohkosttag sieht so aus, daß Sie ungefähr 80% der Nahrung als Obst, 15% als rohes Gemüse und 5% als Nüsse, Keime und Samen zu sich nehmen. Man kann aber auch den Gemüseanteil an der Gesamtnahrungsmenge deutlich erhöhen. Damit könnte ein Rohkosttag folgendermaßen aussehen:

- Zum Frühstück gibt es Müsli aus 60 g geschrotetem Getreide, das zuvor in Wasser eingeweicht wurde, dazu 100 g Obst entsprechend der Jahreszeit und 30 g geriebene Nüsse.
- Das Mittagessen besteht aus verschiedenen Rohkostsalaten (beispielsweise 100 g Blattsalat und 100 g Wurzelgemüse), die mit einer Marinade aus naturbelassenem Pflanzenöl und Gewürzen angerichtet werden. Die Salate werden durch 30 g Keime ergänzt.
- Zum Abendessen gibt es wieder Salate, die mit Getreideschrot oder Obst ergänzt werden.

Eine Rohkostkur sowie die ausreichende Zufuhr von natürlichen Vitaminen und Mineralien sind eine wichtige Unterstützung der Atembehandlung, da sie unter anderem den Stoffwechsel beeinflussen und die innere Atmung (siehe dazu Seite 18) fördern. Nahrungsmittel, die viel Vitamin C enthalten, wie beispielsweise Petersilie, grüne Paprikaschoten, schwarze Johannisbeeren, Rosenkohl, Kohlrabi, Orangen, Zitronen und Grapefruits sollten täglich auf Ihrem Speiseplan stehen. Vitamin C regt den gesamten Zellstoffwechsel an, und es erhöht vor allem die Widerstandskraft gegen Infektionskrankheiten.

Heilfasten bei fieberhaften Infektionskrankheiten

Heilfasten hat nichts mit Hungern oder Mangelernährung zu tun. Vielmehr handelt es sich dabei um eine Heilmethode, die den Körper von belastenden Stoffwechselprodukten und Giftstoffen befreit und eine Umstellung des Stoffwechsels bewirkt. Gerade bei fieberhaften Erkältungskrankheiten signalisiert uns der Körper, daß er im Moment keine feste Nahrung braucht, wir verspüren einfach keinen Hunger. Durch diese Erholungspause kann sich unser Körper auf die Abwehr von krankmachenden Viren und Bakterien konzentrieren.

Um diesen heilungsfördernden Prozeß wirksam zu unterstützen, sollten Sie in dieser Zeit ausschließlich bestimmte Tees und Säfte zu sich nehmen. Meistens endet dieses Kurzfasten (ein bis drei Tage) mit einer deutlichen Besserung der Symptome. Sie benötigen dazu Holundersaft (er ist reich an Vitamin C und wirkt schleimlösend), Lindenblütentee (er begünstigt die Schweißabsonderung) sowie einen Hustentee. Zusätzlich sollten Sie eine Inhalation mit Kamille und Thymian in dieser Zeit durchführen.

Den Tagesablauf sollten Sie drei Tage lang folgendermaßen gestalten:

- Morgens nach dem Aufwachen trinken Sie eine Tasse Lindenblütentee und eine Tasse Hustentee.
- Am Vormittag führen Sie eine Kamillen-Thymian-Inhalation durch und nehmen 150 g Holundersaft zu sich.
- Mittags trinken Sie eine Tasse Lindenblütentee und eine Tasse Hustentee.
- Am Nachmittag nehmen Sie noch einmal 150 g Holundersaft zu sich.
- Abends trinken Sie zum letztenmal eine Tasse Lindenblütentee und eine Tasse Hustentee.
- Vor dem Schlafengehen inhalieren Sie dann noch einmal mit Kamille und Thymian.

Sie können sich auch regelmäßig einmal pro Woche einen Safttag verordnen. Dieser Safttag sieht dann folgendermaßen aus:

- Morgens trinken Sie 100 g Apfelsaft, gemischt mit 50 g Orangensaft.
- Vormittags nehmen Sie je 50 g Brunnenkresse-, Möhren- und Selleriesaft gemischt zu sich.
- Mittags empfiehlt sich eine Saftmischung aus 75 g Tomatensaft, 25 g Spinatsaft, je 20 g Kerbel- und Petersiliensaft und 10 g Basilikumsaft.
- Nachmittags trinken Sie 100 g Birnensaft, gemischt mit je 25 g Gurken- und Rettichsaft.
- Abends schließen Sie den Safttag mit einem Trunk aus 50 g schwarzem Johannisbeersaft und 50 g Rote-Beete-Saft ab.

Alle Säfte sind in Naturkostläden, Apotheken oder in Reformhäusern erhältlich. Sie können aber auch in einigen Fällen selbst hergestellt werden (zum Beispiel Orangensaft).

Wir atmen, wie wir leben – wir leben, wie wir atmen

Unsere Zeit ist von zunehmender Hast und einem gesteigerten Lebenstempo geprägt. Beruflicher und seelischer Streß machen uns oft atemlos, so daß wir regelrecht nach Luft ringen müssen, um bei den Alltagsproblemen die nötige Fassung zu bewahren. Unbewußte Ängste oder seelische Konflikte hindern uns oft daran, tief durchzuatmen, wodurch wir manchmal einfach die Luft anhalten, die uns mit dem Leben und mit unseren Mitmenschen verbindet. Jedes Gefühl, ob unbewußt oder bewußt, jede Handlungsweise, ob körperliche oder seelische Anstrengung, beeinflußt unsere Atmung auf charakteristische Weise. Wenn wir unsere »atemberaubende« Lebensweise chronisch werden lassen, entwickeln wir mit der Zeit auch eine Atemweise, die diesem gewohnten, aber gesundheitsschädlichen Lebensmuster entspricht. Der freie Fluß des Atems wird behindert, die Aus- und Einatmung ist ungenügend.

Eine richtige, das heißt unterstützende Atemweise dagegen ist die Grundlage für jede richtige Entspannung. Körper, Seele und Geist brauchen regelmäßige Ruhe- und Verschnaufpausen, damit sie gesund bleiben. Durch Atem- und Entspannungsübungen können wir lernen, wieder zu Atem zu kommen und unserem Alltag mit neuer Kraft und Energie zu begegnen. Streß und Hektik sind Bestandteile unseres Alltags, die sicherlich nicht einfach »wegzuatmen« sind. Was wir jedoch ändern können, ist die Art und Weise, wie wir in solchen Situationen reagieren und ob wir unseren Atem dabei unterstützend einsetzen. Deshalb möchten wir Sie am Schluß noch einmal an die wichtigsten Atemregeln und Tips für die Atempflege im Alltag erinnern:

- Bemühen Sie sich, immer durch die Nase einzuatmen. Die Nase wirkt wie ein Filter. Sie schützt die Atemwege und die Lunge vor Schmutz und Krankheitserregern.

- Atmen Sie bewußt und betont aus. Der Schwerpunkt der Atmung liegt auf der Ausatmungsphase. Zur Selbstkontrolle können Sie zunächst die Luft hörbar durch den Mund ausblasen.
- Intensives Atmen bedeutet nicht, die Atmung zu vertiefen oder zu beschleunigen. Ein- und Ausatmungsphase sollen lediglich im richtigen Verhältnis (1 : 2) zueinander stehen.
- Beachten Sie die natürliche Atempause. Sie entsteht am Ende jeder Ausatmungsphase und dient dazu, die Atemmuskeln zu entspannen. Versuchen Sie nicht, die Atempause zu unterdrücken oder ihre Dauer zu verändern, sondern warten Sie ab, bis Ihnen das Atemzentrum im Gehirn automatisch den Befehl gibt, wieder einzuatmen.
- Atmen Sie entspannt, ohne Kraftaufwand und Anstrengung. Um dies zu erreichen, können Ihnen die Atemformeln »Es atmet mich!« und »Ich werde geatmet!« helfen.
- Denken Sie daran, daß Rauchen und schlechte Luft in Wohn- und Arbeitsräumen den Atemwegen und der Lunge schadet. Dadurch wird auch ihre Vitalität und Lebensfreude beeinträchtigt. Versuchen Sie deshalb, sich das Rauchen abzugewöhnen, lüften Sie öfter die Wohn- und Arbeitsräume, und genießen Sie ein tägliches Luftbad.
- Eine gesunde Lebensführung – Sport, viel Bewegung, regelmäßige Entspannung und eine vielseitige, vollwertige Ernährung – wird Sie auf dem Weg zum richtigen Atmen unterstützen.

»Wer richtig atmet, hat mehr vom Leben!« Diesen Satz sollten Sie sich jeden Tag vor Augen führen. Wem es mit Hilfe konzentrierter Atemschulung gelingt, die Kunst des Atmens zu erlernen, wird mehr Aktivität und Lebensmut ausstrahlen und auch selbstsicherer werden.

Anhang

Adressen

An diese Anschriften können Sie sich wenden, wenn Sie weitere Fragen haben oder entsprechende Kurse besuchen möchten.

Heilatmung

Sanatorium für Atmungs-Orthopädie
Christa Lehnert-Schroth
6553 Bad Sobernheim

Arztgesellschaft für Sauerstoff-Mehrschritt-Therapie
Beethovenstraße 1
8397 Bad Füssing

Zentralverband der Ärzte für Naturheilverfahren e.V.
Bismarckstraße 3
7290 Freudenstadt

Schweiz:
Atemschule Wolf
Wildenrainweg 20
CH-5200 Burgg

Atempflege und -schulung nach Prof. Middendorf

Arbeitsgemeinschaft für Atempflege e.V. (AFA)
Grabenstraße 39
1000 Berlin 45

Ilse Middendorf – Institut für den erfahrbaren Atem
Viktoria-Luise-Platz 9
1000 Berlin 30

Institut für Atemtherapie, Atemunterricht und ganzheitliches Heilen
Postweg 23
6124 Beerfelden-Falken-Gesaß

Institut für Atemlehre, Forschung und Praxis
Gleidmannstraße 6
8000 München 60

Lehrinstitut für Atempflege und Atemmassage
Straßburger Straße 25
7290 Freudenstadt

Schule für Initiatische Therapie
Nikolaistraße 15
8000 München 40

Rebirthing

Deutsche Gesellschaft für Rebirthing (DGR)
Brabanter Straße 15
1000 Berlin 31

Bioenergetik

Hiltrud Lodes
Heilpraktikerin
Dietlindenstraße 7
8000 München 40
und
Playa de Mogan
Calle la Puntilla 22
Gran Canaria

Yoga

Berufsverband Deutscher Yogalehrer e.V.
Heinrich-Lanz-Straße 8
8701 Giebelstadt

Visualisierung und Atmung

Brigitta Steiner
Postfach 6762
7800 Freiburg

Körpertherapie allgemein

ZIST
Zentrum für Individual- und Sozialtherapie
Zist 3
8122 Penzberg
und
Richard-Wagner-Straße 9
8000 München 2

Kneipptherapie/kuren

Ärztliche Gesellschaft für Psychotherapie – Kneippärztebund e.V.
Postfach 475
8939 Bad Wörishofen
und
Postfach 1228
5358 Bad Münstereifel

Arbeitsgemeinschaft Heilklimatischer Kurorte
Postfach
7506 Bad Herrenalb

Internationale Konföderation der Kneipp-Bewegung
Postfach 1451
8939 Bad Wörishofen

Kneipp-Bund e.V.
Lackerbauerstraße 23
Postfach 264
8000 München 60

Österreich:
Österreichischer Kneipp-Bund
Kunigundenweg 10
A-8700 Leoben

Schweiz:
Schweizer Kneipp-Verband
Mattenweg 17
CH-6467 Schattdorf VR

Atemwegserkrankungen

Deutsche Liga zur Bekämpfung der
Atemwegserkrankungen e.V.
Postfach 269
4390 Gladbeck

Patientenliga Atemwegserkrankungen e.V.
Bihildisstraße 13
6500 Mainz 1

Allergische Erkrankungen

Allergiker- und Asthmatikerbund e.V.
Hindenburgstraße 110
4050 Mönchengladbach

Allergiker- und Asthmatikerbund e.V.
Ortsgruppe Berlin
Jägerstraße 39a
1000 Berlin 45

Arbeitsgemeinschaft Allergisches Kind
Hilfen für Kinder mit Asthma, Ekzemen
oder Heuschnupfen
Hauptstraße 29
6348 Herborn

Elternvereinigung asthmakranker Kinder
und Jugendlicher e.V.
Dorotheenstraße 174
2000 Hamburg 60

Deutsche Arbeitsgemeinschaft
Selbsthilfegruppen
Friedrichstraße 28
6300 Gießen

Österreich:
Lebenshilfeverein für Asthmakranke
Restaurant Josefinum
Weringstraße 33–35
A-1090 Wien

Schweiz:
Schweizerische Vereinigung gegen
Tuberkulose und Lungenkrankheiten
Fischerweg 9
CH-3001 Bern

Hinweise zur Gesundheit

Bundeszentrale für gesundheitliche
Aufklärung
Ostmerheimer Straße 200
5000 Köln 91

Deutsche Gesellschaft für Wohnungs-
medizin e.V.
Hagenbuchenstraße 3
7513 Friedrichstal bei Karlsruhe

Literaturhinweise

Middendorf, Ilse: Der erfahrbare Atem. Eine Atemlehre, 2. Aufl. 1985, Jungfermann-Verlag, Paderborn

Leboyer, Frédérick: Die Kunst zu atmen, 1983, Kösel-Verlag, München

Lowen, Alexander: Bio-Energetik. Therapie der Seele durch Arbeit mit dem Körper, 1988, Rowohlt-Verlag

Lowen, Alexander/Lowen, Leslie: Bioenergetik für jeden. Das vollständige Übungshandbuch, 10. Aufl. 1988, Kirchheim-Verlag, München

Wolf, Klara: Integrale Atemschulung, 4. Aufl. 1983, Humata-Verlag, Bern

Schaarschuch, Alice: Der atmende Mensch. Lösungs- und Atemtherapie in Ruhe und Bewegung, Gesundheit und Erkrankung, im Handeln und im Meditieren, 5. Aufl. 1987, Lorber-Verlag & Turm-Verlag, Bietigheim-Bissingen

Nakamura, T.: Das große Buch vom richtigen Atmen. Übungsanleitungen zur Entspannung und Selbstheilung mit altbewährten Methoden der fernöstlichen Atemtherapie, 1984, Scherz-Verlag, München

Parow, Julius: Die Heilung der Atmung. Übungstechnik der Atemkorrektur für Atemlehrer und Atemschüler, 3. neu bearb. Aufl. 1981, Hippokrates-Verlag, Stuttgart

Speads, Carola: Atmen. Eine illustrierte Anleitung zur natürlichen Atmung, 1983, Kösel-Verlag, München

Cegla, Ulrich H.: Was tun bei Atemwegserkrankungen?, 1986, Hippokrates-Verlag, Stuttgart

Leibold, Gerhard: Heiltees und Heilkräuter für die Gesundheit, 1986, Falken-Verlag, Niedernhausen

Oertel-Bauer: Naturheilkunde. Ratgeber und Helfer für Gesunde und Kranke, 33. Aufl. 1980, Thomas-Verlag, Kempen-Niederrhein

Silbernagl, Stefan/Despopoulos, Agamemnon: Taschenatlas der Physiologie, 2. überarb. und erw. Aufl. 1983, Georg Thieme Verlag, Stuttgart

Lodes, Hiltrud: Atme richtig. Der Schlüssel zu Gesundheit und Ausgeglichenheit, 3. Aufl. 1986, Ehrenwirth-Verlag, München

Matheis, Reiner: Heuschnupfen und Asthma, 1988, Heyne-Verlag, München

Schmitt, Johannes: Atemheilkunst, 7. Aufl. 1987, Humata-Verlag, Bern

Register

Halbfette Seitenzahlen verweisen auf eine ausführliche Erläuterung des Begriffs, kursive Seitenzahlen auf Abbildungen und Tabellen.

Abwehratmung 52
Akupressur 56, **79–80**
Allergene 25
Allergie 25
Allergieauslöser 26
Allium cepa (Zwiebel) 99, **101**
Alveolen (Lungenbläschen) **15–16**, *15*, 18, 55
Antibiotika, pflanzliche 95
Antikörper **21**, 25
Aromatherapie 94–95
Asanas 33, **34**
Asthma bronchiale 20, 25, **27–28**, 54
– Spezialkurorte *86*
Atemausbrüche 44
Atembeklemmung 47
Atembewegung
– horizontale 38
– vertikale 38
Atemfläche 15–16
Atemfluß 56
Atemformeln 54
Atemformen, natürliche 58
Atemfrequenz 15
Atemgewohnheiten, falsche 51
Atemgymnastik 38–40
Atemhemmung 57
Atemimpuls 35, 56, **57–60**
Atemmassage 38–40
Atemminutenvolumen 15
Atemnot 25, 27
Atempause **17**, **55**, 56, 105
Atempflege 83–105
Atemraum **35–36**, 57
– innerer 36
– mittlerer 36
– oberer 36
Atemreflex 12–13
Atemregeln 54–56
Atemrhythmus 41, 46, 50, **57**
– fließender 43
Atemruhelage s. Atempause
Atemschulung 29–30, **35–38**
– nach Ilse Middendorf 35–37
– nach Klara Wolf (integrale) 37–38
Atemtherapie 30
Atemtiefe 59
Atemwelle 38
Atemzentrum **17–18**, 49, 55
Atmung
– äußere 18–19
– gefühlsbetonte 49–50
– innere 18–19
Ausatmen **47**, 56
Ausatmungsphase 55
Aushilfsatmung 55

Bakterien 21, 22
Bauchatmung s. Bauch-Zwerchfell-Atmung
Bauch-Zwerchfell-Atmung 17, 38, 39, 44, 52, 55, 56, 62, **68–72**, *69*, 74
– im Liegen 69–70, *70*
– im Sitzen *71*
– im Stehen 71–72, *71*, *72*
– vertiefte 56, **72–73**
Becken-Bauch-Atmung 41
Beckenbehandlung 39
Beckenboden-Steiß-Atmung 38
Becken-Kipp-Bewegung 76–77
Beckenkreisen 64, *65*
Behandlung
– der Schultern 39
– des Beckens 39
– des Nackens 40
– des Rückens 39
– des vorderen Rumpfes 39
Bewegung
– aus dem Atem 35, **37**
– körperliche 94
Bewegungstraining, orthopädisches 42
Bewußtseinsentfaltung 30
Bioenergetik 44–45
Blasen 58
Blut 19
Blütenpollen 25
Blutkörperchen, weiße 21
Bronchialbaum *14*
Bronchialmuskulatur, Krämpfe 27
Bronchialschleimhaut, übersensible 27
Bronchialtee 23
Bronchien **14**, 21, 55
Bronchiolenkollaps 25
Bronchitis 20, **22–24**, 54, 84
– akute 23
– chronische 23
– Heilkräuter *100*
Brustatmung 44, 74
Brustkorb
– erweiterter *51*, 52
– zusammengezogener *51*, 52

Chi 11

Darmträgheit 54
Dehnübungen, körperliche 35
Dehnung
– der Nackenmuskeln 61–62, *62*
– des Oberkörpers 63–64, *63*, *64*
Diaphragma (Zwerchfell) **16**, *16*, 44, 51, 59
Druckpunkte 79–80
Druckpunktübungen 35–36, *36*
Drüsen, Übungen 37
Durchblutungsstörungen 54

Eibisch 98
Einatmen **47**, 56
Emphysem 24–25
Energie empfangen 66
Entspannung 34, 47, 56
Erkältung, Heilkräuter **99–100**
Erschöpfungszustände, nervöse 54
Erstickung 27–28
Eukalyptusöl 94, 96

Fenchel (Foeniculum vulgare) 98
Fieber 22, 23
Flankenatmung 38
Flanken-Nieren-Atmung 38
Flimmerhärchen **13–14**, *14*, 21, 23, 55, 84–85
Flüssigkeitszufuhr 23
Foeniculum vulgare (Fenchel) 98

Gähnen 47, 56, *56*, **58–59**, *59*
Gähnphasen 58
Gähnreflex 58
Gasaustausch **15**, 18, 25, 46, 47
Geburt, sanfte 41
Gesichtsdampfbad 96
Gewebsatmung 18
Grippe 20, **21**, 22, 54, 84
Grundatmungsarten 53, 56

Halsentzündung, Heilkräuter *99*
– Hatha-Yoga **32**, 40
Hautjucken 25
Hecheln 78

Heilfasten 102–103
Heilkräuter
– bei Bronchitis *100*
– bei Erkältung **99–100**
– bei Hals- und Rachenentzündung *99*
– bei Husten *100*
– bei Lungenerkrankung **100–101**
Heißluftbad 88
Heufieber (Heuschnupfen) 20, **26–27**
Heuschnupfen (Heufieber) 20, **26–27**
Hochgebirgsklima 89
Hocker, bioenergetischer 45, *45*
Höhenluft 89
Holunder, schwarzer 98
Husten 14, 21, 23, 25, 58
– Heilkräuter *100*
Hustensirup 98
Hydrotherapie 92–94
Hyperventilation 55
Hyposensibilisierung 26

Inhalationstherapie 22, 23, 28, **95–96**
Inhalieren s. Inhalationstherapie

Johannisbeersaft 98

Kaltwasseranwendungen 93
Kamille 94
Kamillenwasserdampf 22, 23
Kehlkopf 14
Klangbildung 60
Kneipp, Sebastian 92
Kneippheilbäder *92*
Kneippkurorte *92*
Kobraübung *34*
Kohlendioxid 55
Kohlendioxidabgabe 18, 29
Konditionstraining 37
Kopfkreisen 61–62, *61*
Körperstellung 34
Körpertherapie 56
Körperübungen 61–64
Krämpfe der Bronchialmuskulatur 27
Kreislauf
– großer 18
– kleiner 18
Kreislaufübungen 37
Kurorte **90–91**

Lachen 49, 58, **59**
Latschenkiefernöl 96
Lebensenergie, kosmische 34
Leboyer, Frédérick 41–42
Lenden-Rücken-Hüft-Atmung 38
Lippenbremse **73**, *74*, 75
Lokomotivpusten 60
Lowen, Alexander 44–45
Luft, trockene 85
Luftbad **87**, *87*, 89, 92
Luftfeuchtigkeit 85
Lufthunger 48
Luftkurort *86*
Luftröhre **14**, *14*, 21
Luftröhrenentzündung (Tracheitis) 26
Luftveränderung 28, **89–92**
Luftverschmutzung 84
Luftwege, obere *13*
Lunge 15–17
– Reinigungsmechanismus 14
– Reizzonen 37, *38*
Lungenatmung 18
Lungenblähung 24–25
Lungenbläschen (Alveolen) **15–16**, *15*, 18, 55
– Erweiterung 24
Lungenemphysem 54, 73
Lungenentzündung (Pneumonie) 21
Lungenerkrankung, Heilkräuter **100–101**
Lungenfell 17
Lungenflügel 16–17
Lungenkapazität 52
Lungenkraut (Pulmonaria officinalis) 101
Lungenkrebs 84
Lungenkreislauf 18
Lungenlappen *15*, 16

Massage der Nackenmuskeln *40*
Meeresluft 92
Menstruationsbeschwerden 54
Menthol 96
Mentholöl 94
Middendorf, Ilse 35–37
Mischatmung 17
Mischinfektion 20
Mundatmung 55
Muskelkrämpfe 55
Muskelpanzer 31

Nacken
– Behandlung 40
– Dehnen 61–62, *62*
– Massage *40*
Nase 13
Nasenatmung 54–55, 56, **67–68**
– rhythmische *33*
– wechselseitige 68, *68*
Nasenkatarrh (Rhinitis) 20–22
Nasennebenhöhlen 13, 55
Nasennebenhöhlenentzündung (Sinusitis) 21, 22
Nasenreinigung 67
Nasenrhythmus 33
Nasenschleimhaut 20
Nasenspülung 67
Niesattacken 26
Niesen 58

Oberkörperdehnung 63–64, *63*, *64*
Oberkörperwaschung 93
Öle, ätherische 95–96
Orr, Leonhard 43–44

Pfefferminzöl 96
Pfeifen 58
Pflege der Wirbelsäule 39
Pleuraspalt 17
Pneumonie (Lungenentzündung) 21
Prana 11, 32, **34**
Pranayama 33
Psychotherapie, körperorientierte 30–31, 42–45
Pulmonaria officinalis (Lungenkraut) 101

Rachen 14
Rachenentzündung, Heilkräuter *99*
Rachenkatarrh 55
Rauchen 14, 21, 23, **84–85**
Raucherhusten 23, **84**
Rauchverbot 25, 28
Rebirthing 43–44
Reflexbogen, nervlicher 37
Reich, Wilhelm 31
Reinigungsmechanismus der Lunge 14
Reizklima 89
Reizzonen der Lunge 37, *38*
Rhinitis (Nasenkatarrh) 20–22
Riechen 58
Rikli, Arnold 85
Rippen 16
Rippenfell 17
Rippen-Flanken-Atmung 74
Rohkosttag 102
Rückenbehandlung 39

Rückenschmerzen 54
Ruheatmung 75
Rundatmung 38

Saft 97–98
Salbei (Salvia officinalis) 98
Salvia officinalis (Salbei) 98
Sauerstoff **18–19**, 55
Sauerstoffaufnahme 15, 29
Sauerstoff-Kohlendioxid-Verhältnis 57, 58
Sauerstofftherapie 42
Sauna 88–89
Säure-Basen-Haushalt 55
Schaarschuch, Alice 49
Schleimschicht, schützende 21
Schmitt, Ludwig 38–40
Schneuzen 72–73
Schniefen 72–73
Schnüffeln 68
Schnupfen **20–22**, 54, 55, 67, 84
Schnupfenviren 20
Schnupftabak 67
Schnuppern 56, **68**
Schonklima 89
Schroth, Katharina 42
Schulterkreisen *62*, 62–63
Schultern, Behandlung 39
Schwindel 55
Seebäder *86*
Seeheilbäder *86*
Selby, John 46
Seufzen 56, 58, **59**
sich sinken lassen 65–66
Singen 36, 42, 58, **60**
Sinusitis (Nasennebenhöhlen-entzündung) 21, 22
Sirup 98
– schleimlösender 98
Skoliosebehandlung, dreidimensionale 42
Smog 23
Solarium 85
Spannung 47
Sprechen 36, 42, **60**
Stammbronchien 14
Stöhnen 56, 58, **59–60**

Tee 97
Teeabkochung 97
Teeaufguß 97
Tempelschlaf 81
Thymian (Thymus vulgaris) 94, **98**, 101
Thymus vulgaris (Thymian) 94, **98**, 101
Tiefenatmung 39
Tönen 36
– schweigendes 35, **36**
Tracheitis (Luftröhren-entzündung) 26

Urreflexe 58

Veilchen (Viola odorata) 101
Verdauungsstörungen 54
Verstimmungen, depressive 54
Verteidigungssystem, körpereigenes 21
Viola odorata (Veilchen) 101
Viren 21, 22
Virusinfektion 20
Visualisierung 56, **80–82**
Vokalatmung 36
Vokalraumübungen 35
Vollatmung 39, 41, 56, **74–75**, 79
– integrale 37
Vollbad **93–94**, 96
Vorstellungsbilder, innere 81

Warmwasserbehandlung 93–94
Wassertherapie 92–94
Weinen 49, 58, **59**
Wirbelsäule, Pflege 39
Wolf, Klara 37–38

Yoga 30, **32–34**, 56

Zellatmung 18
Zwerchfell (Diaphragma) **16**, *16*, 44, 51, 59
Zwerchfellbeweglichkeit 25
Zwiebel (Allium cepa) 98, **101**
Zwischenrippenmuskel 17

LA PASSERELLE DES DAMNÉES

1, rond-point du Général-Eisenhower, 31101 Toulouse Cedex 9, France
editionsmilan.com

Correction : Catherine Rigal
Mise en page : Petits Papiers
Illustration de couverture : Ian Jepson

Dépôt légal : février 2025
ISBN : 978-2-408-04536-4

Achevé d'imprimer au 4e trimestre 2024 en Espagne par Rodesa

Plus d'informations sur la fabrication de nos livres :
editionsmilan.com/comment-fabriquons-nous-nos-livres

PEFC
PEFC/14-38-00306
Certifié PEFC
Ce produit est issu de forêts gérées durablement
www.pefc.es

LA PASSERELLE DES DAMNÉES

CHARLOTTE BOUSQUET
CHRISTINE FÉRET-FLEURY
FABIEN FERNANDEZ

milan

- 1 -
MAXANCE

Dix mois.

Huit jours.

Sept heures.

Trente et une minutes.

La tête contre la portière de la voiture qui me ramène vers la maison, le lycée, *son* absence, je fais défiler sur l'écran de mon téléphone nos selfies qui datent du collège, nos messages pleins de ☺ et de ♡, vestiges de notre amitié. J'ai mal au cœur, envie de pleurer. J'enfonce le clou et consulte mes messages archivés. Enfin, les deux derniers.

> Bonjour Maxance. Par respect pour ma fille, merci de ne pas chercher à la recontacter. Tu lui as fait suffisamment de mal comme ça.
> Nadège Chevalier.

La mère de Sarah. J'ai répondu, ai tenté de me justifier :

> Je suis désolée. Je ne pensais pas qu'elle irait aussi loin. J'aimerais la revoir, avoir des nouvelles au moins. S'il vous plaît.

La réponse a été brève, laconique.

> Hors de question.

Dans l'heure, elle a bloqué mes réseaux, ma boîte mail et mon portable. Au début, j'étais triste et furieuse. Contre cette femme, qui n'avait rien vu venir et m'accusait de tout. Contre mon amie, qui s'était murée dans sa solitude et m'avait rejetée. Je me suis accrochée à ma colère comme à une bouée de sauvetage. À croire qu'elle était percée, ma bouée. Quand ma culpabilité m'est revenue en pleine face, je me suis effondrée.

À quoi bon être médium, si ça ne sert à rien ?

Pour la cent millième fois, je remonte le fil de notre amitié et ça me fait l'effet d'un coup de poing dans le bide. C'est le seul moyen que j'ai trouvé pour me sentir un peu moins mal.

La douleur pour expier.

La solitude, aussi.

Sans Sarah, tout me semble vide de sens.

Tout sauf la musique. La musique qui m'enveloppe dans sa tristesse et me protège des conversations des deux autres passagers de ce covoiturage et de Franck, notre chauffeur. J'écoute les *Nocturnes* de Chopin.

Je les ai étudiés en boucle, après le drame.

Drame.

Je déteste ce mot. Il est moche comme le temps, plein de nuages et de pluie froide. Moche comme mon visage écrasé contre la vitre semée de gouttes. J'ai des cernes. Le nez rouge à cause de cet automne pourri.

Avec Sarah, je ne me posais pas de questions. Je ne me sentais pas étouffée par les regards, les jugements. Je n'étais pas obligée de me cacher sous un masque – de fille ordinaire au collège, de gentille sorcière au lycée – pour qu'on me fiche la paix. J'étais juste moi, et cela suffisait.

Aujourd'hui, je ne suis plus rien.

Mes parents ont cru bien faire en m'envoyant passer les vacances chez mamie. Au calme, pour me changer les idées et réviser pour mes examens blancs. Sauf que j'ai passé mon séjour à sursauter et à faire des cauchemars. Les maisons qui puent les vieux drames et les secrets de famille me font cet effet-là. Toujours. Et mamie, qui ne peut pas s'empêcher de trouver que « les filles qui s'habillent en noir, c'est sinistre » et que mon piercing « me donne l'air d'une droguée », ne m'a pas aidée à déstresser.

Je pourrais envoyer un message à Margot, ma binôme de conservatoire. Je l'aime bien, mais on ne parle que musique, elle et moi. Chaque fois qu'elle a essayé de me lancer sur des sujets plus perso, j'ai esquivé. L'appeler au secours ne serait pas très logique.

En réalité, depuis que Sarah ne fait plus partie de ma vie, je n'ai plus d'amis et je n'en veux pas.

Sarah, je ne la reverrai pas.

Je lui ai écrit des dizaines de lettres qui ont fini en boule au fond de ma poubelle. J'en ai même brûlé une. Je me suis cramé le bout des doigts au passage, étonnée de ne pas avoir plus mal que ça.

J'aurais peut-être dû les lui envoyer ?

Me planter à l'angle de sa rue, et attendre qu'elle sorte pour enfin pouvoir lui parler ?

Plonger mes yeux dans les siens et la supplier de me pardonner d'avoir été la copine la plus nulle du monde, de ne pas avoir compris ? De ne pas avoir *pressenti* le drame ?

Mais non. Je n'ai rien fait.

À la place, j'ai ouvert notre *Livre des Ombres*, avec ses pentacles dessinés à main levée. Relu nos rapports de séances, nos annotations, nos vœux et nos rituels – même les derniers, les plus sombres, ceux de notre entrée au lycée, qui ressemblaient à des malédictions. J'ai ressorti nos jeux de cartes. *L'Oracle des Contes de fées* : je l'ai eu pour mes quatorze ans. Le sien, *L'Oracle de Minuit*, qu'elle gardait chez moi pour que ses parents ne tombent pas dessus. *L'Oracle des Fleurs sombres*, que nous utilisions toujours ensemble.

J'ai voulu m'en débarrasser : trop de souvenirs, trop d'émotions, trop de mauvaises vibrations liées à son absence – mais pas seulement.

Ils me semblaient aussi imprégnés d'une aura sordide et sale que je ne parvenais pas à expliquer. Je les ai finalement rangés, avec tout le reste, dans une grande boîte en carton et glissés au fond d'un placard.

Le seul que j'ai gardé est *L'Oracle des Sorcières* : il ne se trouvait pas avec les autres, de toute façon. Depuis le jour où je l'ai volé dans une boutique spécialisée, je le garde dans mon sac, à portée de main. Je crois même ne jamais l'avoir utilisé en présence de quelqu'un.

La semaine dernière, chez ma grand-mère, j'ai tenté un tirage ; j'avais besoin de savoir où j'en étais. Réponse ? *Veritas* : le miroir de la méchante reine de *Blanche-Neige*. Et deux phrases : *Méfiez-vous de vos souvenirs. La vérité n'est peut-être pas celle que vous croyez*. Ça ne m'a pas beaucoup aidée. En dernier recours, j'ai tenté d'accomplir le « Rituel de Purification d'Automne », conseillé en annexe du livret d'accompagnement des cartes :

Que la Terre engloutisse mes ombres
Que la Terre engloutisse mes péchés
Comme elle engloutit mon sang
Et me donne une lumière
Pour éclairer mon chemin

C'est de la magie blanche, censée couper les liens avec le passé et nous aider à nous débarrasser de tout ce qu'il y a de nul en nous.

Combien de temps faut-il avant de savoir si ça fonctionne vraiment ?

Comment je peux être assez idiote pour *imaginer* que ça fonctionne vraiment ? Pour penser que ça suffira à effacer ce que je *n'ai pas* fait ?

La voiture ralentit. Il commence à neiger. Quelques flocons qui voltigent et s'écrasent sur le pare-brise. Le ciel est blanc-gris. Une moto nous dépasse. On s'engage derrière elle en direction de l'aire du Vieux-Chêne. Là, le chauffeur me débarquera, et j'attendrai une heure l'arrivée de Hanae, qui me covoiturera durant la seconde partie du trajet. On arrive en vue de la station-service. Derrière, un énorme bloc de béton et de verre abrite les boutiques et les restos. Terminus, tout le monde descend. Enfin, pas tout le monde. Juste moi. Franck m'aide à récupérer mon sac à dos, me salue avec un sourire forcé que je lui rends sans conviction et me plante là, à deux pas d'une poubelle.

Chopin s'évanouit. Les premières mesures du *Requiem* de Fauré résonnent dans mes écouteurs.

Je suis seule.

J'ai le moral dans les chaussettes. Je me sens triste et grise. Je regarde autour de moi. En plus de l'essence et du fast-food, un espace pique-nique à l'abandon et quelques sapins. À l'extérieur, des citrouilles et des balais kitsch en plastique. Dans la vitrine du magasin, de fausses toiles d'araignées.

Ce soir, c'est Halloween. Enfin, la troisième nuit de Samain, plutôt. Autrefois, après avoir allumé des feux pour chasser les mauvais esprits, les gens ouvraient leur porte pour accueillir les morts.

Quand on était en troisième, Sarah et moi, on l'a fait chez ses grands-parents. En guise de feu, on s'est contentées de bougies. Durant la nuit, j'ai senti une présence, toute proche. Triste, mais pas hostile. C'était une femme, je crois.

Je ne sais pas pourquoi, je n'en ai jamais parlé à mon amie.

Au-dessus de l'autoroute, une grande passerelle. De l'autre côté, de vieilles constructions, je crois – difficiles à distinguer entre les flocons de plus en plus serrés. De loin, ça ressemble à un asile d'aliénés du siècle dernier. Mais il manque la grille de fer forgé. De nouveau, je lève les yeux. Malgré la neige, j'ai la sensation que quelqu'un m'observe depuis l'arche de métal et de verre brisé. Une bourrasque balaie l'esplanade. Des détritus s'envolent, disparaissent dans un tourbillon blanc et gris.

C'est glauque, ici.

J'ai froid. J'ai besoin d'un café.

Je me dirige vers le bâtiment principal. Une fille me précède. Svelte et athlétique, elle est accompagnée par une femme aux cheveux blonds coupés au carré, sa mère sans doute. Malgré la musique, je perçois leurs éclats de voix.

— ... peux pas t'autoriser ça.

— Juste une fois !

— À deux jours du championnat ? Tu plaisantes, Nadia !

Championnat ? De quoi ? Je l'observe du coin de l'œil. Traits fins, volontaires, yeux en amande, cheveux lisses tirés en un chignon serré. Elle porte un jean et un sweat à capuche sous un blouson rouge et blanc. Un instant, je l'imagine danseuse. Mais non. Elle est trop large d'épaules pour ça.

Se sentant épiée, elle se retourne. Je baisse aussitôt les paupières, fuyant tout contact.

La chaleur me prend par surprise. Je fonce vers le distributeur de boissons. En attendant mon double expresso-bio-équitable près d'une plante verte décorée de tarentules en plastique, de toiles d'araignées et de têtes de mort, j'observe les gens. Je me prends à espérer la silhouette de Sarah. Sans fauteuil. De nouveau campée sur ses pieds. On ne sait jamais, le hasard, la magie, mon rituel...

Mon téléphone vibre, m'arrachant à ces espoirs vains.

C'est Hanae.

> Bonjour Maxance. Il y a eu un accident sur la route. On aura au moins une heure de retard. Mets-toi au chaud en nous attendant !

2
HADRIEN

Les premières gouttes me frappent de plein fouet. J'esquive une voiture qui freine trop brusquement. Je la double, accélère, me faufile entre les véhicules roulant au ralenti. Je garde une bonne distance, attentif au moindre détail, à la moindre embardée. Plus stables que mon deux-roues, ils peuvent m'envoyer valdinguer contre le rail de sécurité. Deux cents mètres plus loin, l'accordéon métallique se détend et le rythme automobile reprend à plus de 100 km/h. Juste un début d'averse accompagné d'un moment de stress et un embouteillage.

Débrayage. Virage à gauche.

Putain, les clignotants ça existe !

Je donne un coup de poignet pour reprendre pleins gaz. J'ai soudain la voix de ma mère en tête : « La moto c'est dangereux, je n'ai pas envie de te retrouver dans un fauteuil roulant avant tes trente ans. Tu connais les risques… » Et blablabla. Aussi palpitant que la pluie qui s'intensifie. L'écran de mon GPS indique que je ne suis plus très loin d'une station essence. Ça sera parfait pour faire le plein et souffler une petite demi-heure avant de reprendre la route plein nord, vers la capitale… et ce qui m'y attend.

La pluie se change en flocons. Il ne manquait plus que ça ! Encore quelques kilomètres avant la pause. J'en aurai bien besoin pour ne pas perdre ma concentration. Cette autoroute grouille de conducteurs ne prenant pas garde à ce qui se passe autour d'eux. Et avec cette neige, ça ne va pas s'arranger : les gens vont paniquer au moindre ralentissement ou petit paquet de poudreuse sur le goudron. S'ils pouvaient tous faire un stage en Scandinavie pour se rendre compte que ce n'est pas si grave !

Je dépasse une Peugeot avec un sticker de covoiturage collé sur la lunette arrière. Bref coup d'œil. Chacun dans son coin, lèvres closes. Ambiance morose. Pourquoi partager un trajet si c'est pour discuter encore moins qu'à l'intérieur d'un car ? Le genre humain est si paradoxal. Moi, je suis bien en solo sur ma Kawasaki. D'accord, c'est encore un cadeau du grand-père, mais de toute manière comment payer ce genre d'engin quand on est étudiant ?

Sortie. Décélération. Je ne relâche pas ma vigilance.

Je mets finalement pied à terre sous le toit protégeant les pompes. J'ôte mon casque. J'abaisse ma cagoule. Enfin, de l'air ! Je remplis mon réservoir puis, alors que le ciel s'assombrit, je me gare juste en face de l'entrée de la boutique et de son enseigne *Produits régionaux*.

Variété française désuète. La musique m'étourdit. Il fait chaud. Les lieux grouillent de monde. En tout cas suffisamment pour me laisser surprendre par un chauffeur de poids lourd qui me frôle tout en m'ignorant. Lui est solide, prêt à reprendre la route. Moi pas. Je vais devoir faire un effort pour me confronter à la vie avec des humanoïdes durant un court moment. Un rapide tour d'horizon m'offre le visage d'une enfant assise à une table avec ses grands-parents. Elle n'a pas plus de six ans : mignonne, naïve et pétillante de vie. Ça fait toujours plaisir de découvrir cette innocence, ces expressions de joie que la vie adulte n'a pas encore froissées. J'ai une sincère empathie pour ces gamins et un peu de tristesse de ne plus me souvenir de moi à cet âge. Je détourne la tête, de peur de contaminer cette petite avec mes émotions négatives.

Je note, au milieu des décos d'Halloween, une pancarte *Promos sur le rayon motos*. Une première dans une station-service ! Sur la droite, les tables consacrées au fast-food ; une ado me dévisage. Sur la gauche, un bébé hurle et vomit sur sa mère qui peste. Je souris discrètement, amusé par la surprise de la mère, qui clairement n'aspirait qu'aux bons côtés de la maternité. Son compagnon prend le relais pendant qu'elle étale le liquide jaunâtre sur son pull informe. D'un pas de côté, je contourne l'agente d'entretien qui pousse son balai à tous petits pas. Elle a au moins l'âge de mon grand-père. Qu'est-ce qu'elle fait là ? Elle devrait être à la retraite depuis des années. Accroché à sa blouse défraîchie, un badge argenté sur lequel est écrit son prénom : *Louise*.

Je m'approche des toilettes. À l'entrée, un panneau jaune fluo :

ATTENTION
SOL GLISSANT

Mes oreilles bourdonnent.

Sol glissant.

Sol de sang.

Du sang que la serpillière absorbe, avale…

— Jeune homme, vous allez bien ?

Le balai s'est arrêté. Louise a posé la main sur mon bras et me dévisage d'un air soucieux.

Je cligne des paupières, me dégage sans douceur.

— Ça va, merci, j'ai juste besoin d'un peu de repos.

C'était quoi, ça ? Un cauchemar éveillé ? Il me faudra peut-être plus qu'un café sucré.

Pause technique : je pénètre d'un bon pas dans les toilettes. Des vapeurs de Javel me saisissent aux narines, une odeur voisine de celle de l'hôpital, avec laquelle je devrai composer si je termine mon internat. En même temps, avec la pression de ma famille, ce n'est pas comme si j'avais le choix.

Fermeture de braguette. Lavage de mains. Je remets par réflexe un peu d'ordre dans mes cheveux aplatis par le casque de la moto.

J'en profite pour noter mes cernes dans le miroir. Les néons et ma gueule mal rasée me dessinent une tête de zombie. Drôle de comparaison avec un monstre qui n'existe qu'au cinéma et dans les livres de fiction. Drôle de pensée le jour d'Halloween et de son *merchandising* à tout-va. Je suis étonné par la déco presque *soft* sur la pelouse malade du parking.

Hadrien, ça t'ennuierait d'être positif, parfois ?

La fatigue me ronge, décidément. À moins que ce ne soient les impératifs familiaux. Ceux qui m'obligent à quitter mon travail du jour au lendemain. C'est presque étrange de n'avoir personne à soigner ou aucun manuel de médecine dans lequel plonger le nez. Je m'essuie les doigts sur une feuille de papier que j'abandonne dans une poubelle qui déborde. Une boisson chaude et un sandwich me feront du bien. L'air sec aussi, car le froid a commencé à s'insinuer dans ma combinaison de motard. Peut-être qu'ils en vendent à la boutique ? J'aurais dû prendre le temps d'en acheter une plus adaptée pour l'hiver.

Prendre le temps. Encore faudrait-il que je puisse l'attraper, celui-là ! Tout va trop vite. On est déjà presque en novembre et je n'ai pas décroché de mes cours. Pas que j'aie une vie sociale palpitante, mais je dois garder le cap pour me préparer aux prochains écrits. Alors, prendre du temps pour moi au moment où tout le monde fonce se mettre à l'abri de la neige, ça reste très théorique ! Les voyageurs s'agitent. Prendre le temps, peut-être qu'il n'y a que cette Louise qui sait le faire : j'ai l'impression qu'elle a nettoyé deux centimètres carrés depuis que je suis allé aux toilettes. Elle est si lente que j'ai presque envie de saisir son balai pour nettoyer le sol en trois minutes chrono. M'occuper les mains, la tête, l'aider un peu.

Je rejoins la file d'attente, masse humaine dégoulinante de neige fondue. Régime, courses, cadeaux de Noël, prix de l'essence qui augmente, collection de Pokémon… tous les sujets dansent autour de moi le temps que j'atteigne l'entassement de plateaux. Je m'empare de celui du dessus, humide et chaud, tout droit sorti du lave-vaisselle.

Il faut maintenant patienter derrière le type à moitié chauve qui hésite entre crudités et quiche aux lardons. Sa compagne prend de l'avance : la main de l'homme s'éloigne de la boîte de salade et saisit la part de tarte salée. Je choisis un wrap et je recommence à patienter. Il s'empare d'un dessert au caramel sous l'œil réprobateur de celle qui le précède.

— Bof, c'est pas tous les jours... s'excuse-t-il en touchant sa bedaine dissimulée sous un épais sweat bleu siglé Adidas.

— C'est moi qui suis enceinte, répond-elle avec un soupir.

Il hausse les épaules et cherche mon soutien du regard. Comme si j'étais doué pour les relations de couple. J'ai juste envie de lui hurler que la solidarité masculine est un leurre et qu'il n'a qu'à assumer sa vie. Ou que, sous peu, il devra s'occuper d'une nouvelle personne au lieu de ne penser qu'à lui. Je reste muet et choisis la tartelette aux pommes. Un *shot* de gras, un autre de sucre, un de caféine et je me tire, quittant sans regret comme tous ceux qui s'y attardent une minute ou une heure cette aire d'autoroute et ces gens.

Les futurs parents s'effacent, me laissant face à un caissier fatigué, habillé d'un tablier à l'effigie du « restaurant ».

— Ça sera tout ?

— Non, mettez-moi aussi un double expresso, s'il vous plaît.

— Un double express ! ordonne-t-il.

Derrière lui, deux personnes s'activent au percolateur : un garçon et une fille dont les longs cheveux blonds me semblent familiers.

— Vous voudrez le ticket ?

Je hoche la tête. Je laisse mon casque sur le comptoir pour récupérer ma carte bleue au fond de ma poche de blouson. Je paie. Je range soigneusement le petit rectangle blanc dans mon portefeuille et je me mets sur le côté pour laisser passer le client suivant.

Le garçon pose le café devant moi ; sa collègue se retourne et me contemple avec une étrange fixité.

— Jessica ?

Bulle intemporelle, boule au ventre.

Je récupère mon gobelet, m'enfuis avant qu'elle puisse me répondre.

Une rencontre tout droit sortie de mon passé. Imprévue. Non programmée.

Je n'avais vraiment pas besoin de ça.

3
NADIA

Je souffle, j'essaie de rester calme. C'est la meilleure tactique. Faire preuve de maturité, contrôler ma voix, choisir mes arguments. Delphine est ma coach depuis que j'ai cinq ans, elle m'a tout appris – même à négocier la minuscule part de liberté qu'elle accepte de me laisser... parfois.

— Je n'ai pas mangé de pizza depuis mon anniversaire, il y a quoi ? Huit mois ? Non, neuf.

Première étape, poser un fait incontestable. Delphine était là. Elle m'a vue refuser une seconde part alors que tout le monde, elle y compris, se resservait.

(D'accord, elle ne m'a pas vue finir la dernière pizza dans la cuisine, ni vomir derrière l'abri de jardin. Ça, c'est une autre histoire.)

— Tu m'as dit toi-même qu'un suivi nutritionnel correct doit prendre en compte les écarts pour éviter des frustrations trop importantes.

Deuxième étape, resservir à la coach ses propres mantras. Je connais par cœur chacune de ses phrases concernant la diététique, la gestion de l'effort, la récupération, le sommeil, et j'en passe. Elle ne peut pas s'opposer à ses propres affirmations !

— Il fait super froid, je stresse, on est en retard... S'il te plaît !

Troisième et dernière étape, le regard de chien battu. Ça ne marche pas à tous les coups, mais ça vaut la peine d'essayer. Je croise les doigts dans mon dos.

Delphine soupire. Je sens que j'ai marqué des points. Elle va craquer. Elle va...

Elle secoue la tête.

— Non. Ces farines industrielles sont pleines de cochonneries, sans parler du reste. On va essayer de te trouver quelque chose d'à peu près équilibré. J'ai encore une ou deux barres protéinées dans la voiture, et...

— J'en ai marre des barres protéinées ! J'ai faim ! Tu peux comprendre ça ?

Et voilà. Je m'énerve, j'ai tout faux. Delphine hausse les sourcils.

— Nadia... Je dois vraiment te rappeler que les épreuves du championnat de France débutent après-demain ? Tu crois que c'est comme ça que tu te hisseras tout en haut du podium ?

Une bourrasque de neige fait trembler les vitres de la porte coulissante. Un type bardé de cuir, casque de moto sous le bras, entre d'un pas rapide, slalome entre les clients, s'immobilise pour dévisager une gamine puis trace vers les toilettes. La vingtaine. Plutôt mignon. Il a l'air sûr de lui. Adulte. Libre. Je l'envie. Personne ne doit lui imposer un couvre-feu ni compter les calories dans son assiette.

Delphine continue son monologue :

— J'espère que ce sale temps ne va pas durer. Tu dois bien récupérer cette nuit pour être au top à l'entraînement. Pense à surélever le pied de ton lit pour renforcer le tonus des jambes, c'est important.

Je soupire. J'ai dû entendre ça des centaines de fois.

— Les épreuves démarrent à 13 heures, donc tu prendras ton petit-déjeuner à 7 h 15 pour bien assimiler le repas de 10 heures : je te préparerai une salade de pâtes. Tu seras probablement obligée de manger dans la voiture, mais...

Je n'écoute plus. Je regarde autour de moi. Les gens sont agglutinés contre les baies vitrées. Quand j'étais petite, j'adorais courir le long des passerelles, juste au-dessus de l'autoroute, et voir passer les camions et les voitures à toute vitesse : j'avais l'impression d'être un oiseau et de contempler le monde de très haut. Je me sentais puissante. Comme aux barres asymétriques, ces quelques dixièmes de seconde où je vole, délivrée de la pesanteur.

Je suis une fille-oiseau.

— ... prévu la boisson d'attente avec cinq granules de... gérer ton stress... jusqu'à une demi-heure avant l'échauffement...

Putain, mais pourquoi elle répète toujours la même chose ? Pour me rassurer ou pour se rassurer, elle ? Je re-déconnecte. D'autres mots naviguent autour de moi, des bribes de phrases, des exclamations :

— ... neige...

— Un temps pareil, fin octobre...

— Tu devrais appeler ta mère, elle va s'inquiéter.

— ... vois pas à deux mètres...

— Une petite frite ou une grande ?

— Ce sera tout ?

— ... Non, mettez-moi un allongé, s'il vous plaît.

— C'est quoi ce bordel ?

— Attends... mais regarde ! C'est dingue ! crie un homme.

Je tourne la tête. En face de moi, les toilettes, à droite, le self et le magasin de produits régionaux. À gauche, c'est l'apocalypse. En quelques minutes, la pluie et le vent se sont changés en un monstre blanc qui crache des flocons gros comme des balles de tennis. Les contours du paysage sont effacés ; l'autoroute s'étire, toute droite – un tapis immaculé. La neige a déjà recouvert les traces des derniers véhicules qui sont passés par là.

Les derniers ? Je m'approche à mon tour des larges baies. Oui, les derniers. Le défilé s'est interrompu. Une autoroute vide...

— Ça fait penser à la fin du monde, murmure quelqu'un à côté de moi.

La fin du monde. Ces mots sonnent curieusement. Je jette un bref coup d'œil à Delphine. Est-ce qu'elle continuerait quand même à me programmer comme un parfait robot si c'était vraiment le dernier jour de l'humanité ? Oui, sans aucun doute. Pour que mon ultime enchaînement soit parfait. Une sorte d'absolu du mouvement, juste avant de disparaître.

Tout à coup, un grésillement interrompt la musique insipide diffusée par les enceintes.

— Mesdames et messieurs, votre attention, s'il vous plaît. En raison de la violence des intempéries, la préfecture a décidé d'interrompre le trafic sur toute la zone de…

Ça crachote. Quelques mots inaudibles, puis :

— Nous vous tiendrons informés de l'évolution de la situation. Merci pour votre patience et votre compréhension.

Nouveaux grésillements. La lumière des néons vacille, puis s'éteint.

Je glisse une main dans la poche de mon blouson : il me reste un billet de dix et quelques pièces. Je vais aller acheter une pizza tant qu'elles sont encore chaudes. Delphine pourra dire ce qu'elle voudra. Même si c'est la fin du monde, moi, je crève de faim !

Ça recommence.

Un appel du sang. Le sang de ceux qu'elle a maudits et que je protège de sa folie.

Je perçois, jusqu'au plus profond de moi, cet appel venant de l'au-delà.

Je le connais.

Je sais quels drames il présage. Mais, cette fois, sa violence me saisit avec une intensité particulière. Je ne comprends pas pourquoi.

Elle l'a senti avant moi, je le sais. Déjà, un souffle glacé déchire le voile entre les mondes, hurlant sa rage et sa haine. La tempête approche. Dévastatrice.

Je n'imaginais pas que sa dernière victime lui avait donné autant de puissance.

Pour la première fois depuis longtemps, j'ai peur.

Elle est là. Celle qui s'est vouée au démon dans les flammes du bûcher. J'ai senti sa présence. La peur monte, et elle s'en nourrit.

Je les ai repérés. Ils sont trois, ici. Trois héritiers d'un sang maudit, celui de nos persécuteurs. Liés par le destin, pour le meilleur ou le pire. Même s'ils l'ignorent encore.

Les détruira-t-elle, comme celles et ceux qui les ont précédés ?

4
MAXANCE

Coincée sur une aire d'autoroute, en pleine tempête, en plein milieu de nulle part. Pour une durée indéterminée, j'imagine. Généralement, quand on nous tient informés de la suite des événements par micro interposé, c'est qu'il faut envisager le pire.

Comme un RER bloqué pendant trois plombes dans un tunnel pour cause de personnes sur les voies, malaise ou incident voyageur, fausse alerte à la bombe ou panne de courant. Peu importe, au fond.

Accoudée à une table, tout contre la vitre donnant sur la station, je bois mon café à petites gorgées, heureuse d'être séparée du monde par ma nouvelle playlist – un mélange d'opéra et de groupes de metal.

Autour de moi, les gens s'agitent. Un type rougeaud en costume gris fait les cent pas entre les distributeurs de boissons, la boutique et le self, équipé d'une oreillette, le téléphone collé à sa bouche. Plus loin, un bébé se met à pleurer. Un homme s'installe avec son thé à une table proche de la mienne. De la poche de sa veste, il sort un bouquin usé qu'il annote au crayon à papier. Par réflexe, j'essaie d'en apercevoir la couverture et le titre. En vain.

— ... pas possible !

La voix rageuse du type en gris déchire ma barrière musicale. Il décolle son iPhone de ses lèvres pâles et pianote nerveusement sur des touches.

— ... invraisemblable... pas se passer comme ça...

Furibond, il fonce vers l'extérieur et répète son manège au milieu des bourrasques. Sans plus de succès. Prise d'une inquiétude soudaine, je consulte mon portable. Pas de nouveau message. Pas de réseau. Rien. Dans mon casque, la *Chevauchée des Walkyries* a des accents angoissants. Je regarde autour de moi, la gorge serrée. Tous ces gens. Tous ces inconnus. Je suis prisonnière au milieu d'eux, je ne les connais pas, et c'est parfait comme ça.

Non. Je n'ai aucune envie que nos vies se télescopent juste parce que nous sommes dans la même galère. À moins de rencontrer une fée capable de faire apparaître mon ex-meilleure amie, sautillant sur ses deux jambes, sourire aux lèvres et les yeux brillants de joie…

Je serre les lèvres. Je me demande si elle marche de nouveau. Si elle a repris sa vie, rencontré une nouvelle copine avec qui rire aux éclats, si elle a retrouvé l'envie de croquer la vie à pleines dents. Elle en aurait le droit, Sarah.

Moi…

« Tu ne veux pas sourire un peu, Max ? Déjà que tu donnes l'impression d'être en deuil… » Ces mots, ce sont ceux de mamie, de toutes les personnes qui se sentent obligées de commenter ma tenue – jean skinny noir, tunique noire avec ou sans dentelles, pull noir, chaussures lacées à semelles épaisses – avant de l'associer à ma « mine de déterrée » et à mon isolement.

« Tu passes ton temps seule. Ce n'est pas sain. Tu étais si heureuse avec tes nouveaux amis, pourtant ! Tu ne crois pas qu'il est temps d'oublier ce drame et de retourner auprès d'eux ? »

Non, maman.

Non, je ne crois pas. Et je n'en ai pas envie. Parce que c'est à cause d'eux que j'ai abandonné Sarah. Parce que je voulais leur ressembler, être avec eux.

Non. Ce n'est pas *à cause d'eux* que j'ai abandonné Sarah, mais de mon envie d'être populaire, enfin, et du sourire de Romain, de l'admiration que je lisais dans ses yeux comme dans ceux de Jade et Nora lorsque je sortais mon *Oracle des Contes de fées* pour leur prédire l'avenir et leur permettre d'y voir plus clair dans leur quotidien.

C'est aussi à cause d'une envie de rose bonbon et de longs baisers langoureux que je lui ai tourné le dos.

L'agité en costume rentre, irradiant la colère et la frustration. Il a laissé s'engouffrer un peu de flocons dans son sillage. Je les inspire à pleines narines. Je termine mon expresso, froisse mon gobelet en carton et le glisse dans une poubelle avant de sortir à l'air libre.

Ça ne fait même pas une heure que je suis ici, et déjà les capots des voitures sont recouverts d'une bonne épaisseur de neige. Les couleurs des pompes à essence semblent surréalistes dans le flou tourbillonnant de la tempête. Je lève le nez : la passerelle forme une masse sombre dans le gris blême du ciel. L'espace de quelques secondes, j'y discerne des crépitements bleu pâle. Je me frotte les yeux, regarde de nouveau attentivement : rien.

Cet endroit est naze, décidément.

Dans mes écouteurs, Wagner est remplacé par la voix profonde de la chanteuse des Pretty Reckless. Je me laisse envelopper par la mélodie mélancolique et puissante et je marche au hasard dans la station déserte. Frisson. Au même moment, un mouvement, sur la droite, attire mon attention. Plissant les yeux, je scrute le grand blanc. Un chien efflanqué trottine vers l'autoroute et le brouillard poisseux qui en efface les limites. Un animal isolé sur une aire de repos, ça pue l'abandon. Instinctivement, j'arrête la musique et je l'appelle. Ma voix se perd dans le sifflement du vent. Pourtant, il s'immobilise et fait quelques pas dans ma direction. Son œil unique est jaune. Une cicatrice blanchâtre balafre son poitrail.

Une odeur de charogne envahit mes narines. Vient-elle de lui ? D'une plaie infectée ? D'un séjour trop long dans la crasse des poubelles ? Je grimace, m'accroupis, tends la main pour l'encourager.

— Viens, le chien !

Il s'ébroue.

— Viens ! N'aie pas peur…

Viens ! N'aie pas peur…

Ces mots résonnent dans mon esprit. Avec une voix qui n'est pas la mienne. Je frissonne.

— Plus vite tu seras à l'abri, mieux ce sera, poursuis-je. Et moi aussi. Il y a définitivement quelque chose de pourri, ici...

Il se lèche les babines. Je l'observe mieux. Il est squelettique ! Pire, décharné ! Depuis combien de temps n'a-t-il rien mangé ? Je l'appelle de nouveau. L'animal s'éloigne en claudiquant. Je me redresse, déterminée à le suivre.

Comment peut-on laisser un être vivant sur le bord de l'autoroute, filer à 130 km/h en direction des vacances et se regarder dans la glace sans avoir envie de vomir ?

Dans mon sac, il y a le sandwich que mamie m'a préparé ce matin. Je n'y ai pas touché. Je le sors de mon sac et je le lance vers le chien qui se retourne, le renifle et recule d'un air méfiant.

— Allez, mange ! Je te promets que tu aimeras. Mayo maison et jambon du charcutier du coin. Tu m'en diras des nouvelles...

Je m'approche pas à pas ; il m'épie alors que son poil se hérisse, et il grogne, crocs découverts. Je m'arrête, consciente que s'il m'attaque, je n'aurai aucun moyen de me protéger.

En quelques secondes, il disparaît dans la tempête.

— Eh merde...

J'aurais tellement voulu le ramener avec moi. Le sauver. Réussir au moins ça.

Je rebrousse chemin, un sale goût d'échec en bouche. Quand je pousse la porte de la station, la chaleur, les odeurs de Javel, d'eau de toilette, de croissants, pizzas, transpiration me sautent au visage en même temps que le brouhaha. J'ai oublié de remettre ma playlist. Je lorgne du côté du semi-self-service. Il y a des brownies au chocolat. Je vais en acheter un et prendre encore un café. J'aperçois le motard qui a doublé la voiture de Franck, tout à l'heure. Assis à une table haute, son casque posé près de lui comme un trésor, il fait tourner une touillette entre ses doigts, le regard lointain, les mâchoires serrées.

Je m'attarde sur son profil. Ses sourcils bruns, la ligne de son menton, ses cheveux en bataille. Il est mignon, dans son genre. Moitié romantique, moitié *bad boy*. Comme Romain, dont j'étais raide dingue, et qui m'appelait Spooky Maxy avec des yeux pétillants de tendresse. On venait à peine de dépasser le stade du premier rendez-vous, lui et moi, quand Sarah a sauté dans le vide.

Nos regards se croisent. Contrairement à ceux de Romain, les yeux du motard sont d'un noir d'encre. Par réflexe, je baisse la tête, contemplant fixement l'écran de mon portable. Je tente une connexion. Toujours aucun réseau.

Les gens s'énervent. Je me sens de nouveau prise au piège par toute cette agitation, toutes ces tensions qui ne cessent de croître. Le picto des W.-C. happe mon regard. Ma vessie est pleine.

J'y vais. Je mangerai le gâteau après.

En poussant la porte, j'esquive une femme au museau de souris. Elle s'enfuit, l'air apeuré. Une vague de pitié me submerge. L'espace d'un instant, j'ai perçu le stress qui la mine au travail au service d'un patron tyrannique, son quotidien de mère célibataire malmenée par un gamin hyperactif, résignée à vivre ses rêves de liberté à travers les soaps d'un écran…

— C'est terrible, n'est-ce pas ?

Je sursaute, avec le sentiment d'avoir été surprise en flag d'espionnage.

Une vieille dame aux yeux clairs, le visage plissé de rides, s'est plantée à côté de moi, appuyée sur son balai. Un badge, sur sa poitrine, indique son prénom : *Louise*. Je lui souris, perplexe, l'encourageant timidement à poursuivre.

— Une vie passée à esquiver les jugements des autres, comme s'il s'agissait de poignards. À se recroqueviller dans un coin, rongée par la peur d'oser être soi…

— Je… heu…

— À accepter de s'effacer dans l'espoir d'exister, c'est paradoxal, non ?

— Heu… sûrement !

Soudain mal à l'aise, je la salue d'un signe de tête et m'enfuis dans les toilettes. J'ai la désagréable impression que ses derniers mots ne visaient pas cette femme, mais bien moi. N'est-ce pas précisément ce que j'ai fait ? Teint mes cheveux pour cacher leur teinte rousse ? Renoncé à être moi-même pour que Romain, Nora et Jade m'embarquent dans leur bande ?

Quand je sors de la cabine, je découvre dans le miroir le reflet de la fille qui se disputait avec sa mère pour avoir le droit de manger ce qu'elle voulait.

— Salut, me lance-t-elle.

— Salut ! Alors, tu l'as eue ta pizza ?

Je ne sais pas pourquoi j'ai dit ça. C'est sorti spontanément. Un effet du blizzard, peut-être ?

— Oui ! Et c'était trop bon, me confie-t-elle à voix basse, après avoir vérifié d'un coup d'œil rapide que personne ne nous espionnait.

— Je m'appelle Maxance, lui dis-je. Et toi ?

Avant qu'elle puisse me répondre, les murs sont secoués de craquements. Le sol tremble. Un grondement résonne depuis les soubassements du bâtiment. Projetée tête la première contre un lavabo, je suis retenue, de justesse, par mon athlétique voisine.

— Merci !

Les canalisations explosent avec un sifflement terrible. Des torrents d'eau froide en jaillissent et se répandent sur nous. Trempées, nous échangeons un coup d'œil, sidérées par ce qui vient de se produire.

Ça n'est pas normal. Pas naturel. Dans mon esprit, toutes les alarmes se déclenchent : nuit des morts-vivants avec attaque de zombies dans la station-service, tueur d'Halloween, savant fou considérant les lieux comme son terrain d'expérience…

— C'était quoi ? Une bombe ? murmure l'adolescente.

Au même instant, sa mère fait irruption dans la pièce, affolée.

— Nadia, tu n'as rien ? Ne reste pas comme ça ! Tu vas prendre froid ! Tu ne veux pas prendre froid avant le championnat, n'est-ce pas ? Installe-toi dans la cabine à langer. Je reviens tout de suite avec une serviette et de quoi te changer !

Oh non ! Moi, j'ai oublié mon sac à dos près de la table où j'ai bu mon café. Pour le récupérer, je vais être obligée de sortir de cette pièce en mode serpillière.

Je pousse la porte. Pas de Louise, mais des gens qui s'agitent les pieds dans l'eau, une mère qui tente tant bien que mal de consoler son tout petit enfant, et deux employés de la station qui se précipitent vers l'espace carrelé avec des chiffons et des outils.

Venus de nulle part, des mots dansent brièvement dans mon esprit.

Si tu tentes d'étouffer ton âme, elle finira par exploser.

5
HADRIEN

Le moment de panique est passé. Après la brève coupure d'électricité qui a fait frissonner toute la station, une conduite d'eau a explosé dans les toilettes. Les connexions neuronales des personnes qui m'entourent sont enrobées d'adrénaline. Elles ne réfléchissent pas correctement dans cette situation inhabituelle et pourtant simple. Je jette un œil du côté de la gamine de tout à l'heure. Elle va bien, heureusement. C'est presque une attraction pour elle, tout ce mouvement. Du moins, tant qu'elle ne perçoit pas le stress environnant. J'espère que ses grands-parents auront le bon sens de l'en protéger – d'essayer, au moins.

Tout à coup, c'est le noir complet. Puis les lumières de sécurité redessinent l'endroit dans une semi-pénombre. La peur est de retour. Certains lâchent le mot « malédiction ». Quelle blague ! Ils ont trop regardé les citrouilles en plastique et les chapeaux de sorcières, ça leur a grignoté le cerveau.

Je m'installe sur un tabouret haut face à la baie vitrée afin de garder ma moto dans mon champ de vision. Je sirote mon café en songeant à Jessica, à cette rencontre, à ce que le couple de futurs parents non loin qualifierait de « destin ». Surprenant, certes, mais de là à employer des banalités irrationnelles, non. C'est une relation de cause à effet, au pire le résultat d'un calcul mathématique du chaos qui a fait que nos routes se croisent ce soir. Intrigant. Presque dérangeant. J'ai le sentiment que je l'ai connue dans une autre vie. Pourtant, cela fait à peine quatre ans. Le lycée. Une époque compliquée. Je croque dans mon morceau de sucre déguisé en tarte. C'est vraiment difficile pour moi de puiser dans mes souvenirs. J'y vais à la pipette, de peur d'y plonger trop profondément. J'ai repoussé ce passé, très loin. Nous sommes sortis ensemble quelques mois. Nous avons partagé des sentiments et des instants. Il y a eu de bons moments ; sauf la rupture. Au final, étions-nous encore en contact quand je suis entré en médecine ? Je ne crois pas. Après tout, l'amour est juste le produit de réactions psychochimiques. Une drogue dont la plupart des gens aiment à s'enticher. À quoi bon puisque ça se termine toujours de la même manière : mal ? Je m'essuie la bouche avec la minuscule serviette en papier siglée elle aussi Halloween. Je me plante devant la vitre afin de contempler les flocons qui forment une couche de plus en plus épaisse.

La lumière extérieure baisse. Les ombres s'étendent.

Derrière moi, un homme s'énerve. Il est bloqué ici, ne peut téléphoner, a une réunion importante demain, doit trouver un responsable, c'est urgent, pourquoi n'y a-t-il personne de compétent ici ? J'esquisse un sourire en coin. Ce n'est pas bien de se moquer d'autrui, mais je suis cerné par des clichés vivants. Je préfère les croiser à l'hôpital, avec une vision de l'intérieur de leur crâne. Là, je ne peux qu'imaginer les différentes connexions et synapses en guerre dans leur petite tête. Tout ça à cause de l'arrivée précoce et violente de la blanche saison.

Jusqu'où les mèneront leur colère et leur angoisse ?

Jusqu'à l'hystérie, jusqu'à la folie. D'ailleurs, ça commence déjà…

Je secoue la tête, chasse la voix chuintante qui s'est insinuée dans mon esprit.

Ma voix. Née de *ma* propre inquiétude. Preuve que je ne suis pas complètement imperméable à la tension ambiante. Alors que je me dois de rester étanche, pour mon travail et pour mon bien-être. Je travaille trop dur pour plonger de nouveau dans ce schéma de victime en proie aux crises d'angoisse. C'est du passé : je veux aller de l'avant et ne pas me laisser embarquer par des problèmes de la glande surrénale et de l'hypophyse[1]. Je vaux mieux que ça !

Je m'éloigne du coin enfants qui commence à être bruyant et j'enfonce mes écouteurs dans mes oreilles. Max Richter. Une musique calme et triste. Comme le manteau immaculé qui se dépose sur le sol. Un camion s'efface. Le logo de sa remorque se fait grignoter. La circulation a cessé. Plus rien ne bouge. On dirait un tableau de Hopper. Des repères immuables. Un cimetière de véhicules qui reprendra peut-être vie à la prochaine annonce officielle. Ce sera alors la grande libération de toute cette population entassée dans ce petit bâtiment coincé entre nature morte et goudron. Une population qui se frôle en gestes et en paroles, mais qui a peur. Tous ces gens se méfient les uns des autres alors qu'ils devraient s'entraider. Évidemment, je ne vaux pas mieux qu'eux. Pour autant, je suis franc avec moi-même : leur fonctionnement peut être intéressant, je reste néanmoins indifférent à leurs sentiments. Je suis capable d'empathie, d'une empathie logique. Elle me protège. Même si les gamins, eux, font naître en moi une réelle émotion.

Max Richter, c'est également le compositeur contemporain préféré de celui que l'on enterre demain. Celui qui a payé ma moto, ma scolarité, mon avenir tout tracé… Après son décès brutal, me voici contraint d'aller retrouver ma famille pour l'ultime cérémonie. J'étais son petit-fils favori. Je ne sais en revanche pas s'il était mon grand-père favori. Je n'ai pas connu l'autre, je n'avais que lui. Et malgré tout son *amour*, il ne savait être qu'autoritaire. Quand je lui rendais visite, il planifiait la moindre journée passée à son côté, du lever jusqu'au coucher. Surtout après l'été passé dans le chalet de l'oncle Charles. Un épisode qui a été étouffé et a tout transformé – à jamais. Officiellement, le doyen a fait la sourde oreille. En même temps, il est devenu plus froid avec le reste de la famille… sauf avec

1. La glande surrénale, le cerveau et l'hypophyse sont les parties du corps humain générant le phénomène de stress.

moi. Charles n'est plus jamais venu aux réveillons de Noël chez mes parents. Je ne le croisais que lors des grandes réunions, sous l'œil d'acier de celui qui était surnommé, par certains de mes cousins, « le Général ». Avec ses enfants, le Général contrôlait tout. Avec moi, son petit-fils, pourquoi aurait-il fait autrement ? Il m'a arraché au lycée public pour me mettre sur les rails de la médecine, école privée, cours particuliers, prépa. Loin de toute scolarité ordinaire. Loin de Jessica. D'après ce que j'en sais, je suis son seul héritier. C'est-à-dire le chouchou du vieillard que tout le monde adorait pour son argent, et qui maintenant sera regardé de travers par les autres descendants. Devrai-je adopter un comportement aussi austère que mon grand-père une fois que j'aurai encaissé l'héritage ? Est-ce que chaque branche vivante de mon arbre généalogique m'apportera à la date anniversaire de la mort de Napoléon des pâtes de fruits comme elle le faisait avec lui, fan de cette star démodée et réac d'un autre temps ?

Quelle hâte de tous les rejoindre devant le caveau...

J'ai un goût de bile dans le gosier, rien que d'y songer. Une foule de charognards et, au milieu d'eux, le visage morne de Charles.

Contact. Physique et léger.

Deux doigts sur mon coude.

Frisson glacé. Impression fugitive que quelque chose s'insinue dans mon esprit.

Je secoue la tête, pivote et me retrouve face à Jessica. L'espace d'un instant, son visage au milieu de sa chevelure blonde me paraît d'un blanc cireux. Mon regard accroche un instant le sien, si bleu. Elle me scrute sans ciller ; je voudrais détourner la tête mais je n'y arrive pas. Mes souvenirs affluent, indistincts pourtant, et je me sens happé, jusqu'à ce qu'elle détache ses yeux des miens. Pendant quelques secondes, j'ai l'impression d'avoir été vidé. Comme si ses doigts s'étaient transformés en seringues pour me faire des prises de sang à répétition. Sacré coup de fatigue.

Je reprends possession de mes moyens.

— Salut, dit-elle d'un ton neutre. Étrange de se croiser ici, n'est-ce pas ?

— Comme tout le monde, je viens pour les radiateurs et l'essence.

— Oui, bien sûr. Je voulais dire, après tout ce temps. Se croiser *ici*, fallait une sacrée part de...

— ... hasard ?

Elle hoche la tête avec un demi-sourire. Je ne sais pas si elle est contente ou si c'est juste pour les apparences.

Je me doutais que ce mot la satisferait. On fonctionne avec des raccourcis d'idées reçues quand on ne peut pas expliquer un phénomène.

— Ou destin, ajoute-t-elle.

— Je ne crois pas...

— ... *en ces conneries*. Je sais. Je ne voulais pas t'ennuyer, juste te saluer mieux qu'en coup de vent derrière un comptoir. Comment vas-tu ?

— Je me rends à un enterrement auquel je n'ai pas envie d'assister, avec une combinaison moto inadaptée à un temps froid et humide. Donc bien, j'imagine.

— Je suis désolée.

— Pour ?

— Le décès. Mes condoléances. Sincèrement.

J'ai une soudaine douleur dans la cage thoracique. C'est bref, comme un éclair. Fugace grimace. Comme si on tentait de m'extirper quelque chose du corps. Une idée fulgure dans mon esprit : crise cardiaque ? Syndrome du cœur brisé ? J'inspire profondément et ça passe.

— Ouais.

C'est la seule réponse que je peux lui donner. De nouveau, elle a ce drôle de sourire et lisse sa tunique.

— Je ne te dérange pas plus longtemps. On m'envoie récupérer un générateur de secours de l'autre côté de l'autoroute. C'est toujours les derniers arrivés ou les plus jeunes qu'on sacrifie, ajoute-t-elle. Ça, tu le sais, n'est-ce pas ?

Sur ces drôles de paroles, Jessica sort du bâtiment, ne laissant dans son sillage qu'un courant d'air glacé. Aucun parfum, alors qu'elle adorait en mettre, même pour prendre un café. Elle a changé. Je reste muet, ne sachant pas trop ce qui s'est passé ni pourquoi elle n'a pas pris la peine de se couvrir. Ma première intention a été de vouloir l'accompagner. Ma deuxième, de me dire que j'avais été odieux avec elle. Ma troisième, de me replier intérieurement. On m'a plusieurs fois reproché d'être distant. Personne ne comprend pourquoi il me serait fatal d'envisager mes relations humaines autrement.

Je remets l'écouteur que j'avais ôté. Mon reflet dans la vitre me dérange. Je ne sais pas pourquoi. Le point positif, c'est que ma respiration a repris un rythme normal. Peut-être que je devrais ralentir sur le café. Mais c'est un cercle vicieux : si je n'en prends pas, je tombe de fatigue. Donc, impossible de continuer à fonctionner correctement.

De la buée se propage à cinq centimètres de mon nez. Petit à petit, comme si quelqu'un y passait le doigt, des lettres se dessinent.

Vous ne devriez pas être seul.

Je recule. Je cligne des yeux. Plus rien.

Je suis définitivement plus crevé que je ne le pensais.

Et pathétique. Il me faut un autre café.

6
NADIA

« Installe-toi dans la cabine à langer »… Je rêve. J'ai quel âge, déjà ? Deux ans, j'ai mouillé ma salopette et j'attends que maman revienne avec une culotte propre ?

Exactement, Nadia.

J'envie Maxance qui a filé sans demander son reste, et surtout sans coach pour lui coller aux basques et l'empêcher de manger ce qu'elle veut.

Je saute sur la table censée accueillir le nourrisson à la couche pleine, repousse le matelas en plastique sur le côté et m'installe en tailleur, les yeux fixés sur la porte où des éléphants roses poursuivent de petits ours bleus au milieu de fleurs plus grandes qu'eux. Pourquoi pas. Mais quand même, on leur vend un drôle de monde, aux mômes.

J'ai encore le goût de la pizza dans la bouche. C'était bon. Le fromage moelleux – double portion –, une sensation presque oubliée. De temps en temps, je cale mes fringales avec des barres chocolatées, le seul truc mangeable que j'arrive encore à planquer. Forcément, il faut que je file aux toilettes juste après, sinon je subirais encore plus de restrictions pour garder ce fameux « poids de forme » dont Delphine me rebat les oreilles.

Me faire vomir, c'est mauvais pour ma santé, je le sais, je ne suis pas idiote. Il y a des risques. Difficultés de concentration, sautes d'humeur, problèmes cardiaques, caries, ostéoporose… J'ai regardé sur Internet. Mais je me sens en pleine forme physique, et puis, je ne ferai pas ça longtemps. La carrière d'une gymnaste est courte, quelques années, dix au maximum. J'avais neuf ans quand j'ai participé à mes premières compétitions. À dix-huit ans, *ciao* Nadia. D'ici là, je vais encore grandir et il faudra que je m'adapte à mon nouveau corps ; j'ai vu tellement de filles se blesser juste parce qu'elles avaient pris cinq centimètres et deux bonnets de soutif en un an... Pour elles, c'est fini. Je me demande de temps en temps si je ne les envie pas. Mais je n'ai pas intérêt à en parler, Delphine m'expédierait direct chez son psy, qui me débiterait les discours habituels sur la peur de réussir et les blocages inconscients.

La voilà qui revient. Elle ne marche pas, elle trace. Une vraie machine à refaire la glace de la patinoire. Tiens, ça pourrait être utile, là, tout de suite.

Pour une fois.

— Enlève vite ça, tu grelottes.

Delphine m'arrache presque ma veste de survêtement et se met à me frictionner avec la serviette qu'elle a prise dans la voiture. Au bout de quelques secondes, je proteste :

— Arrête, tu me fais mal.

— C'est pour faire circuler le sang. Recette de grand-mère. Tu vas te changer et on va trouver un coin tranquille pour un bon échauffement et des étirements. Ensuite, on reviendra ici et je te masserai. Avec un peu de chance, l'autoroute sera débloquée d'ici là. Sinon, on retourne dans la voiture et on met le chauffage. Tu ne dois pas avoir froid. On pourrait revoir ton enchaînement au sol avec la musique, tu en penses quoi ?

Ce que j'en pense ? Je ne crois vraiment pas que ça l'intéresse, puisqu'elle continue :

— J'ai l'impression qu'il y a un petit décalage entre ta rondade et ton appui tendu renversé, ça pourrait te faire perdre des points. Il faut qu'on bosse ça.

Voilà. On est passées en deux secondes de « tu en penses quoi » à « il faut qu'on bosse ça ». L'histoire de ma vie.

Ma coach fouille dans un sac en plastique et en tire un sweat sec, aux couleurs du club. Il est tout neuf, elle arrache l'étiquette et entreprend de m'habiller, comme si j'étais vraiment un bébé ou une grande poupée. Comme elle se penche vers moi, mon souffle caresse sa joue, et elle sursaute.

— Tu as mangé, Nadia. Tu as mangé cette pizza.

Je la défie du regard.

— Oui. Je te l'ai dit, j'avais faim.

Et c'est là que tout dérape. Là elle se met à crier. Mes oreilles se verrouillent. Je la regarde comme si j'observais son reflet dans un miroir déformant, je vois sa bouche s'ouvrir et se fermer, ses dents, l'intérieur de sa gorge, quelque chose de monstrueux. Une peur irrationnelle me submerge, cette femme va me dévorer. En fait non, elle est en train de me manger depuis longtemps déjà, c'est une ogresse, elle se nourrit de moi jour après jour et elle est furieuse que j'aie pu lui échapper, même cinq minutes. J'ai fait un pas de côté, elle a perdu le contrôle et elle le sait. Elle me prend aux épaules et se met à me secouer, de plus en plus brutalement : « Mais c'est quoi cette mentalité de perdante ? Arrête de faire ta tête de mule, écoute-moi, regarde-moi dans les yeux, tu te rends compte des conséquences si tu ne restes pas concentrée sur tes performances, si tu te laisses aller comme ça, comme n'importe laquelle de ces ados débiles qui se gavent de sucreries et de nuggets, qui seront obèses à quarante ans et qui auront raté leur vie ? »

TU TE RENDS COMPTE ?

TU TE RENDS COMPTE ?

Ma tête éclate. Je repousse Delphine avec violence, elle ne s'y attend pas et elle heurte le mur avec un bruit mat. Ses yeux s'écarquillent. J'y décèle de la surprise, puis une colère irrationnelle, meurtrière, qui ne lui ressemble pas. Mais moi aussi j'ai perdu le contrôle. Je crie des mots dont je ne comprends même pas le sens sur le moment : *T'es pas ma mère, j'en ai marre !* D'autres encore, inaudibles, violents comme des coups de poing. J'embarque mes affaires. J'enfonce mes bras dans les manches du sweat tout en me précipitant vers la porte, que j'ouvre à la volée.

— Nadia ! Reste ici ! Tu vas m'écouter, oui ? ! C'est un ordre !

Non. Je refuse de rester une seconde de plus avec toi, Delphine. Tu me pourris la vie. Tu sais tout sur tout. Mes parents en ont plein la bouche, de tes recommandations. « Delphine a dit que... », « Delphine n'aimerait pas que... » Si bien que, même quand tu n'es pas là, tu es là. Tu me regardes dormir. Tu comptes les bouchées que j'avale. Tu règles la température de la douche et mon temps, aussi. Si tu le pouvais, tu ajusterais les battements de mon cœur au rythme qui te convient.

Je te hais.

Évidemment, ces mots restent coincés dans ma gorge. Je claque le battant derrière moi et je me mets à courir. Je voudrais m'en aller, partir loin. Sauf que c'est impossible. On est tous prisonniers. Dans cinq minutes, dix peut-être, Delphine me repérera, et tout recommencera. Un long sermon sur ma responsabilité en tant que sportive de haut niveau. Une ou deux insinuations sur les anciennes du club, que je revois peut-être en douce et qui n'ont pas une bonne influence sur moi. *Les gens qui ne parviennent pas à se hisser au plus haut niveau n'aiment pas ceux qui réussissent. Elles vont essayer de te tirer vers le bas, Nadia.*

Combien de fois j'ai entendu ça. Le haut. Le bas. Comme s'il n'y avait qu'une chose qui comptait, grimper sur la pyramide du succès et essayer de rester sur la pointe le plus longtemps possible.

J'ai mal au cœur, la gorge serrée. Je voudrais un endroit sombre et tranquille pour me rouler en boule et pleurer. Pour évacuer toute cette rage qui me brûle de l'intérieur. Mais il n'y a rien, ici. Et dehors, les flocons sont si denses qu'on ne voit pas à deux mètres.

Elle est accueillante, la neige. Attirante. Je pourrais m'enfoncer dans ce blanc, m'y réfugier, m'y fondre.

Ce serait peut-être ça, la solution, Nadia ? Plus personne ne te mettrait la pression. Plus personne ne t'emprisonnerait. Ni tes parents. Ni Delphine…

Tentation d'une demi-seconde, venue de nulle part. De moi, peut-être ? Non. Je n'ai pas envie de mourir de froid. Juste de…

Je ne sais pas.

Je ne sais plus.

Je tourne les talons, empruntant le couloir qui ne passe pas devant les toilettes, et je sors par l'arrière du bâtiment. À l'extérieur, je reste sur le seuil. J'observe le décor : des traces d'animal dans la poudreuse et, plus loin, un escalier condamné par des bandes de plastique de chantier entrecroisées et une pancarte *Accès interdit, travaux.*

— Vous avez laissé tomber ça, jeune fille.

Je sursaute. La vieille femme chargée de l'entretien des W.-C. m'a suivie. Elle me tend un ruban d'un rose fané, bordé d'un liseré doré. J'esquisse un mouvement de recul.

— Ce n'est pas à moi, c'est…

— Il fait froid, me coupe-t-elle en le posant d'autorité dans ma paume. Gardez-le, le moment venu, il vous aidera.

Elle referme le battant, me laissant seule dans la tempête.

J'examine son cadeau délavé, secoue la tête. « Il fait froid » ? On pourrait croire qu'elle vient de me faire cadeau d'une écharpe en pure laine. C'est n'importe quoi. Je glisse le ruban dans la poche de mon pantalon et me retourne vers la double porte. Celle-ci affiche la même inscription, avec le mot DANGER tracé au marqueur sur une feuille scotchée. Les poignées sont reliées par une chaîne en plastique rouge et blanc, mais le cadenas a été ouvert. Surplombant le tout, des lettres au pochoir décorées de petites feuilles : *Musée de la Nature et de l'Environnement.*

Cette fois, je n'hésite pas.

Depuis des années, nous les voyons, nous les entendons, nous les sentons…

Chuintements.

Claquements.

Hoquets de moteur.

Appels.

Rires. Pleurs. Éclats de colère.

Ils passent, puis ils repartent. Ils ne restent pas. Aucun d'entre eux.

Nous avons la nostalgie des arbres anciens, de la source scellée, des pierres-qui-savent. De la douceur de l'herbe sous nos pas, de nos rires et chuchotements, de nos chants. Nous n'avons pas oublié leur puissance, même si nous ne sommes plus que des os, aujourd'hui. Des os qui reposent ici.

Et eux, là-haut ? Entendent-ils nos voix étouffées sous le béton, le bitume, les arches de métal dont les pointes s'enfoncent profondément sous la terre, jusqu'à cogner nos côtes et nos tibias ? Voix étouffées, interdites. Voix oubliées. Depuis des siècles. Nous murmurons, en vain. Nos crânes éparpillés gisent là, englobés dans cette chose bruyante. À de longs intervalles, nous percevons un frémissement. Quelque chose bruisse, s'éveille. Quelque chose s'étire, inspire, soupire – et se rétracte dans un long souffle repu.

Ça recommence. Encore, et encore.

Ça recommence.

Cette nuit.

7
MAXANCE

J'ai récupéré mon sac à dos. J'ai vérifié une dernière fois mon téléphone. Rien. Aucun réseau. Appels d'urgence uniquement. Et encore. Avec cette tempête, même pas sûre que ça passe. Avec un gros soupir, je regagne les sanitaires afin de me changer. J'irai dans une cabine du côté des hommes, tant pis. Je m'arrête à quelques mètres de l'entrée, les pieds au ras de l'eau.

« T'es pas ma mère ! J'en ai marre, Delphine ! J'EN AI MARRE DE TOI, TU COMPRENDS ? »

Un terrible fracas.

La porte s'ouvre à la volée. Nadia jaillit comme une furie, les yeux hagards, les joues rouges, maculées de larmes. Elle se précipite vers la sortie. Hésite, fait demi-tour et disparaît à l'angle d'un couloir menant je ne sais où.

Quelques instants plus tard, celle que je prenais pour sa génitrice sort en se massant l'épaule, les vêtements mouillés, les poings serrés. Elle examine les environs. Glissant sur l'agente d'entretien aux iris clairs plantée en face de moi, comme si elle était transparente, son regard agrippe le mien.

— Tu tombes bien ! Tu n'aurais pas vu passer une jeune fille avec un sweat blanc et vert ?

Ses yeux sont froids.

Ses yeux sont ceux d'un cyborg.

Terminator, sans l'humour décalé. À peine moins kitsch, d'ailleurs.

Je ne l'aime pas.

— Si, bien sûr, dis-je avec mon plus bel aplomb.

Du doigt, je montre, à l'opposé de la direction prise par Nadia, la station-essence balayée par la tempête de neige.

— Oh merde ! s'écrie-t-elle.

Elle fonce vers les portes vitrées.

La vieille femme, en face de moi, me fait un clin d'œil. Je lui souris, oubliant le malaise ressenti plus tôt en sa présence, puis je m'engouffre dans les toilettes des hommes. Juste avant de refermer le battant, je me retourne pour m'assurer que cela ne la dérange pas.

Elle n'est plus là. À la place, sur le sol carrelé, une carte à jouer attire mon regard. Je la ramasse avant qu'elle ne soit trempée et la retourne : c'est un Joker.

Son faciès jovial se transforme sous mes yeux en visage maigre, creusé de cernes, au regard sérieux, à la joue balafrée et au sourire las.

Je sursaute, serre la carte entre mes doigts, luttant ainsi contre le réflexe instinctif de la jeter le plus loin de moi possible.

Je cligne des yeux, me concentre sur le Joker – un dessin banal aux couleurs jaunies, avec une tache brune au niveau de ses pieds. Un courant d'air glacé me transperce. Je me retourne, et j'aperçois mon reflet dans le miroir, au-dessus des lavabos. Il me semble translucide. Comme si je m'effaçais lentement.

Je me détourne, la gorge nouée, et claque la porte d'une cabine. Je ne sais plus où j'ai lu ou entendu ce truc : un bruit que personne n'entend existe-t-il ? Et si ce n'est pas le cas pour ce bruit, cela signifie-t-il qu'il en va de même pour tout le reste ? Pour moi ?

De nouveau, j'examine la carte. C'est la première fois que je perçois aussi nettement, et sans l'ombre d'un doute, l'empreinte émotionnelle d'un objet. Cela me conforte dans mes impressions sur ce qui se passe dans cette station-service. Je préfère cent fois la nuit des morts-vivants à ma propre inconsistance.

Les vêtements glissent le long de ma peau transie et me ramènent vite à la réalité. J'existe, puisque j'ai la chair de poule. J'existe, puisque je crève de froid. Je passe des habits secs : culotte, brassière, chaussettes, t-shirt à manches longues avec des poignets et un col en dentelle, sweat à capuche, jean skinny et Doc Martens spongieuses, le tout noir, évidemment.

Une fois de plus, la voix de ma grand-mère résonne dans mon crâne : « Quand même, Cécile, tu es sa mère, tu ne devrais pas la laisser s'habiller comme ça. Déjà que son prénom n'est pas facile à porter... »

Maxance, avec un *a*. Un mélange entre Maxine et Constance, parce que mes parents n'arrivaient pas à choisir entre les deux.

« Et ses cheveux ? Ce noir, ça la durcit... Quand elle était rousse, elle était si jolie... »

Si tu savais ce que je me fous d'être jolie, mamie.

Crachotement. La voix de Grand Corps Malade résonne soudain dans les haut-parleurs invisibles des toilettes.

Une route pleine de virages, des trajectoires qui dévient
Un chemin un peu bizarre, un peu tordu comme la vie

Un bout de slam et puis s'en va. Silence radio. Je reste plantée là, dans ma cabine carrelée de blanc, à attendre une suite qui ne vient pas. Ah, si. Des grésillements. Des chuintements. Désagréables. Des chuchotements, dont je ne peux identifier ni le sens ni l'origine.

Silence.

La lumière des néons tressaute. Vite, je roule en boule mes fringues trempées, je les fourre dans mon sac de linge sale. Aucune envie de me retrouver ici dans l'obscurité.

Au moment où je quitte les lieux, tout s'éteint.

Je croise un type pas très bien rasé, cheveux ras, peau écrevisse. Il me dévisage, surpris ; je grimace un sourire et je m'enfuis.

J'esquive de justesse un couple qui erre entre les machines à café et la boutique de la station-service. Sous son sweat-shirt bleu, lui a le bide des amateurs de bière. Elle, traits tirés, joues couperosées, est enceinte de cinq ou six mois – au moins.

— Tu ne pourrais pas faire attention ! braille-t-il avec un éclair mauvais dans les yeux. Ma femme est enceinte !

— Je... je suis désolée...

— Tu crois que ça suffira, si elle fait un malaise à cause de toi ?

Il agrippe mon bras. Ses doigts sont gras et mous. Son visage, en revanche, est un masque de rage. Je me dégage avant qu'il me frappe. Je trace, le cœur battant. Il tente de me poursuivre.

— Calme-toi, Cédric ! Elle s'est excusée...

— Petite conne !

Effrayée par cette violence inattendue, je m'assure de mettre assez de distance entre lui et moi avant de ralentir. Dehors, la tempête fait rage. Je n'ai peut-être pas été très sympa avec la cyborg, finalement...

Aucun signe de sa présence. J'espère qu'elle n'a pas glissé. Je l'imagine déjà sans connaissance, entre deux voitures, avec la neige qui tombe de plus en plus dru... Le visage dévasté de Nadia me revient en pleine face, chassant aussitôt ma culpabilité.

Elle avait l'air tellement triste ! Et furieuse ! Et malheureuse ! Où est-elle allée ? Instinctivement, je lève la tête en direction de la passerelle dont on distingue la forme dans le grand blanc. Je me rappelle la silhouette que j'ai cru apercevoir, tout à l'heure. Je me mords la lèvre. J'espère qu'elle n'a pas fait une connerie. La même connerie que Sarah.

Sans réfléchir, je fais volte-face. La suivre. Empêcher *ça*.

Je bifurque dans un couloir de béton. Un corridor aveugle, avec une peinture grise, écaillée. Au bout, une porte entrouverte sur l'extérieur. Dans la neige, des traces de pas déjà presque avalées par les flocons et, plus loin, l'énorme pont et son accès condamné. Mon cœur bat plus vite. J'ai la soudaine certitude de me trouver à la frontière de deux mondes. Tout est terne, froid et rouillé. Je n'hésite pas, cependant. Je préfère un face-à-face avec des zombies ou un clown maléfique à tout le reste – ma vie, en général.

Je passe sous les rubans et je franchis le seuil, direction l'interdit. Qu'est-ce qui m'attend, là-haut ? Une fille désespérée, sans doute.

Pas de temps à perdre.

Un escalier s'élève vers une clarté diffuse. Des graffitis balafrent les murs décrépits. À mesure que je grimpe, des rafales sifflent au-dessus de ma tête. J'atteins le sommet avec le crépuscule. Je suis à l'entrée de la passerelle qui sépare l'aire d'autoroute du vieux bâtiment pourri que j'ai aperçu avant la tempête. Les cloisons de verre qui offraient une vue panoramique sont désormais sales, lézardées, taguées.

Je distingue soudain une silhouette bleutée.

— Nadia !

Des bourrasques glaciales me cinglent.

— Nadiaa !

Mes yeux se brouillent – de froid, cette fois, non de chagrin.

Je me frotte les paupières. Personne.

— Nadiaaa !

Je l'aperçois de nouveau, plus loin. Le front plaqué contre la paroi, elle ne bouge pas. Enfonçant mes doigts gelés dans les manches de mon sweat-shirt, je tente de courir dans sa direction, ralentie par de nouvelles bourrasques. Je glisse sur le verglas, me reprends. Autour de moi, le vent hurle. L'espace de quelques secondes, j'ai l'impression que ce sont des voix, des voix criant leur peur et leur colère, des voix rendues folles par je ne sais quel drame passé. C'est peut-être un hôpital psychiatrique à l'abandon, finalement. Un asile hanté.

Je secoue la tête.

C'est n'importe quoi.

La nuit est tombée, à présent. Seule la lumière de mon téléphone éclaire l'obscurité. Et la fille, devant moi. La fille bleutée qui n'est pas Nadia.

Elle tourne la tête vers moi.

Sa peau est pâle, ses yeux immenses, rougis de larmes.

Son visage est celui de Sarah.

Elle a un sourire triste. Se détourne.

Mon cœur s'affole. Je la croyais appuyée contre la vitre, mais ce n'est pas le cas. Il y a un tas de neige, là où elle se tient. Et une ouverture béante sur le vide.

Je me précipite vers elle.

— Non ! Attends !

8
HADRIEN

La file d'attente pour un nouveau café s'est encore allongée – enfin, « pour un café », là je généralise ma propre dépendance. Tout le monde ne tourne pas à ce régime. Et c'est ça qui crée la queue. C'est le comble d'une station-service si on y pense : personne sur l'autoroute et embouteillage à l'intérieur.

Demi-tour, je me dirige vers les distributeurs automatiques. Je jette un œil dehors. La neige tombe de plus belle. Il y a des pelles dans le coin ? Car il m'en faudra une pour retrouver ma moto quand ça se sera calmé. Ce qui n'est pas pour tout de suite, j'en ai bien peur. Pas besoin de parier avec moi-même : sous peu, les voyageurs iront récupérer des affaires dans leur véhicule pour camper dans le bâtiment. Peut-être même que certains imprudents baisseront le siège de leur voiture pour dormir en laissant tourner le moteur afin de chauffer l'habitacle… et bien polluer l'extérieur. Est-on à ça près pour son petit confort personnel ? Le réchauffement de la planète peut bien attendre une journée de plus, ce n'est pas une climatisation supplémentaire qui fera la différence, au bout du compte. Eh si, les petits génies du quotidien ! Mais comment vous en vouloir, après tout, vous souhaitez juste rester en vie au cœur d'un blizzard blanc inhabituel… dans un pays moderne occidental.

À l'intérieur, sur une banquette, la petite fille que j'ai remarquée tout à l'heure s'est endormie sous les manteaux entassés de ses grands-parents. Cette image rassurante me met un peu de baume au cœur. Le type devant moi prend son gobelet après un bip retentissant, ce qui m'éjecte immédiatement de mes pensées. J'imite le reste de la population et active mon mode robot. Je sélectionne ma boisson : double dose, poudre blanche au maximum. Je ne vaux pas mieux que les autres avec mes automatismes et ma surconsommation de sucre importé de l'autre bout du monde. Je dégaine ma carte bleue pour un paiement sans contact.

La lumière du plafond clignote.

Arrêt de la machine.

L'instant suivant, elle se relance.

Soupir.

Un coup d'œil par-dessus mon épaule m'avertit de l'impatience d'un colosse au visage fermé.

Tu rêves si tu crois que je vais renoncer à ma drogue anti-sommeil !

Il me rend mon regard, croise les bras, mâchoires serrées.

Attente. Je songe à ceux – quelques-uns – qui font médecine avec moi et prennent des drogues plus dures pour garder le cap. Ou utilisent l'excuse de la surcharge de travail pour gober des cachets et sniffer de la poudre. Heureusement, je fais partie des deux tiers qui n'ont pas encore abandonné. J'ai une volonté de fer. Non, d'acier. Sans ça, je ne serais juste pas là.

L'écran tactile affiche de nouveau les différents choix. Je repasse commande, réprimant ma frustration. Je paie.

Noir total.

Cris de surprise, rires nerveux et exclamations outrées me font vibrer les tympans. C'est le chaos et mon gobelet, qui vient de tomber dans ce grand cercueil vertical arborant la marque d'un torréfacteur, reste vide.

— Cette fois, c'est mort, dis-je avant de quitter la file.

Fracas, juste derrière moi. Les poings du type qui me collait s'écrasent, encore et encore, sur la machine. Violence mal contenue, inévitable, je suppose, dans ce lieu confiné.

Les ampoules de secours éclairent faiblement. J'aperçois en passant la petite princesse qui dort toujours du sommeil du juste.

Sourire intérieur. Autour, les gens activent la lumière de leur téléphone portable : surtout, ne pas rester dans l'obscurité, ça pourrait nous tuer ! Panique à bord pour les plus grands prédateurs de l'écosystème ! Cette peur du noir est risible. Parfois, je me demande si je suis fatigué par nature ou si ce sont ces clichés ambulants qui m'épuisent. Ou alors, je suis simplement fatigué d'être fatigué. Mon cerveau part en sucette. Je me fatigue moi-même avec ces raisonnements.

Dans la pénombre, j'avise une table vide et je m'installe. Que faire d'autre à part attendre ? Si ça se trouve, la planète entière est en veille pour recharger ses batteries et, dans une heure, on repartira tous à fond.

Je sors ma tablette. Je l'allume et, vu qu'il n'y a aucun réseau, j'ouvre directement un fichier sur la neuroplasticité. Un peu de logique et de calme me feront le plus grand bien.

— Votre monnaie !

Je sursaute, lève les yeux vers la vieille femme aux yeux clairs chargée de l'entretien des locaux. Louise.

— Je... Heu... Merci ?

— De rien. Ça vous sera utile, de l'autre côté.

Que raconte-t-elle ? Par réflexe, je baisse la tête vers la pièce : elle est ronde, dorée, et ressemble à un jeton, pas à un euro. Bizarre. Et puis, quelle monnaie, de toute façon ? Je n'étais pas au comptoir, là. De toute façon, je paie par carte.

Le temps que je lève la tête vers elle, Louise n'est plus là. Qu'importe. Je me concentre de nouveau sur mon fichier.

Sept minutes. Cela fait seulement sept minutes que la station s'est éteinte et le chaos règne. Les adultes propagent leur stress aux gamins éveillés depuis trop longtemps et qui, à cette heure tardive, explosent dans tous les sens. Jeux, hurlements, excitation et larmes. La tension monte, devient palpable. Pauvres mômes subissant les rythmes des adultes. Impression d'être dans un film catastrophe américain. Avec panique, cris et morts en série à la clé. J'entends un bébé brailler.

Sa mère pense qu'en criant plus fort que lui, elle arrivera à le raisonner. J'ai envie d'aller la secouer brutalement. Je me ravise, cela ne ferait qu'empirer la situation.

Je les observe avec détachement, comme si nous n'appartenions pas à la même espèce. Dans un film, ça pourrait être moi, le *serial killer*... Pourquoi je fais médecine si c'est pour avoir des pulsions meurtrières ? Un autre paradoxe de mon existence ?

Ah non, c'est vrai : obligation familiale.

Je tente de me replonger dans la science... Un visage familier se dessine en noir et blanc sur mon écran. Yeux bruns. Paupières lourdes. Nez long. Bouche tombante. Il me sourit. Lentement. Articule des mots que je ne peux entendre.

Je sursaute. Reprends mes esprits, reléguant aussitôt l'image de Charles au plus profond de ma mémoire, avec le reste de mes souvenirs enfouis. Je suis éreinté. Mes connexions neuronales disjonctent. Je n'ai pas envie de me rendre à cet enterrement, je n'ai pas envie de revoir ces gens, de le revoir, lui. C'est bon, j'ai compris.

L'écran, devant moi, s'assombrit. Batterie, 15 %. Par prudence, je l'éteins.

Je soupire et range mes affaires. Si je ne peux pas avoir mon *shot* de boisson chaude, je vais me prendre une claque bien froide pour me réveiller. J'ai besoin d'une pause loin de la foule et de son agitation. Je remonte le col de ma combinaison, je mets mon bonnet, j'enfile une paire de gants avant de sortir.

Vent glacé. Flocons qui virevoltent dans tous les sens. On ne voit pas à trois mètres. C'est virulent, vivifiant. Ça fait un bien fou... au moins les premières secondes. Je retrouve ma moto sous une bonne couche blanche. J'extirpe la housse de la sacoche cavalière et je lutte un moment contre les éléments afin de couvrir mon deux-roues. Une fois celui-ci correctement protégé, je réalise dans quelle situation je me trouve : me voilà captif des lieux pour les prochaines vingt-quatre heures au moins. Je risque d'être en retard à la cérémonie. Et je ne peux prévenir personne. Ils vont me détester. De toute façon, même si je parviens à les contacter, l'excuse d'une grosse tempête n'y changera rien. En fait, je crois qu'ils me détestent déjà.

Moi, le seul héritier.

Moi, le seul absent.

Moi que cette famille n'a jamais écouté, même après ce qui m'a presque détruit.

Moi qui suis transparent.

Je me prends une bourrasque verglacée en plein visage. Il est l'heure de retourner dans mon bain de brouhaha.

Je franchis le seuil. Plus de soufflerie brûlante dans l'entrée. Les voyageurs, sous les faibles lumières, ont des traits usés et inquiets. Le voilà, mon enterrement.

Soudain, une image s'impose à moi : Jessica, en uniforme de serveuse, quittant le bâtiment. Dans une bouffée de panique, je constate que je ne l'ai pas vue revenir.

C'est une adulte, elle peut se débrouiller seule.

Mon corps piétine la voix de ma raison. Je me rends directement à la caisse, désormais fermée comme les cuisines. Je m'appuie sur le comptoir. Personne.

Puis, émergeant des ténèbres, la silhouette de la vieille Louise.

— Madame, s'il vous plaît !

Elle fait quelques pas dans ma direction.

— Savez-vous où se trouve le générateur de secours ?

— Oui. De l'autre côté de la passerelle.

— Vous savez comment on y va ?

Elle me scrute, hésite un instant.

— Prenez le couloir là-bas, ensuite sortez. Au niveau du pont, vous verrez les rubalises et l'accès interdit. Attention ! Passer de l'autre côté est dangereux. Très dangereux. Mais vous vous en sortirez, je pense.

— Ils y ont envoyé Jessica.

— Jessica ?

— Blonde, jolie, la plus récente des employées de la station-service, dis-je, de plus en plus inquiet. J'espère qu'il ne lui est rien arrivé !

— Ne lui faites pas…

Je ne la laisse pas finir, je la plante sur place.

— N'oubliez pas votre monnaie. Elle vous sauvera peut-être…

Je ne l'écoute plus. La fatigue me rend dingue : je me préoccupe de quelqu'un, maintenant. Sentiments ? Culpabilité ?

C'est juste pour passer le temps. Et puis c'est la seule personne que je connais. Une fois de retour, elle me dégottera un bon café chaud.

Je suis la direction indiquée. Je sors, ignorant la bise glacée. La chaîne en plastique rouge et blanc est au sol. De l'autre côté, des traces de semelles. À sens unique. Je monte les marches quatre à quatre. Mes pas résonnent étrangement. Comme un glas. Le vent heurte les parois avec violence. J'ai le sentiment d'être attiré par l'autre extrémité, comme s'il y avait là-bas une chaleur bienfaisante, réconfortante. Ou alors, c'est un terrible besoin d'aider quelqu'un. La routine de l'hôpital me manque-t-elle tant que cela ?

Je suis vraiment crevé.

Soudain, j'entends un cri. Une femme. Impossible de comprendre ce qu'elle dit à cause de la caisse de résonance où je me trouve. Mais le volume de sa voix ne laisse aucune place au doute : elle est en danger.

Je fonce.

9
NADIA

De l'autre côté de la passerelle, un escalier débouche sur un corridor. La lumière de mon portable éclaire des murs peints. L'ensemble est sale, écaillé, mais je reconnais des corbeaux. Ils se marient parfaitement avec la décoration marketing de la station-service. Au fond, une porte entrebâillée. Je découvre un second couloir, vaguement éclairé par une fenêtre. D'un côté, les vestiges d'un espace W.-C. En face, une cloison décorée par quelques figures aux couleurs passées, parmi lesquelles une biche et un petit lapin.

Je m'approche de la vitre encrassée. Je frissonne. Il fait froid, bien sûr, mais c'est… Je ne sais pas, autre chose. J'ai l'impression d'être à l'intérieur d'un gigantesque poumon gonflé, prêt à éclater. Comme moi, juste avant de m'élancer vers le cheval d'arçons ou de sauter sur la poutre. D'instinct, je bloque aussi mon souffle. J'entends de petits crissements, des craquements presque imperceptibles. Quelqu'un marche peut-être sur la neige. Ou bien ce sont des insectes qui rongent le bois.

Et… j'entends aussi une respiration. Rauque. Hachée. Presque un sanglot.

— Il y a quelqu'un ?

Personne ne répond.

Je me retourne, jette un coup d'œil en direction d'une seconde porte. Au-dessus du seuil, ces mots :

RÉSERVE
ACCÈS INTERDIT AU PUBLIC

C'est une invitation !

J'ouvre le battant. Il se referme derrière moi avec un bruit sourd. J'avance, éclairant à mesure des casiers en bois, certains vides, d'autres remplis de dossiers, de figurines ternies, de grands pots d'où émergent des branches desséchées. C'est flippant. Tout à coup, un regard me transperce ; je pousse un cri, lâche mon portable.

— Et merde !

Je m'agenouille, tâtonne dans le noir, soupire de soulagement en touchant le boîtier. Rien de cassé. Je dirige le faisceau lumineux vers le mur, sursaute à nouveau. Un rire nerveux me secoue. Dépassant d'un carton ouvert, une tête de chevreuil me fixe de ses yeux de verre. Une tête empaillée, évidemment. Il y en a d'autres. Des cerfs, des sangliers, un renard entier, entassés dans un coin, couverts de toiles d'araignées. J'ai l'impression d'être cernée par les fantômes du peuple de la forêt. Terrifiant. Pendant un instant, je crois entendre un bruit de sabots. *Cataclop. Cataclop.* Un galop qui s'approche, comme si une harde fantôme me fonçait dessus. Je me baisse par réflexe pour éviter la charge.

Silence. Plus rien. J'ai rêvé, ou quoi ?

J'avance encore. Un rat détale entre mes jambes et je me mords la lèvre pour ne pas crier à nouveau.

Petite nature, Nadia. Si tu as peur, pourquoi ne fais-tu pas demi-tour ? Delphine t'attend de l'autre côté de la passerelle. Avec une doudoune bien chaude, une boisson énergétique et tout son arsenal de conseils. Elle ne veut que ton bien, elle te l'a répété douze mille fois et elle te le répétera encore. Sauf qu'elle n'a aucune idée de ce que tu veux, toi.

Et d'ailleurs, toi non plus.

Qu'est-ce que tu veux, Nadia ?

Je n'entends plus les sabots ni l'inquiétante respiration, mais quelque chose remue derrière une étagère pleine de pommes de pin.

J'éclaire. Une silhouette immobile, les bras le long du corps. Je distingue des cheveux longs, le bas d'une tunique rouge. Une femme.

— Ça va ?

Elle lève la tête, dévoilant deux yeux écarquillés et un visage très jeune.

— Tu m'as fait… peur, répond-elle d'un ton haché.

— Désolée.

Spontanément, je lui tends la main. Le contact de ses doigts est glacial. J'ai la sensation désagréable d'être aspirée par sa peau. Je retiens l'envie de la repousser. Le sent-elle ? Elle se détache de moi avec un sourire las et brosse d'une main son jean couvert de poussière.

— Tu ne devrais pas être là, commente-t-elle d'une voix ténue. C'est interdit au public.

— Je sais. J'avais besoin… d'air. C'est compliqué. Et toi, pourquoi tu as traversé ?

L'inconnue repousse les cheveux qui tombent sur son visage, sort un chouchou de sa poche et les attache en queue-de-cheval. Son geste me semble familier, sans que je puisse déterminer pourquoi. J'ai l'impression qu'elle cherche à se donner du temps.

— On m'a demandé de rapporter le générateur de secours. Il aurait dû être dans ce coin.

Elle me montre un emplacement vide.

— *Il aurait dû ?* Quelqu'un l'a déplacé ?

L'endroit semble à l'abandon depuis si longtemps que cela m'étonne qu'on puisse venir y chercher quoi que ce soit.

Sans prévenir, elle plante ses doigts dans mon avant-bras. Je sursaute, réprimant une fois encore l'envie de la mettre à distance.

— Tu vas me prendre pour une folle. J'ai entendu quelque chose.

— Quelque chose ? Quoi ?

— Aucune idée. Une espèce de *cataclop, cataclop*. Et puis, j'ai vu une silhouette dans les ombres. Une silhouette avec des bois immenses… Quand elle a tourné la tête vers moi, j'ai hurlé et je me suis cachée. Ensuite, j'ai senti un courant d'air, et j'ai de nouveau entendu les *cataclop*. Ou peut-être des tambours, je ne sais plus. Après, je crois que j'ai un peu disjoncté.

Je chasse de mon esprit la vision soudaine d'un cerf empaillé prenant vie. Je m'ébroue. Ses chuchotements confirment la sensation étrange que j'ai eue en arrivant dans cette espèce de bunker sinistre. Il me rappelle les vestiaires du gymnase où j'ai gagné l'une de mes premières compétitions. Angoissant et sans âme. Heureusement, j'étais repartie avec la coupe.

— ... J'imagine que ça te paraît étrange ? termine la jeune femme, qui me fixe.

En fait, oui. C'est *vraiment* étrange. Surtout que nous avons perçu exactement la même chose, elle et moi. Mais je ne vais pas le lui dire, sinon elle risque de griller son dernier fusible. Est-ce qu'il va falloir que je la ramène de l'autre côté ? C'est pas vrai ! Jamais moyen d'être tranquille.

— Non, pas du tout. Mais dans ce genre d'endroits, il y a souvent, euh, des échos, tu vois, des sons qui se propagent, des bouts de plâtre qui tombent… et dans le noir… enfin, c'est normal d'avoir peur, tu sais.

Ma voix est douce comme du sirop. Delphine serait fière de mon sang-froid – même si je manque de conviction.

Pourquoi tu penses encore à elle ?

— Allez, viens. On s'en va. Tu t'appelles comment ? Moi c'est Nadia.

Elle ne bouge pas.

— Il me faut le générateur.

Je hausse les épaules.

— C'est si important ?

Je comprends soudain d'où vient cette impression de familiarité. Avec son visage rond et ses yeux sombres, elle me rappelle Zoé, une membre de l'équipe. Enfin, une *ancienne* membre de l'équipe, vu qu'elle en a été éjectée.

— Oui, répond-elle de sa voix au timbre particulier. Les gens sont en train de se geler, de l'autre côté. Il y a des bébés, des personnes âgées. La tension monte. Bientôt, des bagarres vont éclater. C'est inévitable, tu sais. Il pourrait y avoir des *morts*.

Elle exagère. Même si elle donne l'impression de croire sincèrement qu'un drame pourrait se produire.

— Le manager ne m'aime pas parce que ce n'est pas lui qui m'a embauchée, ajoute-t-elle. Il attend le premier prétexte pour me virer. Si j'y retourne les mains vides, il n'hésitera pas.

Delphine aussi a renvoyé Zoé, sautant sur le premier prétexte venu. Parce qu'elle ne l'avait pas choisie ni formatée. Parce qu'on la lui avait imposée. Parce qu'elle lui résistait.

— J'ai terriblement besoin de ce job. À part le manager, tout le monde est sympa ici. On se serre les coudes. On est une vraie équipe.

Je me libère de son étreinte. *Une vraie équipe*. Ces mots ont une drôle de résonance, dans sa bouche. Une résonance ironique. Ils me mettent mal à l'aise.

— Je ne sais pas…

Ses mains pressent à nouveau mon bras.

— Tu veux bien rester avec moi ? Juste un peu ? Le temps que je trouve le… Est-ce que tes parents vont s'inquiéter ?

Mes parents ? Ça fait longtemps qu'ils ont démissionné. Qu'ils ont délégué leurs responsabilités. Pour eux, je suis une espèce d'ovni, une machine à collectionner les titres et les médailles. On ne parle plus la même langue – d'ailleurs, on ne se parle plus, ou presque. Ils ne savent même pas si je suis heureuse. Ils s'en fichent. Tant que je suis la meilleure.

Je regarde la serveuse. Elle a l'air effrayée, épuisée. Défaite. J'ai honte de me plaindre. Elle doit vivre des trucs autrement plus durs que mes problèmes de régime et de championnats.

— OK, on y va. On cherche chacune de notre côté, d'accord ? Ça ira plus vite.

Elle me sourit. Une fossette creuse sa joue.

C'est à cet instant précis que j'entends un long cri de terreur, qui me glace le sang.

Si seulement j'avais pu traverser, moi aussi… mais c'est impossible. Si j'abandonne à leur sort les innocents qu'elle a enfermés ici, au cœur de la tempête, dans cette aire d'autoroute saturée de bruits et d'odeurs grasses, ils s'entretueront. Elle se nourrira de leur violence, de leur folie et plus personne, alors, ne sera en mesure de l'arrêter. Son pouvoir multiplié par cent, par mille, elle profitera de cette nuit pour déverser les enfers sur ce monde.

Je dois rester. Pour empêcher le pire. Et parce que je suis incapable de la détruire. Nos cendres et nos os sont mêlés ; seule, je ne peux pas me dresser devant elle et l'affronter. J'ai besoin de leur aide. Hadrien. Nadia. Maxance. Les descendants de ceux qui nous ont jadis condamnées. Je perçois déjà ce lien transgénérationnel qui les unit alors qu'ils se sont juste croisés. C'est à eux de la bannir de ce monde une bonne fois pour toutes. S'ils survivent, ils resteront unis pour la vie.

S'ils survivent.

Déjoueront-ils les pièges monstrueux tendus par son esprit malade ? Réussiront-ils là où tant d'autres ont échoué ?

Ils sont si jeunes… si fragiles… gonflés de chagrins anciens et d'espoirs neufs…

Comme je l'étais, il y a tant d'années. Comme l'étaient toutes celles qui ont été montrées du doigt, poursuivies, enfermées, brûlées.

Pour nous, qu'ils appelaient sorcières, ils ont inventé de noires litanies et conçu des tortures raffinées.

Sans savoir quelles tempêtes, venues de l'au-delà, ils allaient déclencher.

Sans savoir qu'ils condamnaient des générations à payer pour leurs crimes. Pour les siècles des siècles.

10
MAXANCE

Nadia. Sarah. Aucune des deux. Je ne sais plus. Leurs silhouettes se confondent. Bleues toutes les deux dans la pénombre.

Sans me regarder, elle enjambe la rambarde enneigée.

Bascule.

Je me précipite pour l'en empêcher.

Douleur brutale au niveau de la gorge. Elle tombe. Je hurle. J'essaie de la retenir, de la rattraper, quelque chose me tire en arrière, une corde passée à mon cou… Une corde qui m'étouffe…

Des flammes lèchent mes pieds, s'élevant des ballots de paille entassés sur le bûcher… Je me débats, la corde blesse ma peau…

Je hurle.

Et je reprends mes esprits. Au bord du vide.

Tout a disparu, avalé par le grand blanc et les hurlements de la tempête.

Merde. C'était quoi, ça ?

L'étau se desserre. Un peu. Je sens une présence derrière moi.

— C'est bon ? Je peux te lâcher ? interroge une voix grave.

— Oui.

Je me retourne lentement. En face de moi, le motard que j'ai aperçu tout à l'heure. Le motard qui ressemble à Romain. Il m'observe de son regard calme et noir, l'air impavide.

— Moi, ça va. Mais elle…

— *Elle* ?

Je scrute l'autoroute en contrebas ; perçant l'obscurité grandissante, je cherche sur le sol blême la forme inerte que j'ai échoué à retenir. Je ne vois rien. Peut-être a-t-elle été sauvée par la poudreuse épaisse ? Peut-être s'est-elle relevée ? Enfuie ? À moins que...

— Il y avait cette fille, sur la rambarde, dis-je d'un ton mal assuré. J'ai voulu l'empêcher de sauter mais...

— Il n'y avait personne d'autre que toi, répond-il sans lâcher mon épaule. Tu t'agitais, tu criais, mais il n'y avait personne. Vraiment personne... Et tu as failli te précipiter dans le vide. Comment tu t'appelles ?

— Max. Et toi ?

— Hadrien. Très bien, Max : j'ai combien de doigts ? poursuit-il en brandissant sa main devant mon nez.

— Cinq. Tu peux t'écarter maintenant. Je ne vais pas m'envoler.

— De dix mètres, tu ne t'envoleras pas, en effet. Ton crâne s'écrasera plutôt sur la route. Max, dis-moi la vérité : tu as pris de la drogue ?

— Pardon ?

— Tu as ingurgité des pilules, des cachets ? reprend-il très sérieusement. Tu peux me le dire, je ne suis pas de la police. LSD ? Ecstasies ? PCP ? Ou même du cannabis ? À forte dose, si la résine est coupée avec d'autres substances, ça peut provoquer de très mauvais trips.

— C'est une blague ?

Visiblement pas, au vu de son expression.

— D'accord, tu n'es pas obligée de me répondre, poursuit-il, imperturbable. Je comprends que tu sois gênée...

— Je. Ne. Me. Drogue. Pas.

Hadrien cligne des yeux, plaque un sourire sur son visage.

Une bouffée de colère m'envahit, balayant les mauvais souvenirs, l'inquiétude, le désespoir de ne pas avoir sauvé cette *apparition*, le soulagement de ne pas l'avoir aperçue en bas, les vacances pourries, les remarques à la con de ma grand-mère, la solitude, la culpabilité qui ne me quitte pas depuis la TS[2] de Sarah, le ras-le-bol d'être jugée, la pitié de ce type qui m'a collée dans une case, lui aussi, sans même me laisser une chance d'expliquer ce que j'ai vu. Et je hurle !

Pas de mots. Pas d'insultes.

Juste ce cri qui n'en finit pas, qui s'enroule dans le vent, disparaît dans le blizzard.

Enfin, je m'arrête, à bout de souffle. Vidée. Apaisée. Grelottante de froid. Hadrien a reculé. À son regard, j'ai l'impression qu'il me prend pour une folle.

Inutile de lui parler de la corde autour de mon cou, des flammes sur ma peau. Ni de formuler mes soupçons sur la nature de l'apparition. Et s'il s'agissait d'une prémonition ?

— Je ne me drogue pas, dis-je de nouveau, profitant de sa perplexité pour m'exprimer plus posément. Mais il y avait cette silhouette sur la rambarde, je l'ai vue… J'ai cru que c'était Nadia…

— Tu étais seule, Max. Je te le promets. Et si ça n'avait pas été le cas, il y aurait un cadavre, là, juste sous la passerelle.

Toujours ce ton raisonnable, presque doctoral, qui me donne le sentiment d'échanger avec un vieux machin poussiéreux et pas avec un garçon qui n'a guère que trois ou quatre ans de plus que moi. Je pince les lèvres, réprime une remarque cinglante. À quoi bon ? Il ne me croira pas.

D'autant moins maintenant.

Heureusement que la tempête couvre tous les bruits.

Heureusement qu'il n'y a personne d'autre que nous.

Sinon, Hadrien ne serait pas le seul à me prendre pour une tarée.

— Admettons. J'ai *cru* voir une forme sur le point de se jeter dans le vide. Tu as *cru* que je voulais me suicider. Tu as voulu m'en empêcher. Même si ça n'était pas le cas, c'était cool de ta part. Merci.

---

2. TS : tentative de suicide.

Je suis satisfaite de ma répartie. Je n'ai pas été assez convaincante, visiblement, car il me dévisage, l'air dubitatif.

— Je te raccompagne, décide-t-il, prenant la direction de la station.

Il s'arrête au bout de quelques pas, se retourne, sourcils froncés, impatient.

— Tu viens ? J'ai autre chose à faire que…

Cette fois, j'explose.

— Je ne t'ai rien demandé, Hadrien ! Je n'ai besoin de personne, et surtout pas d'une nounou ! Maintenant, si tu veux bien m'excuser, j'ai une copine à rattraper avant qu'elle fasse une connerie…

Sans attendre sa réponse, je fais volte-face et m'élance vers l'autre côté de la passerelle.

Nadia n'est pas une copine.

Pas même une connaissance.

Mais l'expression de son regard, sa révolte, sa détresse, m'ont touchée en plein cœur. S'il lui arrivait quelque chose, je m'en voudrais. À mort.

Pas deux fois. Pas deux fois Sarah.

J'accélère. J'atteins la vieille porte métallique, grande ouverte sur l'obscurité.

Une gueule béante.

Je m'arrête, saisie par une angoisse soudaine. L'intuition que, si je m'engouffre dans ces ténèbres, je ne pourrai plus faire demi-tour. Jamais.

Après Orphée, Max aux Enfers. En espérant que la fin sera moins tragique…

J'hésite encore. Au moment où je m'apprête à descendre, j'entends des pas. Hadrien. Encore lui. Il m'a rattrapée sans un mot.

— Je t'ai dit que j'avais pas besoin d'aide.

— J'avais compris, rétorque-t-il sèchement. Mais les imbéciles de la station-service ont envoyé une employée chercher un générateur de secours dans l'ancien musée. Elle est seule. Ce n'est pas *safe*.

Première fois depuis que je l'ai rencontré que je perçois une véritable émotion dans sa voix. Comme un vernis qui se craquelle. Son inquiétude me touche, le rend presque vulnérable.

— OK. Allons-y ensemble, alors.

Allumant les lampes de nos téléphones, nous nous engageons dans l'escalier. Derrière nous, les hurlements de la tempête sur la passerelle délabrée sont vite étouffés. Autour de nous, la température chute brutalement. Et la pénombre se pare l'espace de quelques secondes de miroitements bleutés.

Comme la fille sur le pont.

C'est quoi, ça ? Un avertissement ? Dans mon dos, la lumière. Devant moi, le royaume des morts ? C'est le soir d'Halloween, après tout…

À cet instant, dans un grincement sourd, la porte se referme derrière nous.

11
HADRIEN

Vétérinaire. C'est ce que je vais devenir si je continue à récupérer les oisillons aux ailes cassées qui veulent sauter du nid. Or, je suis destiné à la neurochirurgie, pas au sauvetage de bestioles. Et pourtant, impossible de ne pas faire demi-tour quand Max décide de se rendre de l'autre côté de l'A6. Cette fille abîmée par même pas vingt années au compteur : un miroir de ma propre existence ?

Je lui emboîte le pas, sans trop savoir pourquoi. Enfin, si, car j'avais prévu d'aller aider Jessica. Elle est partie depuis trop longtemps. Et me voilà maintenant à côté d'une junkie. J'ai vraiment du mal à supporter les personnes qui se balancent des trucs dans le corps pour oublier la réalité. Par manque de volonté.

Allez, Hadrien, sois compatissant, si ça se trouve, ce n'est pas la drogue. Elle a peut-être des troubles neurologiques. Tu pourrais en faire un cas d'étude.

J'essaie donc l'option du médecin sympa avec un « allons-y ensemble ». De toute manière, nous allons dans la même direction. N'ai-je pas prêté le serment d'Hippocrate – puisque ma famille m'a poussé dans cette voie ?

Courant d'air glacé. Je remonte le col de mon blouson. Nous venons d'atteindre la porte en bas de la passerelle. Un vent violent s'est levé, nous poussant vers le battant métallique.

Comme si les éléments voulaient que nous passions de l'autre côté de l'autoroute.

Comme si *quelque chose* nous y poussait. Un furtif instant, j'ai même le sentiment qu'une main invisible se pose entre mes omoplates pour me faire avancer.

— C'est glauque, hein ?

Je hausse les épaules sans répondre. À cet instant – *VLAM !* – la porte claque dans notre dos. Nous sursautons tous les deux.

— Bienvenue dans la maison hantée, lance Max dans une piètre tentative d'humour.

Je regarde alentour en enfilant ma cagoule de motard. Nous sommes pourtant à l'intérieur d'un bâtiment. Au premier abord, ancien, mais venteux à ce point ? Aucun indice pour me préciser par où Jessica a pu passer.

Max fait un pas, écrasant un petit bloc de mortier. Je me tourne vers elle.

— Elle ressemble à quoi, ta copine ?

— À une dealeuse, pourquoi ? rétorque-t-elle sèchement.

Je soupire. Je prends sur moi et je fais un effort tout en avançant.

— Désolé. Je ne voulais pas te blesser. Enfin...

— Laisse tomber. Nadia est brune, avec les cheveux attachés et l'air trop sérieux. Une quinzaine d'années, peut-être seize. Plus grande que moi. Plus sportive. Je ne la connais même pas vraiment, mais elle était franchement mal la dernière fois que je l'ai vue. Je ne peux pas l'abandonner.

— Tu ne me sembles pas en très bon état non plus. Tu devrais plutôt aller te mettre à l'abri avec les autres, dans la boutique de la station. Moi, je dois continuer dans cette direction. Si je trouve Nadia, je la rapatrie. D'accord ?

— Non.

— Sois raisonnable, Max...

— Et toi, fous-moi la paix. Je n'ai pas besoin d'escorte, ni de conseil d'ailleurs, et je ne suis pas une demoiselle en détresse.

— Non, mais tu as failli sauter. Je préfère m'assurer que tu ne vas pas recommencer...

Je ne sais pas pourquoi je m'obstine à vouloir la protéger. L'étudier, plutôt ?

— Je n'ai pas sauté. Je ne vais donc pas *recommencer*. Je n'ai pas besoin d'un chevalier servant. Alors, enlève ton casque, ton armure et respire un bon coup, d'accord ?

Sans attendre ma réponse, elle fait volte-face et s'éloigne, signifiant très clairement qu'elle met un terme à notre discussion. Je me pince l'arête nasale et prends une bonne respiration. Des émotions contradictoires se bousculent en moi. Je n'ai pas l'habitude. Je n'ai *plus* l'habitude. À croire que croiser Jessica m'a rendu perméable à... non, ça doit juste être la fatigue.

Je tente de me persuader que Max est un cas d'étude. Elle m'agace et, en même temps, me bluffe par sa volonté d'aller de l'avant. Cette fille pourrait être extraordinaire si elle n'avait pas voulu se jeter de la passerelle. À moins que cela ne soit autre chose... et si cette « présence » avait essayé de la pousser ? *Tu délires, Hadrien !* Je secoue la tête et lui emboîte le pas. Je me force à l'observer avec détachement, notant dans un carnet mental ses yeux clairs et sa peau blafarde, son piercing au coin de la narine gauche, ses cheveux teints en noir corbeau, avec une mèche rose pâle, qui se marient parfaitement avec l'ambiance d'Halloween, son jean moulant couvert aux chevilles par des chaussettes tête de mort, ses Doc Martens.

Son sac à dos semble énorme par rapport à sa frêle stature.

Anorexie ?

J'ai un soudain besoin de la comprendre. Elle m'intrigue. Et surtout, je pourrais peut-être l'aider. J'ai beau me persuader qu'elle n'est pas un animal en détresse, c'est plus fort que moi : je ne peux pas la laisser tomber. Est-ce une sorte de nécessité maintenant que je l'ai sauvée ? Ou cet écho du passé et l'enterrement du Général sont-ils des signaux soulignant que je peux maintenant vivre ma vie ?

Bien sûr, Hadrien, une aire d'autoroute et deux rencontres vont chambouler ta vie !

Après la pénombre d'un long sas aux peintures fanées, nous débouchons sur un couloir éclairé par la lumière grise d'une fenêtre.

— *Stalker*, en plus ? me lance-t-elle en se retournant à peine.

J'efface immédiatement mon sourire naissant. Je préfère ne pas répondre à sa provocation. Il faut qu'au moins l'un de nous deux soit adulte. Max est entrée dans les vestiges des W.-C. Côté dames, bien sûr. J'imagine qu'elle cherche sa copine – en fuite ou imaginaire – à l'intérieur d'une cabine. Par réflexe, je pénètre dans l'espace dédié aux hommes. C'est sinistre : des morceaux de miroir sont éparpillés sur le sol carrelé, des tags défraîchis décorent les parois fissurées. Je découvre les vestiges d'une affichette vantant la « nouvelle » exposition du musée : *L'aire des sorcières*. Au-delà du jeu de mots douteux, il s'agit de raconter l'histoire de ces femmes victimes de la bêtise humaine et des superstitions à travers le prisme de procès en sorcellerie. Pourquoi pas ? En tout cas, pour le marketing d'Halloween, le timing est parfait. Le visuel délavé a facilement trente ans : est-ce que la France avait déjà adopté cette propagande américaine à l'époque ? Peu m'importe, en réalité. Je pivote. Un urinoir gît, fracassé, dans un coin. Je m'approche des lavabos. J'appuie sur un robinet. Une unique goutte tombe sur la faïence.

Rouge sang.

Recul brusque.

Hadrien ! La tuyauterie est vieille. Normal que l'eau ne soit pas claire !

Vite, je sors et rejoins Max à l'entrée.

— C'est désert. Tu sais, peut-être que personne n'est venu ici. Peut-être que…

Je cherche mes mots, je me montre rationnel pour éviter de penser à cette tache écarlate – *juste de la rouille, Hadrien.*

Je poursuis :

— Enfin, je réfléchissais et je me disais que si tu as subi un traumatisme récent, cela peut expliquer pourquoi…

Max me dévisage. Son regard est aussi glacé que la température extérieure. Elle me tourne le dos, continue d'avancer. J'ai le sentiment d'avoir touché juste. De l'avoir blessée, également. Je ne suis pas bon psychologue. Ou alors, comme l'a souligné la semaine dernière une interne de l'hôpital, il est possible que je manque d'un *soupçon* d'empathie.

Max s'en va.

J'hésite, déçu par moi-même. J'aurais dû être plus subtil. L'option du cas d'étude est stupide. Ce n'est pas difficile de s'auto-analyser, en réalité : la chevelure de Jess de dos, elle se retourne, et d'un coup je reviens à ce moment de mon histoire où je n'étais pas froid et analytique comme un simple microscope. Pourtant, c'est ce qui m'a préservé jusqu'à présent. Et ce qui est plus compliqué maintenant, c'est de savoir si je poursuis un souvenir de mon adolescence ou l'humanité que me renvoie Max.

Je la suis.

Silencieux. Il est préférable que je lui laisse de l'espace. Au moins le temps qu'elle se calme.

Mes semelles crissent sur des gravats. Même si nous sommes à l'abri du vent, il fait froid. Un froid qui s'immisce sous les vêtements, mord la chair, les os. Je me rappelle avoir appris qu'une telle sensation n'est parfois qu'une réaction physiologique à la peur.

Je suis mal à l'aise, c'est certain. Mais de là à éprouver ce type d'émotion…

Elevation d'Hildur Guðnadóttir me revient en tête. D'habitude, la musique de la compositrice accompagne mes longues soirées d'étude. Les phrases tristes et grinçantes des cordes se répercutent à l'infini dans mon esprit.

Je secoue la tête.

N'importe quoi, Hadrien ! Tu es là pour Jessica, pas pour faire le somnambule !

Je sursaute. Là ! Sur le mur ! J'ai cru voir les traits de mon ancienne copine. Je peux bien me moquer de Max et de ses hallucinations !

J'éclaire la paroi : il n'y a rien d'autre que des craquelures, des fissures, des boursouflures.

Je me pince le dessus de la main. Illusion d'optique. Rien d'autre.

Je me rappelle la phrase surgie de nulle part, quand j'ai pris mon café, dans la station.

Vous ne devriez pas être seul.

Peut-être qu'en plus de la fatigue, revoir Jessica m'a perturbé plus que je ne le pensais. J'en suis persuadé. Même si notre histoire appartient au passé. Non, je dois aller de l'avant. C'est ce qu'on attend de moi. C'est ce qui me maintient en vie. Fin de l'histoire.

Je dépasse la réserve. Max y est-elle entrée ? Par réflexe, je regarde le sol : il y a eu du passage ici.

Le vent s'engouffre par une porte-fenêtre brisée. C'est donc pour ça qu'on se gèle, dans le coin ! Rien de plus, encore une fois.

Je reviens sur mes pas. Je pénètre dans la réserve, trébuche sur un obstacle. De grands panneaux de plastique entassés, les restes de l'exposition sur les sorcières. Je jette un œil pour confronter mon regard scientifique aux histoires portées par le bouche-à-oreille. Est-ce pire que nos chaînes d'infos en continu ?

... le Moyen Âge a eu son lot de rebouteuses, de femmes qui guérissent, herboristes et magnétiseuses. Contrairement aux croyances populaires, ce n'est pas durant cette période de l'histoire qu'elles ont été accusées de sorcellerie, chassées et brûlées par l'Inquisition et les autorités au service de l'État, mais à partir de la Renaissance. Certaines historiennes mettent en parallèle les persécutions subies par ces sages-femmes et ces rebouteuses avec l'avènement de la médecine. D'ailleurs, il est intéressant de noter que...

Blam. Je sursaute. Encore. J'agite ma lampe ; je ne vois rien.

— Purée. Max ! Max, tu es où ?

Silence. J'ai vraiment dû toucher la corde sensible pour qu'elle ne me réponde pas. Je suis un crétin : si elle se blesse, j'aurai l'air malin.

Je contourne une grande étagère. Un faisceau apparaît plus loin. J'allonge le pas. Enfin, je l'aperçois.

— Alors, tu as vu quelqu'un ?

— Je n'ai pas eu d'autres délires, si c'est ce que tu veux savoir. Mais j'ai vu des traces de pas.

Il y a un manque d'amabilité certain dans sa voix. Probablement que je ne l'ai pas volé.

— Très bien, Max. Je te propose de t'aider à chercher ton amie si tu m'aides à retrouver… euh… la fille de la station.

— La fille de la station ? C'est qui ? Ton dernier *crush* ?

— Non, pas du tout… Disons que je l'ai connue dans une vie passée. Peu importe…

— D'accord, dit-elle, radoucie.

Pourquoi est-ce que tu te justifies ? Un besoin de te confier, à force d'être seul ? La culpabilité ? Ou juste parce que Max t'inspire naturellement confiance ?

Nous avançons en parallèle. La salle est bien plus vaste qu'elle ne le paraissait au premier abord. Et plus inquiétante. C'est probablement à cause du manque de luminosité. Je prends sur moi. Toutefois, mon cœur bat plus fort : réaction normale engendrée par le stress et l'épuisement. Pas forcément de l'inquiétude.

— Beurk ! Regarde ça…

Max éclaire des animaux empaillés, des trophées de chasse oubliés sous une tonne de poussière et de toiles d'araignées.

— Pauvres bêtes…

— C'est vraiment glauque, ici, souffle Max. On se casse ?

J'acquiesce. J'ai toujours détesté la chasse. Et ce, bien avant que le Général décide de m'embarquer dans les bois, fusil en main. Il voulait passer du temps avec moi et m'apprendre à manier les armes à feu. « On ne devient pas un homme uniquement par la théorie des livres, il faut parfois tuer et mettre les mains dans le sang pour se rendre compte de l'importance de sa propre vie. » J'ai tiré trois fois.

La seule blessure fut celle que la crosse avait faite dans mon épaule à cause du recul. Mais en revenant de cette virée « entre hommes », mon grand-père clama que nous avions rapporté trois lapins. Ma grand-mère me força à l'aider à les vider. Le lendemain matin, quand mes parents me demandèrent si j'avais aimé cela (j'avais cauchemardé toute la nuit la mort de ces petits êtres sensibles et innocents), je répondis simplement : « Non. » Et le Général ajouta simplement : « Il s'y fera. »

Je détache mon regard des trophées. Max et moi nous retrouvons dans le couloir jonché de débris. Des flocons s'y engouffrent par la porte-fenêtre brisée. Dans la cour, j'aperçois la silhouette massive d'un grand chêne.

— On va mourir congelés, murmure Max.

— Normal, ce bâtiment est une ruine…

— On dirait un asile… Tu sais, les vieux asiles d'aliénés dans les films d'horreur ? Tu ne trouves pas ?

— Je n'y connais pas grand-chose, mais je reconnais que l'ambiance est assez sinistre…

Je m'approche de la fenêtre brisée, attiré par cet arbre au tronc massif, dont les branches épaisses sont recouvertes de neige.

— Je le trouve effrayant.

— Il participe à l'ambiance générale, c'est sûr, dis-je avant de me détourner. Un effet de la tempête…

Nous continuons à chercher.

— Là ! crie soudain Max. Une lumière.

En effet, un filet jaune pâle brille sous une double porte. Une plaque dorée, fixée au mur, indique l'entrée du musée.

Je pousse le battant. Quelque chose en bloque l'ouverture. Coup d'épaule. Je glisse, me rattrape à la poignée de justesse et tombe nez à nez avec deux personnes.

Hurlements de stupeur. D'effroi.

— Désolé, je bredouille.

Une fille nous dévisage, Max et moi. Elle se tient en position de défense, un morceau de bois serré dans les mains, et attend manifestement une réaction de Jessica. Celle-ci me fixe d'un regard morne, sans rien dire.

Max sauve la situation.

— Je le connais, Nadia. Il est avec moi.

— D'accord, concède l'adolescente au visage sérieux. Et du coup, qu'est-ce que vous foutez là ?

12
NADIA

J'expire, mes doigts se relâchent, le bout de bois que j'ai attrapé par réflexe tombe par terre avec un bruit sec. J'ai déjà croisé les nouveaux venus dans la station, tout à l'heure. La fille en noir – Maxance – dans les toilettes. Le motard, je l'ai juste aperçu. Avec sa cagoule, il ressemble un peu à un tueur.

Ma compagne le scrute avec une étrange fixité.

Jessica. Trois syllabes prononcées à l'instant, d'une voix hésitante, par Hadrien.

Je me rends compte qu'elle ne m'avait pas dit son prénom.

Son expression est carrément flippante. Un mélange de colère et d'avidité que je ne m'explique pas très bien. Qu'y a-t-il entre eux ? De l'attirance ? De la haine ? Pour ce que j'en sais, ça peut se ressembler, parfois. Zoé est sortie l'année dernière avec un type de l'équipe masculine. Pendant deux ou trois mois, elle était au top : elle n'avait jamais réussi de si belles performances. Ses enchaînements au sol, surtout, s'étaient améliorés. Avant, elle ressemblait un peu à un automate ; après, il y avait de l'émotion, ses sauts et ses mouvements sur le tapis racontaient quelque chose. Je me souviens de ça – c'était incroyable. J'étais presque jalouse. Et puis tout est parti en vrille. Thomas l'a larguée pour une autre, une qui ne suivait pas de régime, qui ne se couchait pas à 21 heures tous les soirs, qui faisait la groupie dans les tribunes. Je me suis dit que l'amour, c'était une belle arnaque. Et que les mecs, c'était nul. Zoé, elle, était dévastée. Quelques semaines plus tard, Delphine la renvoyait de l'équipe. Trop « instable ». Trop maigre.

Sans compter la dispute dans le bureau. Et l'incident.

Après ça, Delphine s'est montrée sans pitié.

Bien sûr, moi, j'ai zéro expérience en la matière. Et on ne peut pas dire que ma coach m'encourage à me demander si j'ai un cœur ou des papillons dans le ventre. C'est strictement interdit. « Tu ne veux pas finir comme elle, j'espère ? »

Bon, on ne va pas rester là à se regarder sans bouger – si ? La fille en noir doit penser la même chose car elle fait un pas vers nous.

— Moi c'est Maxance, se présente-t-elle à Jessica.

Celle-ci la dévisage sans un mot.

— Hadrien, voici Nadia, poursuit-elle. On vous cherchait…

— Vraiment ?

Le ton de la serveuse est glacial. Hadrien regarde le bout de ses bottes. Dans la mauvaise lumière de nos lampes-torches, avec sa cagoule, on dirait vraiment un ninja. J'en ai marre, j'ai froid, j'ai envie d'une autre pizza. Ce goût dans ma bouche… C'était comme si j'avais mâché un bout de vraie vie. De vie *normale*. Et j'ai envie de recommencer, et non, je ne me ferai pas vomir après.

Je me tourne vers Maxance et j'attaque :

— C'est toi qui as crié comme ça ?

— Eh bien…

Elle coule un regard furtif vers Hadrien, qui hausse les épaules. Je m'énerve :

— Ça ne va pas ? On a cru que quelqu'un se faisait égorger par un taré. Ou alors qu'il y avait *vraiment* un spectre ici.

— Un spectre ? relève-t-il.

Max s'approche de moi.

— Je m'inquiétais pour toi, dit-elle à voix basse. La cyborg… enfin, la femme qui t'accompagne… te cherche partout. Vous vous êtes disputées ?

Je lâche un petit rire.

— Ça, on peut le dire. Cyborg, hein ? Ça lui va bien, à ma coach.

— Tu es...

— ... gymnaste. C'est gentil d'être venue jusque-là, mais tout va bien. J'avais juste besoin d'air. De ne pas être fliquée pendant un moment.

Je ne sais pas pourquoi je l'agresse. Max s'inquiétait pour moi, ça ne veut pas dire qu'elle me surveillait. Elle a l'air sympa, en dépit de ses vêtements couverts de têtes de mort (ou à cause d'eux ? Delphine détesterait...). Mais je me méfie – de tout le monde. Je me souviens du jour où Delphine a donné un petit carnet à ma mère, la vraie, en lui disant de noter dedans tout ce que je mangeais, les quantités, la proportion de protéines, de lipides et de glucides, les écarts, les grignotages, enfin tout. Je me suis sentie tellement mal. Et quinze jours plus tard, en rentrant de l'entraînement, j'ai vu, bien en évidence sur la table de la cuisine, les trois paquets de chips que j'avais planqués dans le tiroir sous mon lit, entre mes pulls d'hiver. Un vrai cauchemar.

— J'ai vu l'ombre d'un cerf, reprend Jessica.

Je tourne les yeux vers elle en même temps que Maxance. Le timbre de sa voix est mécanique. Son visage, inexpressif.

— Un cerf ? murmure-t-elle.

— Et j'ai entendu des tambours. Des tambours qui faisaient... *boum... boum... boum...*

La manière dont elle s'exprime a quelque chose de glaçant. Hadrien, lui, ne semble pas perturbé et soupire. De sa bouche s'échappe une volute de buée. Je ne m'étais pas rendu compte que la température était si basse.

— L'endroit est à l'abandon. Il n'y a pas de lumière et la tempête souffle de plus en plus fort. Il y a de quoi stresser, explique-t-il d'un ton raisonnable après avoir jeté un regard furtif en direction de Maxance. Le stress peut te faire imaginer des choses. Et, ne le prends pas mal, Jess, mais tu es très pâle. À quand remonte ton dernier vrai repas ?

Cette fois, un rire sourd et grinçant secoue ses épaules. Vive comme un serpent, elle se plante devant lui et saisit son bras. Il a un mouvement de recul involontaire.

— Viens travailler une semaine au self et on en reparlera, des vrais repas, siffle-t-elle. Sur mes pauses, je n'ai parfois le temps d'avaler qu'une portion de frites tièdes et un steak. Mais c'est vrai, j'oubliais ! Tu n'as pas besoin de ce genre de job. Ta famille te paie tout. Il faut que le petit génie puisse se concentrer sur ses études pour devenir un chirurgien célèbre. Parce que c'est le but de ta vie, non ? Quel qu'en soit le prix.

Il y a de la rage en elle. Presque de la haine. Que lui a-t-il fait pour qu'elle lui en veuille autant ?

— Jess… Je…

D'abord surpris, Hadrien se détourne, la tête basse. Elle le dévisage avec un sourire mauvais.

— Nous étions adolescents, Jess… Je… je suis désolé, murmure-t-il, l'air soudain moins sûr de lui (et un peu plus humain).

Ses yeux passent de Maxance à Jessica, reviennent se poser sur moi.

Il fronce les sourcils. Est-ce qu'il va me demander, à moi aussi, *à quand remonte mon dernier vrai repas* ? La réponse le surprendrait. Avec sa voix et ses paroles tellement *adultes*, il me fait un peu trop penser au diététicien que Delphine m'impose de consulter chaque mois.

— Écoutez… souffle Maxance.

Je l'observe. Elle est aussi blanche que Jessica. Mais ses yeux à elle, très clairs, soulignés de noir, brillent d'un éclat qui manque à ceux de la jeune serveuse.

— Là ! Ça recommence…

Cette fois, je l'entends. Une longue plainte désolée.

— C'est peut-être un chien, dit Hadrien, retrouvant un semblant d'assurance.

— Tu crois qu'il hurlerait comme ça ?

Je déteste quand j'ai cette voix de gamine apeurée. Je me racle la gorge, *allez, on descend d'une octave, Nadia.*

— C'est possible, répond Max. Tout à l'heure, j'en ai repéré un, près de la station. Le genre hirsute, efflanqué, moche, blessé… abandonné. Je l'ai appelé, mais il a eu peur et a filé de ce côté-ci de l'A6.

— Ce qui me fait penser qu'on devrait peut-être trouver ce générateur de secours, histoire de ne pas perdre de temps, et retourner au plus vite à la station, intervient Hadrien.

— Une perte de temps. Tu as toujours détesté ça, n'est-ce pas ? ricane Jessica.

Il blêmit, se détourne, visiblement meurtri.

Quoi qu'ils aient à régler, ce n'est pas mon problème. Et j'en ai assez de cette pénombre étouffante. Je marche d'un pas décidé vers l'entrée du musée, je repousse les battants. Un instant plus tard, je suis à l'extérieur, dans le crépuscule. La cour est balayée par de violentes bourrasques. Des flocons s'écrasent sur mes joues.

Il est là, son unique œil jaune rivé aux miens. Il a cessé de hurler. Ses poils noirs, autour de son nez, sont raides de givre, des caillots de neige brune – du sang ? – pendent à son cou.

Il ne bouge pas. Moi non plus.

D'une voix qui sonne étrangement à mes propres oreilles – comme si elle me parvenait de très loin –, je dis :

— C'est le chien.

Quelqu'un parle derrière moi, mais je ne l'entends pas. L'animal continue à m'observer. Un nuage de vapeur s'élargit autour de lui. Il voudrait me faire comprendre quelque chose, j'en suis sûre.

Maintenant, un brouillard de sons m'environne. Des sifflements, des plaintes. Des voix encore plus lointaines que la mienne. Je perçois des bribes de mots, aussitôt emportés. Cela dure… trente secondes ? Une minute ? Plus ? Je perds le fil. Puis tout s'apaise, la rumeur se retire comme une vague.

Je cligne des yeux.

Le chien a disparu.

Ils sont réunis. Nadia, Hadrien, Maxance.

La suite dépend d'eux, désormais.

Ici, le chaos s'est installé. À chaque minute qui passe, son pouvoir grandit et le mien s'affaiblit. J'espère que je tiendrai, cependant. Assez pour contenir leur colère, leur violence, leur folie. La dernière fois, je n'ai pas réussi. Les soldats qu'elle a attirés malgré moi dans son antre se sont entretués. Et leur aumônier, qui détenait les clés de son emprisonnement, est mort, une baïonnette plantée dans le torse.

C'était il y a un siècle. C'était hier.

Bientôt, il sera trop tard.

Moi aussi, j'aimerais me venger. Mais pas comme elle. Pas en aspirant l'âme de femmes et d'hommes innocents.

Maxance, Hadrien, Nadia.

Hadrien est un futur médecin, ce qui excitera la fureur de ma sœur. Les médecins ont souvent dénoncé les « sorcières », ces femmes qui réussissaient à guérir les malades qu'ils condamnaient à coup de saignées.

Maxance a des talents de médium. Des talents qui lui auraient valu le bûcher, sans doute. Sera-t-elle épargnée ?

Nadia est un oiseau aux ailes coupées. Mais je ne crois pas que sa fragilité lui vaudra la moindre compassion. La dernière à avoir franchi la passerelle l'était aussi, fragile et triste, et si vulnérable… Une proie facile.

Mon cœur saigne pour elle. Pour eux tous.

13
MAXANCE

Nadia a vu le chien disparaître dans un tourbillon de neige, derrière l'énorme chêne planté au milieu de la cour. L'espace d'un instant, j'ai discerné une ombre qui s'enroulait autour du tronc. Je me mords les lèvres. Je ne dirai rien. Je n'ai pas envie de passer encore une fois pour une folle ou une psycho aux yeux d'Hadrien. Et je ne veux pas faire peur à Nadia.

Un bruit de tambours résonne soudain dans mes oreilles.

BOUM. BOUM. BOUM.

Hallucinations auditives ? Quelqu'un a mis de la drogue dans mon café, peut-être. Ou alors, quelqu'un a mis de la drogue dans *toutes* les machines à café. Ça alimenterait ma théorie du film d'horreur, avec *slasher* machiavélique qui tenterait de nous terroriser avant de nous éliminer.

Ou alors, il y a réellement des tambours et Jessica a raison.

Cette fille me met mal à l'aise. Est-ce à cause de ses yeux clairs, un peu globuleux – comme ceux de Sarah ? Ou de ce qu'elle a balancé à Hadrien et de cette méchanceté dans sa voix ?

BOUM. BOUM. BOUM.

Le vent qui hurle dans mes oreilles et me cingle de ses flocons glacés ne parvient pas à étouffer les sons. Des sons réels, j'en suis certaine. Comme je suis sûre, désormais, qu'il y a quelque chose de détraqué ici – dans ce musée, avec ses bêtes empaillées, son arbre isolé, dénudé, menaçant, et avec ce chien, qui a disparu comme un fantôme, avalé par la tempête.

Je rejoins Nadia devant le perron du musée, vieux bâtiment de briques avec un porche à colonnes et une grille rouillée.

— C'est l'entrée principale, j'imagine, me dit-elle. Tu crois qu'on aurait dû commencer par là ?

J'ai l'impression qu'elle tente de me faire oublier sa mauvaise humeur.

— Pour chercher le générateur ?

On échange un regard. Derrière nous, Hadrien et Jessica patientent, le visage fermé, dans la même attitude maussade.

— Oui. Je ne peux pas t'expliquer pourquoi, mais j'ai l'impression que cet endroit est...

— ... hanté ? je souffle.

Nadia hoche la tête, sans rien ajouter. A-t-elle peur qu'Hadrien se moque d'elle ? Je le soupçonne d'être trop déstabilisé par la proximité de Jessica pour s'intéresser à nous.

Les tambours se font plus insistants. Une invitation à passer ce seuil – ou un avertissement ?

— Qu'est-ce qu'on fait ? chuchote Nadia.

BOUM. BOUM. BOUM.

— Jess, tu crois que le générateur pourrait se trouver là ? demande Hadrien.

Absorbée par ses pensées, elle ne répond pas. À moins qu'elle n'écoute, elle aussi, les tambours ?

Ils résonnent de plus en plus fort.

— Tu les entends, Max ? murmure Nadia. On dirait les pulsations d'un cœur. D'une dizaine de cœurs...

Je hoche la tête, soulagée de ne pas être la seule à percevoir ces rythmes sourds, inquiétants. Hadrien monte les marches, prêt à prendre la tête de notre expédition. Cela me décide à pénétrer dans la bâtisse plongée dans les ténèbres.

Crissements sous mes pieds. Frôlements de toiles d'araignées. Odeur pénétrante de moisi. Je frissonne, avec l'impression d'avoir basculé dans l'un de ces univers d'épouvante dont on raffolait, Sarah et moi. Je secoue la tête, passe la main sur mon visage et mes cheveux, chassant les filaments collants. Mon téléphone en guise de lampe de poche, j'éclaire de mon mieux la pièce. Les lumières des autres portables créent un étrange ballet sur les murs fissurés, couverts de crasse. Il y a un vieux guichet, des cartes postales sur un présentoir tournant et des brochures couvertes de poussière.

L'une d'elles annonce l'exposition sur les sorcières dont nous avons vu des flyers dans les W.-C. J'avise de vieux documents plastifiés. Typo manuscrite, plaques jaunes, poisseuses, rendant la lecture partiellement impossible.

… énormément de procès pour sorcellerie dans les alentours de l'actuelle aire du Vieux-Chêne. Le dernier d'entre eux fit suite au meurtre de Blaise Perret, forgeron de Saint-Crépin, âgé de vingt-sept ans. Ce furent cependant les accusations de magie noire qui retinrent l'attention des juges. Après tout, l'époque était encore celle de la chasse aux sorcières et celle-ci était particulièrement active dans notre région. Alors…

— Regardez !

L'exclamation de Nadia interrompt ma lecture. Je tourne la tête vers elle. Avec un sourire amusé, elle agite devant nous un porte-monnaie pelucheux en forme de citrouille.

Sur le comptoir, des casiers où traînent encore des porte-clés avec des chaudrons et des balais en résine, des fantômes phosphorescents et des chapeaux pointus, des pendentifs en pierres roulées et des magnets en forme de chats noirs.

— C'est dingue ! J'aurais jamais pensé que tout serait resté intact… dis-je à mi-voix.

— Peut-être que les gens ont autre chose à faire que voler des breloques dans un musée à l'abandon ? souligne Hadrien.

Par défi, je farfouille dans les quartz et les agates. Leur contact, contre ma peau, est doux. Je m'empare d'une grosse sphère d'un blanc laiteux : une pierre de lune.

— Tu en veux une, Nadia ?

Elle hésite un instant, fouille et sort un galet couleur de feu.

— Et toi, Jessica ? Tu choisis quoi ?

Celle-ci secoue la tête et recule, ramenant précipitamment les bras contre sa poitrine, comme si je lui avais proposé de plonger la main dans une marmite d'huile bouillante et non un casier rempli de pierres roulées.

— À toi, Hadrien !

— Non merci.

— Tu préfères une trousse-citrouille ? Un porte-clés fantôme ?

Il se détourne.

— Non. Le vol, ce n'est pas mon truc.

— Le vol ? raille Nadia. Mais on vole qui, là ? Le fantôme du caissier ?

Il hausse les épaules sans répondre.

— Laisse tomber, j'interviens. On se connaît depuis moins d'un quart d'heure, mais je sais déjà qu'il ne peut pas s'empêcher de casser l'ambiance. En fait, son vrai nom, ce n'est pas Hadrien, c'est Jiminy Cricket…

À cet instant, un souvenir jaillit de ma mémoire, et j'ai la sensation d'étouffer. Je suis agenouillée, dans la cour du collège, au milieu d'un cercle d'enfants. Je ne vois pas leur visage, mais j'entends leurs insultes : *Max la limace, Max la feignasse, Max la tignasse, Max la sorcière qui pue comme un derrière…* Je ne sais plus ce qui avait provoqué leur haine. Mes cheveux roux ? Ma langue trop bien pendue ? Ce que je sais, en revanche, c'est que les surnoms peuvent faire aussi mal que des coups. Soudain j'ai honte de mes mots, de mon comportement. Ce que je viens de dire, c'est moche. C'est vrai qu'Hadrien n'est pas sympa. Mais ce n'est pas une raison pour faire de lui le bouc émissaire de notre petit groupe. Et puis Jessica, que je ne sens vraiment pas du tout, se charge de lui rappeler toutes les deux minutes à quel point elle le déteste.

— Excuse-moi. Je n'aurais pas dû te sortir ça. Je le pense. Sincèrement.

Il me dévisage, décontenancé, puis esquisse un faible sourire.

Cette fois, j'entrevois une fissure dans la muraille qu'il a créée entre les autres et lui. Mes mots l'ont touché, plus qu'il ne le laisse paraître. Pourquoi ? Je l'ignore. Mais, lorsque nos regards se croisent, un voile de tristesse recouvre brièvement le sien. Je me retiens de le toucher. Il devine mon geste, comprend que je respecte sa pudeur. Nous nous éloignons l'un de l'autre. L'incident est clos.

Plantée devant le présentoir de cartes postales, Jessica contemple le vide. Visage neutre. Traits réguliers. Nez droit. En cet instant, elle ne ressemble plus vraiment à Sarah. Plutôt au genre de filles auxquelles on aurait voulu ressembler, elle et moi. Les filles tranquilles, sages, jolies, bien élevées, sans surprise, qui plaisaient aux garçons sans les intimider. Le genre d'Hadrien, j'imagine ? Je chasse la bouffée de jalousie qui me traverse. À cet instant, elle tourne la tête vers moi et esquisse un sourire. Dans le clair-obscur du musée, il ressemble à une grimace. Réprimant un frisson, je le lui rends et me détourne rapidement.

Soudain, Nadia pointe sa lampe en direction du plafond. Une ombre s'enfuit dans l'obscurité : c'est une chauve-souris.

— Je ne crois pas que le générateur soit dans le coin, intervient Hadrien après s'être raclé la gorge. On va voir de ce côté ?

Sans attendre, il se dirige vers la galerie. Une plaque dorée, fixée au mur, indique qu'il s'agit du sens de la visite.

Évidemment. Il ne pouvait pas aller à rebours. Il suit toujours le droit chemin. Il obéit, bien sagement, surtout ne pas sortir du rang, faire ce qu'on demande, ne pas penser, des fois que ce soit dangereux, quitte à mentir, se mentir, blesser les autres et s'étonner d'en payer le prix…

L'espace d'un instant, un poignard brille dans l'obscurité. Des giclures de sang jaillissent devant mes yeux, et les yeux

– d'Hadrien ? de Romain ? d'un inconnu ? – s'écarquillent de terreur. Je sursaute, étouffant un cri.

STOP ! C'est quoi, ça ? Ces pensées haineuses ? Démentes ? Ce n'est pas moi !

Cela ne me ressemble pas.

Même si, au lycée, je ne supportais pas les filles comme Jessica. J'ai grandi, depuis. Et surtout, jamais, *jamais* je n'ai voulu tuer quelqu'un.

Enfin, ce n'est pas tout à fait vrai. Je détestais tellement Léa et sa bande que j'ai souhaité leur mort. Léa, en particulier, qui me persécutait depuis l'école primaire. C'est à elle, surtout, que je devais les surnoms qui me collaient à la peau…

Quand Sarah m'a convaincue de lui jeter un sort, je n'ai pas hésité. J'ai fabriqué une petite poupée avec un morceau de tissu découpé dans un vieux t-shirt, du coton. Dans les douches de la piscine, Sarah a récupéré des cheveux lui appartenant. Elle et moi, on avait fait des recherches sur Internet : vaudou, mauvais œil, ce genre-là. Et je lui ai lancé une malédiction. Le lendemain, elle s'étouffait en avalant de la fumée de cigarette et écopait d'une semaine d'exclusion.

Cela m'a terrifiée. Je n'ai plus jamais recommencé. Je ne voulais pas être cette fille-là, qui fait du mal aux autres par vengeance et par égoïsme. Sarah m'en a voulu. Elle ne comprenait pas pourquoi je ne continuais pas sur ma lancée, histoire de nous débarrasser une bonne fois pour toutes de la bande qui nous pourrissait la vie. Ça a été l'une de nos premières vraies disputes.

La gorge nouée, je secoue la tête pour chasser ces souvenirs. Je rattrape les autres au pas de course. Le téléphone d'Hadrien éclaire plusieurs panneaux entassés, vestiges de la dernière exposition du musée : des dessins maladroits représentant des sorcières chevauchant un balai, des reproductions de gravures anciennes – une femme, nue, la bouche grande ouverte, sur un bûcher. Avec peine, je déchiffre un titre : *Le Marteau des Sorcières*. Et ces mots : *Il n'y a pire venin que le venin du serpent, il n'y a pire haine que la haine d'une femme. J'aimerais mieux habiter avec un lion ou un dragon qu'habiter avec...*

— Quelle horreur...

— Oui. Ce mélange de superstitions et de misogynie est à vomir, commente-t-il. Écoutez ça : *Les accusations de sorcellerie se sont répandues comme une véritable épidémie, alimentée par l'Église mais également par les médecins. Cet ordre balbutiant, souvent peu qualifié, supportait mal la concurrence des sages-femmes et des guérisseuses. Cela a mené à une folie collective. Dans le Dauphiné, des villages entiers se sont dénoncés mutuellement. En Allemagne, le* XVIe *siècle a vu les plus grandes chasses aux sorcières de l'Histoire. À Salem, dix-neuf femmes ont été condamnées à mort en un seul procès. Sorcières. Succubes. Filles du Diable. Elles avouaient tout ce qu'on voulait leur faire dire. On leur infligeait les supplices les plus atroces, les fers, l'estrapade, on les asphyxiait en leur versant de grandes quantités d'eau dans la bouche. Comment résister à ces tortures ? Elles parlaient, dénonçaient leurs voisines, parentes, amies. Parfois, pour déterminer si une femme était ou non une sorcière, on lui attachait les poignets et les chevilles et on la jetait dans un étang. Si elle remontait à la surface, c'était une sorcière :* elle *était donc brûlée. Si elle se noyait, elle était déclarée innocente...*

Je connais les histoires des procès de sorcières. Nadia et Jessica aussi, j'imagine. Qui pourrait les ignorer, aujourd'hui ? D'autant qu'on sait que ces accusations ont aussi servi à se débarrasser des bouches inutiles de la société : au bûcher les femmes âgées, incapables d'enfanter, incapables de travailler...

N'empêche. Lues à haute voix, ces informations me glacent le sang. Un regard à la plus jeune de nous quatre me permet de constater que je ne suis pas la seule à ressentir l'écho de ces horreurs.

Nous reprenons nos investigations dans un silence pesant.

— Regardez !

L'exclamation de Nadia m'arrache à mes souvenirs. En même temps qu'Hadrien et Jessica, je retourne sur mes pas et m'approche d'une vitrine dans laquelle sont exposés des clichés, certains datés du début du siècle. Il y a le grand bâtiment, la cour, le vieux chêne en son centre. À l'emplacement de la station-service, une colline, avec une croix et quelques vaches maigres alentour.

— Nous perdons du temps, dit Jessica en s'éloignant. Si ça se trouve, ça tourne au chaos de l'autre côté. Si ça se trouve, une bagarre a éclaté, les vitrines du restaurant ont été brisées. Si ça se trouve, dans la boutique, les gens font main basse sur tout ce qu'ils peuvent emporter…

Hadrien hésite à la contredire, mais renonce.

— Regardez ! Là ! insiste Nadia. Vous la reconnaissez ?

Des yeux clairs. Un visage rond, ridé. Des cheveux tirés en chignon. Je l'ai déjà vue quelque part…

14
HADRIEN

Mes yeux accrochent la photo que me montre Nadia. Puis celles d'à côté. Je plonge dans une autre époque. Les visages sont figés, comme dans l'album de famille que je feuilletais ce jour-là. J'étais sur le canapé de l'immense salon et je faisais défiler les têtes de mes aïeux et de mes proches. On me croyait occupé. Cela me revient maintenant. Ma grand-mère et mon grand-père qui se disputaient à voix basse. C'est d'abord un bruit de fond, puis leurs paroles s'égrènent de plus en plus clairement :

« Ne peut pas en parler… »

« … le laisser dans cet état après le choc que ça a dû être… »

« Non, pas de psy, imagine s'il raconte, pour son oncle, pour nous tous… »

« … mais ce n'est pas bien, ce que Charles a fait… »

« … notre fils… le silence et il ne recommencera pas. »

« … Et Hadrien, il oubliera. »

Images de Noël, devant le sapin, avec tout le monde. Mon oncle Charles, une main sur mon épaule. Les sourires resurgissent – tous. Les discussions déviées, étouffées. Une autre dispute me concernant, derrière les portes, lors d'un baptême. Mon père proférant des menaces de mort à l'encontre de Charles. Et la voix de mon grand-père qui reprend le contrôle. Le drame est camouflé. À l'instar de la poussière que l'on glisse sous le tapis lors d'une visite officielle impromptue. Puis totalement enterré, devenant légende, bribes, pour disparaître au fil des années. Enfin, pour certains.

Moi, je n'avais d'autre choix qu'avancer.

Jusqu'à maintenant.

Les portraits se mélangent à nouveau devant moi. Ceux de personnes que je suis censé rejoindre autour de la tombe du Général et ceux de l'histoire de ce lieu banal. Lesquelles, parmi ces images figées, sont les plus angoissantes ? Je prends conscience de la raison pour laquelle je n'ai jamais aimé les histoires d'épouvante : mes propres monstres m'entouraient. Différents échos de mon enfance que je chassais à coup de normalité. Mais pourquoi cela me revient-il aujourd'hui, au cœur de la tempête, au milieu de nulle part ? Le stress ? Et si j'avais des hallucinations, moi aussi ? Et si je n'avais pas subi ces horreurs ? Je ne sais plus. Un sentiment pesant d'incertitude m'envahit. J'écrase une larme au coin de mon œil. Je déglutis et me concentre sur ce que j'ai en face de moi, ici et maintenant.

Des visages en noir et blanc, en sépia. J'ai un frisson. Je me force à rester dans la réalité. J'ai des responsabilités : sortir Jessica et ces deux filles de cet endroit glauque le plus vite possible. Fuir et ne jamais y revenir.

— Alors ? insiste Nadia en me désignant la photo.

J'ai croisé cette femme. C'est la vieille Louise, la femme au balai. Vraiment ? C'est pourtant trop irrationnel pour que cela soit réel. Il y a forcément une explication. Mon cerveau examine, calcule, s'efforce de trouver une hypothèse logique à sa présence si proche physiquement et si éloignée dans le temps.

Là-bas, avec son balai et son chariot, ici, sur ce vieux cliché…

Probablement quelqu'un de sa famille. Ou un sosie.

— Elles se ressemblent, c'est certain, dis-je comme pour évacuer le problème de ma tête.

— Non. *C'est* Louise, souffle Maxance.

— Impossible.

— Je pense comme elle, renchérit Nadia. Et toi, Jessica ? Tu en dis quoi ?

Sans répondre, celle-ci recule dans la pénombre.

— C'est *vraiment* elle, insiste Maxance. Je le *sens*.

— Tu le… quoi ? Non, laisse tomber, dis-je avant qu'elle se lance dans une explication que je n'ai pas envie d'écouter.

J'essaie de calmer le jeu.

— Ce n'est qu'une coïncidence. Une vieille photo, rien de plus…

— C'est Louise, Hadrien, affirme Nadia.

— Illogique. Regarde les dates : c'est comme si elle avait le même âge qu'en… attends… 1906 ? Non, je crois qu'on commence tous à accuser une certaine fatigue, dis-je en chassant ces idées folles d'un geste de la main.

— Alors, parce que *tu* ne comprends pas, *ça* n'existe pas ? me défie Maxance.

— Admettons que tu aies raison. Ça voudrait dire qu'elle aurait un siècle de plus aujourd'hui : donc… près de cent quatre-vingts ans ! Désolé, la science ne valide pas. C'est un sosie, ou son arrière-petite-fille, pourquoi pas. De toute manière, on devrait plutôt chercher ce générateur. Ça tourne au grand n'importe quoi, là !

Je fais trois pas, agacé, en espérant qu'elles me suivent. Nadia et Maxance me dévisagent en silence, dos à la photo, bras croisés. Jessica reste immobile, le regard vague, comme si tout cela ne lui importait pas. Quatre ans ont passé ; pour autant, je ne la reconnais pas. Louise a changé, physiquement bien sûr, mais surtout psychologiquement. Qu'est-ce qui a pu la rendre si absente et froide ? On dirait… moi.

— Nous ne sommes pas ici sans raison, Hadrien. Cela fait trop de coïncidences avec…

— … oh, le surnaturel ? Écoutez, j'étudie le corps humain et plus précisément le cerveau et ses logiques depuis un moment maintenant. Je comprends tout à fait que des choses inexplicables à un moment donné soient plus faciles à caser dans le registre des croyances populaires. Mais la science apporte toujours une explication rationnelle. Le cliché paraît étrange, d'accord. Et, si vous voulez, vous pouvez essayer d'ouvrir la vitrine pour la montrer à cette Louise qui n'en a probablement jamais eu connaissance. Sera-t-elle contente d'apprendre qu'elle a eu un double au siècle dernier ? Je l'ignore. Pour le moment, il me semble plus pertinent de penser aux enfants qui attendent dans le noir, de l'autre côté...

— Tu devrais faire de la politique, me lance Nadia. Langue de bois, cynisme et long blabla. Où as-tu appris ça ? Ce n'est pas toi. Ne me demande pas comment je le sais : je le sens. On votera pour toi, mais d'ici là, imaginons qu'on ne soit pas tombés sur cette photo par hasard. Moi, je ne peux pas m'empêcher de penser que c'est un signe : si ça se trouve, cette femme de ménage a un secret. Ou peut-être qu'elle a besoin d'aide et que cette image est là pour nous l'indiquer ?

Décidément, les délires de Maxance sont contagieux. L'atmosphère du musée les favorise, d'un autre côté.

Je soupire :

— Si tu t'y mets, toi aussi...

— Louise s'est comportée de façon très bizarre avec moi, lorsque je l'ai rencontrée, intervient Maxance. Comme si elle lisait dans mes pensées.

— Moi, elle m'a donné un vieux ruban, ajoute Nadia. Je n'ai pas compris pourquoi. Elle disait qu'il faisait froid...

Et à moi, une pièce dont je n'ai que faire. Peut-être souffre-t-elle d'une pathologie mentale ? Un besoin d'offrir tout et n'importe quoi ?

— Hadrien, je ne crois pas au hasard, reprend Maxance.

Après les visions et les hallucinations auditives, les synchronicités...

J'inspire profondément. Le destin, la chance, le karma : tout cela n'a pas de sens, tout cela ne rime à rien. Puisque je ne peux manifestement pas les convaincre de renoncer à ces raisonnements irrationnels, j'essaie de rester le plus neutre possible et de garder mon calme.

— Très bien. Alors, disons que ce cliché est à la fois un signe du destin ET la photo d'un sosie ou d'une ancêtre. Maxance, Nadia, si vous avez envie de creuser, allez-y : je serais nul de m'y opposer. Mais pouvons-nous d'abord nous occuper du générateur ?

— Oui, mon général ! clame Nadia.

Je me mords la joue en entendant le surnom de mon grand-père. Je prends sur moi : le meilleur moyen de reprendre le contrôle.

— Je vais fouiller l'ancien bâtiment qui ressemble à un café, juste en face. Nadia, j'ai remarqué une porte, pas loin de la réserve : ça pourrait être une remise. Max, tu t'occupes de ce côté du musée et Jessica, de l'autre. C'est OK pour tout le monde ?

— Non, dit Maxance.

Oh, purée !

— Pourquoi ?

— Hors de question. Dans les films d'horreur, se retrouver seul est la meilleure manière de se faire tuer...

— Je suis d'accord avec elle : ce n'est pas une bonne idée, renchérit Nadia.

Cette fois, impossible de contenir mon énervement.

— Nous sommes dans le monde *réel* ! Pas dans je ne sais quel délire sorti de la tête d'un mauvais réalisateur américain ! Vous commencez vraiment à...

— Et s'il y a un *vrai* problème ? me coupe l'adolescente. Si une étagère nous tombe dessus, si ce chien nous attaque ? Il vaut mieux être deux. Tu n'es pas d'accord, Hadrien ?

Je capitule.

— OK. Max et toi, le musée, et Jessica et moi, le café. C'est bon comme ça, cette fois ?

Les deux filles hochent la tête. Soulagé, j'invite Jessica à me suivre. Avec elle, cela sera compliqué au vu de sa rancœur, mais j'aurai peut-être l'occasion de lui présenter des excuses acceptables, à défaut de reprendre vraiment contact. Ça, je ne suis pas sûr d'en avoir envie. Est-ce si détestable de ma part ? Pendant que nous nous dirigeons vers la cour où se dresse le chêne pluricentenaire, je prends conscience que Jess n'a même pas donné son avis durant cette dernière discussion alors qu'elle est la première concernée. Pire, l'espace d'un instant, j'ai même cru qu'elle avait disparu.

Soudain, une onde glacée court le long de ma nuque. Je tourne instinctivement la tête et je suis transpercé par le regard de mon ex-petite amie. C'est comme si ses yeux avaient creusé mon lobe occipital[3] pour s'y installer et voir à travers mes propres sens.

Une vague de panique me traverse.

Arrête, Hadrien. C'est Jess. Avec elle, tu ne risques rien.

Vraiment ?

---

3. Lobe occipital : partie du cerveau en lien avec la vue et le sens de l'orientation.

15
NADIA

Je regarde Hadrien et Jessica s'éloigner avec un mélange d'excitation et d'amertume. Ce n'est pas de les voir partir ensemble qui me fait cet effet, c'est notre dispute à tous les trois. Pendant quelques minutes, j'ai eu l'impression de faire partie du monde. Du monde normal, je veux dire. Pas celui des compétitions. Il y avait des émotions, de la vie dans nos échanges.

Je ne sais pas à quand remonte la dernière fois que j'ai ressenti ça. Certainement pas en famille, vu que je suis fille unique, avec des cousins trop grands ou trop petits, des Noëls sous surveillance – une demi-part, pas plus, de bûche au chocolat. Des fêtes en mode couvre-feu, ne danse pas trop, attention à ta ligne, que dira Delphine si tu te tords la cheville, si tu prends 10 grammes, si tu ris trop fort. Et pas d'amis. Aucune fille. Des garçons, encore moins, des fois que je perde la tête, comme Zoé.

— Ce serait bien qu'Hadrien se décoince, quand même ! lance Max, dont le téléphone éclaire les vieilles photos.

— Il est un peu fermé, c'est sûr.

— Un peu seulement ? me répond-elle d'un ton espiègle.

Je ne peux m'empêcher de lui sourire. En même temps, j'ai l'impression de me prendre un coup de poing dans l'estomac. Merde. Ça fait combien de temps que je n'ai pas eu de conversation NORMALE avec une fille de mon âge ? Une bouffée soudaine de rage me traverse. Je serre les poings, je respire profondément, plusieurs fois, comme Delphine m'a entraînée à le faire pour éviter le stress (ça, au moins, c'était utile).

Inspire sur quatre temps. Expire sur six temps. Voilà. Ça va mieux, maintenant ?

La colère se dissout peu à peu.

Je suis apaisée. Je reviens à moi, surprends le regard inquiet de ma compagne.

— Désolée, dis-je. Je… je me sens un peu paumée, là.

Et je me rends compte, au moment où ces mots franchissent mes lèvres, que c'est vrai.

— À cause de la photo ? demande Max.

Non. À cause de toi. D'Hadrien. De cette foutue tempête. De Delphine. De ce tunnel dans lequel je suis enfermée depuis dix ans sans autre perspective que de devenir championne, régionale, nationale, européenne, mondiale.

Petite, j'adorais l'atmosphère des compétitions, les moments qui précédaient mon entrée sur la piste, les préparatifs, jolies tenues, brillantes, douces sur la peau, paillettes et couleurs chatoyantes, coiffures soignées (même si les chignons étaient toujours trop serrés), maquillage. J'ai même eu droit, pour mes dix ans, au total look *Reine des neiges*.

— Je ne sais pas si ça a encore un sens pour moi. Si ça valait la peine de tout sacrifier…

— De quoi tu parles ?

Je sursaute, confuse de m'être exprimée à voix haute.

— La gym. Les prochains championnats. Et… tout le reste. Mais ça va mieux, maintenant. Je veux dire, c'est bon, je suis là, avec toi. On fait quoi ? On crochète la serrure ou on pète la vitre pour récupérer la photo ?

Max n'est pas dupe de mon enthousiasme forcé, mais n'insiste pas.

— Laissons-la tranquille. Même si c'est juste un *sosie*, ajoute-t-elle, reprenant les mots d'Hadrien. Mieux vaut ne pas tenter le sort…

Je la dévisage, perplexe. Difficile de savoir si elle est sérieuse ou non. Je plonge les mains dans mes poches, je sens un bout de tissu.

Le ruban que la vieille Louise m'a donné. Mon cœur bat très vite. Mon front, ma nuque, mon échine sont en sueur. Et pourtant, j'ai froid.

— On y va ? dis-je d'une voix étranglée.

Maxance prend la tête de notre équipée. Je la rattrape. Je refuse de rester derrière elle. Non par esprit de compétition (encore !). Mais parce que je déteste me sentir vulnérable. Et apeurée.

Les faisceaux de nos téléphones éclairent un couple de renards aux yeux de verre perchés sur un monticule en papier mâché, censé représenter l'entrée de leur tanière. Maxance s'immobilise. Dans une vitrine, un registre ouvert sur une double page sur lequel ma compagne semble bloquée. Je découvre les premières lignes du compte-rendu d'un procès en sorcellerie : ... *a dit et confessé sous la torture s'être oubliée par paillardise avec ledit Blaise, lequel courtisait sa sœur, mais que ce fut sous condition de promesse de rompre tout lien avec elle et de la prendre pour légitime épouse. Mais ces promesses ne furent pas accomplies. Secondement a dit et confessé qu'ayant été chagrinée et désolée elle s'est enfuie et a alors rencontré un homme vêtu de vert avec un chapeau vert qui lui a dit être Satan et lui a assuré que si elle renonçait à Dieu et exécutait tout ce qu'il lui demandait, elle serait vengée. Troisièmement, a dit et confessé sous la torture qu'elle a fabriqué une graisse en mélangeant le sang de sa lignée et celui d'un agneau nouveau-né pour se rendre invisible et aller jusqu'à la demeure dudit Blaise...*

— Un agneau nouveau-né ? Quelle horreur, dis-je avec un frisson.

— Cette femme s'appelait Jeanne. Sa sœur jumelle et elle ont été accusées du meurtre du forgeron...

— Blaise ?

— C'est ça. D'après ses aveux, résume Max, Jeanne a volé jusque chez lui sans que personne ne la remarque et l'a poignardé six fois. Quant à sa sœur, elle aussi a été condamnée au bûcher...

— Pourquoi ?

— Parce qu'elle était rousse et qu'elle était guérisseuse ? répond-elle d'un ton écœuré. Regarde…

Je découvre avec effarement la liste de crimes dont on accuse la malheureuse : elle se fait payer pour guérir de la fièvre et donne des remèdes pour apaiser les maux de femmes, envoûte et abuse les hommes (le fameux Blaise) d'autant plus aisément que sa chevelure est de la même teinte que celle de Judas…

— Judas était roux ?

— Oui, répond Maxance. Et je te promets que cette croyance nous colle encore à la peau aujourd'hui…

— *Nous ?*

— Jusqu'à mes seize ans, j'étais une vraie poil de carotte.

J'encaisse, en silence, nos découvertes et la confidence de Maxance. Cela la rend soudain plus vulnérable et je considère différemment sa coiffure, ses vêtements. C'est autant de la provocation qu'une armure. Plus loin, Maxance et moi découvrons un article de journal daté du 11 avril 1911, vantant, photographie à l'appui, le confort de l'Hôtellerie du Vieux-Chêne.

— Donc, ce n'était pas un hôpital psychiatrique, murmure Max.

— C'est ce que tu croyais ?

— Oui. Entre les briques, le porche et le reste, ça me faisait penser aux asiles du XIXe siècle. Du genre celui d'Arkham, dans *Batman*, tu sais ?

Non, je ne sais pas. Enfin, pas vraiment. Pas assez. Les films, les séries, je les regarde en cachette, quand j'ai le temps. Sauf ceux qui sont autorisés, bien sûr. Soigneusement choisis par Delphine ou mes parents qui font du zèle par peur de se faire ratatiner. « Et vous lui avez permis de regarder ? Le championnat est dans un mois (ou deux semaines, dix jours, demain, rayez la mention inutile) : si Nadia échoue parce qu'elle est perturbée… »

Je lâche entre mes dents :

— Je n'y connais rien, Max. Ni en ciné ni en rien. Les *Harry Potter*, j'ai dû les voir en cachette. Enfin, les trois premiers, ça passait encore.

Mais à partir de *La Coupe de feu*, interdit, niet. Des fois que je me mette à flipper à l'idée de remporter des médailles. Les séries pour ados, même fantastiques, surtout fantastiques, c'est même pas la peine d'y penser. Alors, j'en ai vu quelques-unes sur mon téléphone…

— Mais ?

— Mais ça me fout la rage ! Même Mercredi Addams a une vie sociale plus développée que la mienne ! Toutes ces histoires de lycée, ces chagrins d'amour, ces amitiés à la vie à la mort, et ces trahisons, ces drames d'ados, je les envie parce que moi, je ne connais rien de tout ça, rien, mon existence est réglée comme un enchaînement au sol, ma coach décide de tout, elle choisit même mes fringues et m'interdit d'avoir de vraies amies.

J'ai déversé tout ça sans m'arrêter. Sans respirer. Maintenant que c'est sorti, j'ai un gros poids en moins sur le ventre. Je me sens un peu mieux. La lampe de Max éclaire les tomettes. Elle ne dit rien.

— Désolée d'avoir lâché tout ça. Je… J'espère ne pas t'avoir… Enfin, c'est pas parce que j'ai pas de copine que je vais m'accrocher ou…

— C'est bon, Nadia. Je ne flippe pas, je vais pas m'enfuir en courant, me coupe-t-elle d'une voix chevrotante qui dément la légèreté de ses paroles. Et puis, on a décidé d'éviter les actions en solo, non ?

Un peu rassérénée, je prends la tête de cette visite improvisée. Quelques mètres plus loin, une immense vitrine dévoile un nouveau pan de l'histoire du lieu. Baïonnettes. Uniformes. Cartes postales à l'encre passée. Rats empaillés (mais POURQUOI ?). Dessins au fusain. Blague à tabac. Flasque d'argent. Couteau. Médailles militaires. Photographies – de soldats, cette fois. Le portrait d'un homme en soutane retient mon attention : un casque protège sa tête, contrastant avec le crucifix et la médaille qui reposent sur sa poitrine. Entre ses mains, il tient un livre ouvert.

Un vieux calepin. Le même qui est exposé à côté d'un jeu de cartes étalées en demi-cercle, dont certaines sont maculées de taches rouge sombre. Du sang ?

— Oh, c'est pas vrai…

Max, livide, tire de la poche arrière de son jean un mince rectangle de carton et me le tend.

Je le saisis : un personnage souriant, vêtu d'un capuchon rouge et noir, agite dans sa main un hochet dont s'échappent quatre symboles. Un Joker jauni et passé, avec une tache brune au niveau des pieds. Le dos, bleu marine, est le même que celui du jeu que nous avons devant les yeux.

— Tu sais où je l'ai trouvée, cette carte ? reprend Max. De l'autre côté. Par terre, à l'entrée des sanitaires, juste après avoir croisé Louise. Et tu veux la meilleure ? L'aumônier, sur le vieux cliché… Il me dit quelque chose. Je crois que là, même Hadrien serait obligé de reconnaître que ce qui se passe n'est pas normal. Regarde dans la vitrine : le Joker manque. Encore une coïncidence ?

Une nouvelle fois, mon cœur s'affole. Une nouvelle fois, des gouttes de sueur perlent sur ma peau et un étau me broie le ventre. Je suis en stress, de la même façon qu'avant le début d'un championnat. Un stress qui disparaît par miracle dès que je pose le pied sur le tapis de sol. Dès que j'agis. Alors, sans hésiter, je regarde autour de moi. J'avise un pied de chaise, dans un coin. Je frappe de toutes mes forces contre la vitre transparente – qui cède.

Et j'embarque le calepin.

16
MAXANCE

J'aurais préféré qu'Hadrien ait raison.

Sauf que ce n'est pas le cas. Je le sens dans mes tripes. Je le *sais*.

Ma bouche est sèche. Et ma main tremble lorsque je récupère le Joker. Sous mes doigts, la carte est tiède.

Tiède, et pas glaciale.

Cela m'aurait semblé moins flippant que cette sensation presque agréable. Mais tout est flippant, ici, depuis que cette tempête nous a isolés du monde. La troisième nuit de Samain, en plus. Celle durant laquelle le voile entre le monde des vivants et celui des morts se déchire.

À côté de moi, Nadia se mord les lèvres, contemplant sa prise avec incertitude. Elle m'a impressionnée par sa force et sa détermination. Je suis heureuse qu'elle soit ici, avec moi. Même si ma compagne est plus jeune que moi et que je ne peux m'empêcher de me sentir responsable de sa sécurité, je sais que je peux compter sur elle. Je ne lui parle pas de mes soupçons sur la nature hantée de ces lieux. Par crainte d'être rejetée, d'abord. Ensuite, parce que j'ignore comment elle pourrait réagir face à une apparition – comme celle que j'ai vue sur la passerelle, il y a… une éternité ?

— Je fais quoi, avec ça ? demande ma compagne, me détournant de mes réflexions.

— Tu veux l'ouvrir ?

— C'est fait, et je suis dégoûtée. Je m'attendais à un journal de guerre, mais c'est juste un vieux missel annoté.

— Si tu veux, je le mets dans mon sac. On ne sait jamais, il pourrait nous servir. À quoi, je n'en sais rien, mais au point où on en est…

Elle acquiesce, soulagée. En rangeant le carnet, je glisse la carte entre les pages.

— Et maintenant…

— Maintenant, on continue, dis-je. Même si je ne suis pas sûre qu'on trouve le générateur.

— C'est ça qu'on cherche, au fond ? interroge doucement Nadia.

On échange un regard grave. On progresse côte à côte, désormais, prudentes et attentives.

Je me sens calme. Je me rends compte que j'ai pleinement accepté l'évidence du surnaturel en ces lieux. Bien sûr, c'est effrayant, mais une part de moi, celle qui pressent, qui devine, qui prédit, même, parfois, est soulagée d'être ici. Comme si elle se sentait enfin à sa place. Je ne pense pas que ce soit le cas de Nadia, cependant. Encore moins d'Hadrien. Pourtant, je ne peux me défaire de l'intuition que nous ne sommes pas entrés ici par hasard.

Quant à Jessica, je ne la sens pas. Pas seulement parce que je la trouve désagréable et inutilement agressive envers Hadrien. Pas seulement parce qu'elle ne nous a pas adressé la parole – ou alors, comme si nous étions des boulets. Mais parce qu'elle me paraît… vide ?

Nadia éprouve-t-elle le même sentiment que moi à son sujet ?

Dans la pénombre, je détaille son profil : front lisse, nez droit, lèvres à peine pincées. Difficile de lire ses émotions. Difficile de la cerner, également. J'ai l'impression que c'est un volcan prêt à exploser. Et ses confidences, tout à l'heure, m'ont bouleversée. Parce que cette vie qu'elle jalouse, j'aurais donné n'importe quoi pour y échapper. Parce que cette vie qu'elle jalouse a failli tuer Sarah.

J'aurais aimé que mon amie soit ici. Avec moi. Comment aurait-elle réagi ?

Un souvenir me revient soudain en mémoire.

Sarah et moi, on a dix ans et c'est le soir d'Halloween. J'ai l'autorisation de dormir chez elle.

On s'est déguisées, elle en zombie et moi en vampire ; on est allées sonner chez ses voisins. Certains se sont montrés généreux, d'autres nous ont claqué la porte au nez. Exceptionnellement, on a eu le droit de manger une pizza, vautrées sur le sofa du salon, et de regarder *L'Étrange Noël de monsieur Jack* – un film d'animation pas trop violent aux yeux des parents.

Une fois dans sa chambre, lumière éteinte, couvre-feu obligé, on se planque sous la couette pour regarder un vrai film d'épouvante : *Les Griffes de la nuit*, un classique interdit aux moins de douze ans. À minuit, incapables de dormir à l'idée que l'effroyable Freddy Krueger s'insinue dans nos rêves pour nous torturer, on se glisse hors de l'appartement, direction le sous-sol de l'immeuble, avec couloirs obscurs, caves humides et araignées. « Cap ou pas cap de passer la nuit là-dedans ? » Je ne sais plus laquelle de nous deux a eu cette idée. Elle, je crois. On a été cap jusqu'à ce qu'un cafard trottine le long de son bras.

Sarah aurait été effrayée, ici.

Sarah aurait adoré.

— Tu as entendu ? murmure Nadia.

— Quoi ?

— Ce craquement, là-bas…

Je secoue la tête. Absorbée par mes pensées, j'ai perdu contact avec la réalité. Je tends l'oreille. Rien. Je dirige ma lampe dans la direction qu'elle m'indique. Elle me suit, le souffle court. Elle a peur. Le rythme de mon cœur est normal : je me sens dans mon élément.

Max la sorcière qui pue du derrière.

Les insultes me reviennent en mémoire. Les bousculades. Léa et sa bande qui nous persécutaient, Sarah et moi.

Et puis, la première. Le sourire de Romain. Mes premiers échanges avec Nora et Jade, populaires, badass et bien dans leur peau.

Mes efforts pour me rapprocher de ces filles que j'admirais, pour attirer l'attention du garçon dont j'étais amoureuse. J'ai réussi au-delà de mes espérances. Je me suis débarrassée définitivement de mes années collège… et j'ai trahi Sarah.

Crissement.

— Tu as entendu ? chuchote ma compagne.

Je hoche la tête. J'écoute. Il n'y a que le silence, maintenant. Je me penche, j'éclaire l'espace sous une vitrine. Je cherche les indices d'une présence.

— Tu vois quelque chose ? demande Nadia.

— Non.

Spontanément, elle m'aide à me relever. Je prends sa main.

Le monde, autour de moi, disparaît.

Je *vois*.

Cabine de douche. Non. De W.-C. Elle est agenouillée devant la cuvette. Deux doigts dans la gorge. Elle hoquette.

Je lâche la main de Nadia. Mon cœur bat trop vite. Un goût de bile a envahi ma bouche.

D'abord, le Joker. Et maintenant, *elle*.

Ça fait deux fois.

Non. Pas deux fois. Trois. Il y avait aussi la fille sur le pont. Une fille aux traits familiers, aux cheveux longs.

— Quoi ? Qu'est-ce qui se passe ?

Je recule. J'hésite à révéler à Nadia ce qui m'arrive, ces images que je me prends en pleine tête. J'ai besoin d'en parler, pourtant. Parce que cela fait longtemps que je n'avais pas eu de tels flashes. Et que leur puissance m'effraie.

Je ne veux pas me laisser gouverner par mes talents de médium. Ils m'ont pourri mon enfance, et une partie de mon adolescence. Je dois garder le contrôle. Absolument.

— Qu'est-ce qui t'arrive ? insiste-t-elle.

La sollicitude que je perçois dans sa voix me décide.

— Depuis que j'ai traversé la passerelle, je perçois des trucs bizarres, ici. Quand j'ai rencontré Hadrien… Il pense que j'ai tenté de me jeter dans le vide, mais c'est faux. Il y avait une fille qui a pris appui sur le parapet et s'est jetée par-dessus la passerelle… Tu sais, juste à l'endroit où la vitre est brisée… J'ai essayé de l'empêcher de sauter… Hadrien m'a tirée en arrière. Et ensuite… Ensuite, quand j'ai regardé en bas, il n'y avait rien. Même pas le contour de sa silhouette dans la neige… J'ai essayé de lui expliquer ce qui s'était passé, mais il ne m'a pas crue. Il a d'abord pensé que j'étais suicidaire. Ensuite, que je me droguais. Et finalement, que j'avais tout imaginé à cause du stress…

— Parce qu'il est très très très rationnel ?

— Trop, tu veux dire ? Je n'ai pas passé assez de temps avec lui, mais je crois que ça lui ferait du bien de respirer un peu… Bref, reprends-je, chassant de mon esprit ses yeux bruns trop sérieux, j'aurais bien adhéré à sa théorie, mais il y a eu les tambours et le reste…

Nadia me dévisage, le front plissé par l'attention. Dans ses yeux sombres, je discerne un étrange mélange de curiosité et de doute. Pendant quelques instants, je perçois mon reflet dans son regard : la teinture aile-de-corbeau qui cache mes cheveux roux, mon unique mèche rose, ma peau pâle, presque blanche, mon piercing, les traces de maquillage sombre sur mes lèvres et mes paupières, mes vêtements noirs ; que suis-je pour elle ? Une mytho ? Une folle ? Une paumée ?

J'ai envie qu'elle me prenne au sérieux.

J'ai BESOIN qu'elle me prenne au sérieux.

— J'ai vu quelque chose, en prenant ta main.

Elle arque un sourcil. Attend.

— Je t'ai vue, toi. La tête au-dessus d'une cuvette de W.-C. En train de te faire vomir.

17
HADRIEN

Jessica et moi sortons dans la cour, immédiatement giflés par mille aiguilles glacées. Alors que tout à l'heure je m'en plaignais, cette claque me fait un bien fou. Comme se pincer après un mauvais rêve pour être certain de se trouver dans la réalité. J'ai trop de mal avec les références télé des filles de l'autre côté de cette passerelle. Et avec leurs croyances, aussi. Oui, il y a des choses étranges, mais nous sommes loin d'être dans les meilleures conditions mentales et climatiques pour les comprendre ou même les examiner sereinement. Ou alors, c'est juste moi qui suis en piteux état, entre retrouver Jessica, son humeur glaçante, cette parenthèse hivernale sur le trajet pour l'enterrement de mon grand-père… Ça doit être trop pour mon esprit. Mais, pour le moment, récupérons ce fichu générateur. Ensuite, il nous suffira de tous rentrer au chaud, et, avec de la chance, on en discutera posément autour d'un café ou même, soyons fous, d'une tasse de thé.

Un crissement derrière moi me tire de mes pensées. Le pas de Jessica sur une neige craquante. Je ralentis afin qu'elle marche à mon côté. Sans un mot, nous passons sous le chêne figé dans une gangue de glace. Une pointe de feuille morte dépassant d'un tas de neige me confirme ce que c'est : *Quercus palustris*.

— C'est un chêne des marais, comme celui de notre exposé au lycée, tu te souviens ?

— Non.

— C'était juste… Laisse tomber.

— Nous devons trouver le générateur, récite-t-elle de ce ton monocorde qui me dérange, un peu comme une porte qui grince toujours sur la même note.

Évidemment : quelle idée saugrenue ai-je eue de vouloir lui faire la conversation ? Surtout de parler d'un passé dont elle semble ne pas s'être détachée. On dirait qu'elle m'en veut encore. Purée, n'aurait-elle pas pu comme moi aller de l'avant et oublier cette rupture ? Nous étions des gamins, non ? Amoureux, d'accord, mais pas pour la vie. D'un autre côté, je ne regrette pas le temps que nous avons passé ensemble. Ma famille m'a arraché à tout ça. Il a fallu que j'obtienne les notes nécessaires pour intégrer médecine dès la sortie du lycée. Le Général avait des plans pour moi et ils me sont tombés dessus comme la lame d'une guillotine : « Fiston, oublie les amourettes. Tu travailles, tu sors premier de ta promotion, tu intègres le service du professeur Neufchâtel et ensuite tu pourras penser à fonder une famille. Pour le moment, concentre-toi. Je ne veux plus entendre parler de ta petite camarade de classe ou alors c'est direct l'internat. Ce genre de relation ne te mènera à rien. Dès lundi, tu coupes tout, c'est clair ? Je te fais confiance. » Mon grand-père avait ce don puissant de poser des questions en imposant en même temps les réponses. J'ai dû choisir entre rompre avec Jessica ou finir enfermé dans un établissement comme celui que mon oncle dirigeait, à plusieurs centaines de kilomètres de là. Alors j'ai brisé ce verre en cristal qu'était notre relation. Pour être bien certain qu'il n'y ait pas de retour possible, je me suis montré brutal, cruel même. Avec le recul, je me rends compte surtout que j'ai été lâche… un vrai connard. Mais avais-je le choix, avec la pression de cette famille dirigée par le tyran qui avait décidé de me couver ?

Tu es adulte maintenant : tu pourrais peut-être t'excuser, tu ne crois pas ?

Juste avant d'atteindre les tables rouillées du café, je me retourne vers Jessica pour…

Elle n'est plus là ! Droite. Gauche. Personne.

— Jessica ? Jessica !

Elle n'a pas pu se volatiliser ! Restons rationnel, elle était là il y a quelques secondes. Je sors mon téléphone. Je l'allume pour utiliser la lampe et cherche ses empreintes dans la neige. Il n'y en a pas.

Il n'y en a pas.

Mon rythme cardiaque s'accélère. Mon mental s'emballe. Je panique. Pourquoi je panique ? Je ne peux pas paniquer. Je ne *dois* pas paniquer.

Vertige. Marche arrière. Je m'appuie contre le tronc du chêne pour reprendre mes esprits. Rationnel. Ra-tion-nel. Cela ne peut être autrement. J'inspire profondément. Mes mains tremblent. Non, ça ne m'était pas arrivé depuis… Mon dos collé à l'arbre glisse vers le sol. J'ai vraiment du mal à respirer. Non, non, NON ! Pas une crise. Non, tout était terminé ! Derrière moi, bien enfoui dans le passé.

J'ouvre le col de ma combinaison. Je retire mon écharpe.

Flash de mon enfance. En pleine nuit, il entre dans ma chambre. Je suis petit. Il est immense…

Je ne contrôle plus mes membres qui s'agitent.

Je me colle brutalement le visage dans la neige.

Je crie. Je hurle. Je redresse le menton. La face presque brûlée par le froid. Mais c'est bon. J'inspire profondément. Le visage de mon oncle Charles s'efface peu à peu. Les mouvements de ma cage thoracique se font plus réguliers. Mes deux mains protégées par les gants sont la base des piliers qui soutiennent mon corps au-dessus de la glace immaculée.

Je suis solide. Ma volonté est d'acier. Ma volonté ne peut être brisée.

Je m'assieds et j'entame une respiration diaphragmatique.

Je ferme les yeux, mon ventre se gonflant et se dégonflant lentement. Je chasse l'anxiété qui s'accroche tant qu'elle peut à mes poumons.

Je suis solide. Ma volonté est d'acier. Ma volonté ne peut être brisée.

Je me répète ce mantra pour persuader mon mental de ne pas me lâcher. Je serre les poings. Biceps et épaules tendus, je me remets debout. Il faut que je comprenne ce qui vient de m'arriver. Tout d'abord, où est Jessica ? Est-ce que j'ai eu une absence ? Est-ce que j'ai été drogué ? Si ça se trouve, elle n'était pas avec moi. Si ça se trouve, il n'y avait que Max et Nadia ? Si, évidemment que si, elle était là. Alors, pourquoi n'y a-t-il aucune empreinte de pas autour de moi ?

Reprenons. Nous étions tous à l'intérieur. Nous nous sommes pris la tête sur la conduite à tenir après la découverte de ces photos. Est-ce qu'on aurait respiré une sorte de poussière de champignons hallucinogènes ? Ces clichés datant de plus de cent ans sont-ils réels ? Si je reste logique, c'est à ce moment-là que ça a probablement merdé.

Si tu restes logique ?

Je fais volte-face.

— Jessica ?

D'accord, je valide la théorie hallucinogène. Ça ne va pas du tout. Il faut que je trouve un endroit où me poser le temps que les effets se dissipent. Il faut que je boive. Je n'ai pas demandé de thérapie psychédélique. Ensuite, je comprendrai le pourquoi du comment de la disparition de Jessica. J'avise à nouveau la porte du café. Un bon refuge.

Je suis solide. Ma volonté est d'acier. Ma volonté ne peut être brisée.

Je suis solide. Ma volonté est d'acier. Ma volonté ne peut être brisée.

Mon corps est encore engourdi. Un pas, puis un second. Je regarde mes bottes comme si ça les aidait à avancer. Et, brusquement, je me fige.

Gouttes de sang. Instinctivement, je me touche le nez. Ce n'est pas moi. Je regarde mon écran afin de vérifier si je ne me suis pas blessé au crâne en me jetant stupidement dans la neige. Je déglutis en découvrant que je vais bien. Je prends le temps de ranger mon téléphone dans ma poche. Puis, lentement, très lentement, je lève la tête. Juste à ma verticale, un cadavre. La dépouille est empalée à une branche.

Impossible !

Mes yeux accrochent chaque goutte écarlate souillant le sol immaculé. Et, au bout d'un long moment, effectuent le chemin inverse. Je découvre l'identité de la victime : ses longs cheveux blonds sont raidis par le givre ; sa peau est blême. De la porcelaine.

— Oh mon Dieu ! Jessica !

Sursaut. Goût de bile au fond de la bouche. À cet instant, son visage commence à se fendiller. Sa peau se déchire, laissant apparaître ses muscles et la protubérance de son os nasal. Ses dents dénudées dessinent un rictus atroce.

— Nooon !

Je vomis.

À quatre pattes, je finis par rendre tous les cafés et le sucre ingurgités depuis mon arrivée à la station tout en m'éloignant le plus vite possible de l'horreur du cadavre. Je crache des gouttelettes acides. Je ne comprends pas. Pourquoi ? Comment ?

Alors, tu es solide ? Ta volonté est d'acier ? Ta volonté ne peut être brisée ?

La voix d'outre-tombe de Jessica résonne dans mon esprit.

La voix… d'un fantôme.

18
NADIA

« La tête au-dessus d'une cuvette de W.-C., en train de te faire vomir. La tête au-dessus d'une cuvette de W.-C. En train de te faire vomir... En train de te faire vomir... En train de te faire vomir. »

Les mots de Maxance martèlent les parois de mon crâne, et j'ai l'impression que je vais exploser. De honte, de rage, peu importe. En une phrase, elle m'a devinée, mise à nu. Personne ne sait, pour ça. PERSONNE. Ni les autres filles de l'équipe, ni mes parents, ni Delphine. Surtout pas Delphine.

Ce serait un aveu de faiblesse à ses yeux.

Pire, de malhonnêteté.

Elle n'aurait pas tort, Nadia. Quand tu t'avales une part de pizza achetée en douce au foodtruck du coin et que tu te planques dans les toilettes publiques pour te vider de tout ce que tu as savouré, à ton avis, c'est quoi ?

Je serre les dents.

Quand tu compenses tes désirs de soirées pyjama chez les copines que tu n'as pas par des tablettes de chocolat sitôt avalées sitôt régurgitées, quand tu étouffes ta frustration sous des heures sup' de pompes et d'agrès... ?

— Nadia, je suis désolée. J'espère... Je ne voulais pas te blesser ni te faire peur...

Max semble sincèrement inquiète.

« Vraiment ? Alors pourquoi tu m'as balancé ça, hein ? C'est quoi ton problème ? Tu as besoin d'exister ? » Je contiens mes paroles blessantes. Je contiens ma colère grondante, mon envie de frapper son visage de poupée lisse. À la place, je hausse les épaules.

— Ça va.

Dans le silence qui s'installe, je ne perçois que nos deux souffles. Brusquement, j'ai besoin de respirer, loin d'elle. Je me détourne, fais quelques pas dans la galerie.

« La tête au-dessus d'une cuvette de W.-C., en train de te faire vomir. »

Mon poing s'écrase dans une vitrine.

Elle explose en centaines de fragments. Je demeure un instant interdite, pétrifiée par ma propre violence. Des bouts de verre tombent sur le sol.

J'ouvre lentement ma main. Du sang perle sur ma peau, glisse le long de mon poignet, goutte sur les tomettes. *Plic-ploc.* Je le contemple en silence, fascinée par ces sillons écarlates, luisants dans la lumière de nos lampes. Cette couleur vive, agressive presque, me réconforte. Elle vient de moi. Du plus profond de moi.

À force de me plier aux exigences de la compétition, à force d'obéir à Delphine, j'avais presque oublié que je suis un être de chair et de sang.

— Qu'est-ce qui t'a pris ? Tu as eu peur ? Tu as cru qu'un truc t'attaquait ? Tu saignes ! Tu peux pas rester comme ça, dit Max, fébrile. J'ai vu des toilettes à l'entrée. Il y a peut-être encore de l'eau. Sinon...

Je la coupe aussitôt :

— Ça va aller. Je ne suis pas à l'article de la mort. J'ai juste besoin d'un bandage...

Je m'interromps, tire le ruban fané de ma poche. Est-ce qu'il conviendrait ? Non, je ne crois pas. Il est trop mince. Et puis, qui sait où il a traîné ?

— C'est quoi ? demande Max, à cet instant.

Je lui tends le ruban à liseré. Elle l'examine, perplexe. Je note une tache rouge – mon sang – qui recouvre les gouttelettes brunes dont il est maculé.

— Je te l'ai dit : c'est Louise qui me l'a donné. Elle m'a dit qu'il m'aiderait, le moment venu.

— Louise ? Décidément…

Sans terminer sa phrase, Max s'accroupit, ouvre son sac à dos, en sort des affaires humides roulées en boule, une boîte rectangulaire sur laquelle un titre est tracé en lettres d'argent : *L'Oracle des Sorcières*, une trousse de maquillage, un t-shirt propre et repassé.

— J'ai de l'eau de bleuet. Je l'utilise pour mes yeux. Ce sera mieux que rien pour nettoyer. Et ça, ajoute-t-elle en brandissant une paire de ciseaux à ongles, ça permettra de te faire un pansement correct.

J'ironise :

— Hadrien serait fier de toi !

En guise de réponse, Max me tire la langue. Elle me tend un carré de coton et un flacon bleu. Ensuite, elle coupe son haut en morceaux inégaux. Le résultat final donne l'impression qu'un chat en colère s'est déchaîné sur ce pauvre vêtement, mais elle ne s'en rend pas compte et insiste pour nouer ces bouts d'étoffe autour de ma main blessée.

La peau me tire. Je grimace.

Brusquement, je me rends compte de ce que cela signifie. Le championnat a lieu après-demain.

Je ne pourrai pas y participer.

Que va dire Delphine ?

À cette pensée, une vague de panique me saisit. En une fraction de seconde, l'éclat de ses yeux bleu pâle – cyborg, le surnom lui va bien, elle a raison, Max – et l'intonation de sa voix me submergent ; je sens ses doigts sur mes épaules, elle me secoue, « À QUOI TU PENSAIS, NADIA ? À QUOI TU PENSAIS ? Tu te rends compte ? Tous ces mois passés à te préparer, tout ce temps investi ? Et tes parents ? Tes parents qui se sacrifient pour te permettre d'être la meilleure ? »

— STOP !

J'ai crié – et Max bondit en arrière.

Décidément, parler à voix haute devient une manie.

— Désolée. Je ne voulais pas te faire flipper ! C'est juste qu'avec ce que j'ai fait, je vais être obligée de déclarer forfait. Pour le championnat, je précise devant sa mine perplexe. Delphine va me tuer. J'avais l'impression d'entendre sa voix dans ma tête. Ses reproches. Du genre, avec tout ce que je fais pour toi, tu n'es qu'une égoïste... J'ai eu besoin que ça s'arrête.

— Je comprends, répond doucement Maxance. Enfin, je crois. Du peu que j'ai vu de ta coach, elle n'a pas l'air commode. D'ailleurs, je ne suis pas sûre qu'elle soit très en forme quand tu la retrouveras.

— Pourquoi ?

— Quand elle m'a demandé si je savais où tu étais, je lui ai dit que tu étais sortie. Elle est partie comme une furie dans la tempête.

— Oups.

J'éclate de rire. Dans ma poitrine, une étincelle crépite. Une minuscule flamme de chaleur humaine. Maxance ne me connaissait pas. Elle n'était pas obligée de me couvrir. Elle l'a fait, pourtant. Un élan de reconnaissance me traverse. Ainsi qu'une bouffée de regrets. Si j'avais une amie dans son genre dans l'équipe, une amie avec laquelle partager des instants comme celui-ci, peut-être que le quotidien serait moins pesant. Mais non. Nous sommes seules. Chacune est isolée dans sa bulle, avec ses objectifs, ses mâchoires serrées par l'effort et la trouille de ne pas rentrer dans son justaucorps, de ne pas être à la hauteur des attentes de Delphine. De disparaître, lentement, à ses yeux.

Moi, je suis sa préférée, depuis toujours. La seule qu'elle emmène chaque week-end en compétition. Le petit prodige dont elle prend soin, et que toutes ses *rivales* envient. Quand j'étais gamine, j'étais fière de ma position. Je paradais devant les autres. Je me vantais. « Delphine m'a gardée une heure après le cours pour me faire travailler de nouveaux enchaînements. » « Delphine s'est occupée de mon dossier scolaire : dès la rentrée je suivrai un enseignement adapté... » J'avais neuf ans, je répétais des mots que je ne comprenais même pas. J'étais tellement fière d'être une graine de championne que je l'ai laissée, *les* ai laissés, me mettre en cage sans m'en apercevoir.

Ma cage, mon sport.

Ma cage, mon corps.

Ce sang que j'ai vu couler, d'une certaine manière, m'a libérée.

— Merci, Max.

En réponse, un sourire chaleureux illumine son visage. Ma peur s'efface, remplacée par le plaisir d'explorer ces lieux abandonnés en compagnie d'une fille que je n'aurais jamais rencontrée sans cette monstrueuse tempête.

Max se baisse pour ranger ses affaires. À ce moment précis, les tambours résonnent de nouveau dans le musée. Surprise, elle lâche son jeu d'oracles, perd l'équilibre, pose instinctivement la main sur le sol jonché de débris de verre.

Je m'accroupis pour l'aider :

— Ça va ?

— À peine une écorchure, répond-elle, en ôtant quelques échardes de sa paume.

Je commence à ramasser les cartes. J'en retourne une. Elle représente un arbre au tronc énorme sur fond de nuit étoilée. Sous ses racines, qui s'enfoncent dans une terre gris-brun, deux lignes argentées :

Puise dans la sagesse du passé
Pour te libérer des entraves du présent

J'examine plus attentivement le dessin. Il me rappelle le chêne, au milieu de la cour. Sous mes doigts, le carton devient froid, poisseux. Je le lâche, ferme les yeux, nauséeuse. Autour de nous, le rythme des tambours s'intensifie.

BOUM. BOUM. BOUM.

Cette fois, j'ai l'impression qu'il s'accorde avec celui de mon cœur. J'étouffe. J'ai besoin de me barrer d'ici. Maintenant. Je regarde autour de moi. J'avise une issue de secours, une vieille porte-fenêtre brisée. Je me précipite à l'extérieur. Dans la nuit, les rafales de neige ressemblent à des particules de cendres.

Une bourrasque plus forte que les autres cingle mon visage. Du revers de ma main valide, j'essuie ma joue. Elle est maculée de rouge.

Avec un cri de terreur, je recule et me heurte à un mur. Je me retourne. L'ouverture a disparu.

Je suis seule.

On nous condamna au bûcher.
Et on nous brûla.

19
MAXANCE

Je balance le sac sur mon dos, avant de franchir la porte ouverte sur les éléments déchaînés. Le rythme des tambours s'intensifie, perçant les hurlements du vent. Immobile, Nadia est devant moi. Ses bras sont figés le long de son corps, ses poings, crispés. Son bandage n'a pas tenu. Les flocons, autour d'elle, ressemblent à des flammes. Des flammes d'un bleu pâle et familier.

Le bleu qui enveloppait la fille sur la passerelle.

Le bleu des yeux de Jessica.

Le bleu des yeux de Sarah.

Je descends la marche, les jambes tremblantes.

— Nadia ?

Autour d'elle, les rafales s'intensifient. Statue de chair pétrifiée par le froid, ma camarade ne bouge pas.

Je fais encore un pas.

Le vent, cinglant, charrie des odeurs de fumée grasse et piquante. Je me frotte les paupières. Je tousse, écœurée. Autour de Nadia, le bleu glacial du feu et les brumes noirâtres se mêlent, formant des silhouettes torturées. Des silhouettes de femmes dont les voix montent et m'enveloppent…

Toutes portent les marques des tortures qu'on leur a infligées. Leurs joues sont creuses, leurs cheveux noirs de suie, leurs chemises, frottées de soufre pour qu'elles s'enflamment plus facilement, collent en lambeaux à leur peau. Leurs chuchotements, à chaque pas, deviennent plus distincts :

« Nous sommes là pour vous aider à supporter la douleur. Laissez derrière vous vos corps, la chair n'est rien, l'esprit survit. Ne résistez pas. Aspirez à pleins poumons la fumée, vous mourrez plus vite, sans trop souffrir. C'est le seul soulagement que nous pouvons vous apporter... »

Elles s'effacent, se transforment en mains décharnées, s'agrippent à Nadia et la maintiennent, le temps que...

Tout disparaît brutalement.

C'est quoi ce délire ?

Je rebrousse chemin. Mon talon gauche heurte le béton. Je m'arrête, la gorge nouée, l'estomac tordu par la peur.

Fuis, susurre quelqu'un dans mon oreille. *C'est ce que tu fais de mieux...*

Mon cœur cogne à tout rompre. Je suis terrifiée. Mais la moquerie, la méchanceté dans ces mots surgis de nulle part me donnent le courage de rejoindre Nadia et de la tirer en arrière. À peine l'ai-je touchée que le feu s'éteint. En quelques secondes, nous sommes à l'abri de la tempête et de ses voix malveillantes. Ma compagne s'écarte de moi et s'ébroue. La lampe de mon téléphone repousse les ombres environnantes. D'un rapide coup d'œil, je vérifie ma batterie. 32 %. Tout va bien. Ou presque.

— Est-ce que ça va, Nadia ?

— Je ne sais pas.

Les tambours se sont tus. Un étrange silence s'installe entre nous. Et c'est peut-être pire. Parce que nous sommes seules dans ce musée à l'abandon. Ce musée hanté. Ou maudit, simplement. Comme ces maisons vouées au diable et à la folie.

— Tu semblais... paralysée. Tu as vu quelque chose, toi aussi ?

Celle que je commence à considérer comme une amie secoue lentement la tête.

— J'ai cru que la neige... On aurait dit des cendres... murmure-t-elle d'une voix altérée. Et quand j'ai voulu revenir dans le musée, la porte avait disparu. Et puis, il y a eu les voix. Elles parlaient de soutien dans la souffrance, de sororité, de pardon, de protéger les femmes suppliciées… Soudain, tout s'est arrêté. J'ai eu l'impression que des griffes s'étaient plantées dans mon corps et aspiraient mon sang. Tu me prends pour une folle ?

— Une folle ? Certainement pas. Mais je pense qu'on a un vrai problème, Nadia.

— *Un seul* vrai problème ? rétorque-t-elle avec une grimace.

— Tu n'as pas d'hallucinations. Et moi non plus. Ces voix, moi aussi je les ai entendues. Je crois… Non… Je *sais* que ce sont celles des sorcières qui ont été brûlées ici.

— Les deux sœurs ?

— Et d'autres, aussi. Souviens-toi de l'expo : visiblement, cet endroit était un haut lieu de la chasse aux sorcières. Et puis, c'est Samain… Halloween ? La nuit des morts ? Ça te dit forcément quelque chose ! je reprends, devant son air dubitatif. J'ai réfléchi : entre le blizzard, les canalisations qui pètent, l'obscurité, le fantôme de la passerelle, la vieille Louise et son ruban, ces photos, le Joker et maintenant ces voix, ce que nous vivons, ce n'est pas un cauchemar. C'est la réalité.

— C'est sûr que c'est flippant, grimace-t-elle.

Pourtant, elle reste dubitative. Je la comprends. Je le serais aussi si je n'étais pas habituée à ça. Enfin, pas à ce point, mais je pense que ce sont mes talents particuliers qui me sauvent de la panique.

Nadia s'ébroue, se frotte les coudes, laissant une trace sur son blouson. Elle s'en aperçoit, examine sa main blessée.

— Je te refais un pansement ?

— Laisse tomber. Ce n'est pas le plus important. On doit retrouver Hadrien, Jessica et s'en aller d'ici. Delphine a une trousse de secours dans le coffre de la voiture. Au pire, je trouverai de quoi désinfecter la plaie dans la station-service…

Nadia s'accroche au réel comme à une bouée. Mais elle a raison, bien sûr. C'est moi qui suis tordue. Qui aurait envie de s'attarder dans ce bâtiment glauque – la nuit d'Halloween, en plus ?

Max la limace.

Max la traîtresse…

Je me crispe.

— Allez, on bouge de là, décide Nadia.

Le bâtiment a été construit en U. Nous avons dépassé le centre. Alors, nous poursuivons, au pas de course, vers son extrémité. Normalement, ce couloir nous mènera vers le hall et la boutique de souvenirs. Au passage, ma lampe balaie une maquette en piteux état : je reconnais le chêne, isolé et droit, dans la cour. À la place du musée, un petit cube gris, des bois et quelques figurines en plastique à l'image d'une harde de biches. À côté, un livre ouvert dont je déchiffre rapidement quelques phrases :

Avant la Révolution, le Vieux-Chêne était un pavillon de chasse. Après la mort tragique du comte de Landieu, déchiqueté par ses propres chiens, l'endroit a été laissé à l'abandon et…

— Oh non ! C'est pas vrai ! s'exclame Nadia, interrompant ma lecture.

Son portable vient de rendre l'âme. Elle s'arrête net. J'essaie de l'esquiver, mais je perds l'équilibre et m'étale de tout mon long sur les tomettes glacées. Je me redresse avec un gémissement.

Nadia s'accroupit près de moi dans la pénombre.

— Ça va aller ?

— Oui. J'espère juste que mon téléphone n'est pas abîmé. S'il nous lâche, lui aussi…

— Je vais te le récupérer.

Il gît, un peu plus loin, sur un tas de vieux journaux.

— C'est dingue, ça ! s'exclame-t-elle, saisissant un exemplaire à peu près intact. Regarde !

Elle me montre un quotidien local daté d'il y a deux ans. Le gros titre du 5 janvier annonce l'abandon du projet de réfection du musée. Je parcours rapidement l'article : blablabla financement… blablabla l'histoire des lieux… blablabla depuis dix ans…

blablabla appels d'offres... blablabla mise aux normes de la passerelle...

Un passage retient mon attention :

Depuis son ouverture, en 1962, le musée de la Nature et de l'Environnement a été le théâtre de sinistres événements : mort accidentelle d'un couvreur lors de la réfection de la toiture ; quelques années plus tard, un bélier égorgé a été retrouvé dans la cour par le gardien des lieux ; un chien errant a attaqué des enfants et n'a jamais pu être attrapé : par la suite, l'animal, borgne, d'aspect effrayant, aurait été aperçu à plusieurs reprises aux alentours du musée ; une institutrice a succombé à une crise cardiaque lors d'une sortie scolaire avec sa classe et, plus récemment...

— Tu as vu ? m'interrompt Nadia.

— Le chien borgne ?

— Non, ça ! dit-elle en pointant du doigt le cliché qui aurait dû me sauter aux yeux, et que pourtant je n'avais pas remarqué.

C'est la photo d'une jeune femme d'une vingtaine d'années, peut-être un peu moins. Son visage est agréable, mais triste et résigné. Elle porte la blouse rouge des employés de la station-service. Ses cheveux blonds sont noués en queue-de-cheval.

Sous le portrait, quelques lignes :

La mort tragique d'une jeune employée de l'aire du Vieux-Chêne a sans doute pesé dans la décision de différer les travaux du musée, déjà fermé depuis dix ans, pour assurer, en premier lieu, la sécurité du site.

— On dirait Jessica, tu ne trouves pas ? demande Nadia d'une voix un peu incertaine.

Je sens son appréhension et je me penche vers la photo. Elles se ressemblent, c'est vrai. Toutefois, ce qui m'a frappé, chez l'ex-copine d'Hadrien, ce sont ses énormes yeux bleus. Ceux de la fille du journal sont clairs, mais plus petits, et leur forme plus allongée.

— À l'exception de son regard, remarque au même instant Nadia.

— C'est vrai.

— Celui de Jessica est d'un brun presque noir. Alors que celui de cette fille…

— Presque noir ? Non. Bleu glacier, plutôt…

Lèvres sèches. Brève sensation qu'une griffe enserre ma gorge. Un pressentiment se dessine à la lisière de ma conscience. Un pressentiment que je chasse le plus loin possible.

Parce qu'il signifie que j'avais raison : sauf si nous sommes toutes les deux bigleuses, ou folles, et ce n'est pas le cas, c'est bien l'ex d'Hadrien, sur la photo. Et elle est morte il y a deux ans…

— Tu crois que Jessica avait une sœur aînée ? Genre, une fille qui lui ressemblait ? Ou un sosie ? Comme la vieille Louise ? Si ça se trouve, c'est commun dans la région. Tout le monde se ressemble, il y a peut-être des histoires de consanguinité, tu ne penses pas ?

Nadia parle trop vite, cherche des explications rationnelles – comme Hadrien. Je me demande comment il réagirait en découvrant ce vieux cliché. Je ramasse le journal. Suivant du bout des doigts les lignes imprimées à l'encre délavée, je lis de nouveau l'article, essayant d'y trouver des renseignements sur l'identité de la jeune femme. Le journaliste reste vague : je n'apprends pas son nom, juste qu'elle n'avait pas vingt ans et que, selon ses collègues, elle était douce et discrète.

— Alors ? insiste Nadia. Tu en dis quoi ?

— Il n'y a rien, là-dedans. Aucune info.

Je pose doucement les doigts sur la mauvaise photographie. Il y aurait un autre moyen d'en apprendre plus. Ou plutôt de confirmer mon intuition. Ce serait de me concentrer sur ce portrait. J'en suis capable. Je l'ai fait, au collège, pour retrouver une bague que Sarah avait perdue. Au lycée, j'arrivais toujours à deviner les mots que mes amis écrivaient sur des feuilles de papier puis retournaient sans me les montrer.

— Tu fais quoi ? murmure Nadia.

— Comme tout à l'heure… Tu sais, quand j'ai pris ta main et…

— C'est bon, j'ai compris, me coupe-t-elle sèchement. Ça va nous aider ? Je veux dire… Je te crois. Je n'ai pas trop le choix après ce que tu as vu, mais c'est quand même un peu trop bizarre pour moi.

Je hausse les épaules et ferme les yeux. Je visualise le portrait de cette jeune employée. Je visualise Jessica. Avec ses yeux bleus et globuleux. Avec des yeux noirs, en amande. Avec son visage en noir et blanc, dans le journal local. Des pensées me traversent : « Elle est morte… Tu es simplement jalouse… Jessica lui ressemble, c'est tout, et avec ces uniformes, il suffit d'avoir une coiffure similaire… Hadrien est-il encore attaché à elle ? Qu'est-ce que ça peut te faire… La pauvre, que s'est-il passé pour qu'elle se jette dans le vide ? »

Pour qu'elle se jette dans le vide ?

— Alors ? chuchote Nadia au même instant.

Alors je vois, distinctement, la fille de la passerelle au milieu de la glace brisée. À l'extérieur, le vent souffle. Quelques mèches de cheveux blonds s'échappent de son chouchou. Elle porte une blouse rouge et un jean terne. Elle se penche au-dessus de la rambarde et scrute la nuit. Elle se redresse soudain, hagarde, tente de s'éloigner du parapet, se débattant contre une force invisible, puis bascule en arrière, la bouche ouverte sur un cri silencieux.

Le temps de sa chute, je reconnais son visage.

C'est bien Jessica. Aucun doute là-dessus. Je m'apprête à revenir à l'instant présent quand une silhouette décharnée, avec des orbites couleur de cendre et le visage calciné, se penche à son tour vers l'obscurité. Extatique, elle tend les mains vers le cadavre dont s'élèvent des fumerolles bleutées.

— Max ! Max, ça va ? s'inquiète Nadia.

Avec un hoquet d'effroi, je reprends mes esprits, bouleversée.

— Jessica est morte et Hadrien est en danger, Nadia ! Il faut le retrouver ! Vite ! Il n'y a pas de temps à perdre !

20
HADRIEN

Dérapage. Pieds et mains patinent sur la neige lorsque je m'éloigne du tronc. Une violente bourrasque secoue la branche où le corps sans vie et sans visage de Jessica est empalé.

Droite. Gauche. Droite. Gauche.

La dépouille oscille lentement.

Dans un mouvement impossible. Comme si la tempête avait des mains et s'acharnait à l'arracher à ce qui la retient encore.

Grincement. Grincement.

Entre deux mouvements, bien en face de moi il y a ce nœud dans le bois. Un trou sans fond cerné par des distorsions végétales. Un diamètre d'à peine quelques centimètres entourant une béance opaque.

À tâtons, ma main trouve une chaise renversée. Je m'appuie dessus pour me relever. Sans quitter des yeux le macabre métronome. C'est comme si j'attendais que ce cadavre me parle à nouveau. De sa voix d'outre-tombe. De sa voix de fantôme.

Mais c'est impossible, n'est-ce pas ?

Droite. Gauche.

Comment Jess est-elle arrivée là ?

Droite. Grincement. Gauche.

Comment a-t-elle pu prononcer un seul mot ?

Droite.

Grincement.

Gauche.

Droite.

La cadence ralentit. Les battements de mon cœur aussi. Quelle horreur. Non. C'est impossible. C'est une illusion créée par mon esprit fatigué, par les délires de Maxance et de Nadia, par cet assaut de souvenirs que je n'avais pas convoqués.

Grincement.

Gauche.

Et si c'était vrai ? Si c'était vraiment Jessica ? Qui lui a infligé ça ?

Droite.

Grincement.

Grincement.

La dépouille s'est immobilisée. Je ne peux pas la laisser comme ça. Je dois la décrocher. Utiliser mes trois années de dissections de corps humains pour faire ça proprement et lui rendre sa dignité.

Je m'avance vers elle. Je tends les bras.

Bruit mat. Jessica est sèchement collée à l'arbre. Craquement. Sa tête s'agite. Des sursauts avant-arrière. *Clac. Clac. Clac.* La seconde suivante, sa nuque se brise. Et je me rends alors compte de ce qui se passe : chaque bruit que je perçois est celui d'une vertèbre avalée par le nœud du chêne.

Clac. Clac. Clac.

Encore. Je n'ai jamais vu une telle violence, une telle puissance. Os et chair sont tordus et broyés dans un énorme bruit de succion.

Je détourne le regard, paralysé. Je me suis retiré si loin en moi-même que mon esprit est déconnecté de mon corps. Je suis incapable de bouger.

Les gargouillis sont insupportables.

Impossible de contempler... *ça*. Cette indicible monstruosité qui ingère mon ex-petite amie. La fille que j'ai aimée.

Projection. Un liquide poisseux m'asperge de la tête aux pieds. J'assiste à cela, impuissant. Horrifié. Et pourtant détaché, comme le spectateur d'un film.

Les secondes passent mollement. Je dégouline. Quelque chose se décolle de ma joue. J'entrouvre les paupières. J'ai un haut-le-cœur, je retiens ma nausée en prenant une profonde inspiration… Je grince des dents. C'est maintenant l'unique son que je perçois en plus de celui du vent. J'arrache l'once de courage logée au tréfonds de mon âme et je parviens enfin à lever la tête. L'écorce ruisselle. Je tremble. Mes dents se heurtent.

À mes pieds, un masque morcelé. Le visage de Jessica. Ce qui reste d'elle.

Je suis secoué de spasmes, entre terreur et sanglots.

— Jessica…

Le masque se transforme. Un autre visage se dessine, éclaboussé d'écarlate.

Je gémis. Mes genoux deviennent coton. Je suis obligé de me tenir à la chaise lorsqu'un sourire carmin se dessine sur le tronc imbibé de sang.

Une terrible migraine me vrille le crâne.

— Non.

Cette fois, c'est trop. Mon cerveau est en surchauffe. Si ça continue, je vais disjoncter, faire un AVC. J'avise le seuil de l'ancien café. À l'extérieur, couverts de neige, il y a encore une vieille table ronde et quelques sièges aux dossiers de métal ouvragé, à peine rongés par la rouille. Un vestige du monde réel. La preuve que tout ceci n'est qu'un délire ? Je m'accroche à cet espoir, je chancelle en direction de l'entrée. Des mots se forment sur mes lèvres.

— Je… je dois me poser. Réfléchir… Un refuge…

Main sur la poignée.

Une chaise vole. J'ai tout juste le temps de l'esquiver qu'une forme surgit de nulle part et me percute. Un cerf gigantesque. Je suis projeté à trois mètres de là ; mon coude heurte une barre de métal. La douleur est vive. Je cherche un endroit où me mettre à couvert. Et le monstre, où est-il ? Le galop s'éloigne déjà. Le martèlement des sabots s'étouffe dans la neige. Avant que je comprenne quoi que ce soit, des percussions retentissent dans la nuit.

BOUM. BOUM. BOUM.

Puis le long hurlement d'un cor. La note lugubre de l'ouverture d'une chasse à courre. Une de ces traques dont aimait se vanter mon oncle Charles. Mon passé me rattrape, par bribes.

Je me remets debout. Malgré le vertige, mon instinct de survie sait exactement ce que je dois faire : courir ! Retrouver le chemin de la passerelle. Grimper les escaliers qui mènent de l'autre côté de l'autoroute. Loin de cet enfer.

Je m'élance. Crépitements bleutés. Je suis aspiré dans un lieu que je ne connais pas. Une clairière bordée de ronces et de fougères, perdue au milieu d'arbres immenses. Pas le temps de réfléchir ni de prendre la mesure de mon environnement : le cor retentit à nouveau. Plus que l'annonce d'une présence, c'est un poids. Une pression mentale pour signifier que le prédateur est là et qu'il se rapproche.

BOUM. BOUM. BOUM.

Sa proie, c'est moi. J'accélère. Les branches basses me fouettent le visage, je me protège de mes bras tant bien que mal. Je ne vois pas où je vais. Je fuis, c'est tout. Ma cagoule de motard est lacérée.

Le fracas du galop s'intensifie. Sans m'arrêter, je halète tout en libérant ma tête du tissu sanguinolent. Mes poumons sont en feu. Mon crâne aussi. Mélange d'épuisement, de stress et de migraine. Une urgence indescriptible m'écrase les tempes. Et je sais que je vais y rester.

Ce soir, je meurs.

Alors, pourquoi t'acharner. Il te suffit d'attendre ton bourreau. Ça sera plus rapide. Plus facile. Et puis, n'est-ce pas ce que tu as fait toute ton existence ? Laisse faire, petit Hadrien… Laisse venir…

Je me gifle.

— Non !

Depuis la première fois, Charles t'a toujours retrouvé. Même lorsque tu allais te cacher dans la grande armoire de ta chambre, au pavillon de chasse familial.

— Non ! Non, non, et non ! Dégage de ma tête, Jessica !

Y suis-je véritablement ? Ou est-ce ton imagination engendrée par la peur et la paranoïa ? Oh, attends, tu croyais être drogué, n'est-ce pas ? Parce que c'était la manière la plus facile d'accepter l'indicible ? La triste fin de Jess... Et tout le reste ?

Je me martèle le front à coups de poing. Cette voix a changé, ce n'est plus celle de Jessica. Elle est plus âpre, plus grinçante. Elle n'est pas mienne, non plus. Elle doit sortir de mon crâne !

Bien, très bien. Perds du temps. Il se rapproche. Ne voulais-tu pas agir comme à ton habitude, avec couardise ? Te cacher, te faire tout petit, à l'instar de l'enfant que tu étais ?

Je deviens fou. Les horreurs de mon passé grignotent peu à peu mon cerveau. Les agressions subies m'ont contaminé et, tel un cancer, ça se propage...

Et tu es en phase terminale.

J'écrase de la neige sur mon visage. J'en remets une couche bien glacée dans mes cheveux. Refroidir. Réveiller. Laver le sang qui y est collé. Ne pas me laisser submerger. Soudain, je me rends compte que j'ai perdu la notion du temps. De l'espace, même. J'ai oublié d'écouter. Écouter le son du cor et du tambour. Écouter le bruit des sabots foulant le sol dans ma direction. Et il est là, à moins de dix mètres, au milieu des flocons virevoltants. Je l'imaginais sur un destrier bai, cliché d'un de ces tableaux du XVIIIe siècle que l'on voit dans les musées.

Il est différent, très différent.

Bien que je perçoive sa présence, Charles a l'apparence d'un gigantesque cerf. Large, puissant. Les yeux d'un noir de jais au milieu d'un réseau de veines sales et boursouflées. Sa gueule entrouverte révèle des rangées de crocs pointus et dentelés comme ceux des requins. Il me dévisage. Un filet de bave rose sang souille son poil sombre. Nous nous sommes arrêtés tous deux pour nous jauger. Le temps s'étire et, soudain, il y a un craquement. Puis un deuxième. Comme un écho au bruit de Jessica déchiquetée par l'arbre.

Clac. Clac. Clac.

Le cou du monstrueux hybride se tend vers le ciel.

Grognement. Silence.

Brutalement, les mâchoires de la créature s'écartent au-delà de ce que son anatomie leur permet. Des doigts saisissent la dentition en haut et en bas. *Crac !*

Une paire de mains en jaillit. Puis des bras.

Je recule. La peau du cerf se déchire comme du papier humide. D'instinct, je ferme les yeux.

— Alors, Hadrien, vas-tu te soumettre ?

Quand je les rouvre, je vois les poils gris sur sa poitrine. Les cheveux poivre et sel en bataille. Le sourire carnassier sous une fine moustache. Ses petites dents pointues luisent de salive. Charles est affamé. Charles est un centaure, il me toise de toute sa hauteur, une lance dans une main, un molosse à ses pieds.

L'effroi me paralyse. Impossible de prononcer un mot. Était-il aussi monstrueux quand j'étais plus jeune ? Le terrible siphon de sang qui a aspiré Jessica me revient par flashes et se mélange aux images de mon « si gentil parrain » qui m'emmenait en vacances et m'obligeait à le caresser. Après cette première fois, tous les étés furent souillés. Quand les adultes l'ont découvert, ils ont étouffé l'affaire et vendu le pavillon de chasse. Le Général a pris les choses en main et m'a mis sur les « bons » rails pour que je devienne médecin.

Tout était défini. Tout était effacé. Plus aucune trace visible de ce qu'on m'avait infligé.

— Hadrien, allez, juste une dernière fois. Une dernière danse, pour en finir.

Son ombre m'écrase. Je secoue la tête. Je recule. Un pied après l'autre.

— Très bien, mon petit. Tu préfères pimenter la partie, comme lorsque nous jouions à cache-cache ? Alors, cours ! Je te laisse un peu d'avance.

Je suis happé par les souvenirs de ce qui s'est transformé peu à peu en fuite éperdue. Au commencement, il me trouvait et me prenait dans ses bras ; ensuite il ajoutait un baiser « amical ». Puis, tout est devenu plus présent, plus extrême : tête, torse, bras, jambes… entrejambe. Lorsque j'ai trouvé cela étrange, il m'a dit que c'était normal et que je pouvais faire de même. C'est là qu'il m'a pris la main pour la poser sur son ventre. Et plus bas. Ma mémoire indistincte me baigne dans un flou chaud et déplaisant. Une terreur gluante dont je pensais m'être extirpé. Cache-cache. Moiteur. Horreur.

Ma frayeur devient colère.

Non !

— Cours !

Malgré ma révolte, je m'exécute. Je fonce. Mes foulées s'allongent. Je m'écorche aux ronces et aux écorces rugueuses. Je perds un gant. Je donne tout ce que j'ai avant de percevoir de nouveau celui qui me poursuit.

Tchac ! Je suis brutalement stoppé. Sa lance a transpercé la manche de mon blouson, la clouant à un tronc. Je tire dessus, mais je suis prisonnier. Acculé.

21
NADIA

Jessica est morte et Hadrien est en danger, Nadia ! Il faut le retrouver ! Vite ! Il n'y a pas de temps à perdre !

La voix de Max résonne bizarrement, comme si chaque syllabe était amplifiée par un écho. Comme si chaque mur répétait ses paroles. Les chuchotait. Les sifflait à nos oreilles avec la force d'un vent furieux.

J'essaie de lui répondre, mais j'ai du mal à bouger les lèvres. Le froid me paralyse.

Pas seulement le froid. La peur. La sensation d'être prisonnière d'un corps qui refuse de m'obéir.

Parce qu'il ne m'appartient pas.

Parce qu'il ne m'appartient plus depuis longtemps. Depuis que Delphine est entrée dans ma vie. Je lutte pour appeler Max. Hadrien n'est pas le seul d'entre nous à être en danger. Le danger est… partout.

Au ralenti, dans un brouillard cotonneux, elle tourne la tête vers moi. Ses yeux sont bleus, non, noirs, non, bleus. Les contours de son visage se déforment. Ce n'est plus Max, c'est Jessica, elle sourit, elle approche une main de ma joue. Je l'esquive, elle avance, elle a encore changé. C'est Zoé, maigre à faire peur dans son justaucorps trop grand. Au bout de ses doigts, une goutte de sang tremble. La dernière fois que je l'ai vue, elle s'était blessée à l'entraînement. Delphine s'était enfermée avec elle dans son bureau juste avant, elle en était ressortie les lèvres serrées et les yeux secs, avait foncé sur les barres asymétriques sans même s'échauffer. Je l'entends encore : « On va voir si je ne tiens pas la distance. J'ai perdu cinq kilos, et alors ? Ce n'est pas elle qui nous soûle en permanence pour qu'on reste des brindilles ? Je vais lui montrer. Je vais m'envoler. »

Quand Delphine est apparue sur la mezzanine, Zoé était au milieu de son enchaînement. Et elle n'avait pas menti : elle volait. On avait vraiment l'impression qu'elle ne pesait plus rien.

— Elle n'a pas mis ses maniques[4], a murmuré une fille à côté de moi. Elle va se brûler la peau !

Delphine s'est mise à courir vers l'escalier qui reliait la mezzanine à la salle. Elle criait quelque chose, mais je ne l'entendais pas. J'étais hypnotisée. Comme les autres.

Zoé préparait sa sortie. Ma respiration s'est bloquée : le *Korbut flip*, une figure inspirée par Olga Korbut, une gymnaste russe des années 70. On avait tout dit sur ce flip, qu'il avait révolutionné la discipline, mais aussi qu'il était dangereux, *trop* dangereux, et la Fédération l'avait interdit en compétition.

Mais Zoé allait le faire.

Delphine l'avait compris, elle aussi. Elle a dévalé les marches si vite qu'elle en a manqué une. J'ai entendu son cri de douleur en même temps que celui de Zoé.

Devant moi, Zoé se met à rire. C'est bien elle : Max et Jessica ont disparu. Ses mains sont pleines de sang, je ne peux pas les éviter, elles encadrent mon visage et le caressent avec lenteur. Elles effleurent mes lèvres, mes sourcils, mes joues, mes paupières. C'est presque agréable, et en même temps répugnant. Un maquillage grotesque.

— Là, tu es bien plus jolie. Prête pour la compétition. Pour la curée. La mise à mort.

— Zoé…

— C'est bien ce que vous vouliez, toutes ! me coupe-t-elle. Mon sang. Bande de vampires. Il fallait en sacrifier une pour que la meute soit forte, et ça a été moi.

---

4. Gants que portent les gymnastes pour les barres.

— J'ai jamais voulu ça, Zoé…

— Elles avaient raison, je me suis brûlé les mains. Je n'ai plus de peau, regarde !

Elle écarte ses doigts devant mes yeux, ses ongles sont longs et recourbés, les muscles à nu, les os apparents, et le sang qui continue à couler, à couler…

Je hurle. Je fais un bond en arrière. L'arrière de ma tête heurte quelque chose de dur, qui cède brusquement – et je bascule dans le noir.

L'obscurité m'a avalée. Je n'ai pas réussi à fuir à temps, je me trouve dans le ventre d'une bête, qui gronde en me digérant. Je n'entends plus les tambours, mais le *ploc* d'un liquide qui tombe sur le sol. Je suis mouillée. J'ai froid. Je me recroqueville, la tête contre mes genoux. Je dois avoir l'air d'un fœtus géant, mais ça m'est bien égal. De toute manière, je ne suis rien de plus qu'un bébé, pour Delphine, pour mes parents. Une toute petite poupée qui doit faire ce qu'on lui dit. Qui doit sautiller, rebondir, tourner et tourner encore dans les airs, se montrer joyeuse, un grand sourire comme celui d'Olga Korbut, comme si c'était facile, comme si c'était un jeu.

Max. Où est Max ? Auprès d'elle, j'avais confiance, je n'avais plus si froid, me sentais exister un peu. Mais elle s'est transformée en quelque chose d'horrible, le fantôme écorché de Zoé. M'a-t-elle attirée dans un piège, elle aussi ? Était-elle seulement réelle ? Si ça se trouve, tout ceci n'est qu'un cauchemar. Un cauchemar dans lequel je deviens folle. Je l'ai rencontrée quand, Max ? La première fois, dans les toilettes. Et tout a explosé. Peut-être que je suis toujours là-bas : j'ai perdu l'équilibre, ou bien elle m'a poussée ? Un coin de ma tête a heurté les lavabos. C'est pour ça qu'il y a du sang partout. Je dois me reprendre. Reprendre conscience. Reprendre le contrôle. Je me concentre, je n'y arrive pas. Les images se bousculent dans ma tête : Delphine accrochée par un bras à la rampe de l'escalier ; Zoé à plat ventre sur le tapis après avoir raté son flip, les autres filles hystériques, et moi – moi…

… j'étais *contente*. Il se passait quelque chose. Tous ces cris… J'avais enfin l'impression d'être vivante. De sortir de la routine où j'étais enfermée pour des années encore. Delphine me ficherait la paix pendant quelques jours. Et Zoé… Zoé, c'était une concurrente en moins. J'ai alors compris que je leur voulais du mal. À toutes. Que c'était ça, le jeu : éliminer les autres, une à une, que l'esprit d'équipe-blablabla dont la Fédération nous rebattait les oreilles, ça ne voulait rien dire, que c'était juste un joli masque derrière lequel on pouvait cacher ce qu'on éprouvait VRAIMENT.

Je veux que vous disparaissiez. Je veux être la première et la seule.

Est-ce vraiment ce que j'ai pensé ? Est-ce que je suis punie pour avoir voulu les éliminer ? Est-ce que Zoé avait raison ? La compétition, une mise à mort ?

J'entends un crissement. Il vient de partout autour de moi. Puis un autre. Et un autre encore. Le sol tremble. Je ne sais pas où je suis. Il fait de plus en plus froid. Je serre quelque chose dans ma main gauche, c'est doux et lisse, je sais, c'est le ruban que m'a offert Louise. Il est de plus en plus chaud. Il me brûle.

Jette-le. Jette-le maintenant.

Je n'y arrive pas.

Tu n'y arrives pas parce que tu ne veux pas.

Cette voix dans ma tête. Elle ne m'appartient pas.

Jette ce ruban, Nadia.

C'est la voix de Max. Non, de Delphine. Non. Non, je ne le jetterai pas. Je refuse d'obéir. Je ne contrôle plus rien – sauf ça.

Je referme le poing sur le tissu transformé en braise ardente.

Encore ce bruit. Plus proche, cette fois. Sous mes genoux, une secousse.

Je suis chez ma grand-mère, je regarde un dessin animé à la télé. Ma cousine se pose sur le canapé à côté de moi et me chuchote à l'oreille : « Tu aimes vraiment ces trucs de bébé ? J'ai mieux que ça, si ça te dit. Mais t'es peut-être trop petite. » Elle me regarde de haut,

Lola-qui-a-quatre-ans-de-plus-que-moi. Elle hausse les sourcils pour montrer qu'elle se pose des questions sur moi. Elle a cette moue, mi-méprisante mi-cajoleuse. Je la déteste. Je l'admire. Je voudrais être comme elle. Alors je me lève et je la suis. Nous montons dans la chambre où nous dormons le week-end et elle sort un DVD de son sac à dos d'un geste théâtral.

— Je l'ai piqué aux parents d'une copine. Ils ne savent toujours pas que le streaming, ça existe. Tant mieux, parce qu'ici, c'est la préhistoire.

Elle le glisse dans le lecteur et me pousse pour que je lui fasse de la place sur le lit. Je suis fière, c'est la première fois qu'on partage autre chose que cette petite pièce sous les toits, encombrée de vieux meubles.

Mais le film. Les images me percutent, terrifiantes. Une fille est enfermée dans une pièce qui rapetisse autour d'elle tandis que des épées sortent des murs. Elle hurle, se jette à plat ventre pour les éviter ; rampe, se tortille sur le sol. Une première lame la blesse à l'épaule, une deuxième à la cuisse. Le sang coule, s'étale, elle se roule dedans, frénétiquement. Un dernier plan sur sa bouche grande ouverte, la vibration de son cri renforcé par la musique, par les battements sourds d'un tambour lointain, peut-être son cœur, peut-être un horrible compte à rebours… Je me cache le visage, je supplie : « Non, non ! » Lola rit. « Je savais bien que t'avais pas l'âge. Dégage, trouillarde. »

Pendant des années, j'ai fait le même cauchemar, dont je me réveillais en sueur : j'étais enfermée dans un cercueil d'acier, j'allais y étouffer ou être transpercée.

Et maintenant…

Maintenant, le cauchemar est devenu réel.

Ces crissements. Ils sont de plus en plus forts. Ils ne s'arrêtent plus. C'est du métal qui gémit. Quelque chose se rapproche. Je perçois une étrange odeur. Chien mouillé. Relents sucrés et aigres à la fois. Le rat crevé que j'avais trouvé dans la cave de mes parents avait cette odeur-là. Une odeur de charogne.

Les tambours se remettent à battre.
BOUM. BOUM. BOUM.

Je pose ma main à plat sur le sol. Il est chaud, lisse. Oui, c'est du métal. Je n'ose pas tendre le bras, chercher le mur. C'est sûr, si je le fais, je sentirai une pression, ou une pointe qui s'enfoncera dans ma paume.

Je n'ai jamais su si la fille du film survivait, si quelqu'un était venu la sauver : honteuse, nauséeuse, je m'étais réfugiée dans le grenier. Là, j'avais attendu en grelottant que Lola me permette de revenir.

Je suis sûre que la fille a été tuée. Écrasée, vidée de son sang. La gorge déchirée à force d'appeler au secours.

Et c'est ce qui m'attend.

Je vais mourir.

Retour à « leur » présent.

J'entends des pleurs, des cris, des insultes. Un homme vocifère, se plaint, menace ; un autre déloge une famille réfugiée dans l'espace réservé aux enfants pour y installer sa femme enceinte. La pauvre n'ose plus protester. Il suffirait d'un rien pour qu'il se retourne contre elle. Je sais quelles images terribles défilent dans sa tête, celles de son compagnon la jetant à terre et frappant, frappant. Beaucoup d'entre nous ont subi, elles aussi, les coups d'un homme. Parfois, nous avons même été dénoncées par un père, un frère, un oncle, un mari.

Les trois qui ont franchi la passerelle ignorent tout des horreurs qu'elle prépare, puisant dans leurs souvenirs pour mieux les torturer.

Moi, je sais de quoi elle est capable.

Au fil des siècles, j'ai vu comment elle laissait ses proies venir à elle, avant de s'introduire dans leur tête et d'y dénicher leurs peurs, leurs doutes, leurs remords. Des armes mortelles dont elle se sert avec une jouissance perverse.

J'ai vu des soldats pleurer. J'ai vu des hommes frapper un mur jusqu'à ce que leurs poings ne soient plus qu'une bouillie de chair et d'os. J'ai vu une institutrice mourir de terreur, déchiquetée par ses propres souvenirs.

22
MAXANCE

— Ma… Max… articule Nadia d'une voix hachée.

— Viens, Nadia ! Vite !

Nadia ne m'écoute pas, le regard rivé sur un point derrière nous. La gorge nouée par une soudaine angoisse, je me tourne vers les ténèbres de la galerie, l'éclaire de la lumière vacillante de mon téléphone. Ma main tremble. Je retiens mon souffle, m'attendant à voir surgir de l'obscurité la silhouette grimaçante qui s'est manifestée dans mon flash.

Je fais quelques pas. Je m'arrête, balaie de nouveau les ombres avec le faisceau de lumière pâle. Il n'y a rien. Je tends l'oreille. Je ne perçois ni *cataclop* ni tambours, seulement la tempête à l'extérieur et le vent qui siffle dans le bâtiment à l'abandon.

Tout semble normal.

Pourtant, la boule qui pèse sur mon estomac depuis que j'ai vu la photo de Jessica ne me quitte pas. Elle me crie que nous sommes *tous les trois* en danger.

— Viens, Nadia. On n'a pas de temps à perdre !

Elle ne bouge pas. De minuscules flammes bleues l'enveloppent, formant des liens translucides autour d'elle.

Possession. Hallucination. Paralysie. Prison mentale. Faille spatio-temporelle. Transe. Les possibilités défilent à toute allure dans mon esprit.

Je tends la main vers elle, la frôle.

Elle hurle, me repousse si brutalement que je valse en arrière, heurte le tas de vieux journaux, m'étale de tout mon long sur le sol. Sonnée, le poignet douloureux, je me relève.

Mon amie a disparu. Je n'entends même pas le bruit de ses pas.

Elle ne m'a pas loupée. Comme dirait Nadia, Hadrien sera ravi de démontrer ses compétences en médecine. Quand *je* l'aurai retrouvé. Quand je *les* aurai retrouvés.

Merde. Je fais quoi, maintenant ? Je la cherche ? Je rejoins Hadrien avant que le fantôme de Jessica lui fasse la peau ? Je me tire et je me mets en sécurité ?

Cette possibilité ne m'effleure pas plus d'une seconde. Ce n'est pas vraiment mon genre.

Vraiment ?

— Vraiment.

Je serre les poings avec détermination. C'est fini, tout ça. Je ne veux plus être la fille lâche qui laisse tomber sa meilleure amie et ne pense qu'à elle. Et puis, il y a autre chose. Je me sens beaucoup plus vivante, beaucoup plus forte ici, dans les ténèbres de ce musée hanté, que dans mon quotidien de lycéenne.

Ces prises de conscience me permettent de reléguer la peur dans un coin de mon cerveau et de réfléchir à la situation : je peux courir après Nadia, courir après Hadrien ou me poser et tenter d'analyser ce qui se passe.

Sans l'espèce de momie grimaçante qui a poussé Jessica de la passerelle, j'aurais pu croire que l'âme torturée de la jeune femme était responsable de tous ces phénomènes – les canalisations qui explosent, les plongées dans le passé, les tambours et le reste. Mais Jessica était une victime, c'est tout. Alors, pourquoi ne puis-je me départir de la crainte que son fantôme cherche à tuer Hadrien ?

Peut-être parce que nous sommes à présent isolés les uns des autres, comme dans les films d'horreur ? Désormais, ça, celles, ceux qui nous veulent du mal ont maintenant tout loisir de se déchaîner contre chacun de nous.

Mais nous ne sommes pas au cinéma. C'est le monde réel. Dans ce lieu hanté, la frontière entre les vivants et les morts s'est effacée.

Des sorcières ont été brûlées, ici. Même si le musée a été construit des siècles plus tard, cela ne change rien aux souffrances subies par ces femmes. L'article du journal me revient en mémoire : l'histoire de l'aire du Vieux-Chêne est semée de drames, le « suicide » de Jessica étant le dernier jusqu'à cette tempête qui nous isole, nous dans ces bâtiments abandonnés, et tous les autres – femmes, enfants, hommes – prisonniers d'un complexe autoroutier sans aucun accès, pas même par téléphone, au reste du monde.

Je suis soulagée de ne pas être restée là-bas.

Je n'aurais pas supporté les crises de panique et les pleurs à haute dose.

BOUM. BOUM. BOUM.

Tambours lointains. Cette fois, accompagnés de cris. Je reconnais cette voix. Hadrien !

Il voulait fouiller le café, de l'autre côté de la cour. Je fonce dans cette direction. J'atteins la porte-fenêtre, je tourne la poignée, tire, pousse, elle résiste, j'insiste, coup de pied – une vive douleur traverse ma cheville. Je crie, les larmes aux yeux.

Je cherche autour de moi un objet assez lourd pour briser la vitre. Un extincteur, par exemple. Je n'en trouve pas. Et le temps presse !

Si j'y vais à fond…

Je m'élance. Le battant s'ouvre à la volée, alors que je ne l'ai même pas encore percuté. Je perds l'équilibre, me retiens de justesse au chambranle. Pas le temps de reprendre mon souffle. Claquement brutal, dans mon dos. Devant moi, le grand chêne aux branches tordues, fouettées par le blizzard – et rien de plus. Je regarde alentour.

Les bâtiments ont disparu, effacés par l'obscurité. Il n'y a plus rien, juste ces ténèbres et le silence. Une prison sans porte ni fenêtre. Le vide. Suis-je condamnée à rester ici pour toujours ? À mourir de faim, de soif, à être le dernier fait divers dont les journalistes locaux feront leurs gros titres ? Avec dérision, j'imagine le début de l'article : « Le cadavre desséché d'une jeune femme a été retrouvé au printemps par une bande de jeunes pratiquant l'urbex, dans les décombres d'un vieux musée... » Cette fin, curieusement, ne me fait pas peur. Elle m'attire, même. Plus besoin de me soucier du retour à la maison, du lycée, du reste de ma vie, avec ses attentes, ses angoisses, et pas seulement parce que j'ignore quelles études choisir. Parce que ce putain d'avenir ressemble à une voiture lancée à fond dans une voie sans issue. Quelle que soit l'option, crash à l'arrivée. La planète part en fumée. Les guerres ravagent des milliers d'êtres vivants. Au lycée, comme dans *le monde des grands*, dixit mes parents quand j'étais gamine, c'est marche ou crève, marche si tu as les codes pour te faire des amis, crève si tu es différente – sauf si t'es une pro des réseaux sociaux et que tu arrives à en faire ta force. Et surtout, un avenir solitaire, un avenir sans Sarah.

Sarah que j'ai abandonnée.

Un sentiment d'urgence me saisit, m'arrachant à ces pensées désespérées. Je dois très vite trouver le moyen de sauver les autres. De nous trois, je suis la seule à m'intéresser au surnaturel. Et la seule à posséder un talent de médium.

Comment les atteindre ? Comment les aider ? Je ne suis pas sûre que mes cartes me serviront ici. Pourtant, je dois essayer. Il suffit que je me concentre.

Les ténèbres ont disparu, laissant de nouveau place à cette nuit de tempête étrangement éclairée par une lune dont je ne parviens pas à discerner la forme. Je me rapproche du chêne pour me mettre à l'abri. Piètre refuge, pas très rassurant – mais ai-je le choix ? J'espère au moins que son tronc et ses branches énormes me protégeront un peu. Je me cale contre l'écorce et tire *L'Oracle des Sorcières* de mon sac. Sur le couvercle est représentée, sur fond noir, une jolie sorcière avec de longs cheveux blancs, un immense chapeau pointu, des fleurs partout et un chat dans les bras. Je bats le jeu, puis l'étale devant moi en me concentrant sur une question : comment aider Hadrien et Nadia ?

Je laisse ma main courir au-dessus des cartes. Une pointe de chaleur m'indique celle que je dois retourner. Pourtant, mes doigts glissent et c'est une autre que je choisis.

Une image ensoleillée, avec une jeune femme virevoltant au milieu des blés coupés, et quelques mésanges dans le ciel d'été.

Laisse la douceur réchauffer ton cœur.

C'est quoi, le rapport avec ces deux-là ? Je ne me suis pas assez concentrée, c'est pour ça. Et le temps presse. J'en retourne une autre, fébrile. Cette fois, une fillette jouant avec une toupie me conseille de me relier à mon enfance et à ma joie de vivre.

C'est n'importe quoi !

Bien sûr que c'est n'importe quoi, Maxance. Tu t'imaginais quoi ? Que ces morceaux de carton t'indiqueraient le chemin menant à l'apprenti médecin traumatisé par son enfance violée ou à la gymnaste prisonnière de ses propres contradictions et jalouse du reste du monde ?

Cette voix grinçante, mauvaise… Je ne la veux pas en moi.

« Vire de ma tête, qui que tu sois. »

Je me redresse, scrute de nouveau la neige, la nuit poisseuse, l'arbre majestueux à l'écorce rugueuse et grise. Presque à mi-hauteur du tronc, une boursouflure encercle une petite cavité. Au-delà de mon champ de vision, rien. Bourrasque. Une branche me griffe, accroche ma veste qui se déchire. Elle tente d'atteindre ma peau. À cet instant, une vague de tristesse me submerge avec une violence inattendue.

Tes cartes ne servent à rien parce que tu n'es rien.

De grosses larmes roulent sur mes joues.

Tu ne vaux rien. Tu ferais mieux d'en finir…

Jaillis du vent, les mots s'enroulent autour de moi, s'impriment sur mon cœur, mon esprit.

Tu n'es même pas capable d'aider tes amis, même si tu essaies de t'en persuader…

— Ce n'est pas vrai ! Je voulais…

Quoi ? Les sortir de ce piège, leur sauver la vie grâce à tes merveilleux pouvoirs de médium ? Je t'en prie. Lève-toi et marche, Max. Sers-toi de ton intuition pour retrouver Hadrien et Nadia. Non ? Tu n'y arrives pas ? Place ta main sur le nœud de l'écorce, alors…

J'étouffe. J'ignore d'où vient cette voix qui me connaît si bien, me perce à jour, me perce tout court. J'ai l'impression que ma volonté ne m'appartient plus vraiment. Je lui obéis, plaque la paume contre le tronc. Douleur vive. Mon sang coule. Je retire brusquement ma main. Là où se trouve ma blessure, une cavité spongieuse se dessine, dont s'échappent des relents nauséabonds de pourriture et de viande brûlée.

La voix rit doucement.

Tu sais ce que c'est, une sorcière, Max ? Une VRAIE sorcière ?

Un relent fétide envahit mes narines. Je respire de plus en plus mal. Je claque des dents. Au même instant, les tourbillons de glace deviennent d'immenses langues de feu. J'ai froid, et pourtant le bas de ma chemise s'embrase. Je distingue des visages de l'autre côté des flammes. Jeunes et vieux. Tous extatiques, si heureux de voir les sorcières brûler. Vague de rage. Vague de peur. Vague de douleur. Tellement insoutenables qu'elles m'éjectent de cette vision – avec des mots de haine qui s'effilochent dans le blizzard : « *Au nom du démon auquel je voue mon âme, je vous maudis, vous et vos descendants. Vous viendrez à moi, nourrissant mon corps supplicié de vos souffrances et de votre sang jusqu'à ce qu'il recouvre sa jeunesse. Alors, je serai de nouveau libre. Plus puissante que jamais. Et votre engeance misérable tombera enfin en poussière.* »

23
HADRIEN

Je tire sur la manche de mon blouson pour l'arracher à l'arbre. Une fois. Deux fois. Trois fois.

Rien n'y fait.

Satanée veste de qualité. Je n'ai pas assez de force. Les sabots de Charles se rapprochent. Son souffle aussi. Lourd. Mélange de l'effort de sa course et de son désir malsain.

— Petit, petit, petit ! Je crois que tu as perdu la partie, mon tendre Hadrien.

Il s'arrête à cinq mètres de moi. Je crache de dégoût dans sa direction. Comme je l'ai mille fois imaginé durant ma jeunesse. Comme je ne l'ai jamais fait.

— Tu nous fais une crise d'adolescence ? reprend-il avec un sourire mauvais.

— Je te hais !

Ma défense est risible, mais c'est tout ce que j'ai. Gagner du temps, le faire parler, calculer comment m'échapper. Je ne vois aucune issue et mon bras est toujours cloué à ce gros tronc.

— Tu sais que tu es pathétique, mon garçon. Il te suffit d'abandonner. Comme tu as abandonné ta Jessica. Comme tu abandonnes tes deux nouvelles amies. Vas-y, lâche tout et respire un grand coup. Ça va bien se passer.

Sa voix résonne comme dans un lieu clos, en écho à l'époque durant laquelle je me dissimulais dans un placard ou sous le lit pour l'éviter.

Tu croyais gagner du temps, mais tu ne faisais qu'en perdre. Au final, je te dénichais et nous passions un bon moment tous les deux, entre parrain et filleul.

Le passé me revient en pleine face.

Sa main verrouille ma cheville. Et il me fait glisser lentement sur le plancher.

Chacun de ses doigts puissants est l'un des barreaux de ma cage. Il n'y a pas d'issue.

Caresse sur ma jambe. Charles me dépose sur le bord du lit, s'assied à mon côté, prétexte que mon t-shirt est mal mis pour me toucher la peau. Il replace une de mes mèches de cheveux et son geste tombe avec une douceur poisseuse sur ma joue. Son index accroche le coin de ma bouche et glisse sur mes lèvres. La cinquantaine de muscles composant mon visage se crispent. La tension me brûle de l'intérieur. Son ongle force, rencontre mon incisive.

Je mords.

Il hurle. Je cligne des yeux.

Il semble surpris. Je suis victorieux. Une perle de sueur roule sur ma tempe. Enfin, il n'est plus dans mon esprit !

Mon cœur bat à tout rompre. Tout mon réseau nerveux est encore sous tension. Contre ma cuisse, dans la poche de mon pantalon, une sensation de chaleur. Je me rappelle l'existence du jeton. Celui que la vieille Louise m'a confié. Je me souviens de ses paroles : « Ça vous sera utile, de l'autre côté. »

Ma main libre plonge dans ma poche. À l'instar d'une bouée pour un naufragé à la dérive, cela me redonne de l'espoir. J'évoque une seconde Max. La seule personne qui, ces dernières heures, a vu au-delà du masque que je me suis imposé pour survivre durant toutes ces années. Comment a-t-elle réussi ? Aucune idée, mais c'est comme si un lien entre nous s'était créé. Quant à Nadia, je l'ai observée. J'ai perçu son armure sociale, la peur et la rage qui brûlent en elle.

Nous nous ressemblons, d'une certaine façon. Je réalise soudain que je leur dois des aveux, pour moi, pour elles…

Le feu de mon corps se dissipe.

Tout est de nouveau glacé.

C'est mon adrénaline qui joue aux montagnes russes.

« Reprends-toi, Hadrien ! » Cette fois, c'est moi, *ma* voix dans *mon* esprit. M'en persuader psychiquement pour activer ma motricité.

Mes doigts se détendent. Le cadeau de Louise me donne de l'assurance. Voilà que je crois aux porte-bonheur, maintenant. On aura tout vu.

Je profite de la seconde d'hésitation de mon agresseur. Je m'empare de la hampe de la lance et je tire. Sa pointe résiste, comme collée dans la résine de l'arbre.

Charles émet un bref ricanement.

Un dernier effort.

Il se rapproche, vainqueur.

— Crois-tu vraiment que tu peux me…

J'arrache l'arme. D'un même mouvement ample, je balaye devant moi. Le métal lui entaille le menton. Manqué ! Je visais trois centimètres plus bas.

Malgré tout, son sang coule et c'est déjà ça. Ce soupçon d'espoir me donne la force de courir. Je m'élance, maladroitement, sur le sol traître, entre gel et racines. Je glisse. Je me rattrape. Je dois atteindre le café pour m'y enfermer. Pour trouver un moyen de me débarrasser de ce monstre.

Je gagne du terrain. Le pas lourd du centaure se fait plus étouffé. Juste ce qu'il me faut pour reprendre mon souffle, appuyé contre les racines d'un arbre mort. Pas longtemps, juste assez pour arriver à destination. Et après… je ne sais pas. Je ne peux pas tuer. Je suis médecin, bordel. Je sauve des vies, je ne les prends pas. Ce n'est pas moi. Je trouverai sûrement dans le café de quoi le neutraliser, l'entraver ! Ou alors…

Percuté sur le côté, je m'effondre.

Grognement. Le molosse de Charles est sur moi. Son œil jaune, unique, me fixe avec haine. C'est le chien qu'ont vu Maxance et Nadia ! Sauf qu'il n'a plus rien du cabot maladif qu'elles m'ont décrit. Sa force est terrifiante.

Coup de poing en pleine gueule. Il roule au sol avec un couinement. Se redresse aussitôt, prêt à repartir à l'attaque. Je ne réfléchis pas, je retire mon blouson pour m'en servir de bouclier. La seconde suivante, sa mâchoire broie le cuir épais. Ce n'est pas un chien, c'est une boule de rage. Je secoue. Je tente de le décrocher. Rien n'y fait. Il bave. Affirme sa prise. Je recule tant bien que mal. Je n'ai aucune arme et rien qui puisse en tenir lieu. En revanche, la terrible silhouette du centaure se découpe dans le clair-obscur de la forêt. Ce pourri ne m'avait pas perdu, il a seulement joué avec sa proie ! Je me suis fait avoir... encore ! La colère décuple ma puissance. Je me lève brusquement, soulevant le canidé. La force centrifuge allège son poids et je l'envoie percuter l'écorce d'un bouleau. Le choc est sec. Il lâche, sonné.

Avant un nouvel assaut, je lui balance mon pied dans le flanc.

Glissade. Maladresse. Je me retrouve accroupi. J'en profite pour ramasser une bûche. Et je frappe. L'extrémité du bois éclate en échardes. Je frappe. Encore. Et encore. La colère m'emporte. Ou alors le besoin de vivre. De voir un autre lendemain moins triste. Et soudain, un craquement spongieux. L'animal ne bouge plus. Mort.

Je tremble.

Le centaure est à nouveau là. Il arbore une expression narquoise.

— Moi qui te croyais innocent ! Une pauvre petite victime ! Mais non, en réalité tu es comme tout le monde, un bourreau.

Mes larmes coulent. Je pleure. Je ne sais si c'est de chagrin pour ce chien que j'ai tué. Si c'est pour ce que Charles m'a poussé à faire. Ou si c'est un bouillon de rage contre lui, l'être infâme qui m'a détruit.

— Nous avons tous des besoins, mon neveu... *adoré*.

Je lui lance mon arme improvisée. Il l'esquive sans difficulté.

— Voyons, je t'ai connu plus agile.

Je ne doute plus de l'origine de mes larmes : avec un hurlement venu du tréfonds de mes entrailles, je me jette sur lui.

Je cogne.

Il me repousse à l'aide du manche de sa lance. Tente de me frapper, mais la longueur de son arme l'en empêche. Il est pourtant plus doué que moi et, d'un simple mouvement de poignet, fait glisser le bois à bonne distance. Ses doigts accrochent la hampe. Il plonge sur moi.

Coupure. Pas le temps de constater l'ampleur des dégâts. J'oblitère la partie médecin de mon cerveau. Mon poing percute son plexus. Puis ses côtes. Souffle court, il tente de reprendre le dessus. Je le bouscule et il se retrouve désarmé. Malgré tout, il se ressaisit. Ruade. Je ne peux malheureusement pas éviter un de ses sabots qui m'envoie voler.

— Je te préférais quand même petit, tu étais plus docile…

Ma tête tourne.

Son ombre me tombe dessus. Ses pieds de centaure s'enfoncent dans le sol, de part et d'autre de mon corps. Rien que sa présence est étouffante. Je panique. Sur le dos, j'essaie de m'écarter, centimètre par centimètre. En vain. Mon espérance s'amenuise, petit à petit.

Pas de branche à portée. J'agite mes mains sans les regarder. Une arme. Il me faut une arme pour le repousser !

— Tu ne peux me vaincre, Hadrien, car je suis en toi depuis trop longtemps. Tu te souviens ?

— Je te hais !

Un objet.

— Peu m'importent tes sentiments. Tu es à nouveau à moi.

Solide. Droit.

— Non. Non !

— Et pourtant, tu…

— Plus jamais !

La lance. Je la touche. La hampe bien calée entre mes mains, je dresse le triangle métallique. Je transperce.

Cette fois, en pleine gorge. Sa voix n'est plus qu'un gargouillis écarlate. Ses yeux deviennent peu à peu vitreux. J'extrais la pointe. Il chancelle. Je plante à nouveau. Là où je l'ai décidé. Précis. Chirurgical.

J'ai beau être médecin, je n'en suis pas moins humain.

— Crève, maintenant !

24
NADIA

Mon visage est mouillé, mes larmes gouttent sur le sol chaud, les crissements ne s'arrêtent plus, je les sens résonner dans mes os, dans mes dents, j'attends d'une seconde à l'autre la sensation écœurante de la chair en putréfaction du chien mort-vivant s'écrasant sur moi, bientôt, quand les murs commenceront à me broyer, pourvu que ça aille vite, mais ça n'ira pas vite, je le sais, j'aurai le temps de hurler de douleur et de sentir mes muscles et mes os éclater, et de mourir mille fois avant de mourir pour de bon.

Tu ne vas pas pleurer, tout de même ?

La voix est si proche que je sursaute. Delphine. Qu'est-ce qu'elle fait là ? Est-ce qu'elle est prisonnière du même cauchemar mortel ? Ou… est-ce que c'est elle qui m'a enfermée là ? Pour me donner une bonne leçon, pour m'apprendre à obéir, à ne plus dévier du chemin qu'elle a tracé entre moi et le podium ?

Tu n'as plus cinq ans. Redresse-toi, Nadia.

C'est ça. Il doit y avoir un haut-parleur quelque part.

Je ne comprends pas. Max m'a dit qu'elle avait envoyé Delphine vers le parking, comment a-t-elle pu nous suivre ? Ou alors, elle aurait repéré les flashes de nos téléphones dans le bâtiment abandonné ? Elle a peut-être contourné le musée pour nous surprendre ?

Non. Rien n'est logique. Il n'y a plus d'électricité : son micro, si elle a un micro, ne peut pas fonctionner.

Elle n'est pas là. Elle est dans ma tête.

Est-ce que *tout* est dans ma tête ?

Crissements. Ils sont bien réels, je les entends. Je gémis comme un bébé, oui, Delphine, je ne suis qu'une loque, tu peux m'écraser de ton mépris.

Les doigts de ma main gauche se crispent sur quelque chose de doux, je les déplie un peu – c'est le ruban de la vieille Louise, ce ruban maintenant souillé de sang…

Tu croyais que tu pouvais m'échapper ? reprend la voix venimeuse. *Tu rêvais, Nadia. J'ai trop investi sur toi. Tu me dois tout, tu le sais, ça ? Oui, bien sûr que tu le sais. Tu me dois la réussite. Des médailles. Je ne veux pas avoir fourni tout ce travail pour rien, pour que tu t'effondres au dernier moment, comme cette idiote de Zoé.*

Quelque chose pèse sur ma cage thoracique. L'air, dans ma gorge, a un goût de fer et de pourriture. Il est épais, presque gluant. Je suis en train de me noyer dans mon propre souffle – ou dans celui de Delphine ? C'est un vampire : elle n'aspire pas mon sang, mais mon air, elle vide mes poumons. Des éclairs lumineux passent devant mes yeux, je serre les paupières de toutes mes forces, je voudrais disparaître.

Me faire oublier. Redevenir la petite fille qui faisait la roue juste pour le plaisir. Avant que Delphine ne me repère dans la cour de l'école. Avant le club, les promesses, les flatteries, les rêves de gloire et la rivalité exacerbée entre les membres de notre équipe, la joie mauvaise qui s'emparait de nous chaque fois que Delphine humiliait une autre fille…

Tu vas revenir, maintenant. Tu connais le chemin. Ou je te détruirai.

La voix de la coach dérape dans les aigus, accompagnée d'un crépitement. Comme si la foudre allait tomber juste sur moi. Je suis terrifiée.

Relève-toi.

Je ne peux pas. La pièce est devenue une boîte, ma tête va cogner et…

Relève-toi.

Je referme à nouveau les doigts sur le ruban, un geste enfantin, désespéré.

Relève-toi.

NON !

Un frémissement au creux de la paume. Le ruban bouge, se tortille, ce n'est plus un bout de tissu mais un minuscule dragon, un dragon de feu. Au moins je mourrai vite s'il grandit et me consume. Je hurle, je voudrais le jeter au loin cette fois, mais il s'enroule autour de mon poignet, se resserre, s'incruste dans ma peau. Comme une folle, je porte ma main à ma bouche, ignorant la douleur de la brûlure, je mords à pleines dents, je tire, déjà je ne sens plus mes doigts, ils sont énormes et gourds et je ne peux plus les bouger. Quelque chose craque et je retombe, le cœur cognant si fort qu'il va peut-être exploser. Des images se télescopent dans ma tête, j'ai mal, je revois Delphine et ma mère assises à la table de la cuisine, elles se taisent quand j'entre dans la pièce, ma mère a l'air mal à l'aise, pourquoi ? Je vois la pluie battre la fenêtre de ma chambre, je suis debout et je regarde dans la rue, mon père sort, sans parapluie, il s'approche d'une voiture dont la vitre se baisse, j'ai déjà vu cette voiture, il hoche la tête plusieurs fois, papa, rentre, tu vas être trempé, sa chemise claire devient sombre, elle colle à sa peau, son dos est courbé, il acquiesce encore, oui, oui, le véhicule repart et il rentre, mais avant il lève la tête vers ma chambre et je recule dans l'ombre des rideaux pour qu'il ne me voie pas. Je n'aime pas l'expression de son visage, un faux sourire qui n'éclaire pas ses yeux tristes.

Pourquoi. Pourquoi tout devient plus dur à partir de ce jour-là ?

Je regarde le ruban noué à mon poignet. Il en manque un morceau, je crois. Je ne comprends pas comment il est arrivé là. Je pensais l'avoir déchiré avec mes dents. J'aurais fait un nœud, avant ? Il est frais contre ma peau. Étrangement rassurant…

Je me rappelle les mots de Louise lorsqu'elle me l'a donné : « Gardez-le, le moment venu, il vous aidera. »

Par deux fois, j'ai cru qu'il allait me brûler.

Se pourrait-il qu'il m'ait protégée ? Mais de quoi ? De mes hallucinations ? De ces lieux hantés, si j'en crois les mots de Maxance ?

Un courant d'air frais passe sur ma bouche, et je halète doucement.

Silence. Plus de crissements, ni de tambours. Je déplie mes jambes, je me redresse, accroupie, prête à me défendre. J'ai l'impression que l'obscurité est un peu moins dense, je distingue des masses sombres et d'autres plus claires. Je suis trempée de sueur, je m'essuie le front avec ma manche de survêtement. Lentement, je me remets debout. Le plafond ne m'a pas écrasée, je ne le vois même pas, je suis au milieu d'un espace vide, non, pas tout à fait, je fais quelques pas hésitants et je bute contre une boîte qui se renverse. D'autres sont empilées derrière. Mes yeux s'habituent, je distingue à présent les contours d'une porte ouverte sur la galerie et, à côté, un gros cube bâché. Quelque chose s'est échappé du carton qui a roulé à mes pieds, une tête qui me fixe de ses yeux brillants. J'étouffe un cri : c'est un hibou empaillé, tout mité, ses plumes volettent et se posent silencieusement sur mes baskets. Je suis de retour dans la réserve. Les murs sont nus et il n'y a aucune fenêtre. Je ne sais pas comment j'y suis arrivée et je n'ai pas envie de le savoir : ce que j'ai senti, vu, entendu est encore bien trop présent.

En plus du rapace empaillé, je découvre un énorme paquet de feuillets annotés, certains surlignés de jaune fluo. Je m'accroupis, j'approche les documents du rai de lumière qui filtre par la porte : … *dans les registres de la paroisse, la naissance de Louise et de Jeanne (les jumelles accusées du meurtre de Blaise Perret et brûlées pour sorcellerie) est attestée le 7 mai 1689. Il est précisé que leur mère n'avait pas livré le nom du père. Plus tard, il est fait mention d'elles dans le journal du père François, le curé de Saint-Crépin. Il les décrit comme ayant toutes les deux la chevelure rousse des traîtresses et officiant aux côtés de leur mère comme rebouteuses. Au vu de ses commentaires, il ne les portait pas dans son cœur, mais passait énormément de temps à les observer : « Jeanne, avec ses yeux verts de tentatrice, expose toujours sa gorge et rit quand on le lui fait remarquer », « Louise, qui semble plus sage, est une dévergondée : je l'ai vue attendre Blaise près de la forge, je les ai vus s'embrasser sans la moindre honte ». Moralité, même avant le meurtre de Blaise, elles étaient déjà mal considérées. D'ailleurs, il est difficile de…*

C'est quoi, ces papiers ? Des recherches sur…

Les procès des sorcières à Saint-Crépin et aux environs : le titre, en haut d'une page, me donne la réponse. Sans réfléchir, je glisse une partie du dossier sous mon pull. Puis, avant d'atteindre la porte, je me baisse et je soulève un coin de la bâche. Je ne sais pas pourquoi je fais ce geste. Par curiosité, ou parce que quelque chose m'y pousse ? Quelque chose, quelqu'un ?

C'est une boîte blanche cubique, montée sur roulettes, lourde et assez haute. Plusieurs étiquettes sont collées dessus, que je ne peux pas lire. Il y a aussi une sorte de tableau de bord avec différents boutons, et une clé.

Je n'ai aucune idée de ce qui vient de se passer, mais une chose est presque certaine : j'ai trouvé le générateur.

Nos restes furent enfouis à la hâte en terre non consacrée, sans une prière, au pied d'un jeune chêne. Les siècles passèrent. Les gens du pays chuchotaient que la terre dans laquelle l'arbre avait poussé était maudite. On ne savait plus très bien pourquoi. Dans les métairies voisines, on déplorait tant d'enfants morts en bas âge ou nés difformes que, peu à peu, les familles s'exilèrent vers des lieux plus hospitaliers. Un jour, des hommes arrivèrent de la ville, débroussaillèrent et édifièrent des bâtiments autour de l'arbre, qu'ils se refusèrent à couper en raison de son âge.

J'ai essayé de les avertir. Ils ne m'ont pas entendue.

25
MAXANCE

Derrière moi.

J'ai à peine le temps de me jeter sur le côté que ses ongles acérés percent l'écorce, la déchirant comme s'il s'agissait d'une simple étoffe. Le chêne crie ; je crie en écho à sa douleur. Lorsqu'elle s'en extirpe, une sève brune s'échappe du grand arbre blessé.

Je suis incapable de réagir. Terrifiée. Fascinée, aussi.

Fascination pour les abysses. Où ai-je lu ça ? Dans un cours de philo, peut-être ? *Ne plonge pas ton regard dans l'abîme sinon l'abîme ancrera son regard en toi.* Un truc du genre. Nietzsche, je crois. Une part de moi a envie de rire devant l'absurdité de cette réflexion. C'est une défense mentale, je suppose. Comme l'humour pourri des héros dans les films d'horreur.

Je suis une sorcière, Max. Une vraie sorcière. Tu ne me trouves pas belle ?

Elle virevolte, bras écartés, dévoilant son corps calciné, son ventre ouvert sur ses organes desséchés et son bassin. Je voudrais fuir, mais j'en suis incapable. Mes jambes sont de plomb.

Percevant ma détresse, elle éclate de rire. Puis, vive comme l'éclair, s'accroupit face à moi. Son haleine fétide envahit mes narines. J'ai un haut-le-cœur. Je contiens péniblement ma nausée. Elle me saisit la mâchoire de ses longs doigts crochus, me force à contempler de près ses orbites remplies de cendre. J'essaie de détourner les yeux, la tête, en vain. Je suis sa captive.

Allons, Max ! Un peu de volonté, que diable ! Comment veux-tu aider tes amis si tu n'arrives même pas à savoir où ils sont ?

Elle a raison.

Sers-toi de tes dons, Max.

Je serre les dents. Je me concentre. J'essaie de visualiser Hadrien, avec sa silhouette mince et son air trop sérieux, parti en quête d'un générateur avec un spectre à ses trousses… Je vois un cadavre étendu sur le sol… une mare sombre… une fille aux cheveux longs penchée au-dessus de lui… Jessica… Elle me sourit de toutes ses dents pointues, de toute sa bouche sans lèvres, maculée de sang…

Je hurle.

Quoi ? Tu n'aimes pas ce que tu vois ?

Je secoue la tête, j'essaie de m'arracher à l'emprise de la sorcière. Je me débats, physiquement, mentalement, parviens à me libérer de ses serres.

— Ce sont des mensonges ! Des illusions ! dis-je, haletante. C'est vous qui me torturez avec ces images !

Peut-être. Et peut-être qu'il s'agit de la vérité, Max. Que te murmure ton intuition ?

— Hadrien est en vie…

Si tu le dis ! Après tout, tu es médium, non ?

Je ne réponds rien.

Quoi ? Ça ne te plaît plus ? Être différente des autres, avoir ce truc en plus, tu aimais ça, pourtant ?

Elle me connaît bien, celle qui me fait face, qui me jauge avec malveillance, me cloue au sol sans autre arme que ses mots.

Cela te permettait de te sentir importante…

Je baisse la tête. Elle dit vrai. Avec Sarah, on s'inventait des histoires, des rituels, on passait des soirées à essayer de parler aux esprits. On était à l'écart mais on s'en fichait puisque notre univers était peuplé de symboles et de magie, puisqu'on avait le pouvoir de se venger de nos harceleurs.

Puissante…

Un souvenir me revient. Nous étions dans sa chambre. Nous avions fabriqué un oui-ja avec des lettres de scrabble collées sur un carton et les mots OUI et NON au centre du demi-cercle. Sarah menait la séance, tenant entre son pouce et son index un pendule. « Esprit, es-tu là ? » a-t-elle demandé. Au bout d'un moment, la boule de cuivre s'est mise à tournoyer, de plus en plus vite, avant de tirer sa main vers le oui. Sarah a commencé à enchaîner les questions : « Qui es-tu ? Comment t'appelles-tu ? D'où viens-tu ? » L'entité présente dans la pièce répondait chaque fois. Mon amie exultait. Moi, j'avais de plus en plus froid. Je me sentais de plus en plus nauséeuse à mesure que le temps passait. J'ai tenté à plusieurs reprises d'interrompre la séance. Elle a refusé. Pour une fois que ça fonctionnait avec elle ! Il fallait toujours que je gâche tout...

— Comment me débarrasser de Penny ?

Penny, c'était une gamine de six ans qui vivait dans le même immeuble qu'elle, la vénérait et la collait façon Superglue.

— Tu n'as qu'à lui faire avaler de la mort-aux-rats.

J'ai viré le carton. L'entité qui s'amusait avec Sarah a éclaté de rire. Et j'ai vu brièvement sa silhouette se dessiner dans la pénombre de la chambre. Une silhouette semblable à celle de la sorcière.

C'était peut-être moi, souffle la créature d'un ton doucereux. *D'ailleurs, peut-être que c'est moi qui te torture avec ces visions. Peut-être même que c'est moi qui t'ai permis de voir le petit secret de ton amie Nadia. Peut-être que tu n'es ni très intéressante ni très importante, Max. Peut-être que, de vous deux, c'était Sarah la plus douée...*

Ses paroles me cinglent. Je sais qu'elle ment, pourtant. Et je voudrais la forcer à se taire.

Peut-être que ni Hadrien ni Nadia n'ont besoin de ton aide. Peut-être qu'ils sont déjà retournés de l'autre côté. Qu'ils t'ont abandonnée. Parce que tu ne sers à rien. Si tu disparais, personne ne te regrettera.

Elle a raison.

Je suis une élève médiocre. Une pianiste minable. Je suis nulle comme amie...

Au lycée, Léa nous a foutu la paix jusqu'au retour des vacances de la Toussaint. Lorsqu'elle a recommencé à nous harceler, j'étais déjà plus ou moins copine avec Jade, Romain et Nora. Ça m'a donné la force de balayer sa perversité d'un haussement d'épaules et d'une menace à peine voilée. Elle a jugé plus prudent de se déchaîner sur Sarah.

En quelques mois, Léa a réussi à faire le vide autour d'elle.

Sarah était de plus en plus isolée. Et moi, bien protégée, j'ai cessé de lui parler. Je l'ai vue se recroqueviller, petite silhouette courbée sur ses affaires, ses cheveux lisses dissimulant son visage terni par le manque de sommeil et l'angoisse. J'ai senti son désespoir. Un désespoir de plus en plus prégnant. Le jour où elle a sauté, nous nous sommes croisées dans un couloir. Elle était si pâle que je l'ai crue malade. Même si nous n'étions plus amies, j'étais inquiète pour elle. Et puis, les cours se sont enchaînés. Je suis allée au café avec Nora pour lui raconter mon premier rendez-vous avec Romain. J'ai complètement oublié l'existence de Sarah. Jusqu'à ce que les pompiers débarquent, sirènes hurlantes, devant le portail de l'établissement.

Je me lève, chancelante. J'observe l'énorme chêne, avec ses branches noueuses, son tronc encore suintant de sève noire.

Sarah ne voulait ni de ton aide ni de ton amitié, Maxance. Elle n'avait pas besoin de toi. Ce n'est pas toi qui l'as trahie. C'est elle qui s'est libérée de toi. Car tu n'étais qu'un boulet, pour elle. Rappelle-toi…

Ses phrases sont des coups de couteau. Des coups de couteau qui s'enfoncent dans mon esprit, déchirent la membrane qui retient mes souvenirs avec une telle force que j'ai l'impression que mon crâne explose.

Rappelle-toi, Maxance.

Cela s'est passé dix jours après la rentrée de novembre.

Sarah et moi, on ne s'est quasiment pas vues des vacances : je les ai passées au conservatoire du quartier ou chez moi, à travailler la troisième sonatine de Sibelius pour mon audition. On s'éloigne l'une de l'autre. Elle n'apprécie pas mes nouveaux amis et me le fait sentir. De petites remarques acerbes. Des reniflements de mépris. Cela me blesse. Moi, je les aime, ces filles solaires. Je les admire. J'apprends aussi à deviner leurs fissures. Cela les rend plus humaines et plus attachantes. Je me sens vivante à leurs côtés. Jolie, aussi. Mes fringues de sorcière ne sont plus *spooky* mais trop géniales ; lorsque je leur tire les cartes, elles sont surexcitées. C'est une magie qui me va bien. Une magie que je trouve plus cool et surtout plus saine que nos pentacles et nos pseudo-rituels vaudous. Sarah refuse de s'intégrer : Nora et Jade, elle ne peut pas les supporter. Et moi, elle ne me supporte pas quand je suis avec elles. Quant à Romain, elle n'a pas de mots assez durs pour le qualifier. Pire, les rares fois où je parle de lui, elle ricane avec mépris.

— Tu crois vraiment que tu as tes chances ? T'es trop naïve, Max. Pense à *Carrie*…

Carrie, c'est le film atroce dans lequel une ado timide et mal dans sa peau est séduite par le beau gosse du lycée et élue reine du bal avant de recevoir sur la tête, à sa montée sur scène, un seau de sang de porc… J'essaie de mon mieux d'ignorer sa méchanceté. Je m'éloigne d'elle. Romain et moi, on est de plus en plus proches. Et puis, Léa s'en mêle. Un incident éclate pendant le cours de sciences. Humiliée et furieuse, Sarah balance son manuel à la tête de sa harceleuse et quitte la classe en courant. Jade fonce voir le principal. Je sèche le français et file chez Sarah. Je suis obligée de sonner plusieurs fois avant qu'elle m'ouvre. Ses yeux bleus ont viré à l'orage. Ses poings sont serrés de rage.

— Dégage ! J'ai pas besoin de toi !

— Sarah, laisse-moi entrer, au moins…

Elle réfléchit un instant, s'écarte pour me permettre de passer. Me guide sans un mot jusqu'à sa chambre. La porte claque lorsqu'elle la referme derrière nous. Je sursaute et découvre une cage contenant un minuscule rongeur blanc près d'un pentacle tracé avec de la craie rouge. Devinant ce qu'elle s'apprête à faire, je pâlis.

— Sarah… Tu déconnes, là ?

— Je t'avais dit que j'avais pas besoin de toi pour me débarrasser une bonne fois pour toutes de Léa !

— Sarah, tu délires complètement. Cette souris t'a rien fait ! Et tu veux la sacrifier pour des conneries lues sur Internet ?

— Des conneries ? C'est ça, la magie, pour toi ? Des conneries ? Tu veux que je te dise, Max ? C'est toi qui gâches tes talents pour des conneries ! C'est toi qui fous notre amitié en l'air pour un mec qui te larguera dès qu'il aura eu ce qu'il voulait !

J'essaie de l'apaiser, de la raisonner, peine perdue.

— C'est une souris, Sarah ! Un être vivant. Elle n'a rien demandé ! Et toi, tu vaux mieux que ça…

Ça ne sert à rien, tout ce que je parviens à faire, c'est déclencher sa rage. Une rage décuplée par la haine et la jalousie. Car, de nous deux, c'est moi la médium, et non Sarah. En panique, je récupère la bestiole et je m'enfuis, terrifiée par sa fureur meurtrière. Je passe la nuit à réfléchir. À pleurer sur notre amitié brisée, sur ses véritables sentiments, son mépris, sa rancœur, dissimulés pendant toutes ces années. Sur les mesures qu'elle a prises afin d'obtenir une vraie puissance. Pacte. Magie noire. Je ne sais plus. Ce dont je suis sûre, c'est que mon ex-meilleure amie a pété un plomb. Je dois en parler. À ma mère. À la sienne. Avant que ça n'aille trop loin. Le lendemain, elle me coince près de la grille du lycée. Ses yeux brûlent comme des charbons ardents. Elle est métamorphosée.

— Un mot de ce que tu as vu et je fais de ta vie un enfer. Compris ? Et maintenant, dégage ! Va rejoindre ta bande de pétasses et leur vie en rose. Je ne veux plus jamais te voir.

Parfait, Max ! Tu as retrouvé la mémoire.

Je reviens à moi, hébétée. La créature qui me fait face sourit, dévoilant des dents blanches et des gencives calcinées.

Tout était réel. Tout s'est passé exactement ainsi. J'ai obéi à Sarah. Je suis sortie de sa vie. Je rêvais d'elle. Parfois. Souvent. Des cauchemars qui agitaient mon sommeil. Jusqu'à ce jour de mars…

Ce n'était qu'une petite fille qui jouait à la sorcière. Une petite fille aussi inutile que toi. La seule différence, c'est qu'elle n'aurait pas hésité devant le choix que je m'apprête à te proposer.

26
HADRIEN

Je crache du sang, souille la neige transformée en boue. Je récupère petit à petit une respiration régulière. Libéré. Je n'irai pas jusqu'à dire que je suis affranchi des chaînes rouillées qui ont entravé mon esprit durant des années, mais je me sens plus léger. J'essuie le coin de ma bouche. Je me remets sur pied. C'est là que je perçois un cri au loin. Une plainte. Non, c'est le hurlement d'un chien. Un autre molosse ? Ce n'est pas vrai, c'est sans fin !

— Si c'est vraiment ce qu'il faut…

Je cherche une autre bûche, ne pouvant me résoudre à récupérer la lance du centaure mort. Rien. Je prends la direction du musée. Le rideau de neige immaculée est dense. Le hurlement retentit à nouveau, atténué par l'environnement hivernal. Je stoppe afin de mieux écouter. Une poignée de secondes et il recommence. Ce n'est pas un chien de chasse. Est-ce un appel de détresse ? Combien y en a-t-il qui errent sur l'A6 ? Autant que d'abandons, j'imagine. Si c'est le cas, cela veut dire que ce clébard est en danger… ou que les filles le sont si un chien les poursuit comme j'ai été traqué. Et alors, ce ne serait pas une plainte… J'ignore mes douleurs et je reprends ma marche, tentant de me guider à sa voix. Ce n'est pas facile, elle est par moments inaudible. Je cherche mes propres traces. Aucune. Le manque de lumière n'arrange rien. J'opère un tour d'horizon. Pas moyen de déceler le moindre indice de mon passage.

Je retourne sur les lieux de mon combat. Je suis happé par une odeur nauséabonde. La dépouille du molosse grouille de petits vers blancs.

Je ne me laisse pas perturber par cette anomalie de décomposition trop rapide. Je fais le tour des lieux et je repère enfin un buisson écrasé : je suis arrivé par là. Une dizaine de pas dans cette direction et je trouve une marque de griffure sur un tronc. Mais après, plus rien encore une fois... à part le hurlement lointain.

N'est-il pas déjà trop tard ? Tu n'as pensé qu'à toi et tu t'es égaré...

Non, ça ne va pas recommencer. J'inspire profondément, tends à nouveau l'oreille. Cette fois je l'ai. Je fonce, ne prenant pourtant pas le risque d'un sprint pour finir assommé par une branche basse. Je me focalise sur le son et le moindre détail pouvant me mener à ce vieux chêne des marais qui semble le déclencheur de mes maux. Je lutte contre la végétation qui me ralentit en m'efforçant de garder mon sens de l'orientation. Toute ma volonté est tendue vers un seul but : retrouver Max et Nadia avant qu'il ne soit trop tard.

Vraiment ? Ont-elles vraiment tant d'importance à tes yeux ?

Oui. Étrangement, en quelques heures elles me sont devenues proches. Essentielles.

Je me gifle. Je ne m'arrête pas. Mon mental n'est peut-être pas si indestructible que je l'imaginais, mais je me dois d'être solide. Je me rattache aux fondamentaux : le Général m'a imposé la neurochirurgie, mais j'ai toujours voulu être médecin et aider les gens. C'est celui que je suis, ou plutôt que j'ai retrouvé. Et je vais m'y accrocher tant que je peux. Parce que si je me sauve, je peux aussi les sauver.

Douleur vive ! Je me suis tordu la cheville dans un trou. Tant pis, je grimace et je continue dans ce bosquet en boitant. Je ne sais pas quelle monstruosité se cache derrière tout ça, cependant il est clair qu'elle cherche à nous diviser. Physiquement et psychologiquement. Cette pourriture s'immisce dans nos têtes pour mieux nous manipuler. Pour autant, je n'arrive pas à comprendre à quelles fins. Ce qui est agaçant. Je m'arrête à un croisement de ce qui pourrait être un sentier se séparant en Y. Droite ou gauche ? Le hurlement du canidé n'aide pas. J'ai l'impression d'être dans une bulle temporelle qui m'empêche de progresser. Si c'est le cas, c'est le doute qui me tuera. Je clopine à gauche. Ma semelle glisse brusquement sur un rondin glacé. Je tente de me rattraper au tronc d'un grand hêtre, sans succès. La chute est violente. Ma cuisse est douloureuse.

— Tu ne m'auras pas si facilement, que tu sois un démon ou un fantôme.

Je me redresse, sentant la petite rondelle dans ma poche. Le jeton ! Je le sors et le regarde. Il fait noir, je le vois mal. Je réalise cependant que ce n'est pas une pièce, mais une médaille religieuse. Un ange guerrier ? Elle m'a aidé à m'en sortir contre Charles, à retrouver ma lucidité au moment crucial. Se pourrait-il que… ?

D'instinct, je vérifie que personne ne m'observe. Je ferme les yeux et me focalise sur la pièce. Au point où j'en suis, elle serait capable de se transformer en boussole. Inspiration, expiration, focalisation. Inspiration. Expiration.

Inspiration.

Expiration.

Focalisation.

Je ne sens… rien du tout. Je n'ai jamais aimé les histoires de magie, je n'y ai jamais cru, ce n'est pas comme si ça allait fonctionner grâce à l'imitation d'un Luke Skywalker ou de je ne sais quel mystique.

Soupir. Je reprends ma marche, l'oreille tendue.

Cinquante mètres plus loin, je suis dans un fouillis d'épines impossible à franchir. Encore une fois, je rebrousse chemin. Je scrute les ténèbres et j'arrive à un nouveau carrefour. Trois sentiers. Lequel choisir, ils vont presque tous dans la même direction ? Quatre pas sur celui du centre. Non, si c'est un labyrinthe et que je suis un Thésée sans fil d'Ariane, il faut que j'utilise ma logique. Tout le temps prendre à gauche pour commencer : j'ai cru lire quelque part que cela réduisait les chances de se perdre dans un dédale. Ma cheville me fait encore terriblement mal, j'essaie de l'oublier. Je me cantonne à mon idée.

Et, après seulement quelques mètres sur ce chemin, un phénomène étrange se produit. La médaille chauffe dans le creux de ma main. Stop. Je déplie mes doigts lentement. Je la touche avec mon autre index. C'est bien réel. Dans le sens de cette réalité, évidemment. Mais de la chaleur s'en dégage.

— Piège ou liberté ? Très bien, si j'ai pu faire abstraction de nombreux préjugés, je peux aussi oublier mes idées reçues sur le hasard.

Et voilà que je me parle à voix haute ! Ce n'est pourtant pas le moment de m'étonner de ce symptôme de folie.

Je continue. L'objet émoussé garde son intensité, me réchauffant presque tout le corps. J'accélère, toujours en clopinant. À chaque embranchement, je me laisse guider. J'y vais à fond, c'est décidé. Au revoir la science et la raison, je fais confiance à l'objet ! En revanche, tout en progressant dans ce bois hivernal, je me demande qui me soutient. C'est la vieille Louise qui m'a donné cette médaille. Serait-elle impliquée dans ce cauchemar ? Est-elle ma bonne fée, tant qu'on y est ? Forcément. Cela fait beaucoup trop de coïncidences, quand j'y pense. Le cadeau et sa mise en garde quand j'ai filé vers la passerelle. Pourquoi n'y ai-je pas songé plus tôt ? Surtout, pourquoi me suis-je jeté dans ce musée des enfers ? M'aurait-elle manipulé ? Et si Louise était au contraire celle qui contrôle ces spectres – ces créatures, ces illusions ?

Je dérape sur une racine.

Concentre-toi, Hadrien, tu pourrais te blesser !

Je grogne de frustration à cette nouvelle incursion dans ma tête. Je relève le menton lorsque je perçois une légère clarté un peu plus loin. Je reconnais l'endroit ! Oui, c'est bien le mur du café !

Nouveau hurlement. Aboiement éraillé.

Je ne compte plus les éraflures sur mon corps. Porté par la chaleur de la médaille, je m'aide de chaque tronc. Et, enfin, j'arrive en vue du vieux chêne.

— Max !

Mon cerveau refuse d'abord d'accepter l'existence de la chose qui effleure la tempe puis la joue de Max, laissant sur sa peau un sillage de sang.

Puis je réagis.

Grimace de douleur. Je ramasse le mât rouillé de l'ancien parasol. Je me rue vers elle.

27
NADIA

Je pousse le générateur dans le dédale des couloirs. L'une des roulettes qui permettent de le déplacer est cassée, elle se bloque tous les trois ou quatre pas. Je dois me baisser à chaque fois pour la remettre dans le bon sens. Bizarrement, ce geste répétitif me fait du bien. Je dois avancer, c'est tout. Un but simple. Rejoindre les autres, ramener ce gros bloc de l'autre côté de l'A6, me réchauffer.

Et affronter Delphine.

Les murs défilent à droite et à gauche, baignés d'une clarté qui n'est peut-être que le reflet de la lune sur la neige, au-dehors. Il doit faire nuit noire maintenant. Je ne sais même plus depuis combien de temps je suis sortie de la voiture en me disputant avec ma coach. C'était une journée presque comme les autres. Comme toutes celles qui précèdent les compétitions, du plus loin que mes souvenirs remontent. À six, sept ans, je me blottissais sur la banquette arrière avec mon doudou, un chat en peluche arborant une brassière aux couleurs de mon club. N'importe quoi. Mais je l'adorais. Je l'avais appelé Salto. Double Salto quand j'avais besoin de gros câlins. C'est ma mère qui me l'avait offert. Un moyen de se faire pardonner de ne jamais être là, de ne pas assister aux entraînements ni aux championnats, même en catégorie poussin ? « Un bon choix, avait approuvé Delphine. Les chats retombent toujours sur leurs pattes. »

J'avais déjà compris que c'était l'idée.

Un jour, Salto a disparu. Je l'ai cherché pendant des heures et des heures. J'étais inconsolable. Impossible de le retrouver. Au bout d'une semaine, mon père a suggéré que peut-être on pourrait trouver un autre Salto dans un magasin de jouets. Que, bien sûr, ce ne serait pas tout à fait pareil, mais qu'il pourrait devenir mon ami. Delphine était là, comme souvent – elle assistait à toutes les fêtes familiales, et passait au moins un jour sur deux voir si je respectais mon planning, si je dormais bien, si je musclais mon mental aussi bien que mon corps. Je me souviens qu'elle a réagi aussitôt :

— Nadia est trop grande pour avoir un doudou, maintenant.

— Elle n'a même pas encore huit ans, a protesté ma mère.

— Justement. Il est temps qu'elle grandisse, qu'elle s'endurcisse. On n'acquiert pas une mentalité de championne en trimballant partout sa peluche préférée. Bientôt, elle nous dira qu'elle ne peut pas dérouler un programme au sol si Salto n'est pas sur mes genoux ! Je déteste les sportifs superstitieux : s'en remettre à un objet, c'est un aveu de faiblesse. Nadia doit être forte.

J'ai vu que mon père fronçait les sourcils, que ses poings se serraient. Ma mère a posé une main sur son épaule pour le calmer. Delphine souriait.

— Notre accord tient toujours, Sébastien ? Ou vous voulez tout remettre en question maintenant ? Ce serait dommage... aussi bien pour Nadia que pour vous. Ce genre de chance ne passe pas deux fois, vous le savez.

Mon père s'est voûté. Maman le regardait avec une expression suppliante.

On n'a plus jamais reparlé de Salto.

L'une des roues du générateur se coince à nouveau, et mon ventre heurte la poignée. Je pince les lèvres. J'ai beau être musclée, ça fait mal. Ma main aussi est douloureuse. Plus question d'empoigner les barres ni de prendre appui sur la poutre.

Bien fait pour toi, Delphine.

Je ne ressens rien. Aucune déception. Je ne me sens pas libérée non plus. Cette tempête – je préfère ne pas penser à ce que je viens de vivre depuis que j'ai quitté Max – m'offre un sursis, c'est tout. Mais c'est déjà beaucoup. Quelques jours pour échapper au rythme infernal, pour remettre ma vie en ordre.

Et d'abord, poser quelques questions à ma chère coach. Et à mes parents. Tous ces souvenirs qui ont surgi de nulle part, qui m'ont giflée plus fort que le blizzard, je veux savoir ce qu'ils cachent. J'ai l'impression qu'on m'a menti pendant des années. Et je ne veux plus de ça. Je ne sais pas encore ce que je vais décider, mais une chose est certaine, je veux la vérité. Même si elle me fait mal.

Ce que j'ai vomi pendant si longtemps, ce sont peut-être les choses qu'on m'a cachées. Les mensonges sordides. La lâcheté de ceux qui auraient dû prendre soin de moi.

Ce couloir est sans fin. Il se peut que je sois morte, en fait. Que j'aie été projetée en enfer, ou ailleurs, dans une dimension parallèle où je suis censée racheter toutes mes mauvaises actions. Par exemple, pousser un énorme générateur monté sur des roues faussées pendant les dix prochains siècles.

Je n'en peux plus. J'ai beau être super entraînée, chacun de mes muscles crie au secours. Je voudrais tout lâcher, m'allonger là et fermer les yeux, juste quelques minutes… mais si je fais ça, je mourrai probablement congelée (à condition que je sois encore en vie, là, tout de suite). Et après ma mort, ma *vraie* mort, je recommencerai à me coltiner le générateur. Hors de question. Je vais trouver la sortie, retraverser la passerelle et m'écrouler sur la première banquette venue. Même une part de pizza froide sera la bienvenue. Même une barre protéinée !

Autour de moi, l'air vibre très légèrement. Comme si, au loin, quelqu'un avait jeté un caillou dans un lac tranquille. Une onde. Je m'immobilise. Ça ne va pas recommencer, les tambours, les grincements, tout ce cirque ! Si. Là, ça recommence. Plus fort. Plus près. Ça ressemble plutôt à un grondement étouffé. Et puis, soudain…

Le chien !

Le grognement enfle, menaçant. S'interrompt. Reprend. Se casse sur un gémissement aigu. Puis j'entends un aboiement bref. Et enfin, une plainte terrifiante. Le chien hurle à la mort. Je n'ai entendu ça que dans des documentaires ; en vrai, c'est autre chose. Les poils de mes avant-bras se dressent, je me fige, tétanisée.

Devant moi, l'obscurité a tout envahi. Mais un trait plus clair se dessine sur les tomettes, à droite. Une porte ?

Je ne réfléchis pas. Si je réfléchissais, je ferais demi-tour et je partirais en courant me cacher sous une table ou dans un placard.

Je fonce, précédée de mon chariot brinquebalant.

Maxance est debout devant le grand chêne, raide, les bras le long du corps. Plus pâle encore que la dernière fois que je l'ai vue. Et, en face d'elle… Je n'ai pas de mots pour ce que je vois. Un déguisement. C'est une blague. Une *très très* mauvaise blague.

Non, Nadia, ce n'est pas une blague et tu le sais.

Tout à l'heure, je sanglotais, à bout de terreur, dans une boîte en fer qui se refermait lentement sur moi. J'allais être écrasée. J'entendais la voix de Delphine comme si elle s'était trouvée à mon côté.

Une blague ? Vraiment ?

La créature qui tend de longs doigts griffus vers Max ne porte pas une de ces capes noires où un squelette est dessiné, ni un masque d'Halloween.

C'est une morte-vivante, un cadavre noirci et desséché qui bouge et qui parle. Je n'entends pas ce qu'elle dit, seulement un faible écho de sa voix mielleuse. Et Max semble captivée : on dirait un oiseau sous le regard hypnotique d'un chat en chasse. Le chien, à quelques mètres de moi, a cessé de hurler à la mort. Dans son unique œil jaune, j'ai l'impression de lire une menace.

Un craquement. Hadrien surgit à l'angle du mur de l'ancien café.

— Max ! hurle-t-il, chargeant la chose avec un mât de parasol qu'il tient comme une lance.

Lui aussi est méconnaissable, les cheveux en bataille, couvert de griffures et de sang, comme s'il s'était battu avec un vautour géant ou peut-être quelque chose de plus effrayant encore.

Maxance ne réagit pas.

Mais la créature, elle, nous a repérés : son crâne aux orbites vides pivote dans notre direction et un affreux sourire dévoile sa mâchoire presque à nu sous les lambeaux de peau brûlée.

Elle esquisse un geste de la main.

Le chien fait volte-face, les crocs découverts.

Un long ruban noir a fait son apparition à l'horizon, il s'est étiré jusqu'à nous. De l'autre côté, sur la colline, des constructions sont sorties de terre, laides et trop blanches. Une passerelle a été édifiée au-dessus de cette route où circulent des millions de voitures. Des femmes et des hommes ont été embauchés pour travailler dans le musée, la boutique, le restaurant ouvert à toute heure du jour et de la nuit. Je me suis attachée à eux. Je les ai accompagnés, protégés lorsque je sentais la magie sournoise de Jeanne s'immiscer dans leurs cœurs. Je n'avais aucune peine à la repousser : entravée par le pacte qu'elle avait passé, ma sœur dépendait de ceux qu'elle avait maudits pour nourrir sa puissance.

Il y a eu des victimes.

Pas assez nombreuses pour permettre à ma jumelle de reprendre des forces.

Et puis, Jessica est arrivée. J'ai senti en elle le sang des héritiers et sa fragilité. Il y avait dans son âme une blessure mal cicatrisée. J'ai voulu la mettre en garde. J'ai voulu l'aider. Elle ne m'a pas écoutée. Le pouvoir insidieux de Jeanne faisait déjà son œuvre. Trois semaines plus tard, lors d'une nuit semblable à celle-ci, on l'a envoyée de l'autre côté chercher un vieux générateur électrique.

Et elle est morte.

La puissance de ma sœur s'est réveillée.

Jessica a été la dernière.

Je ne veux plus qu'il y en ait d'autres.

Plus jamais.

28
MAXANCE

Le hurlement d'un animal, derrière nous.

Je le perçois, venu de très loin.

Alors, Maxance, que décides-tu ?

La voix de la sorcière résonne dans ma tête, grinçante, pleine d'impatience. Je ne lui échapperai pas. Elle m'emprisonne par la seule force de sa volonté, m'offrant un choix qui n'en est pas un. Mourir maintenant ou partager mon corps avec elle pour devenir une vraie sorcière. Avec de vrais pouvoirs. C'est un marché de dupes. Si j'accepte de lui laisser une place dans mon esprit, elle m'écrasera, m'effacera. Je disparaîtrai, de toute façon.

La plainte aiguë se transforme en aboiements.

J'essaie de tourner la tête, je n'y arrive pas. Quelqu'un m'appelle. Hadrien ?

Je serre les dents, j'insiste. Un étau broie ma nuque. J'ai mal.

Tu m'appartiens. Tu m'appartiens corps et âme. Tu es ma petite marionnette. Mon pantin. Je peux faire de toi ce que je veux. T'obliger à lever un bras…

Je m'exécute.

À danser…

Je voudrais crier, j'en suis incapable.

À te jeter dans le vide. Comme cette idiote de Jessica…

— C'est vous qui l'avez poussée ! Vous étiez dans son dos, je vous ai vue…

J'avais soif de son énergie vitale. Cette petite dinde ne s'est même pas rendu compte que je manipulais ses pensées et ses émotions. La tuer a été d'une facilité déconcertante...

— Vous êtes un monstre.

Je suis une sorcière. Je suis celle que Sarah aurait voulu devenir. Peut-être même celle qu'elle serait devenue si elle n'avait pas sauté, ce jour-là. Mais c'est ce qui arrive lorsqu'on joue avec des forces qui nous dépassent et qu'on ne comprend pas...

Sarah était persécutée par les autres élèves. Ceux du lycée. Certains de notre ancien collège via les réseaux sociaux. La magie noire, c'est le refuge qu'elle a trouvé pour résister au harcèlement. Je cesse de me débattre. J'inspire profondément.

— Vous... mentez...

Vraiment ? Tu la connaissais si bien que ça, Max ? Dans ce cas, pourquoi n'as-tu pas prévenu les adultes de ce qui se passait ? Pourquoi n'as-tu rien fait pour lui venir en aide si c'était vraiment ce dont elle avait besoin ?

— Elle m'a fichue dehors ! Elle m'a menacée ! Elle a failli tuer une souris sous mes yeux !

Crois-moi, ton amie a fait pire ! Tu veux voir ?

Ce n'est pas une proposition, en réalité. Pas le temps de hurler : je suis projetée dans la chambre de Sarah, avec ses rideaux tirés, son éclairage à la bougie. Au milieu de la pièce, sous le tapis qu'elle a écarté, un pentacle tracé à la craie. Au centre, un bol rempli d'un liquide épais, rouge sombre. Non. Ce n'est pas possible. Elle n'a pas pu tuer... une boule de fourrure soyeuse, blanche et grise, maculée de sang. À cet instant, elle apparaît dans mon champ de vision. Elle a essuyé ses doigts sur son visage, traçant des sillons écarlates sur ses joues. Elle tient dans sa main une feuille de papier sur laquelle est inscrit un rituel. Je distingue une forme, à ses côtés. La même qui la poussait, une éternité plus tôt, à donner de la mort-aux-rats à sa petite voisine...

— Sarah, non !

Elle ne m'entend pas, bien sûr. Mais mon cri m'arrache à cette transe.

Elle t'effrayait, n'est-ce pas ?

De l'effroi ? Je n'en sais rien. Sur le moment, j'avais l'impression que Sarah m'avait fiché un couteau en plein cœur. J'avais mal. J'étais en colère. J'avais peur, oui. Sans doute. Peur de devenir la cible d'un rituel. Peur de découvrir en effet qu'elle ne s'était pas contentée de sacrifier des rongeurs. Maintenant, je le sais.

— Dégage, espèce de saloperie !

Je sursaute. Je reconnais cette voix. Elle ne me semble plus si lointaine, à présent.

Choisis, Maxance.

Durant quelques secondes, des images tentatrices virevoltent dans mon esprit. Des images dans lesquelles je me sens belle. Séduisante. Souriante. Entourée. Jade, Nora, Nadia, Hadrien, Romain me contemplent avec admiration. J'avance sans me retourner. Je suis puissante. Capable de faire ce que je veux vraiment. D'aller où bon me semble. Débarrassée une bonne fois pour toutes du poids des obligations. Libre de façonner ma vie comme je l'entends.

Le prix à payer en vaut peut-être la peine…

Je partagerai mes secrets avec toi, Maxance. Je t'apprendrai à utiliser toutes les nuances de ta médiumnité, ainsi que bien d'autres choses. Tu auras tout ce que tu désires. Il te suffira de claquer des doigts pour détruire tes adversaires, comme Léa, ou comme Delphine, qui transforme depuis des années la vie de Nadia en enfer. Ou encore Charles, le parrain de ton cher Hadrien, qui est toujours libre de détruire les petits garçons qui croisent son chemin…

Hadrien ? Son parrain ?

À cet instant, l'image d'un enfant trop sage, agenouillé devant un homme, se superpose à la sienne. J'entends la voix de l'adulte, intimidante, faussement réconfortante. Je contiens à grand-peine une nausée.

Je sais que le prix à payer pour cette alliance, c'est ma vie. Pas mon existence physique. Mais tout ce qui fait de moi Maxance. Si j'accepte le pacte qu'elle me propose, je serai prisonnière d'un corps que je ne contrôle plus, témoin d'actes qui seront les siens et sur lesquels je n'aurai plus aucune prise.

La liberté et la puissance qu'elle m'offre sont des illusions. Elle insiste, pourtant.

Tu pourrais le venger, Max. Je t'y aiderai, si tu veux. Moi aussi, il a fallu que je me venge, tu sais ? Même si j'en ai payé le prix fort ! Mais je ne pouvais pas laisser Blaise épouser Louise alors que c'était moi qu'il avait embrassée la première ! Je ne pouvais pas lui pardonner de se mettre entre nous, et surtout de l'avoir choisie – elle – alors que c'est avec moi qu'il avait pris le plus de plaisir...

Grognements. Aboiements.

— Attention, Hadrien ! Il va te bouffer le bras !

C'est Nadia. Sa voix m'arrache à l'emprise de la sorcière.

— Je sais bien ! Dégage ! répète-t-il. Laisse-nous passer !

— Ne lâche rien, Max ! On arrive ! crie Nadia.

Je ne suis plus seule face à elle. Hadrien. Nadia. Ils ne m'ont pas abandonnée, contrairement à ce que ce monstre a voulu me faire croire. Ils sont là. Cela suffit à me donner la force de la chasser de mon esprit.

Libérée de son emprise, je comprends ses limites. Elle peut contrôler mes mouvements, manipuler mon esprit et mes émotions. Mais elle est incapable de prendre ma place sans mon autorisation. Pour ça, elle a besoin de mon total consentement.

C'est pour cela qu'elle s'est montrée si patiente. C'est pour cela qu'elle n'a pas essayé tout de suite de me tuer.

Je rassemble ma volonté. Je redresse les épaules, la repousse le plus loin possible.

— Allez... vous faire... foutre...

Je discerne un éclat de frustration et de colère au fond de ses orbites. Puis elle tend la main. Une vague de puissance aux relents de haine me percute, me projette à plusieurs mètres d'elle. Tout près du chien. Brûlure dans la poitrine. Respiration coupée. Sensation qu'une fumée noire et grasse envahit ma gorge et mes poumons. Je tousse. Je crache. La voix de la sorcière résonne de nouveau dans ma tête.

Je dévorerai votre âme comme j'ai dévoré celle des autres. Celle de Jessica. Celle de tous ceux qui portent en eux le sang que j'ai maudit. Ceux qui sont venus à moi. Ceux que Louise, ma sœur tant haïe, a envoyés ici dans l'espoir de me bannir. Et toi, stupide petite fille, tu seras la dernière de vous trois à mourir... Tu verras tes compagnons agoniser en sachant que tu es responsable de leurs souffrances...

Je la repousse de toutes mes forces.

Alors, un étau enserre ma poitrine. Un étau si puissant qu'il me coupe le souffle, m'étouffe. Des étoiles dansent devant mes yeux.

Et tout devient noir.

29
HADRIEN

Maxance hurle.

Le chien, que je croyais avoir massacré lorsque j'ai affronté mon oncle, est de nouveau là. Face à nous. Crocs découverts, babines en lambeaux, il tente une nouvelle attaque. Je le frappe sans hésiter. Cette fois, il vole loin de nous. Il s'écrase dans la neige avec un couinement, et file se mettre à l'abri, abandonnant un morceau de pelage souillé dans son sillage.

Sous le chêne, Maxance repousse la créature de toutes ses forces. La chose perd l'équilibre dans un grondement de rage, se redresse aussitôt, brandit une main squelettique aux longs doigts crochus vers Max et la referme lentement. Mon amie s'affaisse en suffoquant. La tempête redouble de fureur. La grêle nous frappe avec une violence inouïe.

Nadia me crie quelque chose ; ses paroles sont dispersées par les rafales de vent. De son index, elle me désigne le café à dix mètres derrière moi, puis le cube à côté d'elle, puis le mât du parasol, puis Maxance. J'ai compris. Je lève le pouce. J'arme mon épieu et, avec un cri de guerre, je fonce sur la momie. Au même moment, Nadia charge. Distraite par mon attaque, la créature oublie la jeune gymnaste : d'un mouvement fluide, parfaitement maîtrisé, celle-ci propulse son chariot dans les jambes de notre ennemie. J'en profite pour planter mon arme dans son corps calciné. Son cri, rempli de haine plus que de souffrance, me vrille le ventre. Pendant ce temps, Nadia récupère le corps inanimé de Max, le pose sur le gros bloc blanc et se rue vers le patio. Après avoir récupéré la pointe, qui s'arrache avec un bruit mat de la cage thoracique du monstre, je file à mon tour me mettre à l'abri.

Le toit n'offre qu'une piètre protection face à la mitraille glacée déchaînée par notre adversaire. J'éprouve sa violence dévastatrice dans chacune de mes cellules. Elle me frappe, me broie, rend mon esprit de plus en plus confus. Chaleur soudaine, dans ma poche. La médaille sacrée : elle m'a aidé lorsque j'ai affronté mon parrain. Si je me concentre sur elle, je serai protégé contre les attaques de cette aberration.

Je reprends mes esprits, à genoux, essoufflé. Nadia me tend la main et m'aide à me relever.

— Qu'est-ce qu'on fait ? me demande-t-elle.

Je regarde autour de nous. Il y a quelques tables, un vieux comptoir, une vitrine vide, des bouteilles couvertes de poussière, des dizaines de canettes de soda dans un réfrigérateur vitré, une machine à café, un évier et des verres, des chaises. Est-ce qu'un de ces trucs nous aidera à vaincre notre adversaire ?

Il y a aussi Max, étendue sur le sol, inanimée. Je vérifie son pouls et sa respiration avant de la placer en position latérale de sécurité. Elle n'est pas blessée. Pas plus que Nadia, en tout cas. Mais elle est pâle comme un linge et ses lèvres sont bleues, comme si elle avait nagé des heures dans une eau glacée.

— Comment va-t-elle ? C'est grave ? demande Nadia, affolée.

— Je pense que ça ira. Mais, comme nous, elle a besoin de reprendre des forces, dis-je en posant les yeux sur l'appareil que la jeune fille a trimballé jusqu'ici.

Il n'y a pas de couverture de survie, ici. Mais il y a un… générateur ? De la lumière ! C'est de ça que nous avons besoin. Y voir plus clair, au sens propre et figuré. Comment fonctionne un générateur pour une station-service ? De la même façon, j'imagine, qu'un groupe électrogène alimentant une chambre froide. Je garde un souvenir mouvementé de mon stage à la morgue du CHU. J'essaie de me rappeler au mieux la façon dont je m'y étais pris pour remettre en route l'électricité, coupée par des plaisantins de deuxième année. Aidé par Nadia, je vérifie que l'appareil contient bien de l'essence, puis je trouve l'interrupteur et les emplacements pour brancher différentes prises. Je saisis la poignée et tire d'un coup le cordon de démarrage. Je m'y reprends à trois fois, mais c'est bon, la machine est lancée.

Je sors mon téléphone de la poche intérieure de mon blouson. Tout au fond, bien roulé, mon chargeur. Ouf.

— Si tu as besoin de recharger le tien…

Sans attendre la réponse de Nadia, j'avise un lampadaire au socle de métal ouvragé et je le branche sur la machine. Grésillement. Une lumière jaune illumine la pièce en désordre.

Maintenant, je peux allumer le radiateur électrique pour que Max se réchauffe. Et également pour nous redonner des forces. Je montre le réfrigérateur à Nadia.

— Tu irais nous chercher des boissons ?

L'adolescente hoche la tête et revient moins d'une minute plus tard les bras chargés de liquides sucrés. Elle ouvre une canette, en avale une longue gorgée avec un soupir satisfait.

— D'habitude, je n'y ai pas droit, me confie-t-elle avec un sourire espiègle. Ce n'est pas sain, pas bon pour la ligne, blablabla.

— Et tu en penses quoi ? C'est bon ?

— C'est bizarre. J'hésite entre la cerise et le caramel. En vrai, je ne suis pas sûre d'être fan…

— Moi non plus, mais c'est exactement ce dont nous avons besoin.

Je vérifie de nouveau la respiration de Maxance. Elle est encore inconsciente ; cependant, elle a repris des couleurs et sa peau est moins froide au toucher. À l'extérieur, quelque chose s'écrase contre la vitre. Coup d'œil rapide. Grimace de dégoût – c'est un chevreuil au crâne ouvert, grouillant d'asticots. Nadia étouffe un cri.

— Tant qu'ils ne passent pas… dis-je d'un ton que j'espère rassurant.

BOUM. BOUM. BOUM.

De nouveau les tambours. Cette fois, les sons semblent lointains, presque étouffés.

— Tu crois qu'on est protégés, ici ? reprend Nadia.

— Pour le moment, oui. Qui sait ? Nous l'avons peut-être plus gravement blessée que nous ne le pensions ?

Pensive, elle tripote le ruban attaché à son poignet. Il est assez fin, avec un liseré doré et l'aspect fané du vieux satin.

— Louise m'en a fait cadeau quand nous étions de l'autre côté, explique-t-elle. J'ai l'impression qu'il m'a protégée lorsque je me suis retrouvée… prisonnière de… de tous ces souvenirs… et plus tard, dans ce cercueil de métal qui me broyait… enfin, c'était le sentiment que j'avais…

Je l'écoute sans un mot. Puis je prends la médaille : sous la lumière, j'y lis le nom de saint Michel. Je la pose bien à plat dans ma paume.

— Louise me l'a donnée en affirmant qu'elle me serait utile, ici. Je n'ai aucune explication rationnelle à te fournir sur ce point. Tout ce que je peux t'affirmer, c'est qu'elle n'a pas menti.

Nadia se tait un moment, mordillant sa lèvre inférieure, digérant cette information – comme moi, je crois. Au bout d'une longue minute, elle redresse les épaules, l'air déterminé.

— Une fois qu'on sera sortis de cet enfer, déclare-t-elle, j'annoncerai à Delphine que j'arrête la compétition. Et, au passage, on aura une petite discussion, elle et moi.

Je hausse un sourcil, attendant la suite de ce qui ressemble à des confidences. Même si la situation ne s'y prête pas. Question de timing. Pour moi, ce n'est pas non plus le bon moment pour encaisser la mort de Jessica. Même si mon cerveau m'informe exactement de l'emplacement du curseur émotionnel de mon processus de deuil, c'est ma colère qui l'emporte. Une colère aussi froide que la tempête qui hurle dehors. Une colère qui n'a qu'un seul objectif : détruire cette pourriture de sorcière.

Vraiment ? Tu aurais donc des sentim…

Je me pince la peau du poignet. Une petite pointe de douleur et j'éjecte l'intrusion mentale de ce monstre infâme. C'est terminé. Elle va crever, elle aussi.

— J'ai la drôle d'impression que mes parents m'ont… vendue… à ma coach ? poursuit Nadia sans remarquer mon trouble. Ils lui permettent depuis des années de gérer ma vie à la seconde près ; elle surveille ce que je mange, ce que je porte, ce que je lis ; elle enregistre chaque minute de mon sommeil ; elle décide de tout, et ils obéissent… même quand ils voient que je ne vais pas bien.

Je déglutis. D'une certaine façon, ce qu'elle me raconte me rappelle curieusement ma propre histoire.

— Je me suis souvenue d'une phrase qu'elle a dite à mon père. Elle venait de me confisquer mon doudou, Salto. Il voulait m'en racheter un. Et elle a eu ces mots… Je veux savoir en quoi consiste exactement l'accord qu'ils ont passé sur mon dos…

— Et que feras-tu, une fois que tu auras ta réponse ?

— Je ne sais pas. Peut-être que je me gaverai de pizzas ? murmure-t-elle avec un sourire triste.

J'ai presque envie de la prendre dans mes bras pour la consoler. Mais à cet instant, je note du mouvement près du radiateur.

Max, ébouriffée, avec du mascara dégoulinant sur ses joues, vient de reprendre connaissance.

30
NADIA

BOUM. BOUM. BOUM.

Les tambours n'ont pas cessé de battre depuis que nous nous sommes réfugiés ici. Désormais, ils ne m'effraient plus. J'ai survécu à mon pire cauchemar. J'ai survécu à mes souvenirs et, au-delà de ça, à ma part d'ombre : je me suis regardée en face et je n'ai pas aimé ce que j'ai découvert ; pour autant, je l'ai accepté. Cet esprit de compétition, être la seule, l'unique, ce n'est pas seulement le résultat de l'éducation que m'a donnée Delphine : c'est en moi depuis le début. Plusieurs questions se posent maintenant : puis-je être la meilleure sans écraser les autres ? Comment annoncer à Delphine qu'elle et moi, c'est fini ? Que vais-je faire de ma liberté retrouvée ?

— Elle s'appelle Jeanne…

La voix, encore faible, de Maxance, me détourne de mes pensées.

— Qui ça ? demande Hadrien.

— La créature responsable de ce chaos…

Jeanne ? Comme celle des documents que j'ai emportés tout à l'heure ? Je voudrais croire que tout ceci n'est qu'un mauvais rêve, mais pour le moment nous sommes coincés ici et je n'ai pas d'autre choix que mettre mes doutes de côté jusqu'à ce que nous ayons vaincu cette créature. Immédiatement, je tire les feuillets de mes vêtements et je les étale sur les vieilles tomettes.

— J'ai trouvé ces papiers dans la réserve. Ça parle des procès de sorcellerie dans la région. Deux sœurs brûlées pour meurtre et magie noire y sont mentionnées : Jeanne et Louise.

— Louise comme… souffle Hadrien.

— Exactement ! Tu ne me crois pas ? Regarde…

Hadrien m'arrache presque les feuillets des mains. Maxance et moi échangeons un regard complice : quoi qu'il ait vécu (vu ses blessures, c'était mouvementé), il a encore besoin de vérifier qu'il n'y a pas d'explication rationnelle à ce que nous vivons. Gauche, droite, gauche, droite, ses yeux passent à toute vitesse d'une ligne à l'autre et ses sourcils s'arquent à mesure qu'il découvre le contenu des documents.

— Jeanne et Louise étaient jumelles, résume-t-il. Leur mère, rebouteuse, a disparu sans laisser de traces deux ans avant le jugement. Un témoin affirme qu'elle se serait envolée sur un balai avec un homme tout de vert vêtu… Ça corrobore ce qu'on a lu dans le musée…

— C'est complètement dingue, dis-je.

Maxance est la seule de nous trois à ne pas paraître plus choquée que cela par nos découvertes. L'espace d'une seconde, sa mine imperturbable m'agace, puis je me reprends : j'imagine que c'est normal d'être blasée par ce genre d'histoires après avoir survécu à la confrontation avec cette momie cramée. Et puis, elle est médium !

— Les restes des deux sœurs ont été enfouis là où elles ont brûlé, poursuit Hadrien. D'après l'historienne qui s'est chargée des recherches, leurs ossements se trouveraient plus ou moins ici, sous le musée.

— Jeanne a lancé une malédiction sur les hommes et les femmes qui l'ont condamnée, intervient Max. Je le sais, parce que je l'ai… entendue… quand les flammes ont commencé à ronger sa robe… Chaque fois qu'elle parvient à tuer un membre de leur lignée, elle regagne un peu de puissance… Elle reprend ce qui lui a été volé…

Hadrien lève la tête de sa lecture et la dévisage, les yeux plissés.

— Jessica ? demande-t-il d'une voix à peine étouffée.

— Il y a deux ans, oui. Elle l'a poussée de la passerelle. C'est elle que j'ai vue quand nous nous sommes rencontrés, précise-t-elle.

Hadrien encaisse en silence. Ses mâchoires, ses poings, tout en lui est serré à s'en faire mal.

— Comment on fait pour la détruire ? siffle-t-il entre ses dents. Nadia et moi, nous l'avons blessée, mais je suppose qu'il faudra plus que des roues de générateur et un manche de parasol pour en venir à bout.

Un hurlement à glacer le sang déchire soudain l'atmosphère. Le chien ! Hadrien frissonne. Maxance jette un coup d'œil rapide en direction de la porte.

— Il est là, juste derrière, souffle-t-elle. Jeanne utilise ses marionnettes pour essayer de nous atteindre.

Je m'étonne :

— Tu l'appelles Jeanne, maintenant ?

— Tu préférerais « Celle-Dont-On-Ne-Peut-Prononcer-Le-Nom », comme dans *Harry Potter* ? Ce serait lui donner trop de pouvoir. La nommer, c'est déjà la circonscrire dans les limites de son histoire, déclare mon amie.

Je crois que je comprends à peu près ce qu'elle veut dire. Cela ne nous donne pas pour autant les moyens de la vaincre. J'espère simplement que notre refuge va tenir le coup. Je me rappelle soudain le missel.

— Max, tu as encore le bouquin de l'aumônier militaire que j'ai récupéré dans la vitrine ?

Elle hoche la tête, fouille dans ses affaires, en sort un paquet de gaufrettes praliné un peu cabossé et l'ouvrage demandé.

— Servez-vous, lance-t-elle en faisant glisser les biscuits vers nous.

Puis elle me tend le livre à la couverture de tissu passé, couleur bleu marine. Je me plonge dans la lecture : le propriétaire de l'ouvrage était le père Lucien Lenoir, comme il est écrit en lettres élégantes dans le coin droit de la page de garde. La plupart des prières sont annotées : versets soulignés, commentaires du genre « pour aider Jean ? » et « consacrer le vin qu'ils boivent avant la bataille » à côté des paroles de Jésus : *Buvez-en tous, car ceci est mon sang, le sang de l'Alliance nouvelle et éternelle, qui sera répandu pour la multitude en rémission des péchés...*

Le père Lucien choisissait les prières et les citations en fonction des soldats qu'il accompagnait et des situations de combat. Je tourne rapidement les pages : rien qui puisse nous permettre de combattre la sorcière – j'ai du mal à la nommer, quoi qu'en pense Maxance. Jusqu'à ce que je tombe, au milieu du recueil liturgique, sur la carte du Joker. Les deux pages qu'elle marque sont couvertes de notes, une écriture déformée où je devine un sentiment d'urgence – ainsi que le croquis d'un vieil arbre. Il ne peut s'agir d'une coïncidence !

— Regardez !

Mes deux compagnons se penchent sur le missel.

— C'est le chêne aux sorcières ! s'exclame Max.

— C'est un plan des lieux, non ? suggère Hadrien. Mon téléphone commence à récupérer de la batterie. Je vais photographier cette double page pour déchiffrer ce qu'il a noté à côté de l'arbre et du bâtiment.

Un instant plus tard, il zoome suffisamment pour lire l'écriture serrée de l'aumônier. Je me rapproche de lui, me retenant de regarder par-dessus son épaule – moi-même, j'ai horreur de ça. C'est intrusif et oppressant.

— Il a tracé un cercle avec... des hosties... pour se protéger du démon, nous révèle Hadrien d'un ton sceptique.

— Oui, un cercle de protection afin de repousser les attaques de Jeanne, explique Max. C'est logique. Où l'a-t-il créé ?

Hadrien examine l'écran de son smartphone puis les croquis tracés par le père Lucien, et pointe lentement du doigt un endroit, près du bâtiment.

— Ça correspond à peu près...

— ... à l'emplacement du café ! dis-je. J'ai toujours été douée pour me repérer dans l'espace. Je suis sûre de ne pas me planter.

— Ce serait logique, souligne Maxance. Nous sommes assez proches de son arbre, mais elle ne peut pas nous atteindre ici. Ça signifie que le père Lucien était assez puissant, dans son genre !

— Ça fait plus d'un siècle, Max, proteste Hadrien.

— Ça ne change rien, répond-elle. L'énergie reste là…

Hadrien ne semble pas convaincu mais, pour une fois, retient le commentaire terre à terre qui doit lui brûler les lèvres. Quant à moi, j'ai un peu de mal à croire que des hosties aient tenu aussi longtemps.

— Vous n'avez jamais entendu parler de la mémoire des lieux ? demande-t-elle. Certains endroits conservent l'empreinte des événements qui s'y sont déroulés : c'est le principe des maisons hantées. Parfois, ce sont aussi des empreintes heureuses ou positives, comme ce cercle de protection consacré par l'aumônier militaire : il y a mis toute sa foi et ses intentions bienveillantes. Et la même chose existe avec les objets… comme cette carte à jouer !

À cet instant, mon regard est attiré par un bidon en plastique couvert de poussière, qui traîne près de l'ancien comptoir.

Il y a eu des drames. Des guerres. Des trahisons. Des morts.

Et moi, je hante ces lieux depuis cette terrible nuit, m'efforçant de protéger celles et ceux qu'elle convoite et de leur donner la force et les outils pour mettre un terme à cette malédiction.

S'ils réussissent aujourd'hui, je serai en paix.

Enfin.

31
MAXANCE

— Tu me montrerais ce Joker ? demande Hadrien. J'ai l'impression d'y voir des marques d'écriture.

Hochant la tête, je lui tends la carte. Il l'observe, les yeux plissés.

— Alors ?

— Je ne m'étais pas trompé. Quelqu'un a écrit sur ce bout de carton. L'une de vous aurait-elle une feuille et un crayon ? ajoute-t-il. Je crois que j'ai une idée…

Hochant la tête, je tire de mon sac à dos ma vieille trousse noire ornée de pattes de chat et un cahier de musique auquel j'arrache une page vierge. Hadrien la place sur le Joker et frotte par-dessus, faisant apparaître des phrases rédigées dans une écriture serrée, presque microscopique.

— *Saint Michel, Archange… protège-nous dans ce combat et sois notre protecteur contre les maléfices et les… embûches du démon. Saint Michel, prince de la milice céleste, par le pouvoir divin qui t'a été confié, bannis…*

Il s'interrompt, perplexe.

— C'est quoi, ce charabia ?

— Un rite d'exorcisme. Lucien a dû l'utiliser pour combattre Jeanne. Si l'on en croit le cinéma, il faut un minimum de foi pour se débarrasser d'un démon, mais les mots devraient déjà la tenir à distance.

— Et la colère ? Ça compte, tu crois ? gronde-t-il entre ses dents.

Soudain, la vitre explose sous l'impact de grêlons plus gros encore que les précédents. Le chien squelettique en profite pour bondir à l'intérieur de notre refuge.

— On teste tout de suite. Lis, Hadrien ! Je répéterai après toi !

Ce dernier, trop abasourdi pour protester, brandit le portable devant lui, éclairant la prunelle jaune et malsaine de l'animal.

— *Saint Michel, Archange, protège-nous dans ce combat et sois notre protecteur contre les maléfices et les embûches du démon...*

Je reprends chacune de ses paroles. Du coin de l'œil, j'aperçois Nadia, qui a récupéré le mât de parasol et se tient prête à l'utiliser.

— *Saint Michel, prince de la milice céleste, par le pouvoir divin qui t'a été confié, bannis cet esprit infernal qui hante ce lieu et détourne les âmes, et renvoie-le au fond des enfers.*

La bête recule avec un couinement.

— Continue, Hadrien !

— *Saint Michel, Archange, protège-nous dans ce combat...*

— *... et sois notre protecteur contre les maléfices et les embûches du démon.*

Le chien décharné fait demi-tour et s'enfuit avec un gémissement terrifié. Nous sommes de nouveau seuls. Même moi, je n'en reviens pas d'avoir réussi à le mettre en fuite avec une prière. Je ne suis pas une grande fan de religion, mais je reconnais que le rite est efficace. Ce qui est plutôt bon signe pour la suite.

Hadrien se gratte la tête, pensif.

— Et maintenant ? demande-t-il, comme s'il avait lu dans mes pensées. Qu'est-ce qu'on fait ?

Pas le temps de répondre. Une douleur sourde vrille mon crâne.

Tu crois vraiment que vos prières puériles suffiront à m'arrêter ? Crois-tu qu'elles ont permis à ce pauvre Lucien de me tenir à distance ? Quelle naïveté, petite fille...

Jeanne est de retour dans mon esprit. J'essaie de l'en chasser, mais je n'y arrive pas. Alors, peut-être parce que je me sens plus forte en présence d'Hadrien et de Nadia, je lâche prise, lui permettant de me bombarder d'images atroces venues du passé – la guerre, les soldats venus se réfugier dans cette vieille auberge, la tempête, exactement comme cette nuit, la violence croissante entre les hommes, les premiers coups échangés, le père Lucien s'efforçant de calmer la situation, l'unité entière aspirée dans un océan de ténèbres dont n'émergeaient que des cris de terreur et d'agonie, le père Lucien réalisant que l'origine de ce cauchemar n'était pas naturelle, s'avançant vers l'énorme chêne, le ruban à liseré doré servant à attacher sa médaille de Saint-Michel serré dans la main, tenant sans trembler son livre de prières… puis une baïonnette plantée dans son dos – et le chien noir se jetant sur son cadavre…

— Max !

Je reviens à moi, un goût de bile dans la bouche.

Bientôt, ils échapperont à tout contrôle, franchiront la passerelle et vous dépèceront…

Je secoue la tête, le cœur battant.

— Bois, me suggère Hadrien. Ça te fera du bien.

J'obéis, avalant une longue gorgée de soda goût fraise Tagada.

— C'était… elle ? murmure Nadia, qui ne parvient toujours pas à prononcer son nom.

— Jeanne s'est encore incrustée dans mon esprit, oui. Pour me montrer la mort du père Lucien. Il s'est fait tuer par les hommes dont il avait la charge. Des soldats rendus fous lors d'une nuit de tempête semblable à celle-ci… Ses derniers mots ressemblaient à un avertissement : « Bientôt, ils échapperont à tout contrôle, franchiront la passerelle et vous dépèceront… »

— Ils ? répète Hadrien, perplexe.

— Les gens, de l'autre côté de l'autoroute ! s'exclame Nadia.

— Elle a raison : ça commençait déjà à être le chaos quand je suis partie à sa recherche. Il y avait de sales ondes…

— Un homme a défoncé un distributeur de boissons à coups de poing, se souvient notre ami.

— Et ce n'était que le début de la soirée, renchérit la gymnaste.

— Il y a des enfants, là-bas ! souffle Hadrien, soudain blême. Ils sont en danger ! Vite ! Il n'y a pas de temps à perdre !

Les grêlons martèlent la porte du café où nous nous sommes réfugiés. Des hurlements de rage et d'impuissance s'élèvent au milieu du blizzard. La sorcière ne peut nous atteindre, ici. Autant en profiter pour mettre au point le plan qui permettra de la renvoyer en enfer.

— J'ai trouvé de l'essence, annonce Nadia. Ça pourra peut-être nous être utile ?

Hadrien et moi échangeons un regard.

— Elle est morte sur un bûcher, souffle-t-il.

— C'est clair qu'elle ne va pas apprécier de cramer une seconde fois !

Je les dévisage longuement. Le chignon de Nadia est défait, elle est couverte de crasse et une ecchymose bleuit sa joue gauche. Elle est belle, ainsi. Et libre. Hadrien a les cheveux en bataille, des égratignures partout, sa veste en cuir est balafrée, maculée de sang à peine séché, mais il est plus vivant que jamais. Mon cœur se gonfle d'une joie sincère et profonde. Je suis fière d'être à leurs côtés.

— Vous savez quoi ? On va la défoncer...

— Peut-être, mais on ne sait toujours pas comment, remarque Hadrien.

— Je fais le rite d'exorcisme : ça va l'occuper et, pendant ce temps, vous faites tout cramer.

— Et si on la libère ? Si on fait exactement le contraire de ce qu'on souhaitait ? s'inquiète Nadia.

Je frissonne. Je n'ose imaginer ce dont cette abomination serait capable, une fois libre. Pourtant, mon intuition me souffle que ce plan est le bon. J'ai ressenti, un infime instant, la terreur et la souffrance des sorcières sur le bûcher. Je suis certaine que les flammes l'affaibliront assez pour me permettre d'aller au bout du rituel. Dans l'idéal, il faudrait aussi déterrer ses ossements et les asperger d'eau bénite – du moins, c'est comme ça que ça se passe au cinéma –, mais ça devrait suffire...

Utilisant le missel du père Lucien comme support, je prends dans ma trousse un stylo rouge et je trace un cercle à l'endroit approximatif de notre refuge. Ensuite, je dessine une croix dont le centre correspond à peu près à l'emplacement du chêne.

— Moi, je me place ici, dis-je en montrant l'emplacement du café. Vous, vous répandez l'essence et vous brûlez tout.

— Et si ça ne suffit pas ? Si elle ne tombe pas dans le piège et s'aperçoit de ce que nous faisons, Nadia et moi ? Il serait peut-être plus prudent que je fasse diversion pour vous permettre d'agir avec discrétion ?

Je ne relève ni son syndrome du chevalier servant ni ses rimes. Après tout, il a cessé de douter de ma santé mentale et ne remet pas en question les compétences physiques de la benjamine de notre trio. C'est un beau progrès.

— D'accord, Hadrien. On fait comme ça. C'est bon pour toi, Nadia ?

Celle-ci hoche la tête.

— De toute façon, c'est le seul plan que nous avons, n'est-ce pas ? dit-elle en vérifiant que le briquet trouvé sur une étagère fonctionne encore. Alors, c'est parti !

32
HADRIEN

Je souris. Contemple ces deux inconnues qui sont devenues en l'espace d'une nuit plus familières que ne l'ont jamais été mes rares amis. Ni même Jessica. Elles ont vu la muraille que j'avais érigée entre les autres et moi se fissurer. Elles ont eu accès à mon intimité. Je ne pensais pas cela possible. Je ne pensais pas non plus que je le supporterais. Pourtant, je suis content que ces liens, cette sincérité entre nous existent. Même s'ils sont nés d'un cauchemar.

— Quoi ? Tu hésites ? questionne brusquement Maxance qui me sort de mes pensées.

— Non, pas du tout. Je me disais juste qu'on s'en était tous les trois pris plein la gueule et que c'était l'heure du retour de bâton. Après quoi, on fêtera la destruction de ce monstre.

Je vérifie que la médaille de Saint-Michel est bien dans ma poche et j'affirme ma prise sur le manche de parasol, agitant les baleines cassées à son extrémité.

Nous sommes tous meurtris. Physiquement et psychologiquement. Nous sommes à bout. Et surtout, conscients que nous sommes en danger de mort et que nous n'aurons qu'une seule occasion de bannir cette horrible sorcière de ce monde… À temps j'espère pour éviter que les gens, de l'autre côté de l'autoroute, ne se muent en tueurs. Je me rends compte que je n'ai pas douté une seule fois du raisonnement de Max. Déjà parce qu'elle s'y connaît mieux que moi en matière de surnaturel, ensuite parce qu'avec tout ce que j'ai vécu, il aurait été stupide de continuer à la prendre pour une droguée ou une folle.

Je m'en veux presque de lui avoir jeté ce jugement en pleine tête en début de soirée. Quant à Nadia, elle m'impressionne par sa détermination et sa maturité. Je crois que, si j'avais eu une petite sœur, j'aurais aimé qu'elle lui ressemble.

— Allez ! C'est parti...

Maxance saisit la poignée de la porte. Moi, j'ai un couvercle de poubelle pour nous protéger et mon arme dans l'autre main. Nadia se tient un pas derrière moi.

— GO ! s'exclame Max en ouvrant d'un coup.

La glace mitraille mon bouclier. Trois pas à l'extérieur. Droit sur la créature qui s'est rapprochée de notre bunker pour déchaîner ses pouvoirs.

— Hé ! Tronche de bouse cramée ! Nous revoilà !

Le monstre se tourne dans ma direction, diminuant l'intensité de ses projectiles. Je me place en travers de sa route. Du coin de l'œil, je note le mouvement fluide de Nadia. Des gestes élégants et légers. Telle une ombre, elle contourne notre adversaire en répandant un filet d'essence et se rapproche du tronc.

Près de moi, Maxance secoue la tête, comme pour chasser une mouche. Mais je sais ce que c'est. Encore une tentative d'intrusion mentale. Je charge en criant. Je frappe de toutes mes forces avec ma lance improvisée. Il y a un léger craquement. Sa chitine a été percée. Je pousse. J'enfonce. Malgré mes efforts, cela reste superficiel, comme si sous cette peau de grande brûlée, il n'y avait qu'os et nerfs. Dans ses orbites givrées et abyssales, la haine se focalise sur moi. Mon manche de parasol est balayé d'un revers de bras. Je suis désarmé. Et elle abat son autre griffe sur mon bouclier. Il cède comme du papier sous la patte d'un tigre.

Je tombe à la renverse.

Le choc réveille mes nombreuses blessures. La douleur est intense. Mais avant que la démone ne m'agresse à nouveau, Maxance brandit sa carte devant elle et commence à prier.

— *Saint Michel, Archange, protège-nous dans ce combat et sois notre protecteur contre les maléfices et les embûches du démon...*

La sorcière se tourne vers elle avec un cri de haine. Je me recule d'un coup de talon. Et je vois Nadia, vive comme un chat, qui enchaîne plusieurs figures de gymnastique afin d'atteindre le chêne.

La sorcière ne l'a pas vue. Elle fonce droit sur Max, essayant désespérément de l'atteindre. Je lui balance mon reste de couvercle dans les jambes. Elle s'effondre, roule sur elle-même et projette un geyser de ténèbres dans ma direction. Aveuglé, je suffoque, avec la sensation d'avaler la fumée... d'un bûcher.... Mon cœur bat plus vite... Mes poumons sont sur le point d'éclater...

— *Saint Michel, prince de la milice céleste, par le pouvoir divin qui t'a été confié, bannis cet esprit infernal qui hante ce lieu et détourne les âmes, et renvoie-le au fond des enfers...*

La sorcière hurle de douleur. Je recouvre mon souffle. Je reprends mes esprits.

— Alors, elles ne servent à rien nos prières, Jeanne ? feule Maxance, reprenant aussitôt sa litanie. *Saint Michel, Archange, protège-nous dans ce combat...*

Pendant ce temps, Nadia continue de tracer le signe de croix. Elle a terminé la verticale, « au nom du Père et du Fils », je crois. Je secoue la tête pour chasser les dernières traces de l'attaque, j'attrape le mât de parasol, je lève mon bras, prends de l'élan.

Nouveau flash du passé.

Sourire esquissé.

Agréable souvenir : Jessica et moi en classe de sport, un javelot en main, prêts à le lancer. Une compétition amicale. La voix de notre prof qui tente de nous monter l'un contre l'autre afin de nous obliger à donner le meilleur de nous-mêmes. Et pourtant, c'est évident que nous allons répondre à ses attentes, puisque nous sommes ensemble. Au même instant, nous levons notre javelot au-dessus de notre tête, légère cambrure, bassin en avant, et nous tirons...

Mon arme plante la morte-vivante dans le dos. Nadia accomplit une roulade, se retrouvant au début du tracé de la ligne horizontale.

— La médaille ! lance Maxance. Utilise la médaille de Saint-Michel !

Pas d'hésitation : je fonce et me laisse tomber sur la créature. Celle-ci se débat sous moi. Roule sur elle-même. J'en profite pour lui plaquer le symbole du saint sur le front. Grésillement. Remugles écœurants. Elle hurle. Se tord sous mon poids, me lacère le torse, tente de me renverser. Soudain, elle hurle, et sa voix me blesse comme autant d'éclats de verre.

— Je ne vais pas tenir très longtemps !

— *Saint Michel, Archange, protège-nous dans ce combat et sois notre protecteur contre les maléfices et les embûches du démon !*

Maxance hurle, à présent. Et Nadia achève son enchaînement. Au-dessus de nous crépitent des éclairs noirs, douloureux lorsque je les regarde, pourtant de plus en plus faibles. Nadia balance le bidon d'essence vide et s'accroupit, le briquet à la main. Soudain consciente de ce qu'elle s'apprête à faire, la monstruosité rampe hors de mon étreinte et pointe un doigt décharné en direction de l'adolescente. Aussitôt, le chêne secoue ses rameaux squelettiques au-dessus de Nadia. Des branches noires et tordues tentent de l'agripper pour l'empêcher d'enflammer la croix. Nadia les esquive d'un flip arrière. Le sol s'embrase. Un dessin de feu se dessine en une poignée de secondes. Tout s'illumine. Victoire. La sorcière hurle. Des flammes noires s'échappent de son corps momifié. Je m'en écarte aussitôt. Max s'approche de moi. Sa voix est éraillée à force de crier.

— *Saint Michel, prince de la milice céleste, par le pouvoir divin qui t'a été confié, bannis cet esprit infernal qui hante ce lieu et détourne les âmes, et renvoie-le au fond des enfers...*

La créature se précipite vers l'arbre. S'immobilise, affolée. Un brasier immense s'élève dans la nuit. Le vent mugit. Des bourrasques poisseuses s'élèvent autour de nous. La colonne flamboyante se tord et se répand dans la cour du musée. J'ai la sensation que la monstruosité qui nous torture depuis des heures tente une dernière fois de nous piéger. Un flash : je nous vois prisonniers de l'incendie, dévorés par le feu que nous avons déclenché.

— On se tire ! Vite ! crie Nadia.

Sa voix me ramène à la réalité. Le chêne s'est transformé en une gigantesque torche. Une fenêtre explose sous l'effet de la chaleur. Puis une autre. Tout va cramer !

— Par ici ! ajoute-t-elle, désignant l'aile du musée menant à la passerelle.

Elle court. Je lui emboîte le pas, avec Max derrière moi, qui a du mal à suivre l'allure. Au moment où nous pénétrons dans le bâtiment encore intact, une plainte affreuse s'élève dans notre dos. Je me retourne un bref instant, pour attendre Max qui peine à reprendre son souffle. Jeanne est vaincue. Ses membres fondent, deviennent cendres qui disparaissent dans un tourbillon incandescent.

Nous y sommes arrivés. Nous l'avons vaincue. Dans un ultime effort, boitant et trébuchant, nous montons l'escalier. Enfin, au bord de la passerelle, nous nous autorisons une halte. Derrière nous, tout brûle, et devant nous l'aube se lève sur un ciel peu à peu dégagé de ses nuages.

33
NADIA

J'ai un point de côté. La main pressée contre mon flanc, j'essaie d'inspirer et d'expirer régulièrement. De détendre chacun de mes muscles. « Une bonne récupération, clé de la forme physique. »

Purée, Delphine, sors de ma tête !

Mon regard passe de Max à Hadrien, puis d'Hadrien à Max. Je n'arrive pas à réaliser que nous venons de combattre une créature qui voulait aspirer nos énergies, nos vies, nos souvenirs, et s'en servir pour faire du mal à d'autres.

Dans le froid glacial de cette aube naissante, la douleur s'apaise peu à peu.

La rage, je sais ce que c'est. Mais je l'ai toujours dirigée contre moi. Manger, vomir, me faire mal, renoncer à tout. Entre la méthode de « face de bouse cramée » et la mienne, il y a peut-être quelques nuances, non ? Je me sens comme une voyageuse qui voit des dizaines de chemins s'ouvrir devant elle. Mais qui me montrera lequel prendre et surtout lequel ne pas prendre ? Sûrement pas Delphine…

— Bravo pour les, euh, cabrioles, me dit Hadrien d'un ton un peu guindé, mais sincère. Ça m'a rappelé un spectacle de cirque auquel j'ai assisté avec…

Il se trouble.

— … Jessica, termine-t-il à voix basse. La meilleure soirée qu'on ait passée ensemble. Je l'avais emmenée là-bas pour la Saint-Valentin. Et parce qu'elle voulait absolument voir des voltigeurs aériens. Je n'étais pas très motivé, au départ. Mais, en fait, c'était magique.

Pas d'animaux en cage, juste des gens qui dansaient dans les airs ou sur le sol, qui jonglaient, qui créaient une espèce de rêve… Il y avait des lunes et des soleils peints sur la toile, c'était beau.

Je le dévisage, bouche bée. Son émotion n'est pas feinte. Même si j'ai un peu de mal à l'imaginer en train de regarder un trapéziste avec des étoiles dans les yeux.

Tout aussi gauche que lui, je murmure :

— Merci.

— Vous avez l'intention de rester plantés là ? s'enquiert Max d'une voix fatiguée. Parce que moi, je suis gelée.

Elle est encore plus pâle que d'habitude, et ses yeux sont soulignés de cernes foncés. À bout de résistance. Il était moins une. Je me redresse et je passe un bras autour de ses épaules.

— On y va. Tu peux marcher ?

Max est si frêle, un coup de vent pourrait l'emporter. Je la serre contre moi. Je ne la lâcherai pas jusqu'à la station. J'espère simplement qu'on a réussi à vaincre Jeanne (j'arrive à penser son prénom, maintenant qu'elle a été renvoyée dans les limbes) à temps pour éviter le pire, du côté de l'aire d'autoroute.

J'ai dû exprimer mes doutes à voix haute car Hadrien me fait écho :

— Il y a de nouveau du réseau. J'appelle les secours, à moins que quelqu'un s'en soit déjà occupé. Ce qui serait bon signe : cela signifierait que les gens sont moins influençables que la sorcière ne le croyait. Ou qu'elle était surtout un peu trop arrogante.

Je sens le corps de Max tressauter contre le mien et je la regarde, affolée : mais non, elle ne fait pas une crise de tétanie, elle se marre.

— Ha… drien… tu es… vraiment trop… trop…

— Trop quoi ? interroge-t-il, un sourcil levé.

— Trop…

— Trop Hadrien ? je suggère. « Ou qu'elle était surtout un peu trop arrogante » ? Sérieux, il n'y a que toi pour sortir ça après… tout ça.

Les lèvres d'Hadrien frémissent – je crois bien qu'il rit, lui aussi. Ou ça y ressemble. Il a une tête épouvantable, les cheveux hérissés, et pourtant il est passé du « plutôt mignon » au « carrément canon ». Ce sont ses yeux.

Ils étaient morts. Comme ceux d'un robot débranché.

Maintenant, ils sont vivants. Il y a finalement quelqu'un dans ce corps.

Sans savoir pourquoi, j'enfonce ma main libre dans ma poche et je touche la petite pierre couleur de feu que j'ai volée dans le panier sur la caisse, il y a quelques heures ou quelques siècles. Je me sens si différente… comme si j'avais vécu plusieurs vies depuis.

La pierre est tiède. Je la sens presque pulser entre mes doigts. C'est mon propre pouls que je perçois, évidemment. Pas un gramme de magie là-dedans.

Sauf celle que tu lui accorderas, Nadia.

Je repense à Salto le chat, ce doudou qu'on m'a enlevé, il y a longtemps. Oui, enlevé. Il n'a pas été perdu. C'était la volonté de Delphine de m'en priver, et elle va devoir me donner des explications pour ça aussi. En attendant, je me suis trouvé un porte-bonheur. Et personne ne me le prendra.

En traversant la passerelle, un faible souffle soulève les cheveux de Max. Le vent est presque tombé ; seuls quelques flocons flottent encore entre les parois de métal et de verre. Ma gorge se serre, soudain.

— À votre avis, qu'est-ce qu'on va trouver là-bas ?

Sans répondre, Hadrien accélère le pas. Les enfants ! Il était inquiet pour eux, avant l'affrontement. J'espère qu'il n'est pas trop tard.

— Louise est restée de l'autre côté, se souvient brusquement Maxance. Elle aura sans doute permis d'éviter le pire.

Je me mords les lèvres, peu convaincue. Je me sens mal à l'aise avec le surnaturel, contrairement à Max qui a l'air de trouver ce genre de manifestations presque normales. J'aimerais bien qu'on me dise que quelqu'un a mis un psychotrope dans ma pizza et que j'ai juste subi un très mauvais trip. Et je suis à peu près sûre qu'Hadrien pense comme moi. Qu'il aimerait retrouver Jessica à la caisse du self et se dire qu'il a cauchemardé, point barre.

— Nadia !

Delphine vient d'apparaître à l'autre bout de la passerelle et court vers nous. Bouche bée, je la regarde approcher : c'est à peine si je la reconnais. Elle est d'ordinaire toujours si impeccable ! Son survêtement aux couleurs du club est taché, une traînée noire barre son front, ses cheveux sont poisseux comme si elle les avait trempés dans du goudron, et son pantalon est déchiré aux genoux.

Soudain, elle s'immobilise et me pointe du doigt :

— Toi ! Comment tu as pu me faire ça ? Je t'ai cherchée partout ! J'ai eu tellement peur ! Et regarde dans quel état tu es ! Tu ne vas pas pouvoir concourir... C'est une catastrophe...

Elle fait un pas en avant.

— Viens immédiatement.

Je me raidis. Je me campe sur la passerelle, la tête haute.

— Nadia ! Lâche cette fille et viens !

Je ne bougerai pas.

Des larmes coulent sur ses joues sales. Une lueur de folie danse dans ses yeux. Elle se met à hurler :

— Je t'ai tout donné ! J'ai tout fait pour toi, tout ! Tu n'étais rien ! Est-ce que tu penses vraiment que le monde t'attend ? Personne ne t'attend, Nadia ! Personne ne t'aime vraiment, sauf moi ! Tu m'appartiens ! Je t'ai achetée, oui, ne me regarde pas comme ça, je t'ai achetée à tes parents, et ils étaient bien contents de prendre mon fric. Tu sais comment tu vas finir si tu ne m'obéis pas ? Tu seras caissière, et encore, pas longtemps, car ils te remplaceront vite par une machine, et alors tu feras quoi ? La roue sur des marchés médiévaux pour trois sous ?

Elle avance.

— Et maintenant, ici !

Encore un pas.

— Tout de suite !

Dans un crissement effroyable, une dalle de métal plie sous son poids.

Et elle bascule dans le vide.

— Delphine !

Une poignée de secondes plus tard, je suis à genoux devant l'ouverture aux bords déchiquetés. Delphine a été retenue par un entrecroisement de poutrelles métalliques, à deux mètres en contrebas. Sa jambe gauche forme un angle anormal avec son corps. Je hurle :

— Delphine !

Elle ne répond pas.

— Elle est inconsciente, constate Hadrien. Je vais chercher de l'aide. On ne peut pas l'atteindre.

Je le fusille du regard.

— Quelle aide ? On est bloqués ici, je te rappelle. Les pompiers ne viendront pas.

Il hésite, puis reprend :

— Il faudrait au moins des cordes. Ou un câble, je ne sais pas…

Je fronce les sourcils. J'observe ma coach. Je pourrais la laisser là, poupée de chiffon impuissante et pitoyable, suspendue au-dessus du vide dans l'attente des secours. Qui arriveront peut-être trop tard. L'espace d'un instant, je suis tentée.

Mais ce n'est pas mon genre. J'inspire un grand coup. J'examine ma main et le bandage de fortune fait par Hadrien. Il tiendra.

— Recule, Nadia. Tu vas te tuer. Elle n'en vaut pas la peine, souffle Max.

— Sois raisonnable, Nadia, renchérit Hadrien. C'est trop risqué.

Je les regarde tous les deux, droit dans les yeux :

— Faites-moi confiance. Je sais ce dont je suis capable.

Les poutres qui supportent le corps inerte de Delphine commencent à s'affaisser. Ses paupières battent ; elle reprend conscience. Pourvu qu'elle ne fasse pas un mouvement brusque !

Je suis décidée. Doucement mais fermement, je me dégage de la prise de mon ami.

— J'y vais.

Et j'enjambe le bord.

— La traverse principale est encore solide. Ce sont les petites qui vont lâcher bientôt, dis-je pour rassurer mes amis, et ma voix sonne bizarrement à mes oreilles, presque trop calme, détachée. Je vais passer par l'ouverture, poser les pieds sur la traverse, marcher jusqu'à Delphine et je l'aiderai à se redresser. À nous trois, nous la remonterons. Tout ira bien. Ce truc est trois fois plus large que celui sur lequel je m'entraîne. Un vrai boulevard, je vous jure.

Je m'exécute. Le début est facile. Là-haut, Hadrien et Max retiennent leur souffle.

Une fois sur la poutre, je me mets en mouvement : mes pieds effleurent le métal glissant. Je plie les jambes, me redresse lentement.

Dos. Épaules. Bras. Port de tête.

Déroulement familier. Pour rester en équilibre, tout est important. Les jambes de ma coach et son bassin reposent sur la plus grosse barre, mais son buste est appuyé contre celles qui risquent de céder. Les grincements continuent : plusieurs morceaux de métal tombent, le bruit de leur chute assourdi par l'épais tapis de neige sur l'autoroute. Pas assez épais, pourtant, pour prendre le risque de sauter.

Maxance ne dit plus rien, pour ne pas me troubler peut-être, ou parce qu'elle a peur, mais je sens sa présence. Son esprit contre le mien. Comme une épaule contre laquelle je peux prendre appui.

J'y arriverai, Max. Fais-moi confiance.

J'écarte les bras en balancier. Jambe. Jambe. Fente avant. Mes doigts se referment sur la cheville de Delphine.

— Delphine ? Je sais que tu m'entends. Je vais te tirer vers moi. Ça fera peut-être mal.

Je tire, le corps de Delphine commence à glisser sur la poutre principale. Tout à coup, mon pied dérape. Je me rétablis de justesse. Elle gémit, se mord les lèvres. Je plie les genoux. Encore une traction. Une autre. Nous sommes revenues sous l'ouverture. Le plus difficile, c'est maintenant ; l'aider à se mettre debout sur une jambe, puis joindre mes forces à celles de Max et d'Hadrien pour la hisser.

— Passe tes bras autour de mon cou. Pousse sur ta jambe valide, sinon je n'y arriverai pas. Tu ne dois pas être un poids mort. Ça ne te fait pas drôle, d'entendre ça ? Bon. Quand je te le dirai, lève les bras le plus haut possible. Et pas de conneries, ce n'est pas le moment.

Toujours cette voix détachée, autoritaire.

Les muscles de mes cuisses se tendent sous l'effort. Mon ventre se durcit. Plus haut, plus haut. On y est presque…

— Je la tiens ! crie Max.

Je souffle un bon coup, j'empoigne Delphine par les hanches et je soulève. Nouveau gémissement, plus fort. Ma coach souffre. Tant pis. Mes amis se penchent, affirment leur prise sur son autre bras.

— Je la tiens ! s'exclame Hadrien.

Le poids de Delphine s'allège, ils sont deux à tirer maintenant, je lâche, souffle, je suis seule, je reprends mon équilibre, et en même temps la conscience me revient de ce qui m'entoure, la plaine blanche, les arbres comme dessinés au pinceau à l'horizon…

… un chapiteau, des lunes, des soleils, des perles dorées, un fil brillant, une danse éblouie.

Une image qui s'est insinuée dans ma tête à mon insu.

Moi aussi je veux ça – allumer des étoiles dans les yeux des autres.

Et je peux *décider* d'être heureuse.

Avant de saisir les mains d'Hadrien et de Max qui se tendent vers moi, je me retourne une dernière fois. Au loin, trois petites formes progressent sur l'autoroute, laissant derrière elles des traces brunes et parallèles.

Les chasse-neige arrivent.

34
MAXANCE

J'ai regardé Nadia jouer les funambules avec un mélange de crainte et d'admiration. En équilibre au-dessus du vide, elle était dans son élément. À la fois gracieuse, belle et déterminée. Elle n'a même pas flanché en récupérant la cyborg qui lui sert de coach. À sa place, je ne sais pas si j'aurais levé le petit doigt pour l'aider. Je ne suis pas assez gentille pour ça. Ou trop rancunière, peut-être ?

Une fois Nadia et Delphine en sécurité sur la passerelle, Hadrien examine la jambe de la blessée. Fracture du tibia. Contusions. Plaie à la tête. Possible traumatisme crânien.

Je me demande si ça laissera des séquelles. Peut-être que ça la rendra simplement plus humaine ?

— Dans des circonstances normales, il ne faudrait pas la déplacer, dit Hadrien en se relevant avec une grimace. Ce serait trop risqué. Mais on ne peut pas la laisser ici, dans ce froid glacial…

— Tu proposes quoi, alors ? demande Nadia.

— On va la porter à l'intérieur. Ensuite, avec de la chance, on n'aura pas trop longtemps à attendre les secours. Delphine, est-ce que vous m'entendez ?

— Oui, souffle-t-elle.

— Très bien. Nous allons vous emmener en sécurité. Êtes-vous d'accord avec ça ?

Elle acquiesce faiblement.

Hadrien guidant Nadia, tous deux lèvent précautionneusement la coach, puis la soutiennent jusqu'à l'escalier. J'ouvre la porte, je descends les marches, les précède jusqu'à la station-service. J'avance dans le couloir bétonné, je bifurque, j'arrive à l'entrée de l'espace de restauration et je m'arrête, abasourdie par le chaos et la tristesse ambiants. Assis contre une cloison, deux hommes se serrent l'un contre l'autre. Leurs yeux sont fermés, leurs traits, tirés. Le plus âgé des deux a le visage tuméfié et la lèvre supérieure en sang. Plus loin, quelqu'un est allongé en chien de fusil. Son sac lui sert d'oreiller, sa doudoune de couverture.

Les distributeurs automatiques ont été renversés, leur vitre explosée. Au milieu des morceaux de verre qui jonchent le sol, je reconnais de la poudre de cacao et des grains de café. Des barres chocolatées et des sachets de biscuits ont été piétinés, écrasés. Un homme presse contre sa tempe une chemise imbibée de sang. Plus loin, une femme échevelée, assise sur une chaise, se balance d'avant en arrière en fredonnant une berceuse. Ses yeux sont vitreux. Elle ne semble plus vraiment appartenir à ce monde.

Une autre, hagarde, erre sans but, traînant derrière elle une espèce de loque qui devait être sa doudoune. Suivant les instructions qu'Hadrien m'a données avant que nous nous séparions, je récupère dans la boutique de la station-service des pansements, ciseaux, désinfectants, et une couverture de survie. Ensuite, je rejoins Nadia et notre médecin de service, qui n'ont pas encore atteint le hall principal.

— C'est Apocalypse Zombie, là-bas, dis-je. Du peu que j'ai vu, ça a été l'enfer.

— On va pouvoir mettre Delphine en sécurité quelque part ou pas ? demande Nadia.

— Aucune idée.

Je me retiens d'ajouter que je m'en fous. Cette femme est toxique et ne mérite pas autant d'attention de la part de mon amie.

— Il y avait des banquettes dans un des restaurants, se souvient Hadrien. On pourra sans doute l'y allonger…

— Delphine n'est pas la seule blessée, à mon avis. Mais essayons !

Les parois de verre des différents fast-foods ont été détruites. Les vitrines sont vides : tout a été pillé. J'avise une place inoccupée, et pour cause : une bouteille de ketchup y a été renversée, mélangée à des restes de repas.

Réprimant mon dégoût, je déniche quelques serviettes en papier et nettoie grossièrement le vinyle. Nadia et Hadrien allongent la cyborg sur le siège, calant sa tête sur le blouson de mon amie. Hadrien déplie la couverture de survie pour la protéger.

— Et maintenant ? dis-je.

Hadrien nous examine, sourcils froncés.

— Je vais prendre le temps de m'occuper de nos plaies, décide-t-il. Au vu de ce que nous avons traversé de l'autre côté, nous ne pouvons pas courir le risque d'une infection. Au fait, vous êtes vaccinées contre le tétanos ?

— Je suis vaccinée contre tout ce qui existe, et même ce qui n'existe pas, soupire Nadia. Je pouvais faire confiance à Delphine pour ça.

— Et toi ? insiste-t-il sérieusement en se tournant vers moi.

— Oui. Ne t'en fais pas.

À cet instant, des pleurs de bébé retentissent non loin de nous. Hadrien tourne la tête, préoccupé. Des blessés, il y en a partout. Des jeunes, des vieux, tous genres confondus.

— Je vais voir si je peux aider ces gens, annonce-t-il, une fois nos écorchures nettoyées et recouvertes de sparadrap.

— Je viens avec toi, dit Nadia. Je n'ai pas envie de rester ici… avec elle.

Tous deux m'interrogent du regard. J'hésite.

— Allez-y. J'ai quelque chose à faire. Je vous rejoins après.

Je prends la direction des toilettes. C'est ici que je l'ai vue pour la dernière fois. Louise. Hadrien et Nadia l'ont oubliée mais moi, j'ai des questions à lui poser. Et j'aimerais être sûre et certaine que nous n'avons rien oublié, et que ce que nous avons fait a suffi pour bannir définitivement l'esprit de sa sœur jumelle.

Ce qui s'est passé de l'autre côté m'a permis de retrouver la mémoire et de me défaire de la culpabilité qui me bouffait la vie. De me rappeler que ce n'était pas moi qui avais laissé tomber Sarah, mais qu'elle m'avait rejetée. Pire, que mon ancienne amie s'était volontairement plongée dans l'étude de la magie du sang, des sacrifices et des pactes avec des entités maléfiques. Jeanne m'aura au moins appris ça. Elle m'aura aussi appris que je ne pouvais pas aider mon amie, parce que Sarah ne le voulait pas.

C'est mon instinct qui m'a permis de ne pas plonger avec Sarah et de rester du côté de la lumière. Je le comprends, à présent. Je suis également convaincue que cette nuit cauchemardesque nous a aidés, tous les trois.

N'empêche.

Louise a mis nos vies et nos âmes en danger pour vaincre sa sœur. Et même si elle nous a protégés en nous permettant d'accéder à des objets sacrés, cela mérite des explications. Le syndrome « je-suis-un-puissant-magicien-qui-te-manipule-pour-ton-bien-et-tu-ne-peux-pas-comprendre », c'est déjà pénible avec Dumbledore et Gandalf, alors, dans le monde réel, c'est carrément insupportable.

Je m'arrête à l'entrée des W.-C. Le triangle jaune est explosé dans un coin. La porte, du côté des hommes, est défoncée. Coup d'œil rapide : il y a du sang sur le carrelage et sur le miroir. Quelqu'un a vomi. La porte d'une cabine a été arrachée de ses gonds. Côté femmes, de grosses flaques d'eau inondent toujours le sol. Je m'approche des lavabos. J'observe mon reflet dans le miroir : lèvre fendue, griffure profonde sur la joue, cheveux poisseux, ébouriffés ; traces noires de mascara étalées autour de mes yeux. J'ai l'air d'un épouvantail. Pourtant, pour la première fois depuis longtemps, pour la première fois tout court, je me trouve jolie.

Dans la cabine à langer, je découvre quelques vêtements, des couches-culottes souillées et, par terre, un ours en peluche brun. Je le récupère, avec la vague idée de retrouver sa ou son propriétaire.

Le flash est brutal. Une petite fille pleure sans pouvoir s'arrêter. De la morve coule le long de son nez. Une main blanche et fine agrippe son épaule, la secoue comme un prunier. La tête de la fillette heurte la cloison. Elle cesse de sangloter, hébétée…

Je pose l'ourson, je me frotte les mains, j'inspire un grand coup avant de le récupérer. Avec un peu de chance, je retrouverai la personne à qui il appartient, puisque mon don me l'a montrée !

Autant qu'il serve à quelque chose.

En attendant, celle que je cherche n'est pas là. J'avise une porte de service, sur le côté. Je tourne la poignée. Elle s'ouvre en grinçant. À l'intérieur, un balai, une serpillière, une vieille blouse informe, à même le sol carrelé. Comme si elle avait contenu un corps qui s'en était échappé. Je place la main au-dessus de l'uniforme. Que se passera-t-il si je l'effleure ?

D'accord, j'ai ma réponse : je suis prête.

Je pose la main sur l'étoffe, je la presse, je ferme les yeux, j'inspire profondément. L'espace d'un instant, un visage souriant se dessine devant moi, celui d'une très vieille dame aux yeux clairs, celui d'une jeune femme rousse au sourire joyeux, puis tout s'efface, ne laissant qu'un mot résonner dans mon crâne :

Merci.

35
HADRIEN

Après l'horreur, la catastrophe. Dans la station-service, le calme est presque revenu, mais comme après un tremblement de terre. Des vitrines cassées, des distributeurs fracassés, des tables renversées et du sang. Du sang partout, et surtout des blessés !

Nadia m'emboîte le pas ; nous nous dirigeons vers les victimes. Il ne nous faut pas plus d'une poignée de minutes pour comprendre que toutes les personnes venues se réfugier ici ont subi des crises de démence et de violence. Il y a encore quelques heures, j'aurais mis cela sur le compte d'un criminel ayant drogué l'eau des distributeurs de boissons ; désormais, je sais que la coupable est cette sorcière ou son double maléfique. Toujours est-il que le vecteur de crise n'est plus la question : ce qui est important, c'est de se donner les moyens de soigner ceux qui en ont besoin.

Deux personnes s'activent auprès des plus atteints : une femme découpe le sweat-shirt bleu ciel, maculé de taches brunes, d'un type visiblement à bout de nerfs. Sa compagne enceinte tient sa main, le visage pâle et défait. L'autre est un homme aux cheveux grisonnants. Ils me semblent calmes et rationnels au milieu du chaos ambiant. Des collègues ?

Pendant mon stage aux urgences, avec d'autres étudiants, on était chargés d'évaluer l'état des patients pour faciliter le travail des médecins. Pas très facile, à l'époque, de faire le tri entre ceux et celles qui étaient prioritaires et les autres – même pour moi. Oubliant mon corps perclus et souffrant, je repère un espace pouvant servir de dispensaire de fortune. Aidé par Nadia, je pousse le mobilier pour définir différentes zones : à gauche, les patients les plus touchés ; à droite, les cas légers.

Un homme, vêtu d'une chemise tachée et d'un pantalon de costume froissé, s'approche de nous après avoir rangé un iPhone dernier cri dans sa poche. Il est pâle, chancelant.

— Vous ne seriez pas cardiologue ? J'ai besoin d'un cardiologue...

— Ce n'est pas sa spécialité, répond Nadia, me devançant.

— Disons que je suis seulement médecin. On verra les spécialités plus tard, dis-je. Que vous arrive-t-il ?

— J'ai... j'ai mal dans la poitrine. Je viens de regarder sur Internet, c'est le début d'une crise cardiaque et...

— Je vais vous examiner.

Cinq minutes plus tard, je le rassure : ce n'est que du stress intensifié par le café. Il tente de m'accaparer.

— Hé, vous n'êtes pas le centre du monde ! intervient Nadia.

J'offre à l'homme un sourire patient.

— Je reviens vous voir dans un moment.

J'embarque Nadia : elle a assez souffert des individus pathologiquement égoïstes. Je préfère qu'elle s'active, ça lui changera les idées. Avec quatre autres personnes, dont l'homme et la femme que j'ai déjà repérés – tous deux infirmiers –, nous évaluons l'état des victimes et effectuons les premiers soins. Nadia a de gros cernes sous les yeux, des bleus et des bosses un peu partout, mais son visage est cent fois plus serein que lorsque nous nous sommes rencontrés, dans la remise du vieux musée. Elle a grandi, mûri.

Comme Max.

Comme moi. Nous avons traversé, tous les trois, une épreuve intemporelle.

Dehors, seuls quelques flocons virevoltent encore sous une aube brillante. Nous bricolons des attelles, nous désinfectons et nous réconfortons. Nous faisons du bien aux gens. Et je me rends compte que cela me fait également du bien.

Quelques minutes – heures ? – plus tard, je m'octroie une pause et un verre d'eau. En dépit de la fatigue et de mes plaies, je revis. Je me rends compte que j'ai besoin de contacts, d'échanger des mots, des émotions avec les autres, collègues ou patients. L'humain, que j'avais tenu à distance durant toutes ces années, m'a manqué. Ça me semble encore un peu étrange de ressentir cela. De ressentir tout court, en fait.

La petite fille que j'ai aperçue, hier après-midi, avec ses grands-parents, s'approche de moi d'un pas hésitant.

— Vous pouvez m'aider, s'il vous plaît ? demande-t-elle d'une petite voix.

— Bien sûr ! Que se passe-t-il ?

— C'est ma mamie. Elle est pas bien.

Je la suis jusqu'aux tables qui ont survécu au cataclysme, près des vestiges des machines à café. Ses grands-parents sont assis l'un près de l'autre. Sa grand-mère est livide. En voyant son bras bandé, je comprends pourquoi. L'hémorragie a été évitée, mais elle a perdu beaucoup de sang.

— Elle aura probablement besoin d'une transfusion, dis-je à son époux après un bref examen. La plaie a été désinfectée et le bandage a été fait correctement. En attendant qu'elle puisse être évacuée, il lui faudrait quelque chose à manger…

Je regarde autour de moi et j'avise des barres chocolatées, intactes, dans l'un des distributeurs éventrés. J'en prends quelques-unes et les leur tends. La vieille femme me sourit faiblement.

— Mélina était inquiète. Je lui avais pourtant dit que j'avais été bien soignée par le jeune homme et que j'étais juste très fatiguée.

— Ma femme joue les héroïnes, mais elle a le cœur qui tire, soupire son mari. Tout à l'heure, tu as failli tourner de l'œil, je te rappelle…

Une série de bips interrompt notre échange. Les différentes machines de la station se réinitialisent. À l'extérieur, la neige tombée s'agite à nouveau, bien que la tempête soit terminée. Les rotors d'un hélicoptère créent un petit tourbillon. Les secours tant attendus sont enfin arrivés. Je tiens à rassurer mes « patients » :

— Je vais prévenir les médecins pour qu'ils vous embarquent en priorité.

J'ôte les gants en caoutchouc que je m'étais dégottés. Je soupire.

C'est terminé pour moi ici. Bientôt, je reprendrai ma moto et je rejoindrai la capitale. J'ai raté l'enterrement, de toute façon. À quoi bon faire semblant ? À quoi bon revoir tous ceux qui savaient et qui se sont tus ? J'ai autre chose à faire de ma vie. Dans quelques mois, une fois la succession de mon grand-père réglée, je me dessinerai une nouvelle existence. L'électrochoc de cette nuit était trop virulent pour l'ignorer.

Quelques minutes plus tard, les urgentistes du SMUR[5] débarquent dans la station. Je me porte aussitôt à leur rencontre, leur indique les patients prioritaires : la grand-mère de Mélina, Delphine et quelques autres. Ensuite, je rejoins Nadia et Max, qui est enfin revenue auprès de nous. Elle tient un ours en peluche brun, un peu fané.

— Je l'ai trouvé dans la cabine à langer, dit-elle en réponse à mon regard interrogatif.

— Ils vont emmener Delphine ? demande Nadia au même instant.

— Oui. Pourquoi ?

— Je veux lui parler. J'en ai besoin. Elle me doit bien ça, ajoute-t-elle d'un ton déterminé.

— Je ne sais pas s'il y aura de la place à bord de l'hélico, mais je vais leur demander…

— Merci !

Guidant les urgentistes jusqu'à la coach blessée, je fais signe à mon amie de s'approcher. Il ne me faut pas longtemps pour les convaincre de lui permettre de l'accompagner. D'abord, Nadia est en piteux état.

5. Structure mobile d'urgence et de réanimation.

Ensuite, je n'ai aucun scrupule à prétendre qu'elles sont mère et fille. Dans l'urgence, personne n'ira vérifier leur carte d'identité.

Avant de me quitter, Nadia me claque une bise – un contact qui me prend par surprise.

— Max a mon téléphone, murmure-t-elle. On se perd pas de vue ? Pas après… tout ça. Ce serait trop triste. D'accord ?

— D'accord.

Max patiente un peu plus loin dans la station. L'ourson en peluche a retrouvé sa propriétaire, une gamine de quatre ou cinq ans lovée dans les bras d'un colosse. À leur côté, une jeune femme au visage livide et un bébé.

— Hadrien, tu veux bien me ramener à Paris ? me demande mon amie dès que je la rejoins.

— En moto ? Tu es sûre que…

— J'ai dix-huit ans, Hadrien. Depuis un mois, Et le covoiturage, bof…

— Très bien, mais la sécurité avant tout. Attends-moi là, je reviens.

Un tour sur moi-même et je prends la direction de la pancarte promotionnelle qui n'est plus suspendue que par une chaînette. Dans le minuscule coin de la boutique dédiée aux équipements de motard, il n'y a pas grand-chose, mais autant profiter de l'opportunité. Je prends pour moi une cagoule, une veste neuve et la même chose pour Max. La vitrine fracturée me permet de m'emparer d'un casque. Je me rends ensuite à la caisse, en face de l'endroit où j'ai cru apercevoir Jessica la première fois. J'ai un léger pincement au cœur lorsque je vois passer une femme vêtue de sa tenue rouge de serveuse – la même.

Je secoue la tête.

Je me concentre sur la machine. J'enregistre tous les codes-barres de mes produits et je paie. La note est salée, mais tant pis.

— Tiens, essaie ça, dis-je, de retour auprès de Max.

— C'est obligé que ce soit coloré ?

— Tu es sûre d'être majeure ?

Elle rit.

— OK.

Une heure plus tard, nous sommes prêts. Il ne reste pas un flocon sur la moto. J'indique à Max les règles de sécurité. J'attends qu'elle grimpe derrière moi et se cale contre mon dos pour lancer le moteur.

Nous partons, laissant derrière nous juste une ligne noire dans la neige.

36
NADIA

Je ne sais pas combien de temps ça a duré. Je veux dire, soigner les gens, les déplacer le plus doucement possible, leur parler, les calmer pendant qu'Hadrien et les deux infirmiers leur donnaient les premiers soins. Quand je ne tenais pas la main de quelqu'un, je n'arrêtais pas de courir d'un bout à l'autre de la station pour dénicher tout ce dont les soignants avaient besoin – ça me faisait tellement du bien, de bouger, de ne pas penser. À la suite : rentrer chez moi, affronter mes parents et réclamer des éclaircissements. Car j'avais besoin de comprendre. Delphine avait quand même crié qu'elle m'avait « achetée »... Je savais que mon père avait perdu son job quand j'avais six ans et qu'il était resté longtemps au chômage. Que ma mère enchaînait deux boulots pour boucler les fins de mois. Que tout le monde avait été soulagé quand le poste de responsable de la maintenance, au club, s'était libéré. Un hasard ? Sûrement pas. Delphine avait pistonné mon père. En échange de quoi ? De quel pouvoir sur nos vies ?

Tous ces mensonges. Ces secrets. Trop gros pour moi. Étouffants. Comme cette nourriture dont je me gavais en cachette avant de la régurgiter.

Mais le silence, c'était fini. J'allais prendre la parole, et je pouvais toujours commencer par Delphine. Quand les urgentistes sont arrivés dans la station, j'ai dit à Hadrien que je voulais lui parler. Il a eu l'air sceptique – c'est fou la vitesse à laquelle ce garçon s'est transformé en grand frère protecteur –, mais il a vite compris que j'avais une bonne raison pour ça. Et je me suis retrouvée dans l'hélicoptère à côté de mon ex-coach et de trois autres blessés sérieux. Apparemment, il leur avait dit qu'on était mère et fille. Quelle horreur.

Mais je n'allais pas attendre qu'elle retrouve des forces pour lui arracher la vérité. C'était maintenant ou jamais.

Le bruit des pales s'intensifie. L'engin décolle, tangue quelques minutes, puis se rétablit. L'un des urgentistes me rassure :

— Ne t'inquiète pas, c'est juste le vent. Notre pilote est un as ! Tu es en sécurité.

Pas sûr. On voit qu'il ne connaît pas Delphine. En contrebas, j'aperçois la silhouette d'Hadrien, de plus en plus petite. À côté de lui, Max m'adresse de grands signes avec son écharpe noire à franges. Elle a un casque coloré sous le bras. Je frissonne un peu. J'ai encore du mal à réaliser que ma vie a basculé si vite. Hier, à la même heure, je sirotais une boisson énergisante en écoutant d'une oreille les recommandations de Delphine. Je me souviens que j'avais l'impression que les mois et les années à venir ressembleraient à l'autoroute sur laquelle nous roulions depuis deux heures : droite, monotone, sans surprises, sans haltes autres que celles dictées par la nécessité. Que je ne pourrais jamais partir explorer les petites routes qui escaladaient les collines, passaient dans un petit bois, encerclaient des villages où des maisons commençaient à s'éclairer. Dans chacune de ces maisons vivaient des gens, ils avaient tous leur histoire, et il me semblait que chacune de ces histoires était forcément plus intéressante que la mienne.

— Nadia…

La voix de la blessée me ramène à la réalité. Elle gémit. L'urgentiste se penche sur elle, vérifie ses constantes.

— Tout va bien, me dit-il avec un sourire. Ta mère souffre un peu, et elle est en état de choc, mais elle va s'en sortir sans problème.

— Nadia… répète Delphine. Tu es là ?

Le médecin se décale pour que je puisse prendre sa place. Évidemment, je ne vais pas lui dire : « Désolée, mais j'aimerais rester à distance. » Il trouverait ça bizarre. Et puis, j'ai pris une décision, et je vais m'y tenir. Je ne vais pas rester recroquevillée dans mon coin à attendre qu'on arrive.

J'ai la gorge serrée, mais je réussis à articuler :

— Oui. Je suis là.

— Écoute…

La respiration de Delphine est sifflante. Elle garde les yeux fermés, comme si elle n'osait pas affronter mon regard.

— Je… Désolée. Je suis allée trop loin. J'ai eu tellement peur… de t'avoir perdue.

Une pause. J'attends. Mes mains se crispent sur mes genoux, je me force à déplier mes doigts un par un.

— On va… on va repartir sur de bonnes bases, d'accord ? On oublie tout ça.

Elle tend le bras, pose sa main sur la mienne, à tâtons. Je la retire. Son contact me brûle. Plus que ça : il me révulse.

— Non.

— Nadia…

— J'ai dit non. Tu as très bien entendu. Je ne vais rien oublier.

Je prends une grande inspiration.

— Et j'ai des questions. Tu pourrais commencer par y répondre. Après, on verra si on peut repartir sur de bonnes bases, comme tu dis.

Là, je ne suis pas sincère : on ne verra rien du tout. Mais si je veux des réponses, il faut qu'elle pense qu'il y a encore un espoir de récupérer son jouet préféré.

J'ai parlé très doucement, penchée vers elle. Par chance, l'hélicoptère fait un tel raffut que l'urgentiste ne doit saisir qu'un mot sur deux. Tant que je ne m'énerve pas, ça devrait aller.

Dix minutes plus tard, je me redresse, au bord de la nausée. Tu voulais savoir, Nadia ? Eh bien, tu es au courant maintenant. Non seulement Delphine a trouvé un job à ton père, mais elle a payé les dernières traites du pavillon où ta famille habite. Tes parents ont une *dette* envers elle. Et le remboursement de la dette, c'est toi.

Je l'ai écoutée sans rien dire. Maintenant, elle somnole, calmée. Elle pense qu'elle a gagné. Que je vais bien gentiment reprendre l'entraînement. Elle se trompe : la compétition, c'est fini. Bien sûr, j'ai peur. Que mon père et ma mère ne m'écoutent pas, qu'ils soient paniqués à l'idée de tout perdre. Que Delphine poursuive son chantage une fois qu'elle sera sortie de l'hôpital. C'est une éventualité à laquelle je dois réfléchir. J'ai un peu de temps devant moi. Une chose a changé dans ma vie : je ne suis plus seule pour affronter tout ça. Hadrien et Max me l'ont répété juste avant que je ne monte dans l'hélicoptère : ils seront là pour moi, quoi qu'il arrive. J'ai donné mon numéro à Max. Ils m'aideront, je le sais.

— Ça va ? me demande le médecin d'un air inquiet.

Je dois avoir une drôle de tête. Je me force à sourire.

— Oui. Ça va. Enfin, ça ira… je crois.

Delphine ouvre un œil. Je connais cette expression, même si l'épuisement pourrait la faire passer pour de la souffrance : c'est de la ruse. Stratégie ! Elle continue à jouer avec moi. La gentille petite Nadia ne va pas se rebeller, ou juste un peu, c'est normal, c'est de son âge. Elle se dit qu'elle saura me reprendre en main, en douceur. Ne suis-je pas sa création ?

Elle se trompe, et je ne vais pas attendre l'atterrissage pour le lui dire.

Je me penche vers elle, j'approche ma bouche de son oreille. N'importe qui pourrait croire que je lui chuchote des paroles tendres, réconfortantes.

Elles ne le sont pas. Sauf pour moi.

— Merci, Delphine. Tu as été franche, pour une fois, c'est cool. Je vais l'être aussi : dès que les brancardiers t'auront sortie de cet hélico, tu ne seras plus rien pour moi. Enfin si : un mauvais souvenir. Tu ne me verras plus. Tu ne me toucheras plus. Tu ne me contrôleras plus. Qu'est-ce que tu crois ? Que tu peux me forcer à reprendre la compétition ? Tu feras quoi ? Tu me hisseras de force sur la poutre ? Tu vireras mon père ? Ça, oui, tu peux le faire. Mais ça ne changera rien. C'est fini. Fi-ni. Depuis hier, j'ai grandi – tu ne peux pas savoir à quelle vitesse. Je suis beaucoup trop vieille pour toi. Beaucoup trop dangereuse. Alors, je te le dis gentiment et pour la dernière fois : sors de ma vie.

Les paupières de Delphine se referment. Elle ne répond pas, mais ce que je devine sur ses traits froissés porte un nom que je ne connais que trop bien, pour l'avoir souvent épelé sur les visages de mes adversaires : la défaite.

TROIS SEMAINES PLUS TARD
MAXANCE

Le Dernier Bar avant la Fin du Monde est un lieu hors du temps, avec des tables de jeu, des vitrines remplies de livres, des alcôves permettant de s'isoler du reste du monde et une déco qui mélange cabinet de curiosités, fantasy, SF et magie. Tout ce que j'aime.

C'est peut-être *too much* comme ambiance, mais je pense qu'Hadrien et Nadia aimeront bien.

Nous nous sommes rencontrés pendant la fin du monde, après tout. D'*un* monde, en tout cas. Celui de Jeanne et de Louise.

En rentrant à la maison, j'ai commencé à me documenter sur l'histoire des sorcières via Internet, qui regorge de sites, mais aussi en me rendant à la médiathèque. J'ai déniché des tonnes d'informations sur les procès qui étaient faits à ces femmes et, plus précisément, sur les vraies raisons de leur mise à mort. En plus des croyances religieuses et des superstitions, l'essor de la médecine les a condamnées. Peu importait que les guérisseuses connaissent mieux les remèdes que les médecins : elles ne savaient pas le latin et, surtout, étaient de sexe féminin. Quant aux accoucheuses, c'est tout aussi absurde : elles étaient plus savantes que les hommes et devenaient des criminelles lorsqu'elles aidaient des femmes à mettre au monde leur bébé !

Je me demande si je vais taquiner Hadrien avec ces faits du passé ou pas. Non. La surprise que je lui réserve suffira.

J'enlève mes écouteurs en passant le seuil de l'établissement. Les notes d'*Après un rêve*, une pièce délicate de Fauré, s'évanouissent dans le brouhaha ambiant. Je suis la première. Je choisis une table dans une alcôve avec vue sur l'ensemble du bar et de la bibliothèque de bois verni remplie d'ouvrages sur les dragons, les fées, les aliens et les zombies.

À peine suis-je assise que mon téléphone vibre : c'est Nadia, qui vient de descendre du bus et sera là dans cinq minutes.

Nous avons beaucoup parlé mais nous ne nous sommes pas revues en vrai. J'ai hâte. Hâte également de retrouver Hadrien. Ses messages sont plus laconiques et pour une visio, ce n'est même pas en rêve, MAIS il répond aux textos ET en envoie même de temps en temps !

Nadia pousse la porte du bar et s'arrête dans l'entrée, cherchant à me repérer. Elle est plus grande et plus athlétique que dans mon souvenir. Le pli sérieux qui barrait son front et son air perpétuellement concentré ont disparu.

— Tu es là ! s'exclame-t-elle en m'apercevant.

Une bise plus tard, nous nous retrouvons à regarder la carte des boissons, bizarrement intimidées et pourtant ravies de nous retrouver.

— Tu viens souvent ici ? me demande-t-elle finalement.

— Non : j'y allais beaucoup l'an dernier avec des copains de lycée, mais je n'y étais pas encore retournée.

— La tête de dragon accrochée au mur me fait un peu penser aux horreurs qu'on a trouvées au musée de la Nature, mais j'aime quand même l'ambiance et le décor, dit Nadia.

Blouson de motard, casque sous le bras, Hadrien entre à son tour dans l'établissement. Il a changé, lui aussi : il y a quelque chose de plus doux en lui. Il nous rejoint dans l'alcôve.

— C'est un bar de sorcières, ici ! lance-t-il en guise de bonjour.

— Parce que je *suis* une sorcière. Une *gentille* sorcière, je précise en riant.

— Tu t'es décidée pour l'an prochain ? interroge Hadrien, avec qui j'échange régulièrement depuis mon retour au lycée.

— Oui. Je voudrais mieux connaître les mécanismes cognitifs qui provoquent les trous de mémoire et autres modifications du réel.

Je voudrais aussi comprendre d'où viennent mes capacités médiumniques.

Hadrien me dévisage, bouche bée.

— Tu veux étudier les neurosciences ? souffle-t-il.

Je le dévisage, très contente de mon petit effet.

— Presque ! Je m'inscris en licence de sciences cognitives. Et toi, Hadrien ? dis-je en agitant la main en direction d'une barmaid. Tu as pris ta décision ?

HADRIEN

— Moi ?

Je laisse la serveuse prendre nos commandes avant de répondre. Nadia et Max attendent, impatientes de savoir quelle voix j'ai écoutée : celle de mon aïeul et de la raison, ou celle de mon cœur. Au cours de nos quelques échanges, l'une et l'autre m'ont poussé vers la seconde. Sans insister. Elles savaient qu'après des années passées à me plier aux ordres, j'avais besoin de décider seul de la suite de mon existence. Pas de pollution familiale. Pas de pression, même amicale. Juste moi, ma conscience, mes peurs et mes envies. Et la fortune héritée de mon grand-père, qui me permettra d'envisager l'avenir avec sérénité, même si ce n'est pas celui qu'il avait prévu pour moi. À sa manière, le Général a tenté de réparer le mal qui m'avait été fait, et c'est ce qui m'empêche de le détester, je crois. En m'inscrivant dans les établissements scolaires les plus réputés, en m'imposant d'être le meilleur en tout, en me dictant ma conduite jusqu'à exiger que je rompe avec Jess, mon premier amour, il a voulu me donner des armes pour me protéger, les seules qu'il connaissait.

Ce n'était pas celles qu'il me fallait.

Aujourd'hui, je reprends ma vie en main.

Comme Max, qui semble toujours sortie d'un film de vampires, mais dont les yeux pétillent. Comme Nadia, enfin délestée du poids de sa coach et des compétitions. Je sais que ses parents n'ont pas beaucoup d'argent. Moi, je vais en avoir. Beaucoup. Et j'espère pouvoir l'aider à réaliser son rêve, quel qu'il soit.

— Alors ? s'impatiente Nadia en passant la main dans ses cheveux courts.

Elle les a coupés et ça lui va bien : une autre façon de couper avec son ancienne vie, je suppose.

— Alors, je repique mon année. Et je m'oriente vers la pédiatrie. Plus exactement, vers les urgences pédiatriques. J'ai besoin de contacts humains. J'ai besoin de savoir que ce que je fais sauve des vies... Et puis, dis-je après avoir hésité quelques instants, ça me permettra aussi de déceler des signes de maltraitance et d'agir pour protéger ces gamins et leur éviter le pire, quand c'est encore possible.

Voilà. Je l'ai exprimé à haute voix. Nadia ne sait pas exactement ce que j'ai vécu, étant petit. Mais elle se doute que j'ai subi quelque chose de grave. Maxance, elle, *sait*. Elle me l'a avoué, à mi-mot, dans une de nos conversations en visio. Un « cadeau » de Jeanne.

La serveuse nous apporte nos boissons, des cocktails aux noms étranges, à base de pomme, de cannelle, de litchi, de kombucha et de sirop, ainsi que des petits gâteaux japonais colorés.

Ce n'est clairement pas ma nourriture préférée, mais je reconnais que ce n'est pas mauvais. Nadia et Max, elles, dévorent avec appétit. Je me retiens quand même de leur faire remarquer que les colorants bleu, rose et jaune poussin utilisés pour la confection de ces biscuits sont vraisemblablement très chimiques et très néfastes pour la santé.

J'essaie d'être moins Jiminy Cricket, et je fais des progrès.

— Du coup, tu vas faire quoi, en attendant la rentrée ? interroge Nadia.

— Un tour d'Europe en moto ? Non, je te promets, jure Max devant mes sourcils froncés, je n'ai pas lu dans tes pensées ni rien...

— Juste en Grèce, sur les traces d'Hippocrate. J'ai besoin de soleil, de pierres blanches, de solitude et d'oliviers. Après, je serai quand même obligé de retourner à la fac pour assurer le côté administratif.

Je leur souris.

— En fait, j'ai quelque chose à vous proposer. Comme vous le savez, j'ai mon permis.

— Oui, et alors ? soupire Max en levant les yeux au ciel.

— Alors, mademoiselle la blasée, je me demandais si on ne pouvait pas partir tous les trois cet été.

NADIA

Partir cet été ? Tous les trois ?

J'hallucine. Hadrien a dû fumer un truc. Mais Max se tourne vers moi avec un immense sourire.

— Ce serait génial, approuve-t-elle avec enthousiasme. Qu'est-ce que tu en dis, Nadia ?

J'ouvre la bouche comme un poisson rouge en manque d'eau. Ce que j'en dis… rien. Je manque de mots, là, tout de suite. Ils veulent vraiment passer leurs vacances avec moi, la gamine ? Celle « qui n'est plus personne », comme me l'a craché une ex-copine d'entraînement que j'ai croisée l'autre jour près du lycée ?

Peut-être que la vie n'est pas si injuste que ça.

Je finis par retrouver ma voix :

— Je ne sais pas trop si mes parents…

— J'irai leur parler, me promet Max.

Le regard d'Hadrien est éloquent, et je sens qu'il se retient d'éclater de rire. Max lui donne un coup de coude.

— Oh, ça va. J'ai compris. Je m'habillerai « décemment », comme dit ma grand-mère. Façon jeune fille de bonne famille, responsable et tout et tout. Si toi, tu y vas, ils vont penser que tu as des intentions perverses.

— J'ai l'air d'un pervers, selon toi ?

Je les laisse se chamailler et je savoure le bonheur qui se répand en moi. C'est nettement meilleur que la gorgée de whisky volée à mon père le soir de son anniversaire ! (J'ai trouvé ça infect.) Je voudrais que ce moment reste inscrit en moi pour toujours. Et qu'il dure éternellement. Mais les minutes filent à une vitesse folle. On parle, on sirote nos boissons, on échange des blagues. Le seul sujet qu'on évite, c'est la nuit dans la station-service bloquée par la neige. C'est trop tôt, je crois. Plus tard, peut-être… Peut-être cet été. Je ne suis pas pressée, en ce qui me concerne. Je fais encore des cauchemars où je suis enfermée dans une boîte en fer dont les parois se referment sur moi. J'entends les grincements, les bruits de galop, les cris de la sorcière, les plaintes des blessés. Et je me réveille en sueur, incertaine de l'endroit où je me trouve. J'ai même acheté une veilleuse, à cause de ça.

L'heure tourne, je dois rentrer. Nous nous levons à regret. Hadrien insiste pour nous inviter. Une fois dehors, il propose à Max de la raccompagner. Moi, j'ai un bus direct. Alors qu'il coiffe son casque, je tire sur sa manche.

— Au fait, merci pour le cirque.

Il fronce les sourcils. Manifestement, il ne voit pas de quoi je veux parler.

— Le cirque. Avec Jessica. Ce que tu m'as raconté, là-bas. Les étoiles. Je crois que ce sera ça, ma prochaine vie.

Amusé, il me sourit. Un vrai sourire, chaleureux.

— Tu es sûre ?

— Oui. Je suis sûre aussi que mes parents vont faire la tronche quand je leur dirai que je vais m'inscrire à l'école de cirque. Déjà, que j'aie un rendez-vous au *Dernier Bar avant la Fin du Monde*… ça a eu du mal à passer. Mais j'ai des arguments, maintenant, pour les aider à changer d'avis. Je sais que ce n'est pas bien de profiter de leur sentiment de culpabilité, mais bon…

Un rire. Ronflement de moteur. Max m'envoie une bise. Ils sont partis. Je les regarde s'éloigner, les bras croisés, j'ai un peu froid, tout à coup. Comme si ma seule famille, une drôle de famille reconstituée en moins de vingt-quatre heures, venait de me quitter.

Mais je les retrouverai. Bientôt.

Et je réaliserai mon rêve.

Cette nuit, dont le souvenir me fait encore si peur, m'a rendue forte.

Assez pour toucher les étoiles, un jour.

EPILOGUE

« Nous signalons un ralentissement sur l'autoroute A6 en direction de Paris, au niveau de l'aire du Vieux-Chêne. La présence d'un chien errant sur la voie aurait provoqué un accident… »

— Ça tombe bien, on roule dans l'autre sens, clame Franck, jetant un coup d'œil dans le rétroviseur central de sa voiture pour apercevoir ses passagers.

— Pauvre bête, commente la quinquagénaire qu'il a prise en charge au début du trajet. Les gens n'ont aucune conscience…

— Moi, l'aire du Vieux-Chêne, je m'y arrête plus, poursuit le conducteur, que les discussions moralisatrices sur les animaux n'intéressent pas. L'an dernier, il y a eu une tempête de neige monstrueuse, les gens sont restés prisonniers dans le froid et le noir pendant vingt-quatre heures. Heureusement, ça s'est passé juste après que j'ai déposé une gamine là-bas. Comme personne dans la voiture n'avait besoin d'aller au petit coin, je ne me suis pas attardé. En plus, il y a eu un incendie, la même nuit, dans l'ancienne partie de la station. Je crois qu'il est question de la fermer définitivement, d'ailleurs… Si vous voulez mon avis, c'est une sacrée bonne idée…

Coup d'œil au GPS : la circulation, à deux kilomètres sur l'autre voie, est signalée en rouge vif. Franck ralentit, histoire de passer sous les 130 km/h autorisés. Nouveau coup d'œil à l'arrière. Sur la banquette, la jolie brune pianote sur son téléphone sans l'écouter. À sa gauche, le jeune militaire lui décoche un sourire poli. Déçu du peu d'intérêt qu'il suscite chez ses passagers, Franck se concentre à nouveau sur la route, devant lui.

À cet instant, jaillie de nulle part, une bête noire et décharnée, dont l'œil unique brûle de rage et de haine, bondit juste devant le véhicule.

— Attention !!!...

TABLE DES MATIERES

1. Maxance 7
2. Hadrien 13
3. Nadia 19
4. Maxance 25
5. Hadrien 33
6. Nadia 39
7. Maxance 47
8. Hadrien 53
9. Nadia 59
10. Maxance 67
11. Hadrien 73
12. Nadia 83
13. Maxance 91
14. Hadrien 99
15. Nadia 105
16. Maxance 111
17. Hadrien 117
18. Nadia 123
19. Maxance 131
20. Hadrien 139
21. Nadia 147

22. Maxance 155
23. Hadrien 161
24. Nadia 167
25. Maxance 175
26. Hadrien 181
27. Nadia 187
28. Maxance 195
29. Hadrien 201
30. Nadia 207
31. Maxance 215
32. Hadrien 221
33. Nadia 227
34. Maxance 235
35. Hadrien 241
36. Nadia 247

Trois semaines plus tard
Maxance 253
Hadrien 257
Nadia 261
Épilogue 265

CHARLOTTE BOUSQUET

Philosophe de formation, Charlotte Bousquet est une autrice engagée et éclectique qui a publié plus d'une cinquantaine de titres pour adultes et adolescents. Elle maîtrise aussi bien les genres de l'imaginaire que la fiction historique, le documentaire, le roman miroir ou la bande dessinée.

CHRISTINE FERET-FLEURY

Christine Féret-Fleury est autrice et éditrice (actuellement éditrice extérieure pour Hachette Livre). Depuis son premier livre jeunesse, *Le Petit Tamour* (1996), elle a publié plus d'une centaine de romans pour la jeunesse et pour adultes.

FABIEN FERNANDEZ

Auteur, scénariste et game designer, Fabien Fernandez a publié des jeux de rôles et des livres-jeux. Il a écrit plusieurs romans et également scénarisé des BD.
Son thème de prédilection d'écriture est l'humain, du pire au meilleur.
Il aime les cultures scandinaves, la Louisiane, Jackson Pollock, Edward Hopper, les monstres, l'écologie, les séries tv et les animaux.
Site : www.fablyrr.com

ALL OF US VILLAINS

Que le plus cruel l'emporte !

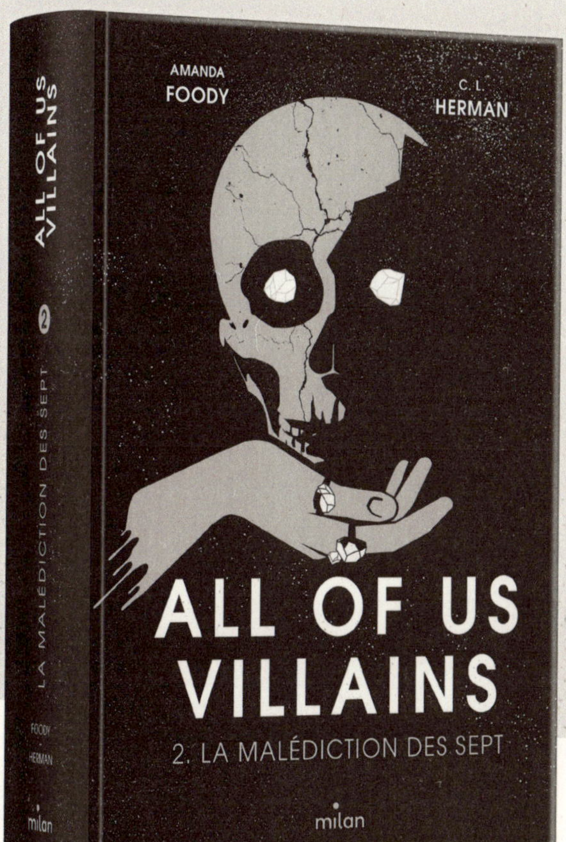

Trahisons, larmes
et suspens
insoutenable :
un final en
apothéose pour
la duologie
phénomène !

© Illustration : Will Staehle

Le deuxième tome tant attendu de *All of us villains,* un roman ple d'action et d'aventures. […] L'alternance des points de vue re la lecture fluide et rythmée, oscillant entre histoire d'amour et e trahison.

InterCDI